Die Pflicht des Vorstandes der Aktiengesellschaft zur Einleitung unternehmensinterner Ermittlungen bei Verdacht auf Non-Compliance

AF752613

Europäische Hochschulschriften Recht

European University Studies in Law

Publications Universitaires Européennes de Droit

Band/Volume 6307

Nina Abel

Die Pflicht des Vorstandes der Aktiengesellschaft zur Einleitung unternehmensinterner Ermittlungen bei Verdacht auf Non-Compliance

PETER LANG

Bibliografische Information der Deutschen Nationalbibliothek
Die Deutsche Nationalbibliothek verzeichnet diese Publikation in der Deutschen Nationalbibliografie; detaillierte bibliografische Daten sind im Internet über http://dnb.d-nb.de abrufbar.
Zugl.: Berlin, Humboldt-Univ., Diss., 2022

D 11
ISSN 0531-7312
ISBN 978-3-631-87808-8 (Print)
E-ISBN 978-3-631-87866-8 (E-PDF)
E-ISBN 978-3-631-88197-2 (EPUB)
DOI 10.3726/b19984

© Peter Lang GmbH
Internationaler Verlag der Wissenschaften
Berlin 2022
Alle Rechte vorbehalten.
Peter Lang – Berlin · Bern · Bruxelles · New York · Oxford · Warszawa · Wien

Das Werk einschließlich aller seiner Teile ist urheberrechtlich geschützt.
Jede Verwertung außerhalb der engen Grenzen des Urheberrechtsgesetzes ist ohne Zustimmung des Verlages unzulässig und strafbar.
Das gilt insbesondere für Vervielfältigungen, Übersetzungen, Mikroverfilmungen und die Einspeicherung und Verarbeitung in elektronischen Systemen.

Diese Publikation wurde begutachtet.

www.peterlang.com

Für Dieter Reichert

Vorwort

Die vorliegende Arbeit wurde im Sommersemester 2021 als Dissertation an der Juristischen Fakultät der Humboldt-Universität zu Berlin angenommen. Relevante Rechtsprechung und Literatur konnte bis einschließlich April 2021 berücksichtigt werden.

Besonderer Dank gebührt Herrn *Prof. Dr. Gregor Bachmann* für die hervorragende Betreuung und die überaus zügige Erstellung des Erstgutachtens. Die äußerst lehrreiche und angenehme Zeit als wissenschaftliche Mitarbeiterin an seinem Lehrstuhl sowie sein steter Zuspruch trugen maßgeblich zum Gelingen des Promotionsvorhabens bei. Herrn *Prof. Dr. Wolfgang Spoerr* danke ich für sein Interesse an dieser Arbeit und die Erstellung des Zweitgutachtens.

Darüber hinaus danke ich dem gesamten Lehrstuhlteam, das durch zahlreiche anregende Diskussionen, wissenschaftliche Inspiration und nicht zuletzt die Schaffung eines großartigen kollegialen Arbeitsumfelds mein Vorhaben gefördert hat. Herzlicher Dank gebührt auch meinen Kolleginnen und Kollegen in der Kanzlei *Krause & Kollegen*, die mich während des Abschlusses meiner Promotion begleiteten und mich stets in meinem Vorhaben bestärkten.

Ich danke von Herzen allen mir nahestehenden Personen, die mir durch ihr Verständnis und ihre Geduld, aber auch offene Ohren, ständige Ermutigung und vielfältige Unterstützung während der oft entbehrungsreichen und belastenden Promotionszeit Rückhalt gegeben haben und auch dann an den Erfolg des Projektes glaubten, als ich es nicht mehr tat.

Hervorzuheben ist meine Freundin *Tatjana Serbina*, die nicht nur durch viele hilfreiche Anmerkungen und wertvolle Unterstützung beim Korrekturlesen, sondern auch durch motivierende Gespräche, vielfältige Ablenkung und ihre Zuversicht hinsichtlich des erfolgreichen Abschlusses dieses Projekts maßgeblich zu dessen Gelingen beitrug. Für das sorgfältige und zügige Korrekturlesen der Arbeit bin ich außerdem *Kathrin Klose* zu großem Dank verpflichtet.

Meinen Eltern *Annette und Dietmar Abel* danke ich ebenso wie meinen Großeltern von Herzen, dass sie mir die juristische Ausbildung ermöglicht und mich auf meinem bisherigen Lebensweg vorbehaltlos unterstützt und gefördert haben.

Berlin, im März 2022 *Nina Abel*

Inhaltsübersicht

Inhaltsverzeichnis

Einführung und Gang der Bearbeitung

"As long as it remains invisible, it is guaranteed to remain insoluble."[1] In Wirtschaftsunternehmen gilt – ebenso wie in anderen Institutionen und Lebensbereichen –, dass die Ignoranz mehr oder minder drängender Hinweise auf Unstimmigkeiten, insbesondere auf (Straf-)Rechtsverstöße im Unternehmen, die Entwicklung von Lösungsansätzen und Abhilfestrategien zur Wiederherstellung der Normkonformität des Unternehmensbetriebs bereits im Keim erstickt. Bereits deswegen wird Leitungspersonen im Unternehmen regelmäßig angeraten sein, Anhaltspunkten für strafrechtlich relevante Vorgänge im Unternehmen nachzugehen und Aufklärungsmaßnahmen zu ergreifen, um deviantes Verhalten zu identifizieren und langfristig abzustellen.

In der Praxis spielen sog. unternehmensinterne Ermittlungen, also die durch das Unternehmen selbst initiierte Aufklärung eines im Raum stehenden Verdachts potenzieller Gesetzesverstöße im Verantwortungsbereich des Unternehmens, spätestens seit der „Siemens-Korruptionsaffäre" 2006 auch in Deutschland eine zunehmend große Rolle. Mit der gestiegenen Ermittlungsbereitschaft der Strafverfolgungsbehörden und der gewandelten öffentlichen Wahrnehmung von Wirtschaftsdelinquenz ging auch eine zunehmende Fokussierung und Spezialisierung der Beratungspraxis auf Wirtschaftsstrafrecht im Allgemeinen und Compliance-Beratung bzw. Durchführung und Begleitung unternehmensinterner Ermittlungen im Besonderen einher.[2] Die durch das Unternehmen in Gang gesetzten und durchgeführten Ermittlungen unter verstärkter Einbindung von Privatermittlern – etwa Unternehmensjuristen, Strafverteidigern und Wirtschaftsprüfern – werden durch die originär ermittlungsbefugten und -verpflichteten Verfolgungsbehörden zwar zum Teil kritisch beäugt, letztlich vor dem Hintergrund sehr begrenzter personeller Ressourcen in den Justizbehörden aber grundsätzlich begrüßt und oft sogar angestoßen.

Im Zuge einer umfassenden Kooperation mit den staatlichen Strafverfolgungsbehörden erhöhen sich nicht nur auf deren Seite die Chancen auf

---

1 *Heffernan*, Wilful Blindness, S. 128.

2 So existiert heutzutage bei nahezu allen (internationalen) Großkanzleien am Standort Berlin eine auf Compliance-Themen ausgerichtete Praxisgruppe, während dies bis ungefähr 2016/2017 nur bei einer einzigen in der Hauptstadt ansässigen Großkanzlei der Fall war. Zu den diesbezüglichen Neuausrichtungen der letzten Jahre JUVE Rechtsmarkt 06/2019.

Wahrheitsermittlung und gegebenenfalls Ahndung der zutage geförderten Unregelmäßigkeiten, sondern auch die Unternehmen selbst können von dieser Form der „Selbstreinigung" auf vielfältige Art und Weise profitieren. Neben dem Schutz des Unternehmens vor finanziellen Verlusten und Reputationsschäden infolge der aufzuklärenden Missstände ist vor allem durch das geplante Verbandssanktionengesetz[3] (VerSanG) die Haftungsvermeidung in den Vordergrund getreten. In Anbetracht der im Zuge dessen eingeführten, sich unmittelbar gegen das Unternehmen richtenden Verbandssanktion und der erstmalig ausdrücklich normierten Sanktionsmilderungsmöglichkeit bei Durchführung unternehmensinterner Ermittlungen erscheinen Fragen nach Pflichten des Verbandes, die durch die ihn vertretenden Organwalter wahrzunehmen sind, drängender denn je. Denn Unternehmenssanktionen können nicht losgelöst von Haftungsrisiken der für das Unternehmen handelnden Individualpersonen betrachtet werden; eine Verschärfung des einen geht mit höherem Pflichtenumfang und Haftungsrisiko der anderen einher. Da das VerSanG durch Inaussichtstellen von Sanktionsmilderungen nunmehr eine besondere Anreizwirkung für unternehmensinterne Aufklärung schafft, entfaltet die im Fokus dieser Arbeit stehende Frage, ob – und falls ja, unter welchen Voraussetzungen – eine Rechtspflicht von Vorstandsmitgliedern einer Aktiengesellschaft zur Einleitung unternehmensinterner Ermittlungen besteht, besondere Relevanz.

Die wissenschaftliche Literatur hat sich bereits mit zahlreichen Themen und Problemfeldern in Zusammenhang mit unternehmensinternen Ermittlungen auseinandergesetzt. Dazu zählen insbesondere Fragen der Vereinbarkeit unternehmensinterner Ermittlungen mit strafprozessualen Verfahrensgrundsätzen, der rechtlichen Grenzen bei der Durchführung privater Ermittlungsmaßnahmen und der Verwertbarkeit der zutage geförderten Untersuchungsergebnisse.[4]

---

3 Entwurf eines Gesetzes zur Stärkung der Integrität in der Wirtschaft, BT-Drs. 19/23568. Der Gesetzesentwurf ist (vorerst) infolge der Diskontinuität gescheitert. Ob und in welcher konkreten Form ein neues Gesetz zur Sanktionierung von Unternehmen in der aktuellen Legislaturperiode verabschiedet wird, bleibt abzuwarten. Da jedoch davon auszugehen ist, dass ein entsprechender Entwurf sich im Wesentlichen an dem genannten Entwurf des VerSanG orientieren wird, wird nachfolgend an verschiedener Stelle gleichwohl auf diesen verwiesen.

4 Exemplarisch seit 2011 *Reeb*, Internal Investigations (2011); *Wewerka*, Internal Investigations (2012); *Kottek*, Kooperation von Unternehmen (2012); *Rödiger*, Strafverfolgung von Unternehmen (2012); *Münkel*, Mitarbeiteroffenbarungen im Strafprozess (2014); *Kruse*, Compliance und Rechtsstaat (2014); *Lenze*, Compliance, Internal Investigations und Beschuldigtenrechte (2014); *Scharnberg*, Illegale Internal Investigations (2015); jüngst *Klaas*, Interne Untersuchungen und Informationsaustausch; *Nienaber*,

Zugleich wird seit etwa 2005, verstärkt aber seit Veröffentlichung des „Siemens/Neubürger-Urteils“[5] des LG München I im Jahr 2014, primär im gesellschaftsrechtlichen Schrifttum eine Debatte über Begründung und Umfang von Compliance-Pflichten von Vorstandsmitgliedern geführt.[6] Dabei steht regelmäßig die Frage im Fokus, ob der Vorstand einer AG verpflichtet ist, ein – wie auch immer im Detail geartetes – Compliance-Management-System zu errichten bzw. ein vorhandenes zu optimieren. Strafrechtlich werden, intensiviert durch die Ausführungen des BGH 2009 im Rahmen eines obiter dictum zur Garantenstellung eines sog. „Compliance-Officers“[7], die dogmatischen Grundlagen sowie der Umfang der sog. „Geschäftsherrenhaftung“, also der Strafbarkeit von Geschäftsleitern wegen unterlassener Verhinderung der Straftaten von Untergebenen, diskutiert.[8] Angesichts der enormen Praxisrelevanz verwundert es, dass dagegen die Frage einer konkreten Pflicht von Vorstandsmitgliedern zu unternehmensinternen Ermittlungen oder zumindest einzelner anlassbezogener Aufklärungsmaßnahmen bzw. deren Voraussetzungen bisher kaum eingehend untersucht wurde.[9] Dabei stellt das Gesetz die Grundlage, aber auch die Grenze des Pflichtenkanons dar, der als Grundlage für zivilrechtliche Haftung und Sanktionen herangezogen werden kann.

Kann ein Unternehmensleiter, der vor an ihn herangetragenen Missständen die Augen verschließt, also nicht nur wirtschaftlich dem Unternehmen schaden, sondern auch gesetzliche Pflichten verletzen und sich damit persönlich haftbar machen? Falls ja, unter welchen Voraussetzungen? Wäre die Annahme einer derartigen Pflicht mit rechtstaatlichen Prinzipien und den Verfahrensmaximen des

---

Compliancebasierte unternehmensinterne Ermittlungen (beide 2019) und *Wilkens*, Internal Investigations (2020).

5 LG München I, Urt. v. 10.12.2013 – 5 HK O 1387/10, ZIP 2014, 570.

6 Etwa *Geiser*, Leitungspflichten (2010); *Kutschelis*, Korruptionsprävention (2014); *Schraud*, Compliance in der AG (2018); thematisch nicht auf Compliance-Pflichten beschränkt *Kuschnereit*, Legalitätspflicht (2019).

7 BGHSt 54, 44 = BGH, NJW 2009, 3173 (3175) m. Anm. *Stoffers*.

8 Monografisch etwa *Spring*, Geschäftsherrenhaftung (2009); *Poguntke*, Straf- und ordnungswidrigkeitenrechtliche Risiken (2013); *Konu*, Garantenstellung (2014); *Kang*, Geschäftsherrenhaftung (2015), *Utz*, Personale Reichweite der Geschäftsherrenhaftung (2016).

9 Eine Ausnahme stellt insoweit die kürzlich erschienene Arbeit *Wilkens*, Internal Investigations (2020) dar, die der persönlichen Aufklärungspflicht von Organmitgliedern immerhin rund 80 Seiten widmet (S. 139 ff.) und darüber hinaus auch Aufklärungspflichten und -obliegenheiten des Unternehmens selbst untersucht (S. 85 ff.).

Strafverfahrens vereinbar? Und an welchen Leitlinien können sich in der Verantwortung stehende Vorstandsmitglieder bei der Entscheidung zur Einleitung unternehmensinterner Ermittlungen orientieren? Die vorliegende Arbeit unternimmt den Versuch, eng am Gesetz orientiert dogmatische Grundlagen einer Pflicht von Vorstandsmitgliedern zur „Compliance“ im Allgemeinen und daran anknüpfend zur Aufklärung verdächtiger Sachverhalte im Besonderen herauszuarbeiten. Darauf aufbauend werden bestimmte Grundaspekte aufgezeigt, die bei der Entscheidung zur Initiierung von Aufklärungsmaßnahmen zu beachten sind und Vorstandsmitgliedern als Orientierungshilfe dienen können. Aufgrund des begrenzten Umfangs und des Ziels der Untersuchung kann und soll im Rahmen der vorliegenden Arbeit ausschließlich auf Compliance-Pflichten des Vorstandes in der AG, nicht aber auf Compliance-Pflichten anderer Organe der AG, namentlich des Aufsichtsrats, oder innerhalb anderer Unternehmensformen wie der GmbH eingegangen werden. Auch soll keine Auseinandersetzung mit strafrechtlichen Risiken unterbliebener Sachverhaltsaufklärung, insbesondere aus der sog. Geschäftsherrenhaftung, stattfinden. Der Fokus soll vielmehr darauf gerichtet sein, die in der Literatur vielfach ohne tiefere Begründung angenommene Pflicht des AG-Vorstandes zur Sachverhaltsaufklärung dogmatisch zu untermauern und zu präzisieren.

Dafür ist zunächst im ersten Kapitel eine kurze Darlegung der praktischen Relevanz unternehmensinterner Ermittlungen sowie des dieser Arbeit zugrunde liegenden Begriffsverständnisses, der Zielrichtung unternehmensinterner Ermittlungen und deren praktischer Ausgestaltungsmöglichkeiten notwendig. Da gesetzlich nicht verpflichtend sein kann, was rechtlich nicht erlaubt ist, befasst sich das anschließende zweite Kapitel mit der Zulässigkeit unternehmensinterner Ermittlungen und wirft insbesondere die Frage nach der Existenz eines staatlichen Ermittlungsmonopols sowie der Vereinbarkeit privater Ermittlungstätigkeit mit rechtstaatlichen Prinzipien und Verfahrensgrundsätzen auf. Zudem sollen in der gebotenen Kürze gesetzliche Grenzen unternehmensinterner Ermittlungen skizziert werden. Den Schwerpunkt der vorliegenden Arbeit bildet die anschließende Untersuchung einer Pflicht zu unternehmensinternen Ermittlungen als repressiver Compliance-Pflicht. Dafür soll im dritten Kapitel zunächst der Begriff Compliance(-Pflicht) präzisiert und der inhaltliche Zusammenhang von (Criminal) Compliance und unternehmensinternen Ermittlungen dargestellt werden, bevor verschiedene Ansätze zur Herleitung einer Compliance-Pflicht zusammengefasst und diskutiert werden. Das vierte Kapitel setzt sich schließlich mit der normativen Begründung einer Pflicht zur Einleitung unternehmensinterner Ermittlungen auseinander und beleuchtet vor allem verschiedene als Ansatzpunkt dienende Vorschriften des Gesellschaftsrechts sowie die Bußgeldvorschrift in § 130 OWiG. Dabei soll auch ein Blick auf die Rechtsprechung zu Aufklärungspflichten von Unternehmensleitern gerichtet werden. Abschließend soll im fünften und letzten Kapitel der Versuch unternommen werden, die Auslöser einer Ermittlungspflicht zu präzisieren, bestehende Entscheidungsspielräume des Vorstandes insbesondere unter dem Gesichtspunkt drohender Selbstbelastung herauszuarbeiten und anhand bestimmter Konstellationen den Pflichtadressaten Entscheidungshilfen an die Hand zu geben.

1. Kapitel: Unternehmensinterne Ermittlungen

A. Hintergrund und Zweck interner Ermittlungen

I. Unternehmensinterne Ermittlungen – Ein neues Phänomen?

Entgegen der verbreiteten öffentlichen Wahrnehmung in der Bundesrepublik sind unternehmensinterne Ermittlungen keineswegs eine „neue Erfindung", sondern bereits seit Langem eine strategische Maßnahme zahlreicher Großunternehmen, um interne Missstände möglichst geräuschlos, ohne öffentlichen Druck und Mitwirkung der staatlichen Strafverfolgungsorgane, aufzudecken und nach Analyse der Ermittlungsergebnisse die festgestellten Schwachstellen zu eliminieren sowie die betroffenen Einrichtungen und Abläufe zu optimieren.

1. Entstehung und Rezeption in den USA

Anders als in Deutschland spielen unternehmensinterne Ermittlungen im US-amerikanischen Rechtsraum bereits seit der zweiten Hälfte des 20. Jahrhunderts eine zunehmend große Rolle. Dies war und ist vor allem dem dort herrschenden verwaltungs- und strafrechtlichen Sanktionssystem geschuldet, das seit Langem für Unternehmen selbst enorme Kriminalstrafen und Geldbußen vorsieht und gleichzeitig ein Anreizsystem enthält, das Mitwirkungsbemühungen und Kooperation von Unternehmen bei der Aufklärung von Compliance-Verstößen in erheblichem Maße „belohnt".[10] Betroffene Unternehmen sehen sich hier zum Teil von Strafzahlungen in Millionen- und sogar Milliardenhöhe bedroht,[11] die sie durch eigene Aufklärungsbemühungen nicht nur deutlich mildern, sondern denen sie im Extremfall auch ganz entgehen können.[12] Damit ist nicht nur die Strafandrohung, sondern auch der Handlungsspielraum der US-amerikanischen Verfolgungsbehörden immens.[13]

Eine tragende Rolle hierbei spielt die für die Wertpapieraufsicht zuständige *US Securities and Exchange Commission (SEC)*, eine oberste Bundesbehörde mit Sitz in New York und Washington, D.C., die ihre Rechtsgrundlage in § 4

---

10 Dazu *Klaas*, Interne Untersuchungen und Informationsaustausch, S. 26 ff.

11 *Jahn*, StV 2009, 41 Fn. 10.

12 *Wagner*, CCZ 2009, 8 (9).

13 *Knauer/Buhlmann*, AnwBl 2010, 387 (387).

des Securities Exchange Act findet.[14] Diese wendet sich bei Anhaltspunkten für Unregelmäßigkeiten an die betroffenen Unternehmen und fordert diese zur umfänglichen internen Aufarbeitung der Geschehnisse auf.[15] Angestoßen wurde dieses Vorgehen durch zahlreiche Bilanzskandale in den 1960er Jahren, in deren Folge die SEC innovative und effiziente Kontrollstrategien im Hinblick auf die Einhaltung des Wertpapierrechts suchte.[16] Als sich die Praxis der oktroyierten oder – in zunehmendem Maße – von Unternehmensseite selbst angeregten unternehmensinternen Ermittlungen als erfolgreiche und dabei für die Behörde ressourcenschonende Aufsichtsmaßnahme erwies, etablierte sich diese als Standardauflage der SEC.[17] Als Katalysator wirkten dabei die Korruptionsvorwürfe gegenüber Unternehmen im Rahmen der Watergate-Affäre und des daraufhin in Kraft getretenen Foreign Corrupt Practices Act (FCPA) von 1977, ein US-amerikanisches Bundesgesetz, das unter anderem Sachverhalte grenzüberschreitender Korruption regelt und Unternehmen zur Einrichtung entsprechender Kontrollmechanismen verpflichtet.[18] Als Reaktion auf spektakuläre Bilanzskandale[19] trat in den USA zudem im Jahre 2002 der Sarbanes-Oxley-Act (SOA)[20] in Kraft, der US-börsennotierte Unternehmen adressiert und in erster Linie Regelungen zur Rechnungslegung, Abschlussprüfung, Finanzberichterstattung, zu unternehmensinternen Berichtspflichten sowie Transparenz- und Meldepflichten enthält.

Veranlasst durch einen konkreten Einzelfall veröffentlichte die SEC das schon länger praktizierte und aus ihrer Sicht bewährte Vorgehen im sog.

14 Näher zu Funktion und Vorgehen der SEC *Rödiger*, Strafverfolgung von Unternehmen, S. 196 ff.

15 *Knauer/Buhlmann*, AnwBl 2010, 387 (387).

16 *Behrens*, RIW 2009, 22 (24).

17 *Behrens*, RIW 2009, 22 (24).

18 Abrufbar unter https://www.justice.gov/criminal-fraud/foreign-corrupt-practices-act (zuletzt abgerufen am 21.02.2021). Dazu eingehend *Rödiger*, Strafverfolgung von Unternehmen, S. 139 ff.

19 Auslöser war vor allem der Fall des Energiekonzerns Enron, der infolge fortgesetzter Bilanzfälschungen im Jahr 2001 Konkurs anmelden musste, und der damit einhergehende Vertrauensverlust der Anleger in die Kapitalmärkte. Näher *Menzies*, SOA, S. 7 ff.

20 Sarbanes-Oxley-Act v. 30.07.2002, Pub. L. No. 107-204, 116 Stat. 745, abrufbar unter https://www.govinfo.gov/content/pkg/COMPS-1883/pdf/COMPS-1883.pdf (zuletzt abgerufen am 21.02.2021).

Leon-Meredith-Report,[21] einer informativen Veröffentlichung der Behörde (ohne verbindlichen Rechtscharakter) zur künftigen Verwaltungspraxis bei Hinweisen auf Wertpapier-Compliance-Verstöße. Neben der allgemeinen Darstellung von relevanten Kriterien hinsichtlich der Ermessensentscheidung bei der Verfolgung und Ahndung – etwa Umfang, Dauer und Intensität der Normverstöße – wird in den Leitlinien insbesondere die Rolle unternehmensinterner Ermittlungen hervorgehoben.[22]

Ähnliches ergibt sich aus den 1991 in Kraft getretenen United States Sentencing Commission's Guidelines for the Sentencing of Organizations als Teil der US Sentencing Guidelines (USSG).[23] Diese Richtlinien regeln die Strafzumessung bei der Bestrafung von Unternehmen für kriminelles Verhalten einheitlich und sehen etwa vor, dass Unternehmen bei interner Aufklärung und eigenständiger Anzeige der Taten sowie bei voller Kooperation mit den staatlichen Behörden mit einem reduzierten Strafrahmen rechnen können.[24]

Neben der SEC ist regelmäßig, soweit strafrechtliche Vorwürfe gegen Unternehmen bestehen, das Justizministerium der Vereinigten Staaten (Department of Justice – DOJ) mit der Untersuchung von Verstößen befasst. Dessen Richtlinien und Verfolgungspraxis sehen ebenso wie die für die SEC maßgeblichen Vorschriften vor, dass Unternehmen im Rahmen einer Kooperation mit den staatlichen Behörden vollständige Aufklärungsarbeit von Compliance-Vorfällen zu leisten haben.[25] Auch bei der – häufig in Zusammenarbeit mit der SEC stattfindenden – Verfolgung durch das DOJ erlangen unternehmensinterne Ermittlungen vor dem Hintergrund des enormen Ermessensspielraums des Ministeriums bzgl. Anklageerhebung und Strafzumessung große Bedeutung.[26]

---

21 Statement on the Relationship of Cooperation to Agency Enforcement Decisions, Release Nr. 44969 v. 23.10.2001, abrufbar unter https://www.sec.gov/litigation/investreport/34-44969.htm (zuletzt abgerufen am 21.02.2021). Dazu *Wewerka*, Internal Investigations, S. 74 f.; *Behrends/Müller-Tronnier/Zeidler*, Kreditwesen 2013, 776 (776 f.).

22 Zum Inhalt der aufgestellten Richtlinien *Rödiger*, Strafverfolgung von Unternehmen, S. 204 f.

23 Abrufbar unter www.ussc.gov.

24 § 8 C 2.5.(g) USSG.

25 Vgl. etwa das Schreiben des Generalstaatsanwalts Larry D. Thompson v. 20.01.2003 („Thompson Memorandum"), das schließlich durch das sog. „McNulty Memorandum" v. 12.12.2006 ersetzt wurde, abrufbar unter https://www.justice.gov/sites/default/files/dag/legacy/2007/07/05/mcnulty_memo.pdf (zuletzt abgerufen am 21.02.2021). Dazu *Klaas*, Interne Untersuchungen und Informationsaustausch, S. 28 f.

26 *Behrens*, RIW 2009, 22 (25 f.); *Rödiger*, Strafverfolgung von Unternehmen, S. 107 ff.

2. Entwicklung in Deutschland

Auch in Deutschland finden unternehmensinterne Ermittlungen etwa seit Beginn der 2000er Jahre immer weitere Verbreitung und Institutionalisierung. Früher gab es noch äußerst selten sog. Compliance-Organisationen, die solche Untersuchungen initiierten und durchführten; stattdessen wurde die Sachverhaltsaufklärung meist durch die interne Revision in Gang gesetzt und koordiniert.[27] Ihren Anstoß mag die Etablierung unternehmensinterner Ermittlungen in der Bundesrepublik darin gefunden haben, dass die US-amerikanischen Strafgesetze – insbesondere der FCPA – auch für deutsche Unternehmen mit US-Bezug Anwendung finden. Für die Anwendbarkeit des FCPA genügt es, wenn ein deutsches Unternehmen US-börsennotiert oder sonst im Hoheitsgebiet der Vereinigten Staaten wirtschaftlich tätig ist.[28] Infolge der Anwendbarkeit von US-Gesetzen droht den deutschen Unternehmen eine Verfolgung nicht nur durch deutsche, sondern auch durch US-amerikanische Behörden wie die SEC.

Das im Kern weitgehend unveränderte Vorgehen bei der unternehmensinternen Sachverhaltsaufklärung wird heutzutage nicht nur immer häufiger durch die betroffenen Unternehmen selbst praktiziert, sondern ist – angetrieben durch spektakuläre Korruptionsskandale wie bei MAN und Siemens[29] – auch verstärkt in das Bewusstsein der anwaltlichen Beratungspraxis und des wissenschaftlichen Diskurses gerückt.[30] Vor allem seit Bekanntwerden der Siemens-Korruptionsaffäre, nachdem zahlreiche US-amerikanische Ermittler der SEC im Stile von „Großrazzien" sehr umfangreiche Untersuchungen bei Siemens durchgeführt hatten, beschäftigt sich die Rechtswissenschaft auch in Deutschland vertieft mit Verfahrensfragen der internen Ermittlungen und der Verwertbarkeit derart intern erlangter Beweise in (anschließenden) staatlichen Strafverfahren.[31]

---

27 *Taschke/Schopp* in Rotsch, Criminal Compliance, § 34 Rz. 85.

28 Näher *Rödiger*, Strafverfolgung von Unternehmen, S. 212.

29 Zu dem Fall MAN Manager Magazin online v. 10.12.2009; FAZ.net v. 23.11.2009; Spiegel online v. 19.09.2012; zu dem Fall Siemens *Bachmann* in Fleischer/Thiessen, Gesellschaftsrechts-Geschichten, § 22, S. 691 ff.; *Gehrmann*, Zeit online v. 15.03.2008; *Deckstein*, Spiegel Online v. 29.04.2008; *Balser/Ott*, Süddeutsche.de v. 17.05.2010.

30 *Wilkens*, Internal Investigations, S. 43 ff.

31 Vgl. nur die in den letzten Jahren erschienenen Dissertationen mit konkretem Bezug zu den Korruptionsfällen Siemens und MAN, etwa *Reeb*, Internal Investigations (2011); *Rödiger*, Strafverfolgung von Unternehmen, Internal Investigations und strafrechtliche Verwertbarkeit von „Mitarbeitergeständnissen" (2012); *Wewerka*, Internal Investigations (2012); *Lenze*, Compliance, Internal Investigations und Beschuldigtenrechte (2014).

Gerade diese schwierigen und kontrovers diskutierten juristischen Probleme haben zur Etablierung einer zunehmend auch in Deutschland nachgefragten Dienstleistungssparte geführt: Sogenannte Forensic Services- oder Forensic Investigations-Abteilungen in Großkanzleien beraten und unterstützen betroffene Unternehmen bei der internen Aufklärung verdächtiger Sachverhalte.[32] Die Bedeutung, die die Praxis sowie die öffentliche Wahrnehmung dem Begriff Compliance und den zugehörigen unternehmensinternen Ermittlungen beimisst, ist vor allem seit der bereits erwähnten Siemens-Affäre enorm gestiegen. So erwähnt auch der Deutsche Corporate Governance Kodex (DCGK), ein Regelwerk, das Hinweise und Empfehlungen für börsennotierte Unternehmen im Hinblick auf eine gute Corporate Governance enthält, (deklaratorisch) den Begriff Compliance erst seit 2007.[33] Ungefähr ab diesem Zeitpunkt begann auch die intensivere Auseinandersetzung der Literatur mit Compliance-Themen.[34]

Einen nicht unerheblichen Beitrag zur Relevanz von Criminal Compliance im Allgemeinen und zur Verbreitung unternehmensinterner Ermittlungen im Speziellen leistete auch die höchstrichterliche deutsche Rechtsprechung.[35] Diese wandte sich schrittweise durch Meilenstein-Entscheidungen wie das „Lederspray-Urteil" von 1990[36] ab von der traditionellen „bottom up"- und hin zur modernen „top down"-Zurechnung und stellte damit die Unternehmensleitung zunehmend in den Fokus von originärer (strafrechtlicher) Verantwortung.[37] Erst diese Verlagerung beschwor die Dringlichkeit der Enthaftung der Leitungsebene – durch Abwälzung von Verantwortung auf einzelne Unternehmensangehörige und Mitarbeiter[38] – herauf und schuf den Nährboden für

32 *Salvenmoser/Schreier* in Achenbach/Ransiek/Rönnau, 15. Teil Rz. 1; *Behrens*, RIW 2009, 22 (22f.).

33 *Wewerka*, Internal Investigations, S. 9 spricht missverständlich von einer Legaldefinition. Der DCGK stellt jedoch keine Rechtsquelle dar, er hat lediglich unverbindlichen, informativ-empfehlenden Charakter (vgl. auch S. 124 ff.).

34 *Ott/Klein*, AG 2017, 209 (216 f.) mit Verweis auf das 2007 erstmals erschienene Compliance-Handbuch von *Hauschka* (heute: *Hauschka/Moosmayer/Lösler*) sowie den signifikant gestiegenen Umfang der Darstellungen zu Compliance in der aktienrechtlichen Kommentarliteratur.

35 *Rotsch* in Rotsch, Criminal Compliance, § 1 Rz. 35.

36 BGHSt 37, 106 = NJW 1990, 2560; dazu *Beulke/Bachmann*, JuS 1992, 737 ff.

37 *Rotsch*, ZIS 2010, 614 (616); *ders.* in Achenbach/Ransiek/Rönnau, 1. Teil 4. Kap. Rz. 29.

38 Kritisch zu dieser zunächst vorrangigen Zielsetzung von Criminal Compliance *Rotsch*, ZIS 2010, 614 (616).

Bestrebungen, im Wege interner Ermittlungen einzelne normwidrig handelnde Individuen zu identifizieren.[39]

Vor diesem Hintergrund verwundert es nicht, dass unternehmensinterne Ermittlungen auch für rein deutsche Sachverhalte mittlerweile eine zentrale Rolle bei der Gewährleistung der Normtreue im Unternehmen spielen. Zwar sind die zu erwartenden Sanktionen für Unternehmen bei fehlendem US-Bezug in der Regel nicht derart drastisch und die Machtstellung sowie das Ermessen der deutschen Behörden nicht mit der Situation in den USA vergleichbar. Aber auch nach deutschem Recht können dem Unternehmen oder der Unternehmensleitung auferlegte Geldbußen (§§ 30, 130 OWiG) – die durchaus in Millionenhöhe liegen können (vgl. §§ 30 Abs. 2, 130 Abs. 3 OWiG) – aufgrund positiven Nachtatverhaltens gemildert werden.[40] Darüber hinaus sieht das geplante Verbandssanktionengesetz (VerSanG) erstmals in der deutschen Rechtsgeschichte die (obligatorische!) sanktionsmildernde Berücksichtigung von präventiven und repressiven Compliance-Maßnahmen sowie einen gesetzlichen Rahmen für die Durchführung berücksichtigungsfähiger unternehmensinterner Ermittlungen vor.[41]

II. Staatliches Interesse an der Durchführung unternehmensinterner Ermittlungen

Jedenfalls im Bereich der Privatwirtschaft, in dem unternehmensinterne Ermittlungen in den vergangenen Jahren immer mehr an Bedeutung gewonnen haben, profitieren in erster Linie die Unternehmen selbst von deren Durchführung.[42] Neben den Unternehmen kann aber auch der Staat von unternehmensinternen Aufklärungsbemühungen profitieren. Während dieser primär das Ziel der Eindämmung der Wirtschaftskriminalität verfolgt, stehen ihm dazu nur begrenzte personelle und finanzielle Mittel zur Verfügung, sodass sich unternehmensinterne Aufklärungsbemühungen als ressourcenschonend darstellen.[43]

---

39 *Nienaber*, Compliancebasierte unternehmensinterne Ermittlungen, S. 41; *Rotsch*, ZIS 2010, 614 (616).

40 *Wessing* in Hauschka/Moosmayer/Lösler, § 46 Rz. 3; *Knauer/Buhlmann*, AnwBl 2010, 387 (388); zur bußgeldmindernden Wirkung von nachträglichen Bemühungen um eine Verbesserung des Compliance-Management-Systems BGH, NJW 2017, 3798 = BeckRS 2017, 114578 (Volltext).

41 BT-Drs. 19/23568. Dazu bereits Fn. 3 und nachfolgend noch S. 140 ff.

42 Dazu noch S. 43 ff.

43 *Reeb*, Internal Investigations, S. 50 f.; *Wehnert*, StraFo 2012, 253 (254 f.); *Knierim*, StV 2009, 324 (328).

Gerade im hochkomplexen Bereich der Wirtschaftskriminalität innerhalb von Unternehmen bzw. aus Unternehmen heraus stoßen die staatlichen Strafverfolgungsorgane regelmäßig aufgrund ihrer Informations(zugriffs)defizite und erheblicher Beweisschwierigkeiten schnell an ihre Grenzen, wenn es darum geht, Kompetenzen, Strukturen und Zusammenhänge in Großunternehmen zielgerichtet zu analysieren.[44] Die aus staatlicher Perspektive im Fokus stehende Kriminalprävention sowie der grundsätzlich in staatlicher Hand liegende Rechtsgüterschutz der Allgemeinheit sind als Reflexwirkung somit ebenfalls Ausfluss unternehmensinterner Ermittlungen, auch wenn diese Zwecke aus Unternehmenssicht lediglich einen Nebeneffekt darstellen.[45]

B. Begriff der unternehmensinternen Ermittlungen

Durch unternehmensinterne Ermittlungen oder auch Compliance-Ermittlungen[46] sollen meist Verhaltensweisen von Unternehmensorganen oder Mitarbeitern aufgeklärt werden, von denen das Unternehmen vermeintlich profitiert, die aber gegen geltende Gesetze oder interne Regeln verstoßen und womöglich Außenstehende schädigen (am häufigsten: Korruptionsdelikte, Betrug und kartellrechtswidrige Handlungen).[47] Gelegentlich sind auch unmittelbar gegen das Unternehmen selbst gerichtete Straftaten (insb. Untreue)[48] oder eigennützige Straftaten von Angestellten Gegenstand einer unternehmensinternen Untersuchung.

Da der Begriff in Deutschland nicht legaldefiniert ist, werden im Schrifttum – z.T. unter Rückgriff auf die US-amerikanischen Wurzeln – verschiedene Elemente genannt, die eine unternehmensinterne Ermittlung typischerweise ausmachen. Diese Elemente sollen im Folgenden näher beleuchtet werden.

I. Ermittlungen im Unternehmen

Zunächst ist festzuhalten, dass es sich um Ermittlungen handelt, die innerhalb eines (privatrechtlich organisierten) Unternehmens stattfinden. Unternehmen

---

44 *Reeb*, Internal Investigations, S. 52 ff.; *Theile* in Rotsch, Criminal Compliance, § 34 B Rz. 57 m.w.N.

45 Auf Criminal Compliance allgemein bezogen *Kölbel*, ZStW 125 (2013), 499 (502 ff.).

46 Vgl. die Überschrift bei *Lenze*, Compliance, S. 67.

47 *Sahan* in Kuhlen/Kudlich/Ortiz de Urbina, S. 171 (172).

48 *Wehnert*, StraFo 2012, 253 (254); *Sahan* in Kuhlen/Kudlich/Ortiz de Urbina, S. 171 (172).

sind dabei grundsätzlich unabhängig von ihrer Gesellschaftsform (etwa AG, GmbH oder Personengesellschaft) und ihrer Trägerschaft (etwa rein privat oder mehrheitlich bzw. rein öffentlich-rechtlich) erfasst, wobei sich diese Arbeit nur auf die AG als Gesellschaft fokussiert.

II. Initiierung durch das Unternehmen

Die Aufklärungsmaßnahmen werden nicht durch die staatlichen Strafverfolgungsorgane, sondern durch dem Unternehmen angehörige Privatpersonen initiiert.

1. Zuständige Organe und Personen

Das Merkmal der Initiierung durch Privatpersonen ist dahingehend einzuschränken, dass nicht jede Aufklärungsmaßnahme, die irgendein Unternehmensmitarbeiter ergreift bzw. in Gang setzt, eine unternehmensinterne Ermittlung darstellt. Durchsucht ein Vertriebssachbearbeiter das Büro seines Kollegen, weil er mitbekommen hat, dass dieser großzügige korruptionsverdächtige Geschenke an Geschäftspartner des Unternehmens macht, ist dieser Alleingang noch keine unternehmensinterne Ermittlung. Gleiches gilt, wenn er nicht selbst das Büro des möglicherweise verdächtigen Kollegen durchsucht, sondern andere Mitarbeiter dazu anstiftet, dies zu tun und ihm ggf. anschließend Bericht über die gewonnenen Erkenntnisse zu erstatten.

Entscheidend für den hier verwendeten Begriff der internen Ermittlung ist: Der die Ermittlung anstoßende Angehörige des Unternehmens muss entweder selbst Mitglied der Unternehmens- oder Institutionsleitung, also etwa Vorstandsmitglied, oder ein vom Leitungsorgan mit derartigen Aufgaben und Kompetenzen ausgestatteter Mitarbeiter (z.B. Compliance-Beauftragter) sein. Denn die originäre Compliance-Verantwortung liegt und bleibt immer bei der Geschäftsleitung, in der Aktiengesellschaft also beim Vorstand.[49] Aus diesem Grund sind auch Aufklärungsbemühungen des Aufsichtsrats, die dieser zwecks Verfolgung gesellschaftsrechtlicher Ansprüche gegen den Vorstand anstrengt, keine unternehmensinternen Ermittlungen im hier verstandenen Sinne.[50]

---

49 *Schulz/Galster* in Bürkle/Hauschka, Der Compliance Officer, § 4 Rz. 23. Zur Compliance-Verantwortung S. 26 f.

50 Ein weiteres Verständnis unternehmensinterner Ermittlungen findet sich etwa bei *Wilkens*, Internal Investigations, S. 53, vgl. auch dort S. 209 ff.

2. *Beherrschung des Ablaufs durch Initiatoren*

Während im staatlichen Strafverfahren die Staatsanwaltschaft unter Zuhilfenahme der polizeilichen Ermittlungspersonen stets „Herrin des Verfahrens“ ist, werden unternehmensinterne Ermittlungen durch die privaten Initiatoren beherrscht, das heißt die zuständigen Organwalter oder Mitarbeiter können die internen Ermittlungen nach ihrem Willen in Gang setzen, ablaufen lassen, beschleunigen, unterbrechen und beenden.

Die unternehmensinterne Sachverhaltsaufklärung ist auch dann keine staatliche Ermittlung, wenn sie parallel zu einer solchen stattfindet oder – und dies ist der praktisch häufigere Fall – einer solchen zeitlich vorgeschaltet ist. Vielmehr verbleibt es dabei, dass beide Ermittlungsaufträge getrennt zu betrachten sind. Dies gilt unverändert, wenn die gefundenen Ermittlungsergebnisse an die Staatsanwaltschaft weitergeleitet und damit ggf. ein staatliches Strafverfahren erst initiiert wird.[51]

III. Durchführung durch Mitarbeiter des Unternehmens oder durch beauftragte Externe

Der verdächtige Sachverhalt wird bei unternehmensinternen Ermittlungen unmittelbar durch Personen aufgeklärt, die dabei nicht als staatliche Strafverfolgungsorgane tätig werden.[52] Eigene personelle Ressourcen des Unternehmens können grundsätzlich ebenso mit der Aufklärung beauftragt werden wie externe Anwaltskanzleien bzw. Wirtschaftsprüfungsgesellschaften, Letzteres, ohne dass sich etwas an der begrifflichen Einordnung als *interne* Ermittlungen (als Gegenstück zu Ermittlungen der staatlichen Strafverfolgungsbehörden) ändert.[53] Bei

---

51 Kritisch zu diesem Vorgehen *Wehnert* in Kempf/Lüderssen/Volk, Ökonomie versus Recht im Finanzmarkt? S. 137; *dies.*, StraFo 2012, 253.

52 *Nienaber*, Compliancebasierte unternehmensinterne Ermittlungen, S. 47 f. plädiert deswegen aus terminologischen Klarstellungsgründen für eine bevorzugte Verwendung des Begriffs „Untersuchungen“ statt des mit staatlichen Ermittlungsbehörden assoziierten Begriffs „Ermittlungen“.

53 *Rotsch* in Rotsch, Criminal Compliance vor den Aufgaben der Zukunft, S. 3 (13 f.); *Wessing* in Hauschka/Moosmayer/Lösler, § 46 Rz. 74, Fn. 156: Hinzuziehung externer Berater kein elementares Kriterium für interne Ermittlungen; klarstellend *Oesterle*, Beschlagnahme anwaltlicher Unterlagen, S. 55 f.: kein rechtlicher Zwang, sich bei Internal Investigations eines Rechtsanwalts zu bedienen; a.A. *Fuhrmann*, NZG 2016, 881 (886); abweichend auch *Knierim*, StV 2009, 324 (328): i.d.R. durch unternehmensfremde Sonderbeauftrage oder Sonderermittler.

den unternehmenseigenen Ermittlern kann es sich um Mitarbeiter oder – in seltenen Fällen – um die initiierenden Organwalter selbst (etwa Vorstandsmitglieder) handeln.

IV. Anlassbezogenheit

Unternehmensinterne Ermittlungen finden statt, soweit ein hinreichender Anfangsverdacht bei den Compliance-Verantwortlichen besteht.[54] Im Gegensatz zu regelmäßig erfolgenden Routine-Kontrollen zur stichprobenartigen Überprüfung der Regeleinhaltung im Unternehmen sind unternehmensinterne Ermittlungen stets anlassbezogen.[55] Erst hierdurch werden sie zur „repressiven Facette der Compliance“[56], die sich deutlich von dem rein präventiven Charakter rein vorbeugender Kontrollen abhebt.

Im Allgemeinen sollen im Zuge interner Untersuchungen nicht nur strafrechtlich relevante Gesetzesverletzungen, sondern alle compliance-relevanten Regelverletzungen innerhalb des Unternehmens erforscht werden.[57] Im Rahmen der Criminal Compliance, die speziell auf die Einhaltung strafrechtlicher Normen abzielt,[58] steht die Aufklärung begangener Straftaten bzw. Ordnungswidrigkeiten im Fokus. Da zum Zeitpunkt der Einleitung interner Ermittlungen in aller Regel gerade noch nicht abschließend feststeht, ob es sich bei den aufzuklärenden Unregelmäßigkeiten um reine zivil- oder öffentlichrechtlich relevante Regelverstöße oder straf- bzw. bußgeldbewehrtes Verhalten handelt, kann ein Bezugspunkt des Anlasses insoweit nicht klar definiert werden.

In der Unternehmenspraxis bieten Hinweise auf strafrechtlich relevantes Verhalten wohl am häufigsten Anlass zur Einleitung unternehmensinterner Ermittlungen.[59] Soweit vereinzelt der Begriff der unternehmensinternen Untersuchung auf die „Aufklärung von Pflichtverletzungen der Unternehmensleitung“[60] verengt wird, ist dem entgegenzuhalten, dass Unternehmensleiter als

54 *Behrens*, RIW 2009, 22 (22); *Momsen*, ZIS 2011, 508 (511); *Reeb*, Internal Investigations, S. 4. Zum Verdachtsgrad näher S. 210 ff.

55 *Rotsch* in Achenbach/Ransiek/Rönnau, 1. Teil 4. Kap. Rz. 58; *Knierim*, StV 2009, 324 (328).

56 So *Momsen*, ZIS 2011, 508 (511); vgl. auch *Nestler* in Internal Investigations, Kap. 1 Rz. 22.

57 *Nestler* in Internal Investigations, Kap. 1 Rz. 24.

58 Zu Begriff und Gegenstand der Criminal Compliance näher S. 81 f.

59 *Nestler* in Internal Investigations, Kap. 1 Rz. 24.

60 *Mengel/Ullrich*, NZA 2006, 240.

Compliance-Verantwortliche häufig gerade nicht die Aufdeckung von (Aufsichts-)Pflichtverletzungen, sondern vielmehr das Aufzeigen individuellen Fehlverhaltens durch einzelne Mitarbeiter im Sinne haben.[61] (Zwischen-)Ziel ist dabei in zahlreichen Fällen die Enthaftung von Leitungsorganen, aber auch die Überführung und ggf. Sanktionierung von Unternehmensangehörigen.[62] Unter diesem Blickwinkel erscheint die Ausklammerung von Verdachtsmomenten, die auf das normwidrige Verhalten einzelner Mitarbeiter schließen lassen, nicht sachgerecht.

Anhaltspunkte für Regelverletzungen können aus den unterschiedlichsten Quellen herrühren. Zum einen werden Hinweise oft durch Mitglieder von Unternehmensorganen, Anteilseigner oder Mitarbeiter aller Ebenen an die Compliance-Verantwortlichen herangetragen.[63] Diese internen Hinweisgeber, die Missstände im Unternehmen aufdecken, werden häufig als sog. „Whistleblower", das heißt als anonyme und speziellem Schutz unterliegende Informanten, tätig.[64] Ausgangspunkt können etwa Unregelmäßigkeiten der Rechnungslegung, ungewöhnliche Umsatzentwicklungen, Rücküberweisungen von Schmiergeldzahlungen oder „Nachlässigkeiten" jeglicher Art der Verdächtigen sein. Zum anderen machen gelegentlich auch Unternehmensexterne wie Kunden, Vertragspartner, konkurrierende Unternehmen, die Presse oder staatliche Behörden auf mögliche Gesetzesverstöße aufmerksam.[65]

Wie *konkret* die Anhaltspunkte für einen entsprechenden Verdacht sein müssen, bzw. ab wann überhaupt von einem Verdacht auf Regelverletzungen im Unternehmen gesprochen werden kann, ist an späterer Stelle in dieser Arbeit zu untersuchen.[66]

---

61 So auch *Knierim*, StV 2009, 324 (327): „Interne Kontrollen sind in aller Regel […] nur auf die Aufdeckung von Verstößen im unteren oder mittleren Management ausgerichtet […]".

62 Dazu auch S. 43 ff., S. 59.

63 *Dann*, AnwBl 2009, 84 (85) („Optimalfall für das Unternehmen").

64 Dazu *Scharnberg*, Illegale Internal Investigations, S. 32 ff. Vgl. auch die RL (EU) 2019/1937 des Europäischen Parlaments und des Rates vom 23. Oktober 2019 zum Schutz von Personen, die Verstöße gegen das Unionsrecht melden, deren Umsetzungsfrist am 17.12.2021 ablief.

65 *Reeb*, Internal Investigations, S. 4, Fn. 29.

66 S. 210 ff.

V. Trennung von staatlichem Ermittlungsverfahren

Als weiteres Merkmal unternehmensinterner Ermittlungen wird z.T. der grundsätzlich erforderliche Zusammenhang mit einem drohenden oder bereits laufenden staatlichen Verfahren wegen der betreffenden Regelverstöße genannt.[67] Gemeint sind in erster Linie Straf- und Bußgeldverfahren[68] bzw. zukünftig wohl auch Verbandssanktionsverfahren. Denkbar sind außerhalb des reinen Criminal-Compliance-Bereichs aber alle staatlichen Verfahren mit dem Ziel der Unrechtsreaktion.[69] Die im Raum stehenden staatlichen Sanktionen müssen nicht zwingend von deutschen Behörden ausgehen, sondern können auch durch ausländische Stellen wie etwa die SEC verhängt werden.[70]

Fraglich ist, was genau mit diesem Kriterium der Korrelation mit einem staatlichen Sanktionsverfahren zur Umschreibung einer internen Untersuchung gemeint ist bzw. welche Fälle es auszuklammern beabsichtigt. Dass unternehmensinterne Ermittlungen nur in Zusammenhang mit einer möglicherweise begangenen Straftat bzw. einer im Unternehmen erfolgten Regelverletzung durch einen Mitarbeiter oder ein Leitungsorgan erfolgen,[71] wird bereits durch die Erforderlichkeit eines entsprechenden Verdachts impliziert. Denkbar bliebe eine Orientierung an dem Zweck der internen Ermittlungen, den staatlichen (Strafverfolgungs-)Behörden zuzuarbeiten und hiervon etwa im Rahmen von Sanktionsmilderungen zu profitieren.

1. Sanktionsmilderungen nur Teilzweck

Berücksichtigt man allerdings, dass unternehmensinterne Ermittlungen nicht immer und nicht ausschließlich derartige Ziele verfolgen,[72] erscheint es wenig sinnvoll, per Definition solchen Aufklärungsbemühungen die Qualität einer unternehmensinternen Ermittlung abzusprechen, die überwiegend

---

67 *Behrens*, RIW 2009, 22; *Momsen*, ZIS 2011, 508 (511); *Knierim* in Wabnitz/Janovsky/Schmitt, Kap. 5 Rz. 13; *Scharnberg*, Illegale Internal Investigations, S. 27.

68 *Knierim* in Wabnitz/Janovsky/Schmitt, Kap. 5 Rz. 13.

69 Explizit *Nestler* in Internal Investigations, Kap. 1 Rz. 27, 36; wohl auch *Behrens*, RIW 2009, 22 sowie ihm folgend *Momsen*, ZIS 2011, 508 (511), die offen von „staatlichen Verfahren" sprechen.

70 *Nestler* in Internal Investigations, Kap. 1 Rz. 27.

71 In diesem Sinne interpretiert wohl *Nestler* in Internal Investigations, Kap. 1 Rz. 27 das Kriterium des Zusammenhangs mit einem (drohenden) staatlichen Verfahren.

72 Zu den vielfältigen Zwecken von unternehmensinternen Ermittlungen aus Unternehmenssicht S. 43 ff.

zur Identifizierung von Compliance-Lücken und Optimierung betriebsinterner Abläufe erfolgen. Regelmäßig haben Unternehmen primär den Schutz des Unternehmens vor negativen Konsequenzen regelwidrigen Mitarbeiterverhaltens im Hinblick auf zivilrechtliche Haftungsrisiken, den Verlust von Vertragspartnern oder wirtschaftliche Nachteile vor Augen.[73] Die aus dieser Motivlage eingeleiteten Aufklärungsmaßnahmen fallen trotzdem unter den Begriff der unternehmensinternen Ermittlung, zumal vor Abschluss der Ermittlungen oft gar nicht feststeht, ob strafrechtliche Vorwürfe im Raum stehen, geschweige denn sich erhärten.

2. *Relevanz des Entdeckungsrisikos*

Soweit das Kriterium auf die Gefahr abzielt, dass staatliche Stellen Kenntnis von den entsprechenden Verdachtsmomenten erhalten und infolgedessen das Fehlverhalten ahnden bzw. unternehmensbezogene Sanktionen aussprechen, wären in logischer Konsequenz Fälle mit sehr geringer unternehmensexterner Entdeckungswahrscheinlichkeit ausgenommen. Konstellationen, in denen aufgrund komplexer Kompetenzverteilung und undurchsichtiger Betriebsstrukturen das Risiko einer (zeitnahen) eigenständigen Entdeckung der Missstände im Unternehmen durch Externe nahezu gegen Null geht, dürften jedoch in der Unternehmenspraxis nicht untypisch sein. Daher erscheint es wenig sinnvoll, solche Sachverhalte aus dem Begriff der unternehmensinternen Ermittlungen auszuklammern. Aufklärungsbemühungen werden seitens des Unternehmens regelmäßig – und zu Recht – bereits dann zum Zwecke der „Selbstreinigung" ergriffen, wenn (noch) keine Aufmerksamkeit der staatlichen Behörden bevorsteht.[74]

Nach hiesigem Verständnis sind der Zusammenhang der unternehmensinternen Untersuchungen mit einem staatlichen Verfahren bzw. das Entdeckungsrisiko durch staatliche Behörden somit keine geeigneten Kriterien für die Bestimmung des Begriffs der unternehmensinternen Ermittlungen. Betont werden sollte vielmehr, dass unternehmensinterne Untersuchungen regelmäßig getrennt und unabhängig von einer etwaigen laufenden staatlichen Ermittlungstätigkeit durchgeführt und daher ohne (drohenden) staatlichen Druck initiiert werden.[75]

---

73 S. 43 ff.

74 *Grützner* in Momsen/Grützner, HdB-WiStrafR, § 16 Rz. 78.

75 *Nienaber*, Compliancebasierte unternehmensinterne Ermittlungen, S. 52 f.; *Rotsch* in Achenbach/Ransiek/Rönnau, 1. Teil 4. Kap. Rz. 58; *ders.* in Rotsch, Criminal Compliance vor den Aufgaben der Zukunft, S. 3 (13 f.).

VI. Zweckrichtung der Ermittlungen

Nicht jede anlassbezogene Ermittlungstätigkeit innerhalb eines Unternehmens durch zuständige Personen kann als unternehmensinterne Ermittlung qualifiziert werden. Offensichtlich dürfte sein, dass beispielsweise Maßnahmen, die ausschließlich zum Zwecke der Schikane oder des Mobbings einzelner Mitarbeiter erfolgen, nicht erfasst sind. Daher sind im Folgenden die Zwecke näher zu untersuchen, die Aufklärungsbemühungen in Unternehmen erst als unternehmensinterne Ermittlungen qualifizieren.

1. Wahrheitsermittlung als Zwischenziel

Unternehmensinterne Ermittlungen verfolgen zunächst den Zweck, Sachverhalte aufzuklären, die auf mögliche Verstöße gegen Gesetze und Unternehmens- oder Verwaltungsrichtlinien durch Mitarbeiter hinweisen, im hier interessierenden Zusammenhang mit Criminal Compliance also insbesondere strafrechtliche Relevanz entfalten können.[76] Trotzdem ist es zu kurz gegriffen, die reine Wahrheitsermittlung um ihrer selbst willen als (End-)Ziel des Unternehmens oder der Unternehmensleitung zu betrachten.[77] Denn die Ermittlung der Wahrheit – im Sinne des in § 244 Abs. 2 StPO verwendeten materiellen Wahrheitsbegriffs – spielt für das Unternehmen, anders als für die zur Objektivität verpflichteten staatlichen Strafverfolgungsorgane, regelmäßig keine zentrale Rolle, sondern ist allenfalls ein Nebeneffekt. Vielmehr stehen hier wirtschaftliche Interessen im Vordergrund, die zwangsläufig die Aufklärungsrichtung und die Rekonstruktion des Sachverhalts prägen.[78]

Die für die Durchführung unternehmensinterner Ermittlungen ausschlaggebenden Zwecke erschließen sich erst, wenn man nicht nur die Ermittlung an sich, sondern auch die Konsequenzen in den Blick nimmt, die interne Ermittlungen nach sich ziehen können.

---

76 Vgl. *Rotsch* in Rotsch, Criminal Compliance, § 2 Rz. 24 a.E.

77 So aber wohl *Knierim*, StV 2009, 324 (328); *Buchert*, Unternehmensinterne Befragung, S. 67.

78 *Theile/Gatter/Wiesenack*, ZStW 2014, 803 (818 f.); *Wehnert*, StraFo 2012, 253 (254); widersprüchlich *Buchert*, Unternehmensinterne Befragung, S. 67 f., nach dem interne Aufklärungsmaßnahmen zwar „naturgemäß interessengesteuert", aber gleichzeitig „auf eine vollständige Wahrheitsermittlung angelegt" seien. Dem Unternehmensinteresse sei ausschließlich im Wege einer – praktisch oft schwer realisierbaren – eingeschränkten Veröffentlichung der Ermittlungsergebnisse Rechnung zu tragen (S. 68).

2. *Schutz vor Wertverlust des Unternehmens*

Die mit unternehmensinternen Ermittlungen verfolgten Ziele der Unternehmen sind im Einzelnen vielfältig, letztlich aber alle auf das (ökonomische) Wohl der Gesellschaft[79] bzw. auf die Vermeidung oder Minderung eines Wertverlustes des Unternehmens durch normwidriges Verhalten im Unternehmen ausgerichtet.[80] Diese ökonomischen Endziele interner Ermittlungen werden im Wesentlichen über drei „Pfeiler" erreicht, die sich teilweise überschneiden und ihrerseits eng miteinander verzahnt sind: erstens die Minderung von Haftungs- und Sanktionsrisiken (a), zweitens die Vorbereitung von Zivilprozessen und Strafanzeigen (b) und drittens die Vermeidung bzw. Minderung von Reputationsschäden für das Unternehmen (c).

a) *Minderung des Haftungs- und Sanktionsrisikos für das Unternehmen bzw. die Unternehmensleitung*

Das Unternehmen bzw. die Unternehmensleitung strebt mit der Durchführung unternehmensinterner Ermittlungen regelmäßig die Vermeidung oder Milderung von Haftung oder Sanktionen verschiedener Art an. Überzeugende Aufklärungsbemühungen vonseiten des Unternehmens wirken sich in der Regel nicht nur sanktionsmildernd aus, wenn die Verhängung verwaltungsrechtlicher Maßnahmen oder empfindlicher Geldbußen gegen das Unternehmen selbst (§ 30 OWiG) im Raum steht,[81] sondern auch zugunsten der complianceverantwortlichen Unternehmensleitung und der Compliance-Beauftragten, die Gefahr laufen, wegen Organisationsmängeln oder Aufsichtspflichtverletzungen etwa nach § 130 OWiG belangt zu werden.[82] Sie können insbesondere nach Tatbegehung bzw. sogar nach Einleitung staatlicher Ermittlungen im Rahmen der Straf- bzw. Bußgeldzumessung als positives Nachtatverhalten und zukünftig

79 Zum Begriff des Gesellschaftswohls noch S. 158 ff.

80 Der Sache nach auch *Momsen*, ZIS 2011, 508 (511); *Bachmann*, ZHR 180 (2016), 563 (567).

81 Eingehend *Behrens*, RIW 2009, 22 (30 ff.); vgl. auch *Momsen*, ZIS 2011, 508 (511); *Wehnert*, StraFo 2012, 253 (254). Vgl. jüngst zur Berücksichtigung der Installation bzw. Optimierung eines Compliance-Systems bei der Bemessung einer Geldbuße nach § 30 OWiG BGH, BB 2017, 1931 m. Anm. *Behr* = BeckRS 2017, 114578 (Volltext).

82 *Knauer/Buhlmann*, AnwBl 2010, 387 (388); *Scharnberg*, Illegale Internal Investigations, S. 30; dazu hier S. 133 ff., 171 ff.

sanktionsmildernd nach §§ 15 Abs. 3 S. 2 Nr. 6 und 7 VerSanG-E[83] Berücksichtigung finden.[84]

Auch unter vergaberechtlichen Gesichtspunkten kann die Durchführung unternehmensinterner Ermittlungen honoriert werden. So darf ein Unternehmen, bei dem ein fakultativer oder obligatorischer Ausschlussgrund vorliegt (§§ 123, 124 GWB), nicht mehr vom Vergabeverfahren ausgeschlossen bzw. für künftige Vergabeverfahren gesperrt werden, wenn es darlegt, hinreichende Selbstreinigungsmaßnahmen ergriffen und im Rahmen dessen auch selbst zur Sachverhaltsaufklärung beigetragen zu haben, vgl. § 125 GWB.[85] Das Ergreifen hinreichender Selbstreinigungsmaßnahmen bewirkt außerdem eine Löschung des Unternehmens aus dem neu geschaffenen, zentral beim Bundeskartellamt geführten Wettbewerbsregister (vgl. § 8 des Wettbewerbsregistergesetzes – WRegG[86]).

Das Risiko einer Haftung bzw. Sanktionierung des Unternehmens oder der Unternehmensleitung kann verringert sich insbesondere dadurch, dass organisatorische und personelle Defizite im Unternehmen aufgedeckt und ausgemerzt werden (aa) und durch eine konsequent gelebte Compliance-Kultur Straftaten Einzelner vorgebeugt wird (bb).

aa) Organisatorische und personelle Konsequenzen im Unternehmen

Zum einen sollen durch die Aufdeckung von Normübertretungen ggf. Schwachstellen des Risiko- oder Compliance-Managements identifiziert werden.[87] Auf den Ermittlungsergebnissen aufbauend können dann etwa vorhandene Kontrollmechanismen verbessert und Lücken im Compliance-System geschlossen werden, um künftigem Fehlverhalten

---

83 Entwurf eines Gesetzes zur Stärkung der Integrität in der Wirtschaft, BT-Drs. 19/23568, S. 7 ff.

84 Allgemein in Bezug auf Maßnahmen der Criminal Compliance *Rotsch* in Rotsch, Criminal Compliance, § 1 Rz. 44.

85 Zu den Voraussetzungen und Auswirkungen einer erfolgreichen Selbstreinigung nach Kartellrechtsverstößen eingehend *Henn*, Selbstreinigung von Unternehmen, S. 113 ff., zu dem erforderlichen Umfang und Elementen der Sachverhaltsaufklärung insb. S. 127 ff.; vgl. auch *Werschmann*, Die vergaberechtliche Selbstreinigung und Schadenswiedergutmachung, S. 79 ff., zu Aufklärungsmaßnahmen insb. S. 87 f.

86 Gesetz zur Einrichtung und zum Betrieb eines Registers zum Schutz des Wettbewerbs um öffentliche Aufträge und Konzessionen v. 18. Juli 2017, BGBl. I S. 2739.

87 *Reeb*, Internal Investigations, S. 4; *Nestler* in Internal Investigations, Kap. 1 Rz. 47.

vorzubeugen und Haftungs- und Sanktionsrisiken für das Unternehmen zu minimieren.[88]

Neben organisatorischen sind regelmäßig auch personelle Maßnahmen als Konsequenz unternehmensinterner Ermittlungen angestrebt. Treten von Arbeitnehmern oder Organmitgliedern begangene Pflichtverletzungen zutage, können z.B. Ermahnungen, Abmahnungen und Kündigungen, bei geringfügigen Verstößen ggf. auch nur informative Gespräche oder Nachschulungen erfolgen.[89] Durch organisatorische und/oder personelle Umstrukturierung können die Zustände und Abläufe im Unternehmen im Hinblick auf die künftige Gewährleistung der Normkonformität optimiert werden. Neben der für das Unternehmen wirtschaftlich sinnvollen „Entfernung" oder „Unschädlichmachung" von normwidrig handelnden Mitarbeitern kann die Sanktionierung von rechtswidrig agierenden Mitarbeitern außerdem abschreckende Effekte auf die anderen Unternehmensangehörigen ausüben.[90] Das geringere Risiko von Compliance-Verstößen wiederum mindert die Gefahr für das Unternehmen und die Unternehmensleitung, zivilrechtlich für diese in Haftung genommen oder anderweitig sanktioniert zu werden.

bb) Stärkung der Glaubwürdigkeit der Unternehmenspolitik nach innen

Die konsequente Aufklärung und – sollten sich die Vorwürfe als wahr herausstellen – die angemessene Sanktionierung – von Rechtsverstößen dient außerdem dazu, dem Anschein bloßen „window-dressings" und führungspolitischer Inkonsequenz nach innen entgegenzuwirken.[91] Die Demonstration der Rechtstreue des gesamten Unternehmens anhand einer strikten „zero-tolerance"-Politik bei Normverstößen kann die Mitarbeiter unter generalpräventiven Gesichtspunkten von der Begehung (weiterer) Straftaten abhalten.[92]

---

88 *Moosmayer*, Compliance, Rz. 311; zu betriebsbezogenen Interessen auch *Kölbel*, ZStW 125 (2013), 499 (504): Es handele sich letztlich um Schadensmanagement, das sich ausschließlich an ökonomischen Belangen ausrichte. Zur Relevanz optimierender Maßnahmen bei der Bemessung einer Unternehmensgeldbuße nach § 30 OWiG BGH, BeckRS 2017, 114578.

89 *Böhm*, Non-Compliance und Arbeitsrecht, S. 209 ff.

90 Zu den präventiven Auswirkungen unternehmensinterner Ermittlungen und ihnen nachfolgenden personellen Konsequenzen noch S. 176 ff.

91 *Moosmayer*, Compliance, Rz. 311.

92 *Salvenmoser/Schreier* in Achenbach/Ransiek/Rönnau, 15. Teil Rz. 16; *Theile* in Rotsch, Criminal Compliance, § 34 B Rz. 60 f.; *Scharnberg*, Illegale Internal Investigations, S. 30 f.

Dies geschieht zum einen im Sinne „positiver Generalprävention“ durch die Stärkung des Vertrauens der Mitarbeiter in die Funktionalität der Unternehmensstrukturen und damit letztlich insgesamt in „ihr“ Unternehmen bzw. in dessen Leitung.[93] Zum anderen werden – wie bereits erwähnt – durch offen durchgeführte Ermittlungen und damit verbundene Konsequenzen für entdeckte Täter im Unternehmen andere Mitarbeiter im Sinne einer „negativen Generalprävention“ davon abgeschreckt, selbst rechtsbrüchig zu agieren, da die Entdeckungswahrscheinlichkeit als hoch und die drohenden personellen Folgen als einschneidend wahrgenommen werden.[94] Die Wahrung bzw. Stärkung der Authentizität der Unternehmenspolitik im Innenverhältnis ist – ebenso wie die aus internen Ermittlungen zu ziehenden organisatorischen und personellen Konsequenzen – kein Selbstzweck, sondern zielt auf die Senkung des Kriminalitätsrisikos in Unternehmen und damit auf verminderte Haftungs- und Sanktionierungsrisiken ab.

b) Vorbereitung von Zivilprozessen und Strafanzeigen

Daneben ergreifen Unternehmensleiter vielfach die Initiative zur internen Aufklärung verdächtiger Sachverhalte, um eine Schadensersatzklage im Rahmen eines Zivilprozesses oder eine Strafanzeige (§ 158 StPO) gegen potenzielle Täter vorzubereiten.[95]

Wurde das Unternehmen selbst geschädigt, sei es unmittelbar durch die begangene Tat oder mittelbar (etwa indem es wegen des Vergehens eines Mitarbeiters selbst sanktioniert wurde), können zivilrechtliche Ersatzansprüche der Gesellschaft gegen einzelne Arbeitnehmer[96] oder gegen pflichtwidrig handelnde Organe geltend gemacht werden.[97] Gegebenenfalls ist die Gesellschaft zum Schutz des Gesellschaftsvermögens und zum Erhalt des Unternehmenswohls sogar zur Verfolgung zivilrechtlicher Ansprüche gegen Organe oder Mitarbeiter verpflichtet.[98] In diesen Fällen dienen die unternehmensinternen

---

93 *Theile* in Rotsch, Criminal Compliance, § 34 B Rz. 61.

94 *Grützner* in Momsen/Grützner, HdB-WiStrafR, § 16 Rz. 13; *Theile* in Rotsch, Criminal Compliance, § 34 B Rz. 61.

95 *Salvenmoser/Schreier* in Achenbach/Ransiek/Rönnau, 15. Teil Rz. 15; *Knierim*, StV 2009, 324; *Reeb*, Internal Investigations, S. 4 f.

96 Hier sind je nach Grad des Verschuldens die Grundsätze zur (privilegierten) Arbeitnehmerhaftung – sog. innerbetrieblicher Schadensausgleich – beachten, dazu statt vieler *Spinner* in MüKoBGB, § 611a Rz. 821 ff. m.w.N.

97 Näher dazu *Gloeckner/Racky* in Internal Investigations, Kap. 20 Rz. 1 ff.

98 Ausgangspunkt ist hierbei die berühmte ARAG/Garmenbeck-Entscheidung des BGH (BGH, Urt. v. 21.4.1997, Az. II ZR 175/95, BGHZ 135, 244 = NJW 1997, 1926), die

Aufklärungsmaßnahmen und die darauffolgende Geltendmachung und prozessuale Durchsetzung zivilrechtlicher Ansprüche der Kompensation der finanziellen Einbußen, die das Unternehmen oder die öffentliche Einrichtung infolge des Normverstoßes erlitten hat.

Die darüber hinausgehende Erstattung einer Strafanzeige ist zwar anders als die zivilrechtliche Geltendmachung von Ersatzansprüchen nicht vom Kompensationsgedanken getragen, kann aber unter anderen Gesichtspunkten für das Unternehmen wirtschaftlich sinnvoll sein: Sie kann erstens – etwa im Wege einer staatlichen Festnahme – zur zumindest vorübergehenden Entfernung des jeweiligen Täters aus dem Unternehmen führen. Zweitens kann eine Strafanzeige, die ein staatliches Ermittlungsverfahren nach sich zieht, in die Sanktionierung des jeweiligen Täters münden, was im Hinblick auf das Unternehmen wiederum der Haftungs- und Sanktionsvermeidung bzw. -reduzierung und dem Reputationsschutz (dazu sogleich) zuträglich ist.

c) Unterbindung bzw. Begrenzung von Reputationsschäden

Der ökonomische Wert eines Unternehmens wird ganz maßgeblich von dessen Außenwirkung mitbestimmt.[99] Werden also Reputationsschäden im Zuge der Durchführung unternehmensinterner Ermittlungen abgewendet oder minimiert, schützen interne Ermittlungen das Unternehmen auch unter diesem Aspekt vor einem wirtschaftlichen Wertverlust. Ziel der Aufklärungsbemühungen wird daher regelmäßig sein, das Ansehen des Unternehmens in der Öffentlichkeit – d.h. gegenüber Behörden, (potenziellen) Vertragspartnern, Anlegern, Kunden, aber auch gegenüber der medialen Öffentlichkeit – zu stärken bzw. wiederherstellen.[100] Werden infolge von Untätigkeit der zuständigen Leitungspersonen die Staatsanwaltschaft oder andere staatliche Behörden (die im Zweifel die Staatsanwaltschaft informieren) auf Verdachtsmomente im Unternehmen aufmerksam, kann es zur Durchführung eines staatlichen Strafverfahrens kommen.

Prüfungs- und Verfolgungspflichten des Aufsichtsrats betraf, häufig aber auf ähnliche Konstellationen übertragen wird. Näher *Gloeckner/Racky* in Internal Investigations, Kap. 20 Rz. 20 ff.; zur ARAG/Garmenbeck-Entscheidung hier noch S. 161 ff.

99 *Rathgeber*, Criminal Compliance, S. 88.

100 *Salvenmoser/Schreier* in Achenbach/Ransiek/Rönnau, 15. Teil Rz. 16; *Knauer/Buhlmann*, AnwBl 2010, 387 (388); *Scharnberg*, Illegale Internal Investigations, S. 30 f.; *Nestler* in Internal Investigations, Kap. 1 Rz. 48 f.; *Potinecke/Block* in Internal Investigations, Kap. 2 Rz. 25. Näher zu den (Compliance-)Funktionen unternehmensinterner Ermittlungen S. 104.

Ein solches hat in der Regel verheerende Folgen für die öffentliche Wahrnehmung des Unternehmens.[101] Selbst wenn ein Strafverfahren (noch) nicht initiiert ist, können nach außen dringende Gerüchte über Verfehlungen des Unternehmens massive Reputationsschäden anrichten.[102] So können infolge negativer Medienberichte wichtige Vertragspartner die Zusammenarbeit pausieren oder gar aufkündigen oder sich künftige Kreditbedingungen verschlechtern. Es geht letztlich darum, bereits den Anschein (straf-)rechtswidrigen Verhaltens zu vermeiden bzw. schnellstmöglich auszuräumen.[103]

VII. Umfang und Art und Weise der Durchführung

Fraglich ist, ob die Aufklärungsmaßnahmen einen bestimmten Umfang (und wenn ja, welchen) haben oder auf eine bestimmte Art und Weise durchgeführt werden müssen, um als unternehmensinterne Ermittlungen bezeichnet werden zu können.

Naheliegend ist, dass nicht jede anlassbezogene, in einem Unternehmen stattfindende nachforschende Tätigkeit von zuständigen Unternehmensmitarbeitern, die zu den genannten Zwecken erfolgt, als unternehmensinterne Ermittlung eingeordnet werden kann. Anderenfalls wäre bereits die spontane Frage des Compliance-Beauftragten an seinen Kollegen, ob er wisse, wohin die kürzlich neu angeschafften Kugelschreiber geraten seien, eine Aufklärungsmaßnahme im Rahmen interner Ermittlungen. Der Umfang, den solche Nachforschungen erreichen müssen, um als unternehmensinterne Ermittlung zu gelten, lässt sich angesichts der Vielgestaltigkeit interner Ermittlungen nicht allgemeingültig bestimmen. Dennoch sollen nachfolgend Indizien zur Umgrenzung der im hiesigen Kontext verwendeten Begrifflichkeit unternehmensinterne Ermittlungen aufgezeigt werden.

1. *Befassung des originär compliance-verantwortlichen Organs*

Einen wesentlichen Anhaltspunkt bietet die Befassung des originär compliance-verantwortlichen Organs der Gesellschaft oder der öffentlichen Einrichtung mit

---

101 *Grützner* in Momsen/Grützner, HdB-WiStrafR, § 16 Rz. 79; *Rotsch*, ZStW 125 (2013), 481 (487).

102 Zur Reputation eines Unternehmens als Vermögenswert *Nordhues*, Haftung für Menschenrechtsverletzungen im Konzern, S. 251 ff.

103 So allgemein in Bezug auf Criminal Compliance *Rotsch* in Rotsch, Criminal Compliance, § 1 Rz. 45.

dem (potenziell) aufklärungsbedürftigen Sachverhalt.[104] Je nachdem, wie das betroffene Unternehmen bzw. die Einrichtung strukturiert ist, kann eine Person oder eine ganze Abteilung unterhalb der Leitungsebene im Wege der Delegation mit der Wahrnehmung von Compliance-Aufgaben betraut sein.

Die unmittelbare und ausnahmslose Befassung des Leitungsorgans mit allen compliance-relevanten Vorgängen wird vor allem in größeren Unternehmen höchst selten der Fall sein. Die beauftragten Mitarbeiter müssen der Unternehmensleitung regelmäßig über ihre Tätigkeit Bericht erstatten (internes Reporting).[105] Dazu zählen, soweit der Compliance-Beauftragte arbeitsvertraglich zur eigenmächtigen Initiierung und Durchführung von Aufklärungsmaßnahmen befugt ist, auch Auskünfte über vorgenommene Ermittlungsmaßnahmen mit gewisser Relevanz für das Unternehmen.[106] Über das (geringfügige) Verschwinden von Büromaterial und etwaige diesbezügliche Nachfragen an Kollegen wird ein Compliance-Beauftragter regelmäßig nicht an den Vorstand berichten (müssen); bestehen hingegen dringliche Anzeichen z.B. für massive und zahlreiche Korruptionsvorgänge, so wird ein pflichtbewusster Compliance-Beauftragter diese Informationen an das Leitungsorgan herantragen.

Dies gilt erst recht, wenn sich die Aufgabe des Compliance-Beauftragten auf bloße Berichterstattung und Beratung des letztlich compliance-verantwortlichen Vorstands beschränkt. In diesem Fall wird der Mitarbeiter nämlich auch nur über solche Verdachtsmomente an den Vorstand berichten – und ihm gegebenenfalls zur Einleitung entsprechender Aufklärungsmaßnahmen raten –, die hinsichtlich ihrer Intensität und möglichen Tragweite sowie der im Raum stehenden Maßnahmen eine gewisse (auch finanzielle) Relevanz erreichen. Er wird also das Leitungsorgan im obigen Beispiel nicht über verschwundenes Büromaterial informieren, um eine anschließende Nachfrage an einen Kollegen als „Ermittlungsmaßnahme“ im Vorfeld genehmigen zu lassen.

Die Befassung des compliance-verantwortlichen Organs kann zeitlich entweder vor oder nach Einleitung der jeweiligen Aufklärungsmaßnahmen stattfinden oder – je nach Umfang der Kompetenzen des beauftragten Mitarbeiters – sogar erst nach Abschluss der Untersuchungshandlungen erfolgen. Findet eine

---

104 *Wessing* in Hauschka/Moosmayer/Lösler, § 46 Rz. 79: Einbindung des Vorstandes „unabdingbar“.

105 *Raus/Lützeler*, CCZ 2012, 96 (97).

106 So in Bezug auf die Rechtsabteilung *Wessing* in Hauschka/Moosmayer/Lösler, § 46 Rz. 81.

Einweihung des Leitungsorgans zu keinem Zeitpunkt statt, liegt jedoch eine Einordnung der Geschehnisse als unternehmensinterne Ermittlungen fern.

Die „ersten Nachforschungen“, zu denen die meisten Compliance-Beauftragten ohne vorherige Einweihung des Leitungsorgans befugt sind (etwa erste Nachfragen an einen Hinweisgeber, der nur vage Angaben zu einem Sachverhalt gemacht hat), stellen somit zwar Nachforschungsmaßnahmen dar, die die unter I.-VI. genannten Kriterien erfüllen, aber dennoch nicht unter den Begriff der unternehmensinternen Ermittlungen zu fassen sind.[107]

2. Weitere Modalitäten

a) Art der Aufklärungsmaßnahmen

Welche Aufklärungsmaßnahmen im Einzelnen ergriffen werden, spielt für die Einordnung derselben als unternehmensinterne Ermittlungen keine Rolle, solange diese mit der Intention der Aufklärung verdächtiger Sachverhalte durchgeführt werden. Persönliche Gespräche mit einzelnen Mitarbeitern sind grundsätzlich ebenso erfasst wie gezielte Durchsuchungen oder die Sichtung relevanter Unterlagen. Ebenso ist keine Mindestanzahl an Ermittlern erforderlich, um Aufklärungsmaßnahmen als unternehmensinterne Ermittlungen zu qualifizieren. Auch der – praktisch wohl sehr selten anzutreffende – Fall, dass ein einzelner mit Compliance-Aufgaben beauftragter Mitarbeiter von Anfang bis Ende alle notwendigen Aufklärungsmaßnahmen allein durchführt, fällt hierunter.

In welchem konkreten Umfang die Ermittlungen im Einzelfall erfolgen (sollen), ist eine Abwägungsentscheidung der Geschäftsführung, in die zahlreiche Faktoren miteinzubeziehen sind, etwa der Auslöser der Ermittlungen, die Dringlichkeit und Substanziierung des Verdachts oder wie hoch der drohende Schaden für die Gesellschaft ist.[108]

b) Offen oder verdeckt

Es kann sich bei unternehmensinternen Ermittlungen um offene, d.h. im Unternehmen bekannt gemachte und weitgehend transparent durchgeführte, oder verdeckte Ermittlungen handeln. Verdeckte Ermittlungen sind solche, deren Durchführung nicht an die Unternehmensöffentlichkeit kommuniziert wird und die im Sinne ihrer Effektivität darauf gerichtet sind, von den Betroffenen

---

107 Ähnlich *Grützner* in Momsen/Grützner, HdB-WiStrafR, Kap. 4 § 16 Rz. 8, 96 ff.
108 *Potinecke/Block* in Internal Investigations, Kap. 2 Rz. 164 ff.

unbemerkt zu bleiben.[109] Ebenfalls denkbar ist eine Kombination aus offenen und verdeckten unternehmensinternen Ermittlungen.[110]

Die Durchführung verdeckter Ermittlung empfiehlt sich für Unternehmen vor allem, wenn durch offen geführte Ermittlungen plötzliche Verhaltensänderungen und Absprachen unter den Mitarbeitern drohen oder die Vernichtung von Beweismitteln durch mutmaßliche Täter zu erwarten ist.[111] Jedoch ist bei verdeckten Ermittlungen gerade im Bereich des Datenschutzrechts auch der Rahmen der rechtlich zulässigen Ermittlungsmaßnahmen enger gesteckt.[112] Offene Ermittlungen führen Unternehmen in der Regel durch, wenn bereits erste Gerüchte im Unternehmen über Unregelmäßigkeiten oder entsprechende Nachforschungen kursieren.[113] Ihnen kommt bereits während der Durchführung der Ermittlungshandlungen präventive Wirkung gegenüber den Unternehmensmitarbeitern zu, während verdeckte Ermittlungen diese erst nach ihrem Abschluss und eventueller Bekanntmachung der Ergebnisse entfalten.

VIII. Zusammenfassung

Nach vorangehenden Ausführungen handelt es sich bei unternehmensinternen Ermittlungen folglich um Ermittlungen, die

- in einem Unternehmen
- auf Initiative des betroffenen Unternehmens
- durch Mitarbeiter des Unternehmens oder durch von dem Unternehmen beauftragte Externe
- anlassbezogen
- getrennt von einem etwaigen staatlichen Ermittlungsverfahren durchgeführt werden
- mit dem langfristigen Ziel der Vermeidung oder Minimierung von ökonomischem Wertverlust des Unternehmens,
- wobei in irgendeinem Stadium der Ermittlung ein complianceverantwortliches Organ der Gesellschaft Kenntnis von dem zu ermittelnden Sachverhalt oder den Aufklärungsmaßnahmen erlangen muss.

---

109 *Grützner* in Momsen/Grützner, HdB-WiStrafR, Kap. 4 § 16 Rz. 143.

110 *Grützner* in Momsen/Grützner, HdB-WiStrafR, Kap. 4 § 16 Rz. 142.

111 *Grützner* in Momsen/Grützner, HdB-WiStrafR, Kap. 4 § 16 Rz. 143.

112 *Grützner* in Momsen/Grützner, HdB-WiStrafR, Kap. 4 § 16 Rz. 144; dazu hier S. 96 f.

113 *Grützner* in Momsen/Grützner, HdB-WiStrafR, Kap. 4 § 16 Rz. 145.

IX. Abgrenzung zur Begrifflichkeit „Internal Investigations"

Internal Investigations (auch Corporate Investigations oder Compliance Investigations) werden im Schrifttum vielfach mit den unternehmensinternen Ermittlungen im oben beschriebenen Sinne gleichgesetzt.[114] Dies scheint sich bei vordergründiger Betrachtung anzubieten, da der deutsche Terminus „interne Ermittlungen/Untersuchungen" übersetzt dem angloamerikanischen Begriff „Internal Investigations" entspricht. Allerdings wird im US-amerikanischen Rechtsraum dem Begriff der Internal Investigations ein leicht modifiziertes Verständnis zugrunde gelegt: Es geht bei Internal Investigations um eine ganz spezielle Art von unternehmensinternen Untersuchungen, nämlich eine regelmäßig sehr umfangreiche und systematische Sachverhaltsaufklärung „im großen Stile" durch externe Dienstleister.[115]

Demnach ist der Begriff der unternehmensinternen Ermittlungen, so wie hier verstanden, weiter als der der Internal Investigations und umfasst neben großformatigen systematischen Untersuchungen durch Externe auch andere Ausprägungen der unternehmensinternen Aufklärung von Verdachtsfällen.[116] Dies können zielgerichtete Ermittlungen der auf Unregelmäßigkeiten gestoßenen Compliance-Beauftragten, in seltenen Fällen auch persönliche Nachforschungen des Vorstandes sein. Erforderlich ist dabei weder die Hinzuziehung externer Ermittler bzw. Berater noch die Durchführung im Wege einer Art privat initiierter „Großrazzia" in diversen Unternehmensabteilungen.[117] Da der Begriff der Internal Investigations nach hiesigem Verständnis – trotz wörtlicher Übersetzung – nicht mit dem Begriff der unternehmensinternen Ermittlungen oder

114 Vgl. etwa *Wessing* in Hauschka/Moosmayer/Lösler, § 46 Rz. 1 ff.; *Wilkens*, Internal Investigations, S. 49 f.

115 *Behrens*, RIW 2009, 22 (22); *Rödiger*, Strafverfolgung von Unternehmen, S. 23 f.; *Wewerka*, Internal Investigations, S. 5; so auch das Verständnis von *Nestler* in Internal Investigations, Kap. 1 Rz. 26 („Internal Investigations i.e.S."); *Buchert*, Unternehmensinterne Befragung, S. 68 f.; undifferenziert dagegen *Fuhrmann*, NZG 2016, 881, der einerseits Internal Investigations mit unternehmensinternen Ermittlungen gleichsetzt, darunter aber nur auf externe Berater gestützte Ermittlungen versteht (882, 886 f.).

116 *Nestler* in Internal Investigations, Kap. 1 Rz. 20; *Grützner* in Momsen/Grützner, HdB-WiStrafR, Kap. 4 § 16 Rz. 7 f.; *Buchert*, Unternehmensinterne Befragung, S. 69 f.; der Sache nach auch *Reeb*, Internal Investigations, S. 4, der den Begriff der Internal Investigations auch bei Einsatz unternehmenseigener Ressourcen benutzt; a.A. *Fuhrmann*, NZG 2016, 881 (886).

117 Dazu bereits S. 37 f.; vgl. auch *Wilkens*, Internal Investigations, S. 49 ff.

Untersuchungen identisch ist, wird er in dieser Arbeit im Folgenden nicht synonym verwendet.

C. Ablauf unternehmensinterner Ermittlungen

I. Typische Auslöser

1. *Hinweise auf normwidriges Verhalten*

Eine unternehmensinterne Ermittlung kann durch verschiedene Anlässe initiiert werden.[118] Gerade in größeren Unternehmen geschieht dies häufig durch sog. „Whistleblowing", d.h. das Melden und Bekanntmachen unternehmensinterner Regelverstöße oder sonstiger Missstände durch Hinweisgeber. Meist sind dies (ehemalige) Mitarbeiter des Unternehmens, in selteneren Fällen auch Unternehmensexterne (etwa Wettbewerber, Vertragspartner, Anwälte oder Wirtschaftsprüfer).[119]

Um Hinweise zur Aufdeckung regelwidrigen Verhaltens anonym entgegennehmen zu können, haben daher einige Unternehmen – entsprechend der Anregung und Empfehlung des Deutschen Corporate Governance Kodex[120] – Whistleblowing-Stellen eingerichtet.[121] Diese dienen als erste Anlaufstelle für Hinweisgeber, die einen Verdacht äußern, aber dabei ihre Identität nicht preisgeben möchten. Hinweise über Non-Compliance im Unternehmen werden in der Praxis aber auch im Wege von Telefonanrufen, persönlichen Ansprachen oder (anonymen) Briefen an die Geschäftsleitung, den Aufsichtsrat, die Personal- oder Rechtsabteilung herangetragen.[122]

Die eingereichten Hinweise können in ihrem Inhalt und dem Grad ihrer Substanziierung stark variieren. Von weitestgehend vagen Hinweisen bis hin zu detailliert aufbereiteten und mit Belegen untermauerten Informationen können

---

118 Zur Anlassbezogenheit unternehmensinterner Ermittlungen bereits S. 38 f.

119 *Grützner* in Momsen/Grützner, HdB-WiStrafR, Kap. 4 § 16 Rz. 86, 89.

120 Nach DCGK A.2. Satz 2 soll Beschäftigten auf geeignete Weise die Möglichkeit eingeräumt werden, geschützt Hinweise auf Rechtsverstöße im Unternehmen zu geben; auch Dritten sollte diese Möglichkeit eingeräumt werden. Dazu eingehend *Bachmann* in KBLW, DCGK, A.2 Rz. 16 ff.

121 Zur Frage, ob die Einrichtung von Whistleblowing-Stellen ein zwingender Teil guter Corporate Governance ist, *Schneider/Nowak* in FS Kreutz, S. 855. Zu einer entsprechenden Verpflichtung s. die in Deutschland noch nicht umgesetzte (Stand Anfang 2022) Whistleblowing-Richtlinie (Fn. 64).

122 *Grützner* in Momsen/Grützner, HdB-WiStrafR, Kap. 4 § 16 Rz. 86.

Anhaltspunkte an die zuständigen Stellen im Unternehmen herangetragen werden.[123] Sie können sich dabei sowohl auf kleinere (Bagatell-)Verstöße im Unternehmen oder rein arbeitsrechtlich relevantes Fehlverhalten beziehen, als auch wichtige und wertvolle Hinweise auf ein im Unternehmen verankertes systematisch normwidriges und ggf. strafrechtlich relevantes Verhalten liefern.[124]

2. *Sonstige Formen*

Denkbar ist auch eine Identifizierung von Unregelmäßigkeiten im Rahmen routinemäßiger, d.h. nicht anlassbezogener und präventiv ausgerichteter Kontrollen des Compliance-Systems bzw. bei der Überprüfung von dessen Einhaltung in der Unternehmenswirklichkeit. Zuweilen ergeben sich Hinweise auf Normverstöße im Unternehmen weiterhin durch Kontrollen des eigenen Geschäftsverhaltens im Rahmen der Revision oder aus unmittelbar vom Vorstand wahrgenommenen Auffälligkeiten.[125] Diese präventiven Routinekontrollen stellen – wie zuvor dargestellt – selbst keine unternehmensinternen Ermittlungen dar. Anhaltspunkte für einzelne oder systematisch-kollektive Normverstöße in der Vergangenheit, die diese Kontrollen „zufällig" zutage fördern, können aber Auslöser einer darauffolgenden, anlassbezogenen und in erster Linie repressiven unternehmensinternen Ermittlung sein.

II. Vorprüfung

Streng genommen stellen bereits erste Nachforschungen zur Evaluierung aufgetauchter Verdachtsmomente bzw. Nachfragen an einen Hinweisgeber Aufklärungshandlungen dar, die aber nach hiesiger Definition noch keine unternehmensinternen Ermittlungen (und erst recht keine Internal Investigations) darstellen, insbesondere weil zu diesem Zeitpunkt das originär complianceverantwortliche Organ in aller Regel (noch) nicht mit dem Fall befasst ist.[126] Bei allerersten Nachforschungen ist in der Regel bereits zweifelhaft, ob ein Verdacht besteht, der diese Bezeichnung auch verdient.

Es stellt sich schon zu diesen frühen Zeitpunkten jeweils die Frage, inwieweit das Unternehmen den ersten, womöglich sehr vagen Hinweisen nachgehen und

123 *Grützner* in Momsen/Grützner, HdB-WiStrafR, Kap. 4 § 16 Rz. 90.

124 *Grützner* in Momsen/Grützner, HdB-WiStrafR, Kap. 4 § 16 Rz. 55.

125 *Grützner* in Momsen/Grützner, HdB-WiStrafR, § 16 Rz. 86.

126 Zum Kriterium der Befassung des compliance-verantwortlichen Organs S. 48 ff.; zur Abgrenzung von Internal Investigations S. 52.

diese auf ihre Stichhaltigkeit überprüfen muss.[127] Wenn die Anhaltspunkte sich im Rahmen einer Vorprüfung verdichten und der Verdacht sich erhärtet, liegt eine Verdachtsstufe vor, die in etwa dem des strafprozessualen Anfangsverdachts nach §§ 152 Abs. 2, 160 Abs. 1 StPO entspricht. Ebenso wie zu Beginn eines strafprozessualen Ermittlungsverfahrens stellt sich sodann die Frage, ob und wenn ja welche (weiteren) Ermittlungsmaßnahmen zur Untersuchung des verdächtigen Sachverhalts zu ergreifen sind. Die Entscheidung muss unter Abwägung der verschiedenen (Kosten-)Risiken stattfinden und verhältnismäßig sein.[128] Aus der beratenden Praxis wird hier zum Teil als Faustformel konstatiert, je eher es sich um Fakten (und nicht bloße Behauptungen) handelt und je schwerwiegender die geltend gemachte Pflichtverletzung oder Straftat, desto drängender erscheine die nähere Untersuchung des Sachverhalts.[129] Der Übergang von unternehmensinterner Vorprüfung zu „echten" unternehmensinternen Ermittlungen ist in der Praxis fließend, weshalb sich beide Abschnitte nicht anhand allgemeingültiger Kriterien voneinander trennen lassen.

III. Typische Maßnahmen unternehmensinterner Ermittlungen

Eine detaillierte Auseinandersetzung mit einzelnen Maßnahmen im Zuge interner Ermittlungen oder deren Zulässigkeit würde den Rahmen dieser Arbeit sprengen. Daher seien an dieser Stelle nur überblicksartig die häufigsten Maßnahmen skizziert.[130]

Zum Zwecke der Beweissicherung werden im Rahmen interner Ermittlungen regelmäßig unternehmenseigene Geschäftsunterlagen und Aktenbestände gesichtet und ausgewertet. Dies kann nicht nur durch speziell eingesetzte interne oder externe Ermittler, sondern auch durch die Revision geschehen. Die Ermittler durchsuchen ebenso elektronische Daten und E-Mails, die auf unternehmenseigenen Rechnern und Festplatten gespeichert sind.[131] Häufig werden

---

127 *Grützner* in Momsen/Grützner, HdB-WiStrafR, Kap. 4 § 16 Rz. 94 ff.

128 *Momsen* in Rotsch, Criminal Compliance, § 34 Rz. 23; zur verwandten Thematik staatlicher Vorermittlungen und Vorprüfungen *Krause* in FS Strafrechtsausschuss BRAK, S. 351 ff.

129 *Wisskirchen/Glaser*, DB 2011, 1392 (1393 f.). Näher zum Verdachtsgrad S. 210 ff.

130 Eingehend zur Ausgestaltung und Zulässigkeit einzelner Maßnahmen etwa *Wilkens*, Internal Investigations, S. 224 ff.; *Nienaber*, Compliancebasierte unternehmensinterne Ermittlungen, S. 94 ff.; im Kontext der vergaberechtlichen Selbstreinigung *Henn*, Selbstreinigung von Unternehmen, S. 130 ff.

131 Dazu *Salvenmoser/Schreier* in Achenbach/Ransiek/Rönnau, 15. Teil Rz. 105 ff., 111 ff.

zum Zwecke der Inaugenscheinnahme gewisser Gegenstände oder Räumlichkeiten auch Büros und andere Räumlichkeiten des Unternehmens aufgesucht bzw. durchsucht.[132]

Eine weitere Informationsquelle stellt der geschäftliche Schriftverkehr von Mitarbeitern dar. In Betracht kommt eine Inaugenscheinnahme des Inhalts verschlossener geschäftlicher Briefe, die an Mitarbeiter adressiert, aber nicht erkennbar ausschließlich für diese bestimmt sind (etwa durch die Kennzeichnung „persönlich/vertraulich“).[133] Um weitere Anhaltspunkte zu gewinnen, finden auch Mitarbeiterbefragungen statt. Werden diese umfangreich und systematisch durchgeführt, spricht man häufig euphemistisch von sog. Interviews.[134] Vor allem bei Einschaltung externer Ermittler wird hier regelmäßig ein nicht unerheblicher Druck auf den befragten Arbeitnehmer ausgeübt, der sich in einer vernehmungsähnlichen Situation befindet und dem womöglich arbeitsrechtliche oder sogar strafrechtliche Maßnahmen drohen.[135] Trotz der Gefahr einer späteren staatlichen Beschlagnahme[136] werden Verlauf und Ergebnisse der Befragungen meist protokolliert.[137] Intensivere Ermittlungsmaßnahmen sind die akustische Telefonüberwachung und die visuelle Überwachung in Form von Observieren bzw. Fotografieren oder Videoüberwachung.[138]

Im Anschluss an die durchgeführten Maßnahmen fertigen die internen Ermittler oder die Compliance-Verantwortlichen im Unternehmen Berichte an und dokumentieren die gesammelten potenziellen Beweismittel.[139] Nach Auswertung der zutage geförderten Materialien ist darüber zu entscheiden, ob ggf. weitere Experten hinzugezogen und weitere Ermittlungsmaßnahmen durchgeführt werden sollen.

---

132 *Salvenmoser/Schreier* in Achenbach/Ransiek/Rönnau, 15. Teil Rz. 102.

133 *Lenze*, Compliance, S. 87 f. m.w.N.

134 Zu deren Durchführung und Verwertbarkeit statt vieler *Wilkens*, Internal Investigations, S. 225 ff., 873 ff.; *Nienaber*, Compliancebasierte unternehmensinterne Ermittlungen, S. 98 ff., 285 ff.

135 Zur arbeitsrechtlichen Aussagepflicht von Arbeitnehmern im Zuge solcher Interviews noch S. 229 ff.

136 Dazu *Klaas*, Interne Untersuchungen und Informationsaustausch, S. 192 ff.

137 *Wisskirchen/Glaser*, DB 2011, 1447 (1449).

138 Zu den einzelnen Varianten *Salvenmoser/Schreier* in Achenbach/Ransiek/Rönnau, 15. Teil Rz. 134 ff., 146 ff.

139 Zum üblichen Inhalt eines Abschlussberichts ausführlich *Grützner* in Momsen/Grützner, HdB-WiStrafR, Kap. 4 § 16 Rz. 528 ff.

IV. Beteiligte Personen und Institutionen

Zu Beginn und auch während laufender Untersuchungen stellt sich stets die Frage, welche Personen die Ermittlungen durchführen und wer im weiteren Sinne beteiligt werden soll. Hierfür gibt es ebenso wenig allgemeingültige Regeln wie für die konkrete Durchführung unternehmensinterner Ermittlungen. Vielmehr ist auch der Kreis beteiligter Personen und Institutionen immer einzelfallabhängig und richtet sich unter anderem nach Unternehmensgröße, unternehmensinternen Kapazitäten, Zeitrahmen sowie Art und Ausmaß der Vorwürfe.[140]

Soweit eine Compliance-Abteilung existiert oder eine andere Unternehmensabteilung explizit mit Compliance-Aufgaben betraut ist, wird diese i.d.R. als Erstes mit den Hinweisen befasst sein und den Verdacht einer Vorprüfung unterziehen.[141] Je nach internen Richtlinien und innerbetrieblicher Aufgabenverteilung werden ab einem gewissen Verdachtsgrad die (substanziierten) Anhaltspunkte und Vorwürfe an die zuständigen Vorstandsmitglieder bzw. die Geschäftsführung herangetragen. Diese entscheiden dann – ggf. in Rücksprache mit den anderen Gremienmitgliedern und der zuständigen Abteilung – über das weitere Vorgehen, insbesondere darüber, ob und wenn ja in welchem Umfang und mit welchen Methoden die Vorgänge näher aufgeklärt werden sollen.

Je nach Umständen des Einzelfalls wird sodann entweder die jeweilige unternehmensinterne Abteilung[142] oder (bzw. zusätzlich) externe Anwälte oder Wirtschaftsprüfer mit der Sachverhaltsermittlung im Unternehmen beauftragt. Die Entscheidung für interne Ermittler hängt in erster Linie von den personellen und technischen Ressourcen des Unternehmens sowie den o.g. bereits genannten Faktoren (Qualität der Vorwürfe etc.) ab.

Je nachdem, ob es sich um eine verdeckte oder offene[143] unternehmensinterne Ermittlung handelt, werden die Unternehmensmitarbeiter bzw. ein gewisser Kreis an Mitarbeitern über deren Durchführung informiert. Spätestens zum Zeitpunkt der Befragung von Mitarbeitern als Verdächtige oder Zeugen werden diese zwangsläufig in Kenntnis der Untersuchung gesetzt und sind damit im weiteren Sinne an den unternehmensinternen Ermittlungen (passiv) beteiligt. Die Rolle der von Ermittlungsmaßnahmen betroffenen Mitarbeiter sollte so früh

140 *Behrens*, RIW 2009, 22 (32).

141 S. 54 f.

142 Dies kann eine eigens eingerichtete Internal Investigations- und/oder Compliance-Abteilung, aber z.B. auch die Interne Revision oder die Rechtsabteilung sein.

143 Dazu oben S. 50 f.

wie möglich abgesteckt und ihnen bei Zuerkennung einer beschuldigtenähnlichen Stellung ggf. anwaltlicher Beistand zugebilligt werden.[144] Abhängig von der jeweiligen Ermittlungsmaßnahme kann punktuell auch die Einbindung des Betriebsrats geboten sein.[145] So unterliegt das E-Mail-Screening unter Anwendung technischer Einrichtungen, also etwa elektronischer Auswertungsprogramme, unter bestimmten Umständen der Mitbestimmung nach § 87 Abs. 1 Nr. 6 BetrVG.[146] Soweit personenbezogene Daten verarbeitet werden, muss ggf. der betriebliche Datenschutzbeauftragte angehört werden.[147]

Spätestens nach Validierung der ersten Ergebnisse aus den Aufklärungsmaßnahmen stellt sich meist, sofern nicht bereits staatliche Ermittlungen im Gange sind, die Frage nach der Einschaltung der staatlichen Ermittlungsbehörden oder anderer öffentlicher Stellen.[148] Je nach Intensität der (möglichen) Verstöße und der Dringlichkeit der Beweislage wird in den meisten Fällen die Rücksprache und Zusammenarbeit mit den Behörden faktisch unumgänglich sein, um eingriffsintensive Maßnahmen wie Durchsuchungen sowie damit verbundene (weitere) Reputationsschäden zu unterbinden und vor allem drohende ausufernde Sanktionen einzudämmen.[149]

Die Rolle der Staatsanwaltschaft kann hierbei unterschiedlich ausfallen: Denkbar ist sowohl die parallele Durchführung staatlicher Ermittlungsmaßnahmen unter ggf. regelmäßigem Austausch mit den unternehmensinternen Ermittlern bzw. der verantwortlichen Unternehmensabteilung als auch die nahezu vollständige Delegation von Ermittlungsaufgaben an die Unternehmen. In letzterem Fall kann die Staatsanwaltschaft – rechtstaatlich nicht unbedenklich – zur bloßen Koordinatorin und Empfängerin der Ermittlungsergebnisse werden.[150]

---

144 *Momsen* in Rotsch, Criminal Compliance, § 34 Rz. 24.

145 *Poppe* in Inderst/Bannenberg/Poppe, Compliance, Kap. 7 Rz. 81 ff.

146 Näher *Zimmer/Heymann*, BB 2010, 1853.

147 *Salvenmoser/Schreier* in Achenbach/Ransiek/Rönnau, 15. Teil Rz. 130.

148 Z.B. Steuer- oder Kartellbehörden.

149 *Theile/Gatter/Wiesenack*, ZStW 2014, 803 (812 ff.): „Kooperation im Regelfall alternativlos"; zu weiteren Vorteilen (aber auch Risiken) der Einschaltung von Ermittlungsbehörden *Grützner* in Momsen/Grützner, HdB-WiStrafR, Kap. 4 § 16 Rz. 76 ff.

150 Zu den rechtstaatlichen Bedenken hinsichtlich eines derartigen „Outsourcing" der Ermittlungen auf Private *Wehnert*, StraFo 2012, 253 (254 f.); *Greeve*, StraFo 2013, 89 (89); *Kremer* in FS Schneider, S. 701 (702 ff.); *Kottek*, Kooperation von Unternehmen, S. 99, 135 ff.; vgl. auch *Taschke*, FAZ v. 28.11.2011 („Firmen müssen Sheriff spielen"), http://www.faz.net/aktuell/wirtschaft/recht-steuern/privatisierung-der-strafverfolgung-firmen-muessen-sheriff-spielen-11582893.html (zuletzt abgerufen am 22.02.2021).

V. Folgen

Die Folgen, die interne Ermittlungen nach sich ziehen können, sind vielfältig und wurden hier z.T. bereits skizziert.[151] In Betracht kommen u.a. personelle Maßnahmen bei Pflichtverletzungen von Arbeitnehmern wie Ermahnungen, Abmahnungen und Kündigungen, bei geringfügigen Verstößen ggf. auch nur informative Gespräche oder Nachschulungen.[152] Unter Umständen wird Strafanzeige erstattet. Darüber hinaus können Schadensersatzansprüche der Gesellschaft gegen einzelne Arbeitnehmer[153] oder gegen pflichtwidrig handelnde Organe geltend gemacht werden. Nach Abschluss der unternehmensinternen Ermittlungen erfolgt in der Regel auch eine Überarbeitung und Optimierung unternehmensinterner Abläufe, wozu in größeren Unternehmen oft auch eine Verbesserung des Compliance-Systems gehört, um zukünftigen aufklärungsbedürftigen Verstößen entgegenzuwirken. Ob und in welchem Umfang bzw. welcher Form die Ergebnisse der Untersuchungen an die Öffentlichkeit kommuniziert werden, ist immer eine Frage des Einzelfalls.[154]

D. Fazit

Unternehmensinterne Ermittlungen sind ein aus dem US-amerikanischen Rechtsraum „importiertes" Phänomen, das vor allem aufgrund der Relevanz von US-Sanktionsregelungen für deutsche US-börsennotierte Unternehmen in den vergangenen Jahren auch in Deutschland an Bedeutung gewonnen hat. Die wesentlichen Merkmale unternehmensinterner Ermittlungen im hier gebrauchten Sinne sind zum einen ihre Initiierung und Durchführung durch private Akteure. Zum anderen erfolgen interne Ermittlungen stets anlassbezogen und separat von staatlichen Ermittlungsverfahren. Mit ihrer Durchführung bezwecken die Initiatoren den Schutz des Unternehmens vor ökonomischem Wertverlust, der etwa infolge von Schadensersatzansprüchen gegen das Unternehmen oder erlittenen Reputationsschäden eintreten kann.

---

151 Die zu ergreifenden Konsequenzen und Maßnahmen im Nachgang zu internen Ermittlungen stellen nämlich zumindest teilweise zugleich ihren Zweck dar, vgl. S. 44 ff., S. 104.

152 *Böhm*, Non-Compliance und Arbeitsrecht, S. 209 ff.

153 Hier sind je nach Grad des Verschuldens die Grundsätze zur (privilegierten) Arbeitnehmerhaftung zu beachten.

154 *Wisskirchen/Glaser*, DB 2011, 1447 (1452).

Unternehmensinterne Ermittlungen können auf unterschiedlichste Art und Weise ausgestaltet sein, wobei das Spektrum je nach Unternehmensgröße und Qualität von kleineren Nachforschungen bis hin zu sehr aufwendigen Internal Investigations, also umfangreichen unternehmensinternen Untersuchungen durch vom Unternehmen beauftragte externe Ermittler, reicht. Das Ausmaß der Ermittlungen, den diese erreichen müssen, um als unternehmensinterne Ermittlungen bezeichnet zu werden, lässt sich nicht für alle Einzelfälle konkret festlegen. Einen Anhaltspunkt bietet aber die Befassung eines originär compliance-verantwortlichen Organs der betroffenen privaten oder staatlichen Organisation zu irgendeinem Zeitpunkt mit den (geplanten, laufenden oder abgeschlossenen) Ermittlungen.

2. Kapitel: Zulässigkeit selbst initiierter unternehmensinterner Ermittlungen

Nachdem Hintergrund, Zweckrichtung sowie typische Merkmale und Abläufe unternehmensinterner Ermittlungen in der Praxis skizziert wurden, stellt sich die Frage, ob solche privaten[155] Ermittlungen nach geltender Rechtslage überhaupt zulässig sind. Dies bedarf der Klärung, bevor auf eine – noch näher zu spezifizierende – Compliance-Pflicht bzw. eine gesetzliche Pflicht zur Durchführung unternehmensinterner Ermittlungen einzugehen ist, denn was der Unternehmensleitung gesetzlich nicht erlaubt ist, kann für diese erst recht nicht verpflichtend sein.

A. Grundsatz der Legalität privater Ermittlungen

Zunächst ist der Frage nachzugehen, unter welchen Gesichtspunkten sich die Zulässigkeit oder auch Unzulässigkeit selbst initiierter – d.h. nicht unmittelbar staatlich veranlasster – Privatermittlungen positiv ergeben könnte.

I. Keine unmittelbare Ableitung aus einfachgesetzlichen Normen

Es gibt keine einfachgesetzliche explizite Legitimierung privater Ermittlungen. Soweit aus gesetzlichen Normen, die private Ermittlungshandlungen unter gewissen Voraussetzungen *erlauben*, auf eine grundsätzliche, vonseiten des Gesetzgebers intendierte Zulässigkeit privater Ermittlungen geschlossen wird,[156] vermag dies nicht zu überzeugen. So beabsichtigte der Gesetzgeber mit der am 1. September 2009 in Kraft getretenen Neufassung des § 26 Abs. 1 BDSG (§ 32 Abs. 1 BDSG a.F.)[157] nicht etwa, die prinzipielle Legalität privater Ermittlungshandlungen klarzustellen,[158] sondern dem tatsächlich praktizierten Vorgehen von Arbeitgebern bei der Aufdeckung von Straftaten durch Beschäftigte Einhalt zu gebieten, den rechtsfreien Raum zu schmälern und Rechtssicherheit für

155 Soweit im Folgenden von *privaten* Ermittlungen die Rede ist, sind alle Ermittlungen gemeint, die nicht von den staatlichen Strafverfolgungsbehörden initiiert und durchgeführt werden. Zur Begrifflichkeit S. 35 ff.

156 *Salvenmoser/Schreier* in Achenbach/Ransiek/Rönnau, 15. Teil Rz. 39; *Scharnberg*, Illegale Internal Investigations, S. 59.

157 Zu § 26 Abs. 1 S. 2 BDSG als Schranke privater Ermittlungstätigkeit S. 97.

158 So aber *Salvenmoser/Schreier* in Achenbach/Ransiek/Rönnau, 15. Teil Rz. 39.

Ermittler zu schaffen. Vielmehr ließe sich aus der Einführung des § 26 Abs. 1 BDSG und aus zahlreichen anderen Normen, die das Ermittlungsrecht Privater im Grunde einschränken, der Schluss ziehen, dass private Ermittlungshandlungen grundsätzlich unzulässig und eben nur unter den normierten Voraussetzungen ausnahmsweise zulässig sind.[159]

Differenzierter ist dies im Hinblick auf vereinzelt gesetzlich geregelte Ermittlungs*pflichten* bzw. -anreize, etwa in regulierten Sektoren (für Kreditinstitute § 25h Abs. 3 KWG), in Bezug auf Geldwäsche (§ 6 Abs. 2 Nr. 3 GwG) oder Kartellrechtsverstöße (§ 125 Abs. 1 S. 1 Nr. 2 GWB), zu beurteilen. Da diese Spezialvorschriften nicht wie § 26 BDSG gewisse Voraussetzungen festlegen, unter denen – ausnahmsweise – private Ermittlungstätigkeit erlaubt ist, sondern bestimmte Unternehmen unter konkreten Voraussetzungen sogar dazu verpflichten, zweifelhafte Sachverhalte zu untersuchen, lassen diese schon eher den Schluss zu, dass der Gesetzgeber implizit von der Zulässigkeit derartiger Untersuchungen ausgeht. Jedoch begründet auch diese Schlussfolgerung allenfalls eine mittelbare gesetzliche Stütze für die Zulässigkeit unternehmensinterner Ermittlungen (in bestimmten Sektoren) und bildet keine tragfähige allgemeingültige gesetzliche Grundlage.

II. Ableitung aus Grundrechten

In der Literatur wird die Zulässigkeit privater Ermittlungen vereinzelt aus dem in Art. 2 Abs. 1 i.V.m. Art. 1 Abs. 1 GG verankerten Allgemeinen Persönlichkeitsrecht (APR)[160] oder der Menschenwürde[161] abgeleitet. Dem scheint die Auffassung zugrunde zu liegen, dass es zur Begründung einer Ermittlungsbefugnis Privater einer speziellen (grundgesetzlichen) Ermächtigung bedürfte.[162] Eine solche Befugnis wird aber für Aufklärungshandlungen Privater – anders als für staatliche Ermittlungsaktivitäten – nicht benötigt.[163] Darüber hinaus überzeugt die Ableitung aus dem APR jedenfalls im Hinblick auf nichtverfahrensbeteiligte Dritte deswegen nicht, weil das APR – verkürzt gesprochen – das „Sein“ und nicht etwa das „Tun“ des Individuums schützt.[164] Es dient der Abschirmung des

159 So für den Bereich der IT-Forensik *Kirmes*, WiJ 2013, 150 (155 f.).
160 *Bockemühl*, Private Ermittlungen, S. 32 f.; *Krey*, Private Ermittlungen, S. 25.
161 *Brunhöber*, GA 2010, 571 (572).
162 So *Brunhöber*, GA 2010, 571 (572); *Reeb*, Internal Investigations, S. 28 f.
163 *Wilkens*, Internal Investigations, S. 64 f.; *Kaspar*, GA 2013, 206 (208).
164 So auch *Reeb*, Internal Investigations, S. 28 f. Abweichendes kann sich höchstens in Bezug auf den Beschuldigten ergeben, der seinen Status quo ja gerade durch die

Bürgers, der Bewahrung seines status quo vor staatlichen Eingriffen, etwa in die Privat- oder Intimsphäre.[165] Es soll allerdings keine besonderen Verhaltensweisen an sich oder die Vornahme von Handlungen ermöglichen.[166] Ferner könnten sich Unternehmen als juristische Personen, da diese prinzipiell nicht Träger der Menschenwürde aus Art. 1 Abs. 1 GG sind[167], zumindest nicht in dem gleichen Umfang auf ein aus dem APR abgeleitetes privates Ermittlungsrecht berufen wie natürliche Personen.[168] Diskutabel erscheint die (zusätzliche) Anknüpfung an die Menschenwürde oder das Allgemeine Persönlichkeitsrecht allenfalls bei privaten Ermittlungen des Beschuldigten, der als Verfahrenssubjekt unter Umständen auch durch eigene Sachverhaltsaufklärung seine Rechte in dem gegen ihn geführten staatlichen Strafverfahren wahrnehmen können muss.[169]

Einen grundrechtlichen Anhaltspunkt für die prinzipielle Zulässigkeit von Ermittlungshandlungen Privater bietet mangels speziellerer Grundrechte vielmehr die Allgemeine Handlungsfreiheit gemäß Art. 2 Abs. 1 GG.[170] Deren Schutzbereich umfasst jedes selbstbestimmte Tun und Unterlassen ungeachtet seines sozialethischen Nutzens und damit allgemein die Freiheit menschlichen Verhaltens von öffentlichem Zwang.[171] Dies schließt zunächst auch die Freiheit jeder Privatperson ein, beliebig nach eigener Motivation Straftaten zu ermitteln, solange der jeweilige Grundrechtsträger die Schranken der gewährleisteten

---

Beibringung eigener Entlastungsbeweise bewahren möchte, vgl. *Buchert*, Unternehmensinterne Befragung, S. 125 f., dort insb. Fn. 27.

165 Vgl. nur *Murswiek/Rixen* in Sachs, GG, Art. 2 Rz. 60 m.w.N.

166 Die Funktion des APR als Anspruchsnorm beschränkt sich auf gewisse Auskunftsverlangen, etwa den Anspruch auf Einsicht in eigene Patientenakten oder auf Kenntnis der eigenen Abstammung, *Kunig/Kämmerer* in v. Münch/Kunig, Art. 2 Rz. 57 m.w.N. Dies wohl verkennend *Bockemühl*, Private Ermittlungen, S. 32 f.

167 BVerfGE 95, 220 (242) = NJW 1997, 1841; BVerfG, NJW 2007, 2464 (2471).

168 *Wilkens*, Internal Investigations, S. 64 f. Zu dem sog. Unternehmenspersönlichkeitsrecht, das (nur) auf Art. 2 Abs. 1 i.V.m. Art. 19 Abs. 3 GG gestützt wird und einen gegenüber dem APR abgesenkten Schutzbereich umfasst BGH, MMR 2017, 694 (696) m.w.N.; OLG Hamburg, NJW 2009, 1510 (1511 ff.).

169 Dazu S. 67 ff.

170 *Götting*, Beweisverwertungsverbote, S. 275 f.; *Klaas*, Interne Untersuchungen und Informationsaustausch, S. 52; *Reeb*, Internal Investigations, S. 28 f.; *Kühne*, StPO, Rz. 227; *Wilkens*, Internal Investigations, S. 63 ff.

171 Grundlegend BVerfGE 6, 32 = NJW 1957, 297 (Elfes); vgl. auch BVerfGE 80, 137 = NJW 1989, 2525 (Reiten im Wald); *Murswiek/Rixen* in Sachs, GG, Art. 2 Rz. 10, 52 ff.; *Di Fabio* in Maunz/Dürig, GG, Art. 2 Rz. 12 m.w.N.

Freiheit einhält.[172] Die allgemeine Handlungsfreiheit steht nach Art. 2 Abs. 1 GG unter einem einfachen Gesetzesvorbehalt (sog. Schrankentrias),[173] sodass auch private Ermittlungshandlungen jeder natürlichen oder juristischen Person durch formell und materiell verfassungsmäßige Gesetze beschränkt werden können.

III. Irrelevanz praktischer Erwägungen aus Sicht der Strafverfolgungsbehörden

Vereinzelt wird die grundsätzliche Zulässigkeit privater Ermittlungen, die vor allem im Bereich professioneller privater Untersuchungen häufig kritisch gesehen wird, mit verfahrensökonomischen Erwägungen bzw. unter Hinweis auf die Überlastung der Strafverfolgungsorgane verteidigt.[174] Maßgeblich für die untersuchte Zulässigkeit privater Ermittlung ist allerdings ausschließlich, dass sich ein solches Recht wie vorangehend dargelegt (grund-)gesetzlich herleiten und – wie nachfolgend noch zu zeigen ist – mit Prinzipien des Strafverfahrens in Einklang bringen lässt.[175] Neben der quantitativen Überforderung der zuständigen Staatsorgane infolge limitierter personeller und materieller Ressourcen spreche hierfür auch die größere „Sachnähe, Sachkompetenz und Eigenverantwortlichkeit des betroffenen [und privat ermittelnden] Bürgers".[176]

Wer aus diesem Grund strafprozessuale Ermittlungen von Privaten für legitim und darüber hinaus für „in erheblichem Umfang unverzichtbar"[177] hält, stellt allerdings massiv die Funktionalität des Staates im Hinblick auf die ihm zugewiesene Aufgabe der Strafverfolgung infrage und müsste in letzter Konsequenz auch eine unmittelbare und grenzenlose Delegation staatlicher Ermittlungsaufgaben an Private billigen. Eine solche wird aber zumindest dann einhellig für unzulässig gehalten, wenn durch die Übertragung solcher Maßnahmen auf private Ermittler Verfahrensvorschriften, etwa Belehrungspflichten betreffend, gezielt umgangen werden.[178] Darüber hinaus wird das Verfahren unter ökonomischen

---

172 *Wilkens*, Internal Investigations, S. 65. So implizit auch BGH, NJW 1989, 1924 (1925): Private dürfen „Nachforschungen gleich welcher Art nur in der jedermann gestatteten Weise anstellen."

173 Eingehend *Murswiek/Rixen* in Sachs, GG, Art. 2 Rz. 89 ff.

174 *Krey*, Private Ermittlungen, S. 35 ff.

175 Dazu S. 74 ff.

176 *Krey*, Private Ermittlungen, S. 35 ff.

177 *Krey*, Private Ermittlungen, S. 38, vgl. auch dort S. 35, 37.

178 Allgemeine Ansicht, etwa *Steegmann* in Gusy, Privatisierung, S. 237 (256 f.).; vgl. auch im Zusammenhang mit dem Einsatz von V-Männern BGHSt 31, 304 (308) = NJW 1983, 1570 (1571); BGHSt 44, 129 (134) = NJW 1998, 3506 (3507).

Gesichtspunkten durch den Rückgriff auf Ermittlungsmaßnahmen Privater gerade nicht nur optimiert, sondern infolge des interessengeleiteten Vorgehens privater Ermittler auch mit einem zusätzlichen Fehlerrisiko belastet.[179]

Die Ermittlungsbehörden profitieren zwar im Hinblick auf die reine Beschaffung von Beweismitteln zunächst von der Kooperation mit privaten Ermittlern, müssen aber die Umstände, unter denen die Ergebnisse zustande kamen und die die Ermittlungen möglicherweise beeinflusst haben, noch intensiver prüfen als staatlich ermitteltes Tatsachenmaterial. Folglich sind die hier angerissenen praktischen Erwägungen, insbesondere die Entlastung der staatlichen Strafverfolgungsorgane, bei der Frage der Zulässigkeit privater Ermittlungen nicht von Relevanz.[180]

B. Leitgedanken des Beschuldigten- bzw. Opferschutzes

Ermittlungen Privater zum Zwecke der Strafverfolgung sind wie dargelegt grundsätzlich von der Allgemeinen Handlungsfreiheit umfasst und mit den Prinzipien des deutschen Strafverfahrens in Einklang zu bringen. Es stellt sich darüber hinaus im Hinblick auf unternehmensinterne Ermittlungen die Frage, ob deren prinzipielle Zulässigkeit zusätzlich von besonderen Erwägungen des Beschuldigten- sowie des Opferschutzes getragen wird.

I. Schutz des Beschuldigten

1. Stellung des Beschuldigten im Strafverfahren

Der Begriff des Beschuldigten ist weder in der StPO noch sonst gesetzlich definiert; er wird vielmehr in zahlreichen Vorschriften vorausgesetzt. Gemeint ist diejenige Person, gegen die die Strafverfolgungsbehörde aufgrund eines Anfangsverdachts i.S.v. § 152 Abs. 2 StPO ermittelt.[181] Über den objektiv bestehenden Tatverdacht hinaus muss sich der auf eine bestimmte Person bezogene behördliche Verfolgungswille in einer als solche erkennbaren Verfolgungshandlung

179 *Mende*, Grenzen privater Ermittlungen, S. 135; *Hassemer/Matussek*, Das Opfer als Verfolger, S. 50 f.: Ermittlungen außerhalb des Leitbildes von § 160 Abs. 2 StPO „als fehlerträchtiges Material für das Ermittlungsverfahren eher belastend als entlastend"; ähnlich *Stoffer*, Privatisierung, S. 149.

180 Im Ergebnis auch *Reeb*, Internal Investigations, S. 51.

181 BGHSt 10, 8 = NJW 1957, 230.

manifestieren (vgl. entsprechend § 397 Abs. 1 AO).[182] Ein auf die Strafverfolgung gerichteter wahrnehmbarer Willensakt liegt unproblematisch dann vor, wenn ein förmliches Strafverfahren gegen eine Person als Beschuldigte eingeleitet oder sie ausdrücklich als Beschuldigte vernommen wird (§ 136 StPO), kann aber auch konkludent erfolgen, etwa wenn Maßnahmen angeordnet werden, die nur gegen Beschuldigte zulässig sind.[183]

Die deutsche Strafprozessordnung betrachtet den Beschuldigten als Verfahrenssubjekt mit erheblichen eigenen prozessualen Rechten und Handlungsfreiheiten, die es ihm ermöglichen, den Verfahrensgang zu beeinflussen.[184] Er ist Beteiligter, nicht Gegenstand des Verfahrens.[185] Insbesondere das aus Art. 6 Abs. 1 EMRK abgeleitete verfahrensrechtliche Prinzip der „Waffengleichheit" von Staatsanwaltschaft und Beschuldigtem gebietet es, dem Beschuldigten durch die Gewährleistung angemessener Teilnahme-, Informations- und Äußerungsrechte adäquate Möglichkeiten zur Einflussnahme auf den Ausgang des Verfahrens zu eröffnen.[186] Dem Beschuldigten steht demnach das verfassungsrechtlich abgesicherte[187] Recht zur „aktiven Teilnahme [...] an dem ihm zukommenden Rechtsschutz" zu.[188] Dieses ermöglicht dem Beschuldigten nicht nur, sich während des gesamten Strafverfahrens zum Tatvorwurf zu äußern, sondern auch Beweisanträge an das Gericht (§§ 219, 244 ff. StPO) sowie in der Hauptverhandlung Fragen an Zeugen und Sachverständige (§ 240 Abs. 2 StPO) zu stellen.

---

182 BGH, NStZ 1997, 398 (398 f.); BGHSt 38, 214 (228) = NJW 1992, 1463 (1466); BGHSt 51, 367 (370) = NJW 2007, 2706 (2707 f.); BGH, NStZ 2015, 291 (292); *Eisenberg*, Beweisrecht, Rz. 505 m.w.N.

183 Vgl. nur BGH, NStZ 2015, 291 (292); *Beulke/Swoboda*, Strafprozessrecht, Rz. 172 f. Eingehend zur Begründung der Beschuldigtenstellung *Grosjean*, Beschuldigteneigenschaft, S. 25 ff.

184 Vgl. nur BVerfG, NJW 2001, 3695 (3696) m.w.N. aus der Rspr.; *Beulke/Swoboda*, Strafprozessrecht, Rz. 171.

185 BGHSt 5, 332 (333) = NJW 1954, 649 (649).

186 BVerfGE 63, 45 = NStZ 1983, 273; BVerfGE 38, 105 = NJW 1975, 103; OLG Naumburg, NStZ 2011, 599; EMGR, StV 2008, 475 = BeckRS 2008, 06503; *Lohse/Jakobs* in KK-StPO, EMRK Art. 6 Rz. 45 m.w.N.

187 St. Rspr., vgl. BVerfGE 57, 250 (273 ff.) = NJW 1981, 1719 (1722); BVerfGE 65, 171 (174 f.) = NJW 1984, 113; BVerfGE 66, 313 (318) = NJW 1984, 2403.

188 BVerfGE 38, 105 (111 ff.) = NJW 1975, 103.

2. *Notwendigkeit eigener Sachverhaltsaufklärung aus Beschuldigtenperspektive*

Aufgrund der emanzipierten Position des Beschuldigten im Strafverfahren ist es ihm nicht zuzumuten, allein auf die Ermittlungsarbeit und -ergebnisse der Strafverfolgungsbehörden zu vertrauen.[189] Dem Beschuldigten muss die Gelegenheit eröffnet sein, auf der Grundlage eigener Nachforschungen zielführende Fragen an alle Beteiligten zu stellen und sich auf informierter Basis zu den gegen ihn vorgetragenen Vorwürfen zu äußern.[190] Gleiches gilt für die Vorbereitung des Beschuldigten bzw. seines Verteidigers auf die (erfolgsversprechende) Stellung von Beweisanträgen.[191] Denn das berechtigte Interesse des Beschuldigten an der eigenen Aufklärung des ihm vorgeworfenen Sachverhalts besteht nicht erst im Hauptverfahren im Hinblick auf die Abwendung einer Verurteilung. Vielmehr ist ein solches auch schon im Vorverfahren anzuerkennen, da sowohl die Durchführung eines Ermittlungsverfahrens an sich, als auch die Anklageerhebung bereits erhebliche stigmatisierende Auswirkungen für den Beschuldigten mit sich bringen.[192]

Aus der Subjektstellung des Beschuldigten folgt auch die exponierte Funktion des Verteidigers im Strafverfahren, der zugleich „Organ der Rechtspflege“ und Interessenvertreter auf Beschuldigtenseite ist.[193] In den letztgenannten Bereich seiner Aufgaben fällt die Pflicht des Verteidigers, in jedem Verfahrensstadium die Interessen seines Mandanten gewissenhaft wahrzunehmen und zu diesem Zwecke alle in Betracht kommenden und rechtlich zulässigen Maßnahmen zu ergreifen.[194] Aus dieser Beistandsfunktion[195] resultiert nach heute allgemeiner Auffassung auch das Recht des Verteidigers, sich im Sinne des Beschuldigten um eigene Sachverhaltsaufklärung bemühen.[196]

---

189 *Reeb*, Internal Investigations, S. 33 f.

190 Ähnlich *Hassemer/Matussek*, Das Opfer als Verfolger, S. 13 f.

191 Dazu bereits S. 66.

192 *Bockemühl*, Private Ermittlungen, S. 36.

193 Zur Stellung des Verteidigers eingehend *Beulke*, Der Verteidiger im Strafverfahren.

194 *Krekeler*, NStZ 1989, 146 (147 ff.); *Beulke*, Der Verteidiger im Strafverfahren, S. 45; *Meyer-Goßner/Schmitt*, StPO, Vor § 137 Rz. 1 m.w.N.

195 Z.T. wird vertreten, das Ermittlungsrecht des Verteidigers ergebe sich darüber hinaus aus seiner Stellung als Rechtspflegeorgan, vgl. *Jungfer*, StV 1981, 100 (101); *Bockemühl*, Private Ermittlungen, S. 39; mit näherer Begründung *Krey*, Private Ermittlungen, S. 41 f.

196 *Meyer-Goßner/Schmitt*, StPO, Vor § 137 Rz. 2; *Willnow* in KK-StPO, Vor § 137 Rz. 4; *Brunhöber*, GA 2010, 571 (573 f.); *Hassemer/Matussek*, Das Opfer als Verfolger, S. 12 ff.; aus Sicht der Praxis *Jungfer*, StV 1981, 100; *Dahs*, NJW 1985, 1113 (1116);

Seine Ermittlungskompetenz schafft zum einen die Grundlage einer optimalen Vertretung der Interessen seines Mandanten und der Ausschöpfung aller tatsächlichen Erkenntnisquellen im Sinne des Beschuldigten. Zum anderen dämmt sie die Gefahr ein, dass Ergebnisse aus möglicherweise einseitig zulasten des Beschuldigten geführten staatlichen Ermittlungen sich in der Urteilsfindung niederschlagen. Denn obwohl die staatlichen Strafverfolgungsorgane während des gesamten Verfahrens zur Objektivität verpflichtet sind (§ 160 Abs. 2 StPO), besteht nicht selten eine – zwar nicht empirisch belegbare, aus der Praxis aber immer wieder beklagte – Tendenz der Staatsanwaltschaft, einseitig gegen den Beschuldigten zu ermitteln. Ausschlaggebend hierfür sind in erster Linie psychologische Gründe, aber auch das (Nähe-)Verhältnis zur Polizei und das Auftreten der Beschuldigtenseite, das den Staatsanwalt regelmäßig in die Rolle des „harten Strafverfolgers“ drängt.[197]

II. Schutz des Verletzten im Strafverfahren

Die Erwägungen, die für die Zulässigkeit privater Ermittlungen des Beschuldigten bzw. seines Verteidigers angestellt wurden, dürfen nicht unbesehen auf den Verletzten bzw. seinen Rechtsbeistand übertragen werden.[198]

1. Stellung des Verletzten

Die Stellung des Verletzten im Strafverfahren ist bereits deswegen nicht mit der des Beschuldigten zu vergleichen, weil der Verletzte sich nicht mit strafrechtlich relevanten Vorwürfen konfrontiert sieht. Ihm droht nicht das Risiko, verurteilt zu werden oder staatliche Zwangsmaßnahmen erdulden zu müssen.[199] Der durch eine Straftat Verletzte ist grundsätzlich selbst nicht berechtigt, die gegen ihn begangene Tat zu verfolgen; seine Interessen werden dafür aufgrund des im Strafverfahren geltenden Offizialprinzips[200] durch die staatlichen Strafverfolgungsorgane vertreten. Selbst wenn die Motive des Geschädigten einer Straftat sich nicht immer mit den Zielen der Strafverfolgungsbehörden decken (etwa

---

grundlegend *Beulke*, Der Verteidiger im Strafverfahren, S. 45, der darüber hinaus von einer „Ermittlungspflicht“ spricht, die sich allerdings auf das Initiieren weiterer Nachforschungen durch die staatlichen Ermittlungsorgane beschränke.

197 Näher *Heghmanns*, GA 2003, 433 (434 f.).

198 Treffend *Reeb*, Internal Investigations, S. 34.

199 *Hassemer/Matussek*, Das Opfer als Verfolger, S. 20; *Reeb*, Internal Investigations, S. 34, 38 f.

200 Dazu S. 80 f.

bzgl. des Genugtuungsinteresses des Verletzten),[201] verfolgt er im regelmäßig doch dieselbe Zweckrichtung wie die staatlichen Strafverfolgungsorgane, nämlich in erster Linie die der Wahrheitsfindung respektive der Überführung bzw. Verurteilung des (wahren) Täters. Die Stellung des Verletzten ist demzufolge – anders als die des Beschuldigten – gerade nicht von einer strukturellen Unterlegenheit gegenüber dem staatlichen Ermittlungsapparat geprägt, die durch eigene Intervention kompensiert werden müsste.[202]

Diese der Position des Beschuldigten diametral gegenüberstehende Interessenlage spiegelt sich auch in der gesetzlichen Konzeption der Rechte des Verletzten. Obwohl diese in den letzten Jahrzehnten, etwa im Rahmen des 1987 in Kraft getretenen Opferschutzgesetzes[203] und der Opferrechtsreformgesetze von 2004 und 2009,[204] kontinuierlich ausgebaut wurden, ist der Verletzte nach wie vor mit deutlich geringeren Rechten im Strafverfahren ausgestattet als der Beschuldigte. So steht ihm ein Beweisantragsrecht nur zu, wenn er sich als Nebenkläger unter den in § 395 StPO normierten Voraussetzungen der öffentlichen Klage angeschlossen hat (vgl. § 397 Abs. 1 S. 3 i.V.m. § 244 Abs. 3-6 StPO). Gleiches gilt für andere Partizipationsmöglichkeiten wie etwa das Fragerecht in der Hauptverhandlung (§ 397 Abs. 1 S. 3 i.V.m. § 240 Abs. 2 StPO). Das zentrale Recht des Verletzten auf Akteneinsicht nach § 406e StPO steht, soweit er nicht als Nebenkläger im Verfahren auftritt, unter dem Vorbehalt eines dargelegten berechtigten Interesses (§ 406e Abs. 1 StPO). Darüber hinaus sieht § 406e Abs. 2 S. 1 StPO vor, dass das Akteneinsichtsrecht dem Verletzten (zwingend!) zu versagen ist, „soweit überwiegende schutzwürdige Interessen des Beschuldigten oder anderer Personen entgegenstehen" und verdeutlicht damit den Vorrang der Belange des Beschuldigten. Darüber hinaus kann – nach pflichtgemäßem Ermessen der aktenführenden Stelle[205] – die Einsicht in die Akten bei möglicher Gefährdung

---

201 *Hassemer/Matussek*, Das Opfer als Verfolger, S. 23.

202 *Hassemer/Matussek*, Das Opfer als Verfolger, S. 20; *Mende*, Grenzen privater Ermittlungen, S. 148 f.

203 Erstes Gesetz zur Verbesserung der Stellung des Verletzten im Strafverfahren (Opferschutzgesetz) vom 18.12.1986, BGBl. I, S. 3186.

204 Gesetz zur Verbesserung der Rechte von Verletzten im Strafverfahren (Opferrechtsreformgesetz – OpferRRG) vom 24.06.2004, BGBl. I, S. 1354; Gesetz zur Stärkung der Rechte von Verletzten und Zeugen im Strafverfahren (2. Opferrechtsreformgesetz) vom 29.07.2009, BGBl. I, S. 2280; historischer Abriss des Opferschutzes im deutschen Strafverfahren bei *Herrmann*, ZIS 2010, 236.

205 Vgl. nur *Weiner* in BeckOK StPO, § 406e Rz. 84 ff.

des Untersuchungszwecks oder einer drohenden erheblichen Verzögerung des Verfahrens versagt werden (§ 406e Abs. 2 S. 2, 3 StPO).

2. *Kein besonderes Bedürfnis nach eigener Sachverhaltsaufklärung*

Für eigeninitiative Ermittlungen des Verletzten besteht angesichts seiner gesetzlich umschriebenen Stellung im Strafverfahren grundsätzlich keine besondere Notwendigkeit. Der durch eine Straftat Verletzte sieht seine Interessen regelmäßig in hinreichendem Maße durch die staatlichen Strafverfolgungsorgane vertreten. Ihm ist es – anders als dem Beschuldigten – durchaus zumutbar, den Gang des Verfahrens zwar beobachten, aber nur in sehr begrenztem Maße beeinflussen zu können.

Anders gestaltet sich die Situation ausnahmsweise etwa dann, wenn der Verletzte im Rahmen des Klageerzwingungsverfahrens Beschwerde gegen einen Einstellungsbescheid der Staatsanwaltschaft einlegt (§§ 171, 172 Abs. 1 StPO) oder gegen den Ablehnungsbescheid gerichtliche Entscheidung beantragt (§ 172 Abs. 2-4 StPO). Die im Antrag auf gerichtliche Entscheidung anzugebenden Tatsachen und Beweismittel (§ 172 Abs. 3 S. 1 StPO) sollten durch eigene Sachverhaltsaufklärung ermittelt werden. Entsprechendes gilt, wenn dem Verletzten als Nebenkläger ein eigenes Beweisantragsrecht zukommt, von dem er ebenso wie der Beschuldigte oftmals effektiv nur Gebrauch machen kann, wenn er bzw. sein Rechtsbeistand vorbereitend eigene Sachverhaltsaufklärung betreibt.[206]

Dies bedeutet allerdings nicht, dass dem (nicht als Nebenkläger oder im Klageerzwingungsverfahren auftretenden) Verletzten mangels besonderer Schutzbedürftigkeit eigene Ermittlungsaktivitäten versagt sind. Sie finden lediglich keine zusätzliche strafprozessuale Stütze, wie sie sich bei Ermittlungen des Beschuldigten aus dessen Subjektstellung im Strafprozess ableiten lässt. Der Geschädigte kann trotzdem, solange er sich in den Grenzen des materiellen Rechts bewegt, nach Belieben Tatsachen erforschen. Seine prinzipiell nicht überragend schützenswerte Position im Strafverfahren führt nicht zu einer Beschränkung seiner allgemeinen Handlungsfreiheit.[207]

---

206 S. 67.

207 *Sauer* in Wabnitz/Janovsky/Schmitt, Kap. 32 Rz. 67.

III. Übertragbarkeit auf unternehmensinterne Ermittlungen

Fraglich ist, ob und inwieweit die vorgenannten Erwägungen auch ein eigenes Ermittlungsrecht für Unternehmen, genauer für den Vorstand der AG, begründen bzw. rechtfertigen.

1. Grundrechtlicher Schutz der freien Unternehmensführung

Ein prinzipielles Recht von Unternehmen zur Erforschung verdächtiger Sachverhalte lässt sich zunächst ebenso wie das Ermittlungsrecht jedes Privaten aus dem Grundgesetz ableiten.[208] Nach Art. 19 Abs. 3 GG gelten die Grundrechte auch für inländische juristische Personen, soweit sie ihrem Wesen nach auf diese anwendbar sind. Ohne näher auf die – im Einzelnen umstrittenen – tatbestandlichen Voraussetzungen einer „wesensmäßigen Anwendbarkeit" einzugehen,[209] lässt sich festhalten, dass juristischen Personen jedenfalls die Berufung auf die aus Art. 2 Abs. 1 GG ableitbare allgemeine Handlungsfreiheit nicht versperrt ist.[210] Diese verleiht ihnen grundsätzlich die Freiheit zu jedem beliebigen Tun oder Unterlassen, im Bereich der Unternehmensführung präziser die Handlungsfreiheit auf wirtschaftlichem Gebiet. Nicht nur die Gründung eines Unternehmens, sondern auch die Art und Weise der Unternehmensführung soll prinzipiell frei von staatlichen Einflüssen bleiben.[211] Soweit als Compliance-Maßnahme kritische Sachverhalte unternehmensintern untersucht werden, ist dieses Vorgehen also ein nach Art. 2 Abs. 1 GG schützenswerter und von ökonomischen Motiven geleiteter Akt der Unternehmensführung.[212]

2. Erhöhtes Manipulationsrisiko

Ist ein staatliches Ermittlungsverfahren nicht eingeleitet, liegt also aus Sicht der Strafverfolger (noch) kein Anfangsverdacht i.S.v. § 152 Abs. 2 StPO vor, besteht bei der Durchführung unternehmensinterner Ermittlungen auch kein Raum für eine möglicherweise drohende Kollision mit Ermittlungen der staatlichen Strafverfolgungsorgane. Anders ist dies zu beurteilen, wenn interne Ermittlungen parallel zu einem laufenden staatlichen Ermittlungsverfahren initiiert werden.

---

208 Dazu oben S. 62 ff.

209 Vgl. dazu nur *Remmert* in Maunz/Dürig, GG, Art. 19 Abs. 3 Rz. 100 ff. m.w.N.

210 *Remmert* in Maunz/Dürig, GG, Art. 19 Abs. 3 Rz. 102 m.w.N.

211 *Di Fabio* in Maunz/Dürig, GG, Art. 2 Rz. 126: Unternehmerfreiheit.

212 Im Ergebnis ebenso *Buchert*, Unternehmensinterne Befragung, S. 132 f., 137. Zur Zweckrichtung interner Ermittlungen hier S. 42 ff., S. 104.

Das Risiko einer subjektiven Beeinflussung bzw. Manipulation der staatlichen Ermittlungen dürfte bei unternehmensinternen Ermittlungen in der Regel noch stärker ausgeprägt sein als bei privaten Ermittlungshandlungen von einzelnen Geschädigten oder Beschuldigten.[213] Denn in Unternehmen werden nicht nur allgemein mehr finanzielle und personelle Mittel eingesetzt, sondern es existieren auch Organisationsstrukturen, die zum Teil die Beschäftigung einer ganzen Abteilung mit der Untersuchung bestimmter Sachverhalte ermöglichen.[214] Insgesamt weisen unternehmensinterne Ermittlungen ihrem Umfang und ihrer Intensität nach starke Parallelen zum staatlichen Ermittlungsverfahren auf.[215] Die Frage, ob hier das aus der allgemeinen Handlungsfreiheit abgeleitete Recht von Unternehmen bzw. deren Leitungsorganen aufgrund des insoweit vorrangigen Ermittlungsauftrags der Staatsanwaltschaft ausgeschlossen oder zumindest einzuschränken ist, ist also durchaus berechtigt.

3. *Entsprechende Geltung der Erwägungen zum Schutz des Beschuldigten*

Allerdings überwiegen auch hier die obigen Erwägungen zum Beschuldigtenschutz. Zwar kann das Unternehmen selbst als juristische Person nicht Beschuldigter,[216] sondern nur Nebenbeteiligter eines deutschen Strafverfahrens sein.[217] Ihm stehen aber nach allgemeiner Ansicht im Bußgeldverfahren nach § 30 OWiG zumindest punktuell die Rechte eines Beschuldigten zu.[218] So erfordert es die strafprozessuale Lage des Unternehmens im einheitlichen Verfahren wegen Straftaten, die der eines Beschuldigten entspricht, ihm ein Beweisantragsrecht nach § 163a Abs. 2 StPO zuzusprechen und die Regeln der Beschuldigtenvernehmung (§§ 163a Abs. 2 S. 2, 133 ff. StPO) auf die Vernehmung der Vertreter der juristischen Person im Ermittlungsverfahren anzuwenden.[219]

---

213 *Wehnert* in Kempf/Lüderssen/Volk, Ökonomie versus Recht im Finanzmarkt? S. 137 (139 f.).

214 Ähnlich *Wewerka*, Internal Investigations, S. 124.

215 *Kruse*, Compliance und Rechtsstaat, S. 173.

216 *Rödiger*, Strafverfolgung von Unternehmen, S. 246; *Rütters/Schneider*, GA 2014, 160 (162).

217 *Meyer-Goßner/Schmitt*, StPO, Einl. Rz. 73, 91 f.; *Knierim/Schröder* in Internal Investigations, Kap. 16 Rz. 1 ff.

218 *Rogall* in KK-OWiG, § 30 Rz. 196.

219 *Rogall* in KK-OWiG, § 30 Rz. 196; *Knierim/Schröder* in Internal Investigations, Kap. 16 Rz. 41 ff.

Darüber hinaus weist § 27 VerSanG-E[220] ausdrücklich dem betroffenen Verband im Sanktionsverfahren die prozessuale Stellung eines Beschuldigten zu. Nach dem im VerSanG-E vorgesehenen Legalitätsprinzip haben die Strafverfolgungsbehörden immer dann ein Sanktionsverfahren gegen den Verband einzuleiten, wenn gegen eine Leitungsperson bzw. unter den näheren Voraussetzungen des § 3 Abs. 1 Nr. 2 VerSanG-E gegen eine andere dem Unternehmen angehörige Person wegen einer Verbandstat ermittelt wird. Daher erscheint es sachgerecht, dem Verband in diesen Fällen bereits vor formeller Einleitung des Sanktionsverfahrens eine Beschuldigtenstellung zuzusprechen. Denn sobald gegen Individuen aus dem Unternehmen ermittelt wird, besteht für das Unternehmen ein exorbitantes Risiko im Zuge der Einleitung eines Verbandsanktionsverfahrens selbst Ziel der Ermittlungen und Sanktionen zu werden.

Es wird daher regelmäßig im Interesse des Unternehmens oder zumindest im Interesse der – möglicherweise selbst ins Visier der Behörden geratenen – Mitglieder seines Leitungsorgans liegen, Nachforschungen im Unternehmen anzustellen und Beweismittel zutage zu fördern. Dies gilt umso mehr, als das betroffene Unternehmen sich durch eine gelebte Compliance-Kultur auszeichnen möchte, deren unabdingbarer Bestandteil auch die Ermittlung und Verfolgung von (potenziellen) Straftaten im Unternehmen bzw. aus dem Unternehmen heraus ist.[221] Unter präventiven Aspekten darf den Mitarbeitern nicht der Eindruck vermittelt werden, man überlasse die Aufklärung von Fehlverhalten innerhalb des Unternehmens der Staatsanwaltschaft.

Juristische Personen und deren Organe dürfen hinsichtlich ihres Aufklärungsbedürfnisses im Verhältnis zu Privatpersonen nicht per se benachteiligt werden, nur weil ihre personellen und finanziellen Mittel meist eine umfassendere Untersuchung von Sachverhalten erlauben. Da gerade große und international agierende Unternehmen stets auch hohen Wert auf ihre Reputation in der Öffentlichkeit legen, besteht gerade für sie ein verstärkter Anreiz zu höchster Professionalität bei den Ermittlungen.[222] Soweit die staatlichen Strafverfolgungsorgane im Bereich der Wirtschaftskriminalität ermitteln, richten sich die

---

220 BT-Drs. 19/23568, S. 7 ff.

221 Dazu bereits S. 45 f., S. 104.

222 Rechtswidrige Mitarbeiterbespitzelungen wie im Fall Lidl führten nachweislich zu erheblichem Ansehensverlust und werden daher die Ausnahme bleiben. Vgl. nur Fokus online v. 09.02.2009, abrufbar unter http://www.focus.de/finanzen/news/spitzelskandal-ruf-von-discounter-lidl-ruiniert_aid_369566.html (zuletzt abgerufen am 22.02.2021). Zum Fall Lidl auch *Brockhaus* in Internal Investigations, Kap. 29 Rz. 50 ff.

Vorwürfe zumindest zu Beginn der Ermittlungen oft nicht gezielt gegen einzelne Beschuldigte und auch der oder die Geschädigten sind meist unklar. Sowohl die Person des oder der Beschuldigten als auch des oder der Geschädigten werden häufig nebulös „im Umkreis des Unternehmens" vermutet, sodass das Täter-/Opferverhältnis hier erst definiert werden muss.

Zudem kann auch ein erhebliches Interesse des Unternehmens daran bestehen, Beschuldigte aus den eigenen Reihen zwecks Entlastung des möglicherweise selbst geschädigten Unternehmens zu identifizieren.[223] Während in Individualstrafverfahren der Geschädigte schlimmstenfalls mit einer ungerechtfertigten Einstellung des Verfahrens durch die Staatsanwaltschaft oder einem Freispruch des Angeklagten rechnen muss, droht in wirtschaftsstrafrechtlichen Konstellationen bei Ermittlungsfehlern, sofern ein individuelles Versagen einzelner Mitarbeiter nicht nachgewiesen werden kann, häufig die i.w.S. strafrechtliche Verantwortlichkeit des Unternehmens selbst (nach § 30 OWiG bzw. nach dem geplanten VerSanG) oder seiner Leitungsorgane. Das Risiko des Unternehmens, von dem eigentlich Geschädigten zum Täter gemacht zu werden, ist somit der staatlichen Untersuchung von strafrechtlichen Anhaltspunkten im Unternehmen immanent. Bereits aufgrund dieser Gefahr sind eigeninitiative unternehmensinterne Ermittlungen nicht per se unzulässig.

C. Entgegenstehende Normen und Grundsätze

Die aufgeworfene Frage nach der Zulässigkeit privater Ermittlungen in Unternehmen könnte dennoch zu verneinen sein, soweit es ein verfassungsrechtlich oder gesetzlich verankertes staatliches Ermittlungsmonopol, das heißt ein exklusives Recht – oder sogar eine exklusive Pflicht – der staatlichen Strafverfolgungsorgane zur Aufklärung von potenziellen Straftaten gäbe. Ein solches lässt sich möglicherweise aus dem Legalitätsprinzip oder dem Offizialprinzip ableiten.

I. Legalitätsprinzip und Offizialprinzip

1. Das Legalitätsprinzip

a) Ableitung und Inhalt

In der Literatur wird zur Begründung eines derartigen staatlichen Ermittlungsmonopols zum Teil das im deutschen Strafverfahren herrschende

223 Ähnlich *Scharnberg*, Illegale Internal Investigations, S. 60.

Legalitätsprinzip angeführt.[224] Dieses lässt sich aus der in Art. 20 Abs. 3 GG angelegten Rechtsstaatsgarantie ableiten und enthält den Grundsatz, dass die für die Strafverfolgung zuständigen staatlichen Organe[225] wegen aller verfolgbaren Straftaten einschreiten müssen, sofern zureichende tatsächliche Anhaltspunkte vorliegen (§ 152 Abs. 2 StPO).[226]

Das Legalitätsprinzip trägt der verfassungsrechtlich verbürgten Gleichheit aller Menschen vor dem Gesetz (Art. 20 Abs. 3, Art. 3 Abs. 1 GG) Rechnung, indem es die Strafverfolgungsorgane von Amts wegen zur Erforschung verdächtiger Sachverhalte ohne Ansehen der Person und unter Versagung jeglichen Ermessensspielraums verpflichtet (§§ 160 Abs. 1, 163 Abs. 1 StPO).[227] Damit werden die staatlichen Ermittlungen durch objektive Kriterien, namentlich den Verdacht einer strafbaren Handlung, nicht nur veranlasst, sondern auch begrenzt. So wird insbesondere deren Neutralität und Unabhängigkeit gesichert (Willkürverbot).[228]

Die Entscheidung über die Strafbarkeit eines Verhaltens wird der Anklagebehörde entzogen und die Gesetzesanwendung unabhängigen Gerichten zugewiesen, sodass das Legalitätsprinzip auch die unabdingbare Einhaltung der Gewaltentrennung sichert.[229] Darüber hinaus wird es zu Recht als „notwendiges Korrelat zum Anklagemonopol“[230] der Staatsanwaltschaft bezeichnet, da für den Bürger, wenn er schon prinzipiell nicht selbst delinquentes Verhalten verfolgen und vor Gericht anklagen kann, zumindest Gewissheit darüber bestehen muss, dass von staatlicher Seite hinreichenden Anhaltspunkten für Straftaten objektiv

---

224 *Hassemer/Matussek*, Das Opfer als Verfolger, S. 42 ff.; *Jahn*, StV 2009, 41 (43): „Aus dem Legalitätsprinzip fließende[s] Ermittlungsmonopol der Staatsanwaltschaft“.

225 Dies kann nicht nur die Staatsanwaltschaft, sondern je nach Zuständigkeit auch die Polizei, das Finanzamt u. a. sein. Im Einzelnen dazu *Peters* in MükoStPO, § 152 Rz. 27.

226 *Wehnert* in Kempf/Lüderssen/Volk, Ökonomie versus Recht im Finanzmarkt? S. 137 (137 f.).

227 *Willms*, JZ 1957, 465; *Hassemer/Matussek*, Das Opfer als Verfolger, S. 44 f.

228 BVerfGE 46, 214 = NJW 1977, 2355 (2356); *Hassemer/Matussek*, Das Opfer als Verfolger, S. 39, 46; *Peters* in MükoStPO, § 152 Rz. 4.

229 BGHSt 15, 155 (159 f.) = BGH, NJW 1960, 2346 (2347 f.): „Die Verfolgung oder Nichtverfolgung hinge [ansonsten] in hohem Maße und unvermeidbar vom Tat- oder Ergreifungsort und von der Rechtsansicht der zuständigen Anklagebehörde, unter Umständen auch, statt von den Gesetzen, von ministeriellen Weisungen oder Rechtsmeinungen ab.“

230 *Mavany* in LR-StPO, § 152 Rz. 15; *Meyer-Goßner/Schmitt*, StPO, § 152 Rz. 2; *Beulke/Swoboda*, Strafprozessrecht, Rz. 47; *Krey/Heinrich*, Strafverfahrensrecht, Rz. 602; *Hassemer/Matussek*, Das Opfer als Verfolger, S. 44.

nachgegangen wird.[231] Das Legalitätsprinzip soll damit das Vertrauen des einzelnen Bürgers in den Rechtsstaat stärken bzw. bewahren.[232]

Neben der Pflicht zur Aufklärung von Straftaten im Rahmen eines Ermittlungsverfahrens trifft die Staatsanwaltschaft gemäß § 170 Abs. 1 StPO bei „genügendem Anlass" auch die Pflicht, öffentlich Anklage zu erheben. Besteht aus Sicht der Staatsanwaltschaft nach Abschluss des Ermittlungsverfahrens der erforderliche hinreichende Tatverdacht, d.h. hält sie bei vorläufiger Tatbewertung eine Verurteilung des Beschuldigten am Ende einer Hauptverhandlung für wahrscheinlicher als einen Freispruch,[233] steht es nicht in ihrem Ermessen, ob sie Anklage erhebt oder das Verfahren einstellt; sie *muss* vielmehr bei Vorliegen der Voraussetzungen Anklage erheben.[234] Da bei der Frage eines hinreichenden Tatverdachts – ebenso wie bei der Frage eines Anfangsverdachts – ein unbestimmter Rechtsbegriff anzuwenden ist, besteht im Vorfeld der vom Legalitätsprinzip beherrschten (Anklage-)Entscheidung ein beträchtlicher Beurteilungsspielraum.[235] Verstöße gegen das Legalitätsprinzip, etwa in Form vorsätzlicher Nichtverfolgung strafbarer Handlungen, können als Strafvereitelung im Amt nach § 258a StGB bestraft werden. In prozessualer Hinsicht kann seine Einhaltung im Wege des Klageerzwingungsverfahrens gemäß § 172 ff. StPO durchgesetzt werden.[236]

Das Gegenstück zum Legalitätsprinzip bildet das im Ordnungswidrigkeitenrecht herrschende Opportunitätsprinzip, das den zuständigen Verfolgungsorganen einen Ermessenspielraum bei der Frage der (weiteren) Durchführung eines Bußgeldverfahrens einräumt (§ 47 OWiG). Der Opportunitätsgrundsatz beansprucht dabei in allen Verfahrensstadien Geltung und erfordert stets eine pflichtgemäße Abwägung nach Zweckmäßigkeitsgesichtspunkten.[237] Seine

---

231 BGHSt 15, 155 (159) = NJW 1960, 2346 (2347); ähnlich *Hassemer/Matussek*, Das Opfer als Verfolger, S. 43.

232 *Hassemer/Matussek*, Das Opfer als Verfolger, S. 44 ff., 54; *Klaas*, Interne Untersuchungen und Informationsaustausch, S. 103 f.

233 Dazu BGH, NJW 1970, 1543 (1544); NJW 2000, 2672 (2673); OLG Karlsruhe, NJW 1974, 806.

234 BGH, NJW 1970, 1543.

235 BGHSt 38, 215 (228) = NJW 1992, 1463 (1466); BGH, NJW 1970, 1543 (1544); *Meyer-Goßner/Schmitt*, StPO, § 152 Rz. 4.

236 *Krey/Heinrich*, Strafverfahrensrecht, Rz. 602, näher Rz. 589 ff.; *Mavany* in LR-StPO, § 152 Rz. 48.

237 *Lemke/Mosbacher*, OWiG, § 47 Rz. 3 f. Zur Reichweite der Opportunität näher *Mitsch* in KK-OWiG, § 47 Rz. 3 m.w.N.

Geltung und Anwendung im Bußgeldverfahren rechtfertigt sich nicht nur aus Praktikabilitätserwägungen, sondern vor allem aus dem geringeren Unrechtsgehalt bußgeldbewehrter Verstöße, der eine Verfolgung und Ahndung unter gewissen Umständen entbehrlich erscheinen lässt.[238]

b) Durchbrechungen

Das Legalitätsprinzip ist zwar tragende Säule des gesamten deutschen Strafverfahrens, es gilt aber nicht ausnahmslos, was bereits anhand der Formulierung in § 152 Abs. 2 StPO („soweit nicht gesetzlich ein anderes bestimmt ist") deutlich wird. Die Nichtverfolgung von Straftaten bedarf demnach besonderer gesetzlicher Ermächtigung. Die von dem Opportunitätsprinzip geleiteten Ausnahmeregelungen sollen zum einen durch Entlastung der Justiz der Funktionsunfähigkeit der Strafrechtspflege vorbeugen, sind auf der anderen Seite aber auch von spezial- und generalpräventiven Motiven geleitet.[239] Diese Gesichtspunkte vermögen Durchbrechungen des Legalitätsprinzips jedenfalls dort zu rechtfertigen, wo es um die Verfolgung kleinerer und mittlerer Kriminalität geht.

Am relevantesten in der Praxis dürfte die Möglichkeit der Einstellung des Verfahrens bei Bagatelldelikten nach § 153 StPO sein. Die Vorschrift setzt voraus, dass das Verfahren ein Vergehen zum Gegenstand hat, die Schuld des Täters als gering anzusehen ist und kein öffentliches Interesse an der Verfolgung besteht. Soweit das Vergehen nicht mit einer im Mindestmaß erhöhten Strafe bedroht ist und die durch die Tat verursachten Folgen gering sind, ist sogar die grundsätzlich erforderliche Zustimmung des Gerichts entbehrlich (§ 153 Abs. 1 S. 2 StPO). Während § 153 Abs. 1 StPO die Einstellung des Verfahrens durch die Staatsanwaltschaft regelt, betrifft § 153 Abs. 2 StPO die Einstellung durch das Gericht.

Bei Straftaten oberhalb der Bagatellschwelle ist § 153 StPO unanwendbar. Dafür kann in diesen Fällen die in § 153a StPO normierte Regelung greifen, wonach unter Erteilung geeigneter Auflagen und Weisungen vorläufig von der Erhebung der öffentlichen Klage abgesehen werden kann. Voraussetzung hierfür ist zum einen, dass die erteilten Auflagen und Weisungen geeignet sind, das öffentliche Interesse an der Strafverfolgung zu beseitigen, zum anderen, dass die Schwere der Schuld nicht entgegensteht. § 153a StPO verkörpert einen

---

238 BVerfGE 45, 272 = NJW 1977, 1629; *Mitsch* in KK-OWiG, Einl. Rz. 152; *Bücherl* in BeckOK OWiG, § 47 Rz. 2; kritisch dazu etwa *Lemke/Mosbacher*, OWiG, § 47 Rz. 2.

239 *Peters* in MüKoStPO, § 153 Rz 2; *Krey/Heinrich*, Strafverfahrensrecht, Rz. 616, jew. m.w.N.

Kompromiss zwischen dem gänzlichen Absehen von einer Sanktionierung des Täters und der strikten Verfolgung kleinerer Kriminalität.[240]

Daneben räumt § 154 StPO der Staatsanwaltschaft die Möglichkeit eines Teilverzichts auf Strafverfolgung bei mehreren Taten ein, soweit die potenzielle Strafe oder Maßregel der Besserung und Sicherung neben der anderen, bereits verhängten oder zu erwartenden Strafe oder Maßregel nicht beträchtlich ins Gewicht fällt (§ 154 Abs. 1 Nr. 1 StPO). Darüber hinaus kann – als ultima ratio[241] – die Verfolgung einer Tat auch dann eingestellt werden, wenn eine Aburteilung der Tat in angemessener Frist nicht zu erwarten ist und die dem materiellen Strafrecht zu entnehmenden Strafzwecke auch ohne die wegen der Tat zu erwartenden Rechtsfolgen erreicht werden (§ 154 Abs. 1 Nr. 2 StPO). Die gesamte Vorschrift dient in erster Linie der Verfahrensbeschleunigung und -vereinfachung durch Begrenzung des Prozessstoffes.[242]

Neben den genannten Tatbeständen kennt das Gesetz noch zahlreiche andere Einstellungsmöglichkeiten, z.B. bei bestimmten Auslandstaten (§ 153c StPO) oder bei manchen politischen Straftaten (§ 153d StPO). Auf diese soll hier im Einzelnen nicht eingegangen werden.[243] Auch bezüglich der das Legalitätsprinzip durchbrechenden allgemeinen Gewährung von Straffreiheit (Amnestie) wird angesichts der heute sehr geringen praktischen Bedeutung auf weitere Ausführungen verzichtet.[244]

c) *Bedeutung für die Frage eines staatlichen Ermittlungsmonopols*

Es stellt sich nunmehr die Frage, ob das Legalitätsprinzip zur Annahme eines staatlichen Ermittlungsmonopols zwingt bzw. einer Ermittlungstätigkeit Privater

---

240 *Diemer* in KK-StPO, § 153a Rz. 2.

241 *Mavany* in LR-StPO, § 154 Rz. 27.

242 *Mavany* in LR-StPO, § 154 Rz. 1, 24. Vgl. auch die amtliche Begründung BT-Drs. 8/976, S. 19, 39 (in Bezug auf § 154 Abs. 1 Nr. 2 StPO): Die Norm ziele „in erster Linie darauf ab, den Prozeßstoff von Großverfahren auf die wesentlichen Tatvorwürfe zu konzentrieren und hierdurch die Durchführung dieser Verfahren zu vereinfachen und zu beschleunigen".

243 Ein Überblick findet sich etwa bei *Beulke/Swoboda*, Strafprozessrecht, Rz. 527.

244 Der letzte Amnestietatbestand in der Bundesrepublik war das Gesetz über Straffreiheit (Straffreiheitsgesetz 1970) v. 20.05.1970, BGBl. I S. 509; aufgehoben durch Art. 50 Gesetz über die weitere Bereinigung von Bundesrecht v. 08.12.2010, BGBl. I S. 1864. Die Amnestie betraf gewisse Straftaten, die zwischen 1965 und 1969 im Zusammenhang mit politischen Demonstrationen vor allem von Studenten bzw. jungen Menschen begangen wurden.

entgegensteht. Wie dargestellt besagt es zunächst nur, dass die staatlichen Strafverfolgungsorgane wegen aller verfolgbarer Taten einzuschreiten haben und nicht willkürlich von der Strafverfolgung absehen dürfen. Das Legalitätsprinzip beschreibt mit anderen Worten, unter welchen Voraussetzungen und mit welchen Modalitäten die Einleitung strafrechtlicher Ermittlungen durch die staatlichen Strafverfolgungsorgane erfolgen muss bzw. darf und konkretisiert damit das „Wie" der staatlichen Strafverfolgung.

Der Legalitätsgrundsatz verhält sich aber in seiner Kernaussage nicht zu der Frage, *wer* überhaupt grundsätzlich eine Ermittlung initiieren oder durchführen muss bzw. darf, sondern knüpft schlicht (nur) an das „Ob" der staatlichen Ermittlungstätigkeit an. Allein aus dieser ausschließlichen Bezugnahme auf die Tätigkeit der staatlichen Strafverfolgungsbehörden kann nicht geschlossen werden, dass das Legalitätsprinzip gleichzeitig – gewissermaßen beiläufig – ein exklusives Verfolgungsrecht des Staates vorsieht. Vielmehr lässt es den Umkehrschluss zu, dass die (prinzipiell zulässige) private Ermittlungstätigkeit, anders als die staatliche Strafverfolgung, gerade nicht zwingend objektiv und streng an den genannten gesetzlichen Maßstäben orientiert erfolgen muss.

Der Zweck der gleichmäßigen und willkürfreien Strafverfolgung durch den Staat wird nicht per se gefährdet, wenn Private „auf eigene Faust" – ggf. parallel zu einer derartigen staatlichen Strafverfolgung – strafrechtlich relevante Sachverhalte aufklären (dürfen).[245] Staatlichen Behörden ist es zwar untersagt, sich bei der Ermittlung und Verfolgung von Straftaten von privaten Individualinteressen oder sonstigen willkürlichen Erwägungen beeinflussen zu lassen. Daraus folgt aber nicht, dass potenzielle Einflussquellen, wie sie etwa im Wege privater Ermittlungstätigkeit entspringen, gar nicht erst entstehen dürfen. Vielmehr hält das Legalitätsprinzip, gerade *weil* es die Existenz derartiger Einflussmöglichkeiten voraussetzt, die Strafverfolgungsorgane dazu an, Einwirkungen von außen auf das Strafverfahren abzuwehren und die Strafverfolgung allein an gesetzlichen Grundlagen (z.B. an dem Kriterium des Anfangsverdachts) auszurichten.

Zwar verbietet das Legalitätsprinzip bei Vorliegen eines Anfangsverdachts und staatlicher Einleitung eines Ermittlungsverfahrens eine völlige Untätigkeit der Ermittlungsbehörden zugunsten einer umfassenden und ausschließlichen

245 Anders *Hassemer/Matussek*, Das Opfer als Verfolger, S. 42 ff., insb. S. 46, die das Legalitätsprinzip als Schutz vor (nicht nur staatlicher, sondern auch) gesellschaftlicher Einflussnahme auf die Strafverfolgungstätigkeit und der Durchsetzung individueller (Opfer-)Interessen verstehen.

Ermittlungstätigkeit Privater.[246] Sofern die wesentliche Leitungsmacht des Verfahrens und damit die Ermittlungshoheit nicht bei den Behörden verbleibt, sondern gänzlich auf Private delegiert wird, ist dem Gebot einer funktionstüchtigen Strafrechtspflege nicht mehr genüge getan.[247] Einer zumindest partiellen Beschränkung der eigenen aktiven Ermittlungstätigkeit während einer (vorläufigen) Sachverhaltsaufklärung durch private Ermittler steht das Legalitätsprinzip jedoch nicht entgegen, zumal dieses Vorgehen in der Praxis eine effektive und ressourcenschonende Wahrheitsfindung im Ermittlungsverfahren regelmäßig erst ermöglicht bzw. fördert.[248]

d) Zwischenfazit

Das Legalitätsprinzip ist ein zentraler Grundsatz der deutschen Strafprozessordnung, der eine gleichmäßige, justizförmige Verfolgung von Straftaten gewährleisten soll. Die Einhaltung dieses Prinzips dient der Durchsetzung des staatlichen Strafanspruchs anhand objektiver, nachvollziehbarer Kriterien, d.h. unter Außerachtlassen von Individualinteressen und sachfremden Erwägungen. Es wird jedoch keine eindeutige Aussage dazu getroffen, ob prinzipiell nur der Staat ermitteln darf bzw. muss. Ob es neben den staatlichen Ermittlungen auch private Ermittlungen geben darf, die gerade nicht dem Legalitätsprinzip unterworfen sind, bleibt offen. Das Legalitätsprinzip verbietet nicht die Durchführung privater Ermittlungen an sich, sondern nur die verzerrend wirkende Berücksichtigung privater Interessen durch die Strafverfolgungsbehörden. Es statuiert damit kein staatliches Ermittlungsmonopol.

2. Das Offizialprinzip (§ 152 Abs. 1 StPO)

a) Staatliche Strafverfolgung von Amts wegen

Das eng mit dem Legalitätsprinzip verbundene Offizialprinzip (auch: Offizialmaxime) ist ein das gesamte Strafverfahren dominierender Grundsatz, nach dem die gesamte Durchführung des Verfahrens vom Aufklären eines Anfangsverdachtes bis zur Strafvollstreckung Angelegenheit des Staates ist. Das Strafverfahren kommt prinzipiell von Amts wegen (ex officio) in Gang, ohne dass es

---

246 *Stoffer*, Privatisierung, S. 201 ff.; *Klaas*, Interne Untersuchungen und Informationsaustausch, S. 118 f.

247 *Klaas*, Interne Untersuchungen und Informationsaustausch, S. 118 f.

248 *Klaas*, Interne Untersuchungen und Informationsaustausch, S. 117 f. mit zusätzlichem Verweis auf das Beschleunigungsgebot, dem durch den Einsatz privater Aufklärungsressourcen Rechnung getragen wird.

etwa eines Strafantrages oder einer Strafanzeige bedürfte. Im Kern besagt das in § 152 Abs. 1 StPO verankerte Offizialprinzip also, dass die staatlichen Organe die Strafverfolgung in Durchsetzung des materiellen staatlichen Strafanspruches unabhängig von den Interessen der Verfahrensbeteiligten betreiben.[249] Demnach kann eine Straftat durch die Staatsanwaltschaft auch dann verfolgt werden, wenn dies nicht dem Willen des Verletzten entspricht. Verfassungsrechtlich beruht das Offizialprinzip auf dem in Art. 33 Abs. 4 GG normierten Grundsatz, dass die Ausübung der hoheitlichen Befugnisse Angehörigen des Öffentlichen Dienstes vorbehalten ist, die in einem öffentlich-rechtlichen Dienst- und Treueverhältnis stehen (sog. Funktionsvorbehalt)[250], dem Grundsatz des fairen Verfahrens und dem Demokratieprinzip.[251]

Das Gegenstück zum Offizialprinzip bildet die im Zivilprozess herrschende Dispositionsmaxime, die besagt, dass die Parteien im Zivilverfahren über den Streitgegenstand und den Gang des Verfahrens frei verfügen können.[252] Aus diesem auch Verfügungsgrundsatz genannten Prinzip resultiert etwa die zivilprozessuale Möglichkeit der Klageänderung oder der Beendigung des Prozesses im Wege der Klagerücknahme, des Anerkenntnisses des Klageanspruchs, der Verzichtserklärung oder eines Vergleichs (in Übereinkunft mit der Gegenseite). Während der Zivilprozess als Ausdruck der Privatautonomie demnach von den Parteien beeinflusst und gestaltet werden kann, liegt das Strafverfahren prinzipiell in den Händen des Staates. Die Ermittlungsbehörden sind originär zuständig und verantwortlich für die Einleitung und – rechtlich einwandfreie – Durchführung des Ermittlungsverfahrens.[253]

b) Gesetzliche Durchbrechungen

Das Offizialprinzip beansprucht ebenso wenig wie das Legalitätsprinzip ausnahmslose Geltung. Ein wesentlicher Sonderfall ist die Privatklage nach § 374 StPO, die dem Verletzten die Möglichkeit einräumt, die Straftat selbst als Ankläger zu verfolgen, ohne dass es einer vorherigen Anrufung der Staatsanwaltschaft bedürfte. Hierfür muss eines der in § 374 Abs. 1 StPO abschließend katalogisierten Privatklagedelikte vorliegen. Das Institut der Privatklage rechtfertigt sich aus

---

249 *Beulke/Swoboda*, Strafprozessrecht, Rz. 46; *Peters* in MükoStPO, § 152 Rz. 21.

250 Dazu *Badura* in Maunz/Dürig, GG, Art. 33 Rz. 55 ff. m.w.N.

251 Zu den verfassungsrechtlichen Grundlagen näher *Klaas*, Interne Untersuchungen und Informationsaustausch, S. 56 ff.

252 *Musielak* in Musielak/Voit, ZPO, Einl. Rz. 35 f.

253 Vgl. BGHSt 34, 215 = BGH, NJW 1987, 1033; BGH, NJW 2003, 3142.

der fehlenden bzw. sehr geringen Gemeinschädlichkeit der als Privatklagedelikte ausgestalteten Vergehen, die durchweg der leichten Kriminalität zuzuordnen sind (u.a. Hausfriedensbruch, Beleidigung) und bei denen regelmäßig ein öffentliches Interesse (§ 376 StPO) verneint wird.[254] Dem Opfer einer Straftat, die von § 374 StPO erfasst wird, soll bei der Ablehnung des öffentlichen Verfolgungsinteresses und der daraus resultierenden Verfahrenseinstellung durch die Staatsanwaltschaft persönliche Genugtuung dadurch verschafft werden, dass ihm die Möglichkeit eröffnet wird, die Straftat selbst weiter zu verfolgen.

Eingeschränkt wird das Offizialprinzip auch durch die (absoluten) Antragsdelikte (z.B. Beleidigung gem. §§ 185, 194 StGB, Hausfriedensbruch gem. § 123 StGB). Während es bei den bedingten Antragsdelikten (z.B. vorsätzliche und fahrlässige Körperverletzung gem. §§ 223, 229, 230 StGB) der Staatsanwaltschaft bei Bejahung eines öffentlichen Interesses unbenommen bleibt, die Straftat auch ohne Antrag des Verletzten zu verfolgen,[255] ist bei den absoluten Antragsdelikten eine staatliche Verfolgung ausgeschlossen, wenn das Opfer oder ein Angehöriger den erforderlichen Strafantrag nicht stellt. Da bei fehlendem Strafantrag ein echtes Verfolgungshindernis besteht, ist die Verfolgung des Täters in diesen Fällen gänzlich an den Willen des Verletzten gebunden; eine Durchsetzung des staatlichen Strafanspruches ex officio findet nicht statt.[256]

Ihre Legitimation finden die absoluten Antragsdelikte zum einen im Schutz persönlicher Interessen des Verletzten. So kann es dem Geschädigten einer Straftat ein individuelles Anliegen sein, das strafrechtlich relevante Geschehen – etwa aufgrund der Verletzung persönlicher Rechtsgüter bzw. Eingriffs in die Intimsphäre (z.B. § 182 StGB) – geheim bzw. von strafgerichtlichen Prozessen

---

254 *Beulke/Swoboda*, Strafprozessrecht, Rz. 46.

255 Zum Teil wird für die hier (im Anschluss an *Mitsch* in MüKoStGB, Vor § 77 Rz. 2) als „bedingte Antragsdelikte" bezeichneten Delikte auch der Begriff der „relativen Offizialdelikte" (*Greger/Weingarten* in LK-StGB, Vor §§ 77 ff. Rz. 6; *Rudolphi/Wolter* in SK-StGB, Vor §§ 77 Rz. 1) oder „eingeschränkten Antragsdelikte" (*Bosch* in S/S, § 77 Rz. 1) verwendet. Daneben bzw. als Unterfall der bedingten Antragsdelikte werden diejenigen Delikte, bei denen nur im Falle einer besonderen persönlichen Beziehung zwischen Täter und Geschädigtem ein Antragserfordernis besteht, überwiegend als „relative Antragsdelikte" bezeichnet (vgl. BGHSt 18, 123 = NJW 1963, 57; OLG Hamm, NJW 1986, 734; *Bosch* in S/S, § 77 Rz. 3; *Mitsch* in MüKoStGB, Vor § 77 Rz. 2).

256 *Beulke/Swoboda*, Strafprozessrecht, Rz. 46.

fernzuhalten und den Konflikt auf einer rechtsfreien persönlichen Ebene zu regeln.[257] Zum anderen finden verfahrensökonomische Gesichtspunkte hier stärkere Berücksichtigung, weil bei den meisten Antragsdelikten das erfasste Unrecht und damit auch das staatliche Verfolgungsinteresse typischerweise gering ist.[258]

Bei den ebenfalls das Offizialprinzip einschränkenden Ermächtigungsdelikten[259] hängt die Strafverfolgung von der Ermächtigung eines bestimmten politischen Organs ab. Beispielsweise wird bei einem Vergehen nach § 90 StGB (Verunglimpfung des Bundespräsidenten) die Straftat gemäß § 90 Abs. 4 StGB ausschließlich verfolgt, wenn der verunglimpfte Bundespräsident die Staatsanwaltschaft dazu ermächtigt.[260]

c) Faktische Relativierung durch Strafanzeige

In faktischer Hinsicht ist die Geltung des Offizialprinzips auch durch die freie Entscheidung jedes Bürgers, Straftaten nach § 158 StPO anzuzeigen oder dies zu unterlassen, eingeschränkt. Eine allgemeine Anzeigepflicht für jedermann sieht das deutsche Strafrecht – abgesehen von der Sonderregelung in § 138 StGB[261] – gerade nicht vor. Somit kann der Verletzte durch sein Anzeigeverhalten weitgehend selbst steuern, ob die erlittene Straftat von staatlicher Seite verfolgt wird oder nicht.[262] Besondere Erwähnung verdient diese Relativierung des Grundsatzes der staatlichen Strafverfolgung, weil die überwiegende Mehrheit aller Ermittlungsverfahren durch Strafanzeigen initiiert wird und diesen daher offensichtlich erhebliche Bedeutung in der Praxis der Strafverfolgung zukommt.[263]

---

257 *Barnstorf*, NStZ 1985, 67; *Greger/Weingarten* in LK-StGB, Vor § 77 ff. Rz. 3 mit dem Hinweis, dass selbst das Bestreben, dieses Interesse nicht näher erläutern und begründen zu müssen, schützenswert sein könne.

258 *Brähmer*, Strafantrag, S. 91; *Bosch* in S/S, § 77 Rz. 5.

259 Gegenüberstellung von Antrags- und Ermächtigungsdelikten bei *Brähmer*, Strafantrag, S. 108 ff.

260 Weitere Ermächtigungsdelikte finden sich bei *Fischer* in KK-StPO, Einl. Rz. 7.

261 § 138 StGB sanktioniert unter näheren Voraussetzungen die Nichtanzeige bestimmter geplanter, besonders schwerwiegender Delikte.

262 *Krey*, Private Ermittlungen, S. 31.

263 Vgl. etwa BMJV, Strafrechtspflege in Deutschland, S. 7. Je nach Deliktsart werden sogar nur unter 10 % der Verfahren durch eigene polizeiliche Wahrnehmung oder Initiative ausgelöst; in Wirtschaftsstrafsachen dürfte der Anteil aufgrund des proaktiven Vorgehens der Behörden etwas höher liegen, dazu *Kaiser*, Kriminologie, § 50 Rz. 8 ff., Rz. 13 m.w.N.

Gleichsam kann die Erstattung oder das Unterlassen einer Strafanzeige nur Einfluss auf die Entstehung eines strafprozessualen Anfangsverdachts nehmen, der wiederum die Strafverfolgungsbehörden gesetzlich zur Einleitung eines Ermittlungsverfahrens veranlasst. Erhalten die Strafverfolgungsorgane auf anderem Wege Kenntnis von Verdachtsmomenten, entbindet die fehlende Strafanzeige nicht von der Ermittlungspflicht.

d) Zwischenfazit

Das Offizialprinzip weist grundsätzlich die gesamte Strafverfolgungstätigkeit dem Staat zu. Es beherrscht allerdings nicht ausnahmslos das gesamte Strafverfahren, sondern wird an zahlreichen Stellen durchbrochen.[264] Diese Durchbrechungen rechtfertigen sich in der Regel durch vorrangige schützenswerte Interessen des Verletzten oder den Bagatellcharakter der jeweiligen Delikte. Reibungspunkte mit der Ermittlungstätigkeit Privater ergeben sich durch die grundsätzliche Geltung des Offizialprinzips jedenfalls dann, wenn diese auf Veranlassung staatlicher Ermittlungsbehörden erfolgt.[265] Dennoch steht das Offizialprinzip privaten Ermittlungen nicht grundlegend entgegen.

II. Herleitung eines staatlichen Ermittlungsmonopols aus dem Gewaltmonopol?

Im Weiteren ist zu untersuchen, ob aus dem sog. staatlichen Gewaltmonopol ein Ermittlungsmonopol der durch das Offizialprinzip legitimierten staatlichen Ermittlungsbehörden resultiert.[266]

1. Kerninhalt des staatlichen Gewaltmonopols

Das verfassungsrechtliche Prinzip des staatlichen Gewaltmonopols wird häufig erwähnt, in seiner Bedeutung und Reichweite jedoch höchst uneinheitlich bestimmt. Es umschreibt im Wesentlichen die Konzentration des Einsatzes physischer Gewalt beim Staat, d.h. die ausschließliche Befugnis des Staates, auf

---

264 *Krey*, Private Ermittlungen, S. 31, spricht dem Offizialprinzip daher weitgehend seine rechtswirkliche Bedeutung ab.

265 *Klaas*, Interne Untersuchungen und Informationsaustausch, S. 62, 66 f., der anhand der Beteiligung staatlicher Ermittlungsbehörden differenziert und das Offizialprinzip bei einer Interaktion zwischen ausschließlich Privaten mangels unmittelbarer grundgesetzlicher Bindung Privater bzw. mangels Eröffnung des Schutzbereichs der verfassungsrechtlichen Grundlagen nicht strukturell tangiert sieht (S. 62 ff.).

266 In diese Richtung etwa *Steegmann*, NJW 1997, 2157 (2158).

seinem Staatsgebiet unmittelbaren körperlichen Zwang auszuüben bzw. zu veranlassen oder zuzulassen.[267] Dadurch soll es dem Staat in erster Linie ermöglicht werden, die öffentliche Sicherheit und Ordnung zugunsten der Erhaltung des inneren Friedens zu gewährleisten. Der Auftrag des Staates, seine Bürger zu schützen und ein friedliches Zusammenleben zu garantieren, rechtfertigt zugleich dessen alleinige Inhaberschaft hoheitlicher Macht.[268] Zugleich gilt das Gewaltmonopol nicht schrankenlos, sondern wird seinerseits durch das Rechtsstaatsprinzip sowie die damit einhergehende Gewaltenteilung und die Bindung der Staatsgewalten an das von den demokratisch legitimierten Volksvertretern gesetzte Recht (Art. 1 Abs. 3, Art. 20 Abs. 3 GG) limitiert.[269]

Die grundsätzliche Friedenspflicht aller Bürger stellt die Kehrseite des staatlichen Gewaltmonopols dar.[270] Ausnahmen von diesem staatlichen Gewaltmonopol – zugunsten einer Gewaltausübung durch den Bürger – müssen im Wege gesetzlicher Ermächtigung oder Gewaltübertragung explizit gestattet werden.[271] Dies sind im Bereich der Gefahrenabwehr etwa das zivilrechtliche Notwehrrecht aus § 227 BGB, das Notstandsrecht aus § 228 BGB und das Selbsthilferecht aus § 229 BGB. Letzteres verlangt ausdrücklich, dass „obrigkeitliche Hilfe nicht rechtzeitig zu erlangen ist" und ohne sofortiges Eingreifen die Gefahr der Anspruchsvereitelung besteht. Auch das Strafrecht sieht vor, dass die Verteidigung eigener bedrohter Rechtsgüter unter bestimmten Umständen nicht rechtswidrig (§ 32 StGB, § 34 StGB) bzw. nicht schuldhaft (§ 35 StGB) ist.

Das Gewaltmonopol des Staates umfasst neben der Gefahrenabwehr auch den Bereich der repressiven Gewaltanwendung zum Zwecke der Strafverfolgung.[272] Dazu zählt der Strafvollzug, aber auch das gesamte gerichtliche Verfahren von der Anklageerhebung bis zur Verurteilung. Auch Zwangsmaßnahmen, die regelmäßig im Vorverfahren des Strafprozesses stattfinden, dürfen ausschließlich von staatlicher Seite durchgeführt bzw. veranlasst werden. Die einzige Durchbrechung des repressiven Gewaltmonopols des Staates findet sich in § 127 Abs. 1 S. 1 StPO, welcher es Privatpersonen unter engen Voraussetzungen

---

267 BVerfGE 54, 277 (292) = NJW 1981, 39 (41); *Maurer*, Staatsrecht I, § 1 Rz. 14; *Stoffer, Privatisierung*, S. 24 ff.; *Becker*, NJW 1995, 2077 (2078); eingehend *Isensee* in HdbStaatsrecht IX, § 190 Rz. 129 ff.

268 *Isensee* in HdbStaatsrecht II, § 15 Rz. 89; *Gramm*, Privatisierung, S. 38 f.

269 *Scholz*, NJW 1983, 705 (707).

270 *Maurer*, Staatsrecht I, § 1 Rz. 14; *Isensee* in HdbStaatsrecht IX, § 190 Rz. 132 m.w.N.; *Gramm*, Privatisierung, S. 39.

271 *Stoffer*, Privatisierung, S. 25.

272 *Steegmann*, NJW 1997, 2157 (2158); *Stoffer*, Privatisierung, S. 32.

erlaubt, (potenzielle) Täter zur Sicherung eines darauffolgenden Ermittlungsverfahrens festzunehmen. Die im Übrigen fehlenden Gewaltermächtigungen zum Zwecke der Strafverfolgung erklären sich daraus, dass die Strafverfolgung – anders als die Gefahrenabwehr – an abgeschlossene bzw. in der Vergangenheit liegende Rechtsverletzungen anknüpft, bei denen grundsätzlich kein Bedürfnis zum sofortigen Einschreiten mehr besteht.[273]

2. *Zusammenhang zwischen Gewaltmonopol und Ermittlungsmonopol*

a) Ermittlung als Gewaltausübung

Fraglich ist, ob auch die reine Ermittlung, d.h. das Erforschen und Aufklären verdächtiger Sachverhalte ohne die Vornahme von Zwangsmaßnahmen und physische Gewaltanwendung, von dem staatlichen Gewaltmonopol umfasst ist. Hierfür wird vereinzelt angeführt, dass die Dynamik des staatlichen Gewaltmonopols dessen Erstreckung über die körperliche Gewaltanwendung hinaus erfordere.[274] Erfasst sei auch und vor allem die sog. „Datenerhebungsmacht" im Rahmen der Ermittlungstätigkeit, da private Ermittler gerade bei verdeckten Ermittlungshandlungen einen Wissensvorsprung gegenüber den observierten Verdächtigen und damit in gewissem Umfang Steuerungsmöglichkeiten und Herrschaftsmacht erlangten.[275]

Das staatliche Gewaltmonopol verbietet privaten Akteuren aber nicht jedwede Einwirkung auf Dritte, sondern beschränkt sich in seinem Regelungsgegenstand auf den Einsatz physischer Gewalt. Neben der körperlichen Gewaltanwendung ist zwar auch die staatliche Sanktionsmacht, also die ausschließliche Befugnis des Staates zum Aussprechen und Vollstrecken von Strafen, vom Gewaltmonopol umfasst.[276] Die private Erlangung eines „Wissensvorsprungs" oder einer nebulösen „Herrschaftsmacht" gegenüber Dritten berührt das staatliche Gewaltmonopol dagegen nicht. Dass auch Eingriffe in die Rechtsphäre Dritter ohne physische Gewaltanwendung rechtswidrig bzw. sogar strafbar sein können, weil sie in unzulässiger Weise in (Grund-)Rechte des Betroffenen eingreifen, folgt

---

273 *Mende*, Grenzen privater Ermittlungen, S. 89 f.

274 *Mende*, Grenzen privater Ermittlungen, S. 82 ff.; zustimmend *Buchert*, Unternehmensinterne Befragung, S. 123 Fn. 17.

275 *Mende*, Grenzen privater Ermittlungen, S. 82 ff., der deswegen den Begriff des *staatlichen Repressionsmonopols* für treffender hält. Ähnlich im Kontext der IT-Forensik *Kirmes*, WiJ 2013, 150 (153 f.); dagegen *Stoffer*, Privatisierung, S. 145.

276 Zum staatlichen Sanktionsmonopol und seiner Reichweite sogleich S. 87 ff.

nicht aus dem staatlichen Gewaltmonopol, sondern ergibt sich im Einzelfall aus speziellen Gesetzen bzw. einer Abwägung von Grundrechten.[277] Gerade die Existenz und Notwendigkeit dieser zahlreichen, die private Ermittlungstätigkeit einschränkenden Gesetze unterstreicht, dass private Ermittlungen nicht per se infolge eines staatlichen Gewaltmonopols verboten sind.[278]

b) Vom Verfolgungs- und Sanktionsmonopol zum Ermittlungsmonopol?

Zentraler Bestandteil des Gewaltmonopols des Staates ist auch die ihm zukommende Monopolstellung hinsichtlich der Verhängung und Durchsetzung von Sanktionen, aus der auch das oben bereits angesprochene Anklagemonopol der Staatsanwaltschaft resultiert. Dass ausschließlich der Staat Unrecht zuschreiben und ahnden darf, ergibt sich verfassungsrechtlich aus dem Rechtsstaatsprinzip (Art. 103 Abs. 2 GG, Art. 20 Abs. 3 GG) und dem sog. Richtervorbehalt[279] aus Art. 92 GG, der die rechtsprechende Gewalt ausnahmslos dem Richter zuweist.

Allerdings zwingt diese Feststellung nicht zu dem Schluss, dass die reine Ermittlung von Straftaten – als zeitlich vorgeschalteter Annex zur Sanktionierung – ebenfalls ausschließlich den staatlichen Organen vorbehalten ist. Nur weil staatliche Funktionsträger selbst abschließend über die Ahndung von Unrecht entscheiden und die wesentliche Tatsachengrundlage ermitteln müssen, bedeutet dies nicht, dass Private zur Vorbereitung derartiger staatlicher Entscheidungen nichts beitragen dürfen.[280] Art. 92 GG, der die „rechtsprechende Gewalt" ausschließlich den staatlich eingesetzten Richtern zuweist, erfasst im Hinblick auf die Strafrechtspflege nur die unmittelbare Mitwirkung an der Sanktionierung sowie den Prozess der Entscheidungsfindung.[281] Die Erstreckung des Begriffs der Rechtsprechung auf die Tätigkeit der Staatsanwaltschaft überdehnt den insoweit eindeutigen Wortlaut der Norm und ist unter rechtsstaatlichen Gesichtspunkten nicht geboten.[282] Die Entscheidungsfindung schließt zwar Entscheidungen über den Umfang der Beweiserhebung und damit die Vorbereitung

---

277 Überblick zu den gesetzlichen Grenzen privater Ermittlungen S. 94 ff.

278 Dies verkennend *Kirmes*, WiJ 2013, 150 (151 ff.).

279 Dazu etwa BVerfGE 10, 200 (214 f.) = NJW 1960, 187; BVerfGE 14, 56 (66) = NJW 1962, 1611.

280 So auch *Stoffer*, Privatisierung, S. 146 f. mit der Klarstellung, dass die privaten Verfahrensbeteiligten infolge des Amtsaufklärungsgrundsatzes zwar keine Beibringungspflicht trifft, daraus aber nicht im Umkehrschluss ein Beibringungs*verbot* folgt.

281 *Hillgruber* in Maunz/Dürig, GG, Art. 92 Rz. 52, 75.

282 So aber *Mende*, Grenzen privater Ermittlungen, S. 105 f.

von Sanktionsentscheidungen ein,[283] betrifft aber nicht die konkrete Art und Weise der Beweisgewinnung.[284]

Soweit die Erstreckung des Gewaltmonopols auf die Vornahme von Ermittlungshandlungen mit der engen funktionalen Verbundenheit von Ermittlungen und staatlicher Entschließung bzw. Sanktionierung gerechtfertigt wird,[285] ist dem insoweit zuzugeben, dass hoheitliche Sanktionen stets auf dem Ermittlungsergebnis aufbauen und sich eine Ausstrahlungswirkung nicht leugnen lässt. Der Einfluss der Ermittlungshandlungen und -ergebnisse auf die gerichtliche Entscheidung wird jedoch gefiltert durch die zwischengeschaltete, zwingend durch einen Richter vorzunehmende Würdigung der vorhandenen Ermittlungsergebnisse. Welche der zusammengetragenen Beweismittel letztlich die Tatsachengrundlage bilden, auf der die Entscheidungsfindung und Sanktionierung fußt, liegt allein in der Hand der staatlichen Rechtsprechungsorgane.[286] Die bloße Ermittlung als Vorbereitung der Sanktionierung ist somit nicht derart eng und unmittelbar funktional mit der (Straf-)Entscheidung verbunden, dass beide als untrennbare Einheit zu betrachtet wären und gleichermaßen dem staatlichen Gewaltmonopol unterfielen.[287]

Dieser Auffassung stehen auch die durch die Rechtsprechung aufgestellten Grundsätze zur Verfolgung von (Verkehrs-)Ordnungswidrigkeiten durch Privatermittler[288] nicht entgegen. In diesem Kontext heißt es zwar, die Strafverfolgung, die auch die Verfolgung von Ordnungswidrigkeiten einschließe, sei „Bestandteil der Rechtspflege" und zähle damit „zum Kernbereich der Staatlichkeit".[289] Da die Ermittlungstätigkeit der Staatsanwaltschaft oder der zuständigen Verwaltungsbehörde obliege, könne eine Übertragung an Private gegen das

283 Vgl. BVerfGE 57, 250 (287) = NJW 1981, 1719 (1724).

284 *Stoffer*, Privatisierung, S. 36.

285 *Buchert*, Unternehmensinterne Befragung, S. 123 f.; *Mende*, Grenzen privater Ermittlungen, S. 133; für das Verkehrsordnungswidrigkeitenrecht BayOblGSt 1997, 107 (108).

286 Diesen Aspekt in seiner Tragweite verkennend betont *Buchert*, dem ermittelnden Unternehmen käme eine „Steuerungsmöglichkeit zu, die dem Grundgedanken eines staatlichen Gewaltmonopols zuwiderläuft" (*Buchert*, Unternehmensinterne Befragung, S. 124).

287 Im Ergebnis ebenso *Reeb*, Internal Investigations, S. 30; eingehend auch *Stoffer*, Privatisierung, S. 36 f.

288 Dazu *Wolf/Krumm*, NVwZ 2020, 526.

289 AG Berlin Tiergarten, NStZ-RR 1996, 277 (278); vgl. auch OLG Saarbrücken NStZ 2018, 480; OLG Frankfurt a.M., NStZ-RR 2020, 53; NStZ-RR 2020, 56.

Rechtsstaatsprinzip sowie gegen Art. 33 Abs. 4 GG verstoßen.[290] Die Annahme eines umfassenden staatlichen Ermittlungsmonopols lässt sich dem jedoch nicht entnehmen.

Denn die Grenze zur unzulässigen privaten Ermittlungstätigkeit verläuft dort, „wo sich die nach dem Gesetz zuständige Ermittlungsbehörde der lückenlosen tatsächlichen Sachherrschaft über den Geschehensablauf bei der Ermittlung begibt".[291] Die Rechtsprechung bezieht sich auf Fälle, in denen die durch private Dienstleister gewonnenen Ermittlungsergebnisse in Bezug auf Verstöße im fließenden[292] oder ruhenden Verkehr[293] die alleinige und ungeprüfte Grundlage der Sanktionsentscheidung bildeten und diese damit präjudizierten.[294] Die Entscheidung über die Ahndung der Ordnungswidrigkeiten blieb frei von jeglichen Einflüssen eines Hoheitsträgers und lag dadurch völlig in der Hand der Mitarbeiter privater beauftragter Unternehmen.[295] Dies stellt einen erheblichen Unterschied zu der hier betrachteten Konstellation unternehmensinterner Ermittlungen dar, denn Privatermittler in Unternehmen werden weder zur Durchführung der Strafverfolgung anstelle der Behörden verpflichtet noch mit hoheitlichen Befugnissen ausgestattet.[296] Eine weitere Besonderheit der durch die Rechtsprechung beurteilten Sachverhalte im Bereich der Verkehrsordnungswidrigkeiten lag darin, dass dort die privaten Ermittler auf Veranlassung der zuständigen Behörde *systematisch* und *gegen Entgelt* tätig wurden.[297] Auch insoweit weichen unternehmensinterne Ermittlungen zur Aufklärung von Straftaten von den dortigen Sachverhalten ab.

---

290 AG Berlin Tiergarten, NStZ-RR 1996, 277 (278); OLG Saarbrücken, NStZ 2018, 480 (481); OLG Frankfurt a.M., NStZ-RR 2020, 53; NStZ-RR 2020, 56.

291 AG Berlin Tiergarten, NStZ-RR 1996, 277 (278); st. Rspr. der Oberlandesgerichte, etwa OLG Hamm, BeckRS 2016, 13323; OLG Frankfurt a.M., NStZ 2017, 588; BayOblG, NStZ-RR 2020, 92 jew. m.w.N.

292 OLG Frankfurt a.M., NStZ 2017, 588; BayOblG, NStZ-RR 2020, 92; OLG Frankfurt a.M., NStZ-RR 2020, 53.

293 OLG Frankfurt a.M., NStZ-RR 2020, 56.

294 Differenzierend zwischen der Ahndung von Verstößen im ruhenden und im fließenden Verkehr *Wolf/Krumm*, NVwZ 2020, 526 (528 f.).

295 BayObLGSt 1997, 107 (108); AG Berlin Tiergarten, NStZ-RR 1996, 277; KG, NJW 1997, 2894 (2896); BayOblG, NStZ-RR 2020, 92; OLG Frankfurt a.M., NStZ-RR 2020, 53; NStZ-RR 2020, 56.

296 *Wilkens*, Internal Investigations, S. 58.

297 Vgl. nur KG Berlin, NJW 1997, 2894 (2896); zu dem rechtswidrigen Einsatz privater – sogar uniformierter(!) – „Hilfspolizeibeamte" OLG Frankfurt a.M., NStZ-RR 2020, 56.

Die schlichte Ermittlungstätigkeit Privater, die Tatsachen über möglicherweise strafbare oder bußgeldbewehrte Handlungen Dritter zutage fördert, ist daher nicht zu beanstanden, solange sie nicht zugleich eine Entscheidung über die Sanktionierung des festgestellten widerrechtlichen Verhaltens beinhaltet bzw. deren alleinige Basis bildet. Das staatliche Gewaltmonopol verlangt im Hinblick auf private Ermittlungen nur, dass die Umsetzung privat erlangter Erkenntnisse in staatliches Handeln – d.h. die Einleitung eines Ermittlungsverfahrens bzw. die Sanktionierung – zumindest unter Mitwirkung eines dafür zuständigen Hoheitsträgers erfolgt.[298]

3. *Zwischenfazit*

Es gibt kein staatliches Ermittlungsmonopol, das dem staatlichen Gewaltmonopol nachgebildet oder Ausfluss desselben ist.[299] Denn das Gewaltmonopol des Staates umfasst zwar (physische) Zwangsmaßnahmen sowie den ausschließlichen Strafverfolgungsanspruch des Staates im Sinne eines Anklage- und Sanktionierungsmonopols, nicht aber ein alleiniges Recht des Staates, Straftaten aufzuklären. Private Aufklärungsmaßnahmen in Form von Beobachtung, Befragung oder sonstiger Datenerhebung sind im Rahmen der gesetzlichen Grenzen nicht per se unzulässig.

III. Vereinbarkeit mit dem Bild des deutschen Strafverfahrens

Nachdem festgestellt wurde, dass weder das Legalitätsprinzip noch die Offizialmaxime oder das staatliche Gewaltmonopol unternehmensinternen Ermittlungen entgegenstehen, soll nachfolgend in der gebotenen Kürze dargelegt werden, dass die prinzipielle Zulässigkeit unternehmensinterner Ermittlungen auch nicht aus anderen Gründen, insbesondere aufgrund vereinzelt geäußerter Bedenken bezüglich der Vereinbarkeit mit dem grundsätzlichen Ablauf und der Ausgestaltung des deutschen Strafverfahrens, ausgeschlossen ist.

---

298 OLG Hamm, BeckRS 2016, 13323; BayOblG, NStZ-RR 2020, 92; AG Berlin Tiergarten, NStZ-RR 1996, 277 (278); KG Berlin, NJW 1997, 2894 (2896); *Gramm*, VerwArch 90 (1999), 329 (350 ff.): umfassendes staatliches Sanktionsmonopol; so auch das Verständnis von *Stoffer*, Privatisierung, S. 69, 71; enger wohl *Steegmann* in Gusy, Privatisierung, S. 237 (256 f.), der sich gegen eine systematische und gezielte Einbindung Privater in Maßnahmen der Strafverfolgung *im repressiven Bereich* ausspricht.

299 Im Ergebnis ebenso *Stoffer*, Privatisierung, S. 144 f.; 149; *Klaas*, Interne Untersuchungen und Informationsaustausch, S. 101; *Salvenmoser/Schreier* in Achenbach/Ransiek/Rönnau, 15. Teil Rz. 28.

1. *Keine Unzulässigkeit infolge fehlender Verfahrensregelungen für Private*

Soweit gegen die Zulässigkeit privater Ermittlungsmaßnahmen angeführt wird, dass die privaten Ermittler im Gegensatz zu den staatlichen Strafverfolgungsorganen im Rahmen eines Strafverfahrens nicht an strafprozessuale Regelungen zum Schutze des Beschuldigten gebunden sind und dadurch die (Grund-) Rechte des Betroffenen ausgehebelt werden können,[300] ist dem Folgendes entgegenzuhalten: Zwar gelten etwa die Unschuldsvermutung, der Nemo-tenetur-Grundsatz und der Fair-trial-Grundsatz zwischen Privaten grundsätzlich nicht (analog), gleichwohl sind auch hier den Ermittlungsmaßnahmen Schranken gesetzt.[301] So werden nach § 136a StPO verbotene Vernehmungsmethoden, auch wenn sie von privaten Ermittlern vorgenommen werden, ggf. nach §§ 223, 224 StGB (Körperverletzung bzw. gefährliche Körperverletzung) oder § 240 StGB (Nötigung) strafbar sein. Auch zivilrechtliche Ansprüche des von privaten Ermittlungshandlungen Betroffenen können in Betracht kommen. Die einfachgesetzlichen und verfassungsrechtlichen Schranken reichen in den meisten Fällen aus, um den Beschuldigten hinreichend vor unverhältnismäßigen Ermittlungsmaßnahmen Privater zu schützen.

Da Privaten – abgesehen von § 127 StPO – gesetzlich gerade keine einschneidenden Eingriffsbefugnisse gestattet sind wie den staatlichen Strafverfolgungsorganen, bedarf der Betroffene gegenüber ermittelnden Privatpersonen auch keines damit korrespondierenden umfassenden Schutzes.[302] Soweit Betroffene etwa im Rahmen eines vertraglich eingegangenen Arbeitsverhältnisses Aussagepflichten gegenüber Privaten treffen (§§ 666, 675 BGB bzw. als arbeitsvertragliche Nebenpflicht oder aus Treu und Glauben), wird im Einzelfall eine analoge Anwendung des Nemo-tenetur-Grundsatzes oder zumindest ein Beweisverwertungsverbot zu erwogen.[303]

---

300 *Mende*, Grenzen privater Ermittlungen, S. 92 ff.

301 *Krey*, Private Ermittlungen, S. 34 f., näher zu diesen Schranken dort S. 51 ff. Vgl. auch hier S. 72 ff. m.w.N.

302 *Bienert*, Private Ermittlungen, S. 88 f.; a.A. sowohl hinsichtlich der (faktischen) Eingriffsmöglichkeiten Privater als auch in Bezug auf die entsprechende Schutzbedürftigkeit des Betroffenen *Mende*, Grenzen privater Ermittlungen, S. 92 ff.

303 Zu dieser viel diskutierten Problematik vgl. nur monografisch *Lenze*, Compliance; *Rödiger*, Strafverfolgung von Unternehmen; *Münkel*, Mitarbeiteroffenbarungen im Strafprozess; *Kottek*, Kooperation von Unternehmen; sowie *Momsen*, ZIS 2011, 508; *Greco/Caracas*, NStZ 2015, 7. Siehe auch hier S. 229 ff.

2. *Keine Behinderung staatlicher Ermittlungen*

Die Durchführung privater Ermittlungen kann auch nicht unter dem Gesichtspunkt als unzulässig betrachtet werden, dass sie prinzipiell geeignet sei, staatliche Ermittlungen zu beeinträchtigen. Die Regelung in § 164 StPO, die ermittelnde Beamten zur Festnahme privater Störer bei der Vornahme von Amtshandlungen ermächtigt, verdeutlicht zwar die hervorgehobene Stellung staatlicher Ermittlungen im Verhältnis zu privaten Interessen.[304] Die Vorschrift zielt aber bereits ihrem Wortlaut nach nur auf vorsätzliche Störungshandlungen ab, die „bei Amtshandlungen an Ort und Stelle" die staatliche Ermittlungstätigkeit behindern. Erfasst sind nur unmittelbare Einwirkungen auf zulässige und rechtmäßige strafprozessuale Maßnahmen,[305] die im Einzelfall – je nach Form der Ausübung – auch von privaten Ermittlungshandlungen ausgehen können. Private Recherchen als solche tangieren aber nicht prinzipiell das staatliche Interesse an einer ungestörten Ermittlungsarbeit der Strafverfolgungsorgane.[306] Zu Recht weist daher *Krey* darauf hin, dass etwa die zeitlich einer polizeilichen Vernehmung vor- oder nachgelagerte private Befragung eines Zeugen keine automatische Beeinträchtigung obrigkeitlicher Ermittlungsmaßnahmen darstellt.[307]

3. *Fehlende Neutralität Privater als Ausschlussgrund privater Ermittlungen?*

Bedenken gegen die prinzipielle Zulässigkeit privater Ermittlungen könnten dahin gehend bestehen, dass Private gerade keine „beidseitige" Ermittlungspflicht trifft und sie anders als die Staatsanwaltschaft nicht zur Objektivität verpflichtet sind. Das regelmäßig einseitig motivierte und interessengeleitete Handeln sowie die fehlende professionelle Distanz der Privatermittler bergen die Gefahr der ungleichen Gewichtung bzw. Verzerrung von Ermittlungsergebnissen.[308] Auch

---

304 BGH, NJW 1989, 1924 (1925); vgl. auch *Mende*, Grenzen privater Ermittlungen, S. 90 f., der darüber hinaus in § 164 StPO einen Beleg für die Exklusivität sowie die Schutzbedürftigkeit staatlicher Ermittlungshandlungen erblicken möchte.

305 *Griesbaum* in KK-StPO, § 164 Rz. 2 f.

306 *Krey*, Private Ermittlungen, S. 49; *Bockemühl*, Private Ermittlungen, S. 52; *Stoffer*, Privatisierung, S. 147: Vorsätzliche ernstliche Behinderung konkreter staatlicher Ermittlungshandlungen „absolute Ausnahme"; *Reeb*, Internal Investigations, S. 37: lediglich *Schranke*, nicht aber Verbot privater Ermittlungen (Herv. d. Verf.).

307 *Krey*, Private Ermittlungen, S. 49; *Scharnberg*, Illegale Internal Investigations, S. 58.

308 *Mende*, Grenzen privater Ermittlungen, S. 131, 133 ff.; ähnlich *Hassemer/Matussek*, Das Opfer als Verfolger, S. 26 ff., 48 ff., 59 ff.

die für die Staatsanwaltschaft geltende Vorschrift in § 160 Abs. 2 StPO sowie die damit korrespondierende Regelung in § 244 Abs. 2 StPO, die das Gericht zur umfassenden – und damit gerade nicht einseitigen – Sachverhaltsaufklärung verpflichtet, scheinen dafür zu sprechen, derartige subjektive Einflüsse von dem gesamten Prozess der Entscheidungsfindung von vornherein fernzuhalten.

Allerdings verdeutlicht bereits das aus dem verfassungsrechtlichen Anspruch auf rechtliches Gehör (Art. 103 Abs. 1 GG) folgende Recht aller Beteiligten, bis zur Urteilsverkündung Beweisanträge zu stellen,[309] dass dem Strafverfahren einseitige Impulse durch den Beschuldigten, den Verletzten oder Zeugen des Verfahrens nicht fremd sind. Das Beweisantragsrecht ist daran geknüpft, dass der Antrag eine bestimmte Beweistatsache, ein bestimmtes Beweismittel sowie deren Konnexität erkennen lässt.[310] Der Antragsteller muss die Richtigkeit seiner Behauptung zwar nicht kennen bzw. von ihr überzeugt sein und ist daher auch nicht verpflichtet, diese zuvor durch eigene Ermittlungen abzusichern.[311] Erforderlich oder zumindest hilfreich werden private – und damit häufig parteiisch geführte – Ermittlungen dennoch oft sein, um die Erfolgsaussichten eines Beweisantrages zu erhöhen.[312]

Soweit Verfahrensbeteiligte eigene Ermittlungen durchführen und deren Ergebnisse – etwa in Form von Beweisanträgen – an das Gericht herantragen, bleibt die Frage des Umgangs mit diesen Erkenntnissen trotzdem in den Händen der zur Neutralität verpflichteten staatlichen Justizorgane.[313] Diese sind gerade aufgrund der Möglichkeit der Beteiligten zur Einflussnahme dazu angehalten, Ermittlungsergebnisse nicht blind zu übernehmen und unparteiisch den Sachverhalt zu erforschen und zu bewerten.[314] Bei Fehlurteilen oder sachlich unberechtigten Verfahrenseinstellungen durch die Staatsanwaltschaft, die auf Ergebnisse einseitig geführter privater Sachverhaltsaufklärung rückführbar sind, ist nicht die Zulässigkeit derartiger Ermittlungen an sich, sondern allenfalls die Professionalität und Sachlichkeit der handelnden Justizorgane anzuzweifeln. Stellt sich im Laufe des Prozesses heraus, dass die Ergebnisse privater Ermittlungen auf materiell rechtswidrige Weise oder unter Verletzung elementarer

309 BVerfGE 46, 315 (319) = NJW 1978, 413; *Krehl* in KK-StPO, § 244 Rz. 72.

310 Statt vieler *Meyer-Goßner/Schmitt*, StPO, § 244 Rz. 20 ff.

311 BGHSt 21, 118 (121, 125) = NJW 1966, 2174; *Krehl* in KK-StPO, § 244 Rz. 67

312 *Jungfer*, StV 1981, 100 (102 f.); *Bockemühl*, Private Ermittlungen, S. 37; *Reeb*, Internal Investigations, S. 34.

313 In diese Richtung auch *Kruse*, Compliance und Rechtsstaat, S. 170; *Brunhöber*, GA 2010, 571 (573).

314 Ähnlich *Stoffer*, Privatisierung, S. 148 f.; *Reeb*, Internal Investigations, S. 36.

Grundrechte zustande kamen, steht allein die Frage der Verwertbarkeit dieser ermittelten Tatsachen im Raum.[315] Eine vorgelagerte prinzipielle Unzulässigkeit privater Ermittlungen ist deswegen nicht anzunehmen. Es verbleibt bei der grundsätzlichen Zulässigkeit privater Ermittlungen, die von der Allgemeinen Handlungsfreiheit nach Art. 2 Abs. 1 GG geschützt ist.

D. Überblick über rechtliche Grenzen interner Ermittlungen

Nachfolgend sind in der gebotenen Kürze überblicksartig die rechtlichen Grenzen aufzuzeigen, die bei der Durchführung unternehmensinterner Ermittlungen zu beachten sind. Die Regeln der Strafprozessordnung zum Ermittlungsverfahren dienen der Kompensation des staatlichen Gewaltmonopols[316] und sind daher ausschließlich an die staatlichen Strafverfolgungsorgane adressiert. Sie entfalten folglich keine Geltung bei Aufklärungsmaßnahmen privater Ermittler. Dennoch sind private Ermittlungen im Allgemeinen und unternehmensinterne Ermittlungen im Besonderen ebenso wenig wie staatliche Ermittlungen uneingeschränkt zulässig. Vielmehr bringt die Ableitung des Ermittlungsrechts für Private aus der allgemeinen Handlungsfreiheit mit sich, dass es seine Schranken nach Art. 2 Abs. 1 GG in den allgemeinen Gesetzen und kollidierendem Verfassungsrecht findet.

I. Kollidierendes Verfassungsrecht

Grundrechte finden klassischerweise nur auf das Verhältnis zwischen Bürger und Staat Anwendung, sie gelten aber als objektive Werteordnung mit Ausstrahlungswirkung auf das einfache Recht in abgeschwächter Form auch zwischen Privaten (sog. „mittelbare Drittwirkung").[317]

So hat der Arbeitgeber im Verhältnis zu seinen Arbeitnehmern bei der Vornahme oder Veranlassung von internen Ermittlungsmaßnahmen deren Grundrechte zu achten. Im Rahmen von unternehmensinternen Ermittlungen kann regelmäßig das Allgemeine Persönlichkeitsrecht (Art. 2 Abs. 1 i.V.m. Art. 1 Abs. 1 GG), in Extremfällen auch die Menschenwürde aus Art. 1 Abs. 1 GG

---

315 *Stoffer*, Privatisierung, S. 148. Zur Frage der Beweisverwertungsverbote im Zusammenhang mit privaten Ermittlungen eingehend *Bienert*, Private Ermittlungen.

316 Zum Gewaltmonopol S. 84 f.

317 Vgl. BVerfGE 7, 198 ff.= NJW 1958, 257; *Herdegen* in Maunz/Dürig, GG, Art. 1 Abs. 3 Rz. 64 ff.

tangiert sein. Insbesondere bei Durchsuchungshandlungen in den Geschäftsräumen oder sogar in Privatwohnungen von Arbeitnehmern ist das Grundrecht aus Art. 13 GG (Unverletzlichkeit der Wohnung) zu beachten. Dem durch Art. 10 GG verfassungsrechtlich geschützten Fernmeldegeheimnis kommt etwa bei der Sicherstellung von E-Mails besondere Bedeutung zu.

Das Aufklärungsinteresse des Arbeitgebers, das seinerseits grundrechtlich in Form des Eigentumsrechts (Art. 14 GG), der Berufsausübungsfreiheit (Art. 12 GG) oder der Allgemeinen Handlungsfreiheit (Art. 2 Abs. 1 GG) geschützt ist, kann mit den genannten Grundrechten des Arbeitnehmers kollidieren. Die grundrechtlich geschützten Positionen sind – z.B. im Rahmen des Merkmals der Verhältnismäßigkeit bei § 26 Abs. 1 S. 2 BDSG[318] – sorgfältig gegeneinander abzuwägen und miteinander in Einklang zu bringen.

II. Einfachgesetzliche Grenzen

Relevant für Maßnahmen privater Straftataufklärung ist zunächst das materielle Strafrecht. Selbstverständlich dürfen Aussagen nicht mittels Gewaltanwendung oder rechtswidriger Drohung abgepresst (§§ 223, 240 StGB) und fremde Arbeitsplätze zum Zwecke der Durchsuchung nur mit Einverständnis des Hausrechtsinhabers betreten werden (§ 123 StGB).[319] Private Ermittler müssen zudem darauf achten, nicht durch hartnäckiges Observieren die Grenze zur strafbaren Nachstellung (§ 238 StGB) zu überschreiten.[320] Bei der Durchführung von Mitarbeiterbefragungen können unternehmensinterne Ermittler sich wegen Amtsanmaßung (§ 132 StGB) strafbar machen, wenn sie Maßnahmen ergreifen, die den staatlichen Amtsträgern vorbehalten sind (z.B. Festnahme, Vernehmung, Durchsuchung) und dadurch den Anschein amtlichen Handelns erwecken.[321]

Werden Beweismittel, etwa durch unzulässige Beeinflussung von Zeugen, bewusst manipuliert, kommt bei privaten Ermittlungen eine Strafbarkeit wegen

318 Dazu sogleich S. 97.

319 *Weiß*, CCZ 2014, 136 (136 ff.). Das Hausrecht wird allerdings i.d.R. durch den jeweiligen Arbeitgeber (d.h. das die Untersuchung in Auftrag gebende Unternehmen) ausgeübt, sodass Büros auch ohne Zustimmung des jeweiligen Mitarbeiters betreten werden dürfen.

320 *Eisele* in S/S, § 238 Rz. 22; *Stoffer*, Privatisierung, S. 182; *Gericke* in MüKoStGB, § 238 Rz. 20, 39, der das heimliche Beobachten allerdings anders als die vorangehend genannten Autoren nicht unter § 238 Abs. 1 Nr. 5 StGB, sondern unter Nr. 1 fassen möchte; a.A. *Salvenmoser/Schreier* in Achenbach/Ransiek/Rönnau, 15. Teil Rz. 147.

321 *Weiß*, CCZ 2014, 136 (136).

falscher Verdächtigung gemäß § 164 StGB in Betracht.[322] Privaten Ermittlern aufseiten des Beschuldigten, d.h. insbesondere Verteidigern, droht darüber hinaus eine Strafbarkeit wegen Strafvereitelung (§ 258 StGB), sofern sie Beweismittel verfälschen oder verfälschte Beweismittel verwenden.[323] Neben strafrechtlichen Risiken sehen sich Verteidiger auch mit standesrechtlichen Konsequenzen konfrontiert (vgl. § 113 BRAO). Berufsgeheimnisträger und ihre berufsmäßigen Gehilfen können sich zudem bei Verletzung der ihnen obliegenden besonderen Verschwiegenheitspflicht nach § 203 StGB strafbar machen.

Vor allem bei den in der Praxis recht häufigen heimlichen IT-Maßnahmen limitieren zahlreiche Strafnormen das Vorgehen privater Ermittler. Hierzu zählen etwa die Sichtung von passwortgeschützten privaten Computerdateien (§ 202a StGB), das Abfangen privater Nachrichten während des Übermittlungsvorgangs (§ 202b StGB) sowie die Verletzung des Fernmeldegeheimnisses durch Weitergabe von Daten durch den Arbeitgeber an z.B. externe Ermittler (§ 206 StGB).[324] Werden von einem verdächtigen Mitarbeiter unbefugte Ton-, Bild- oder Videoaufnahmen gemacht und dabei dessen höchstpersönlicher Lebensbereich verletzt, droht eine Strafbarkeit nach § 201 bzw. § 201a StGB.

Die informationelle Selbstbestimmung des von privaten Ermittlungsmaßnahmen Betroffenen ist auch außerhalb des StGB geschützt: Die Zulässigkeit der Erhebung, Verarbeitung und Nutzung personenbezogener Daten[325] richtet sich insbesondere nach den Vorschriften der Datenschutz-Grundverordnung (DS-GVO)[326] und des Bundesdatenschutzgesetzes (BDSG). Die Verwendung

---

322 Dazu im Kontext unternehmensinterner Ermittlungen *Stoffer*, Privatisierung, S. 182 f.

323 Der Verteidiger hat sich nach st. Rspr. „jeder aktiven Verdunkelung und Verzerrung des Sachverhalts zu enthalten“, so wörtlich etwa BGHSt 38, 345 = NJW 1993, 273 (274); OLG Nürnberg, NJW 2012, 1895 (1896); vgl. auch BGHSt 2, 375 (377) = NJW 1952, 894 (896); NStZ 1999, 188 (189); BGHSt 46, 53 (55) = NStZ 2001, 145 (146); BGHSt 53, 257 = NJW 2009, 2690 (2693).

324 Letzteres setzt die Einordnung des Arbeitgebers als Anbieter von Telekommunikationsdiensten bei Gestattung von privater Nutzung durch die Betriebsangehörigen voraus (str.). So etwa *Altvater* in LK-StGB, § 206 Rz. 12; *Schmidl* in Momsen/Grützner, HdB-WiStrafR, Kap. 2 § 9 Rz. 13 f., 58; *Schuster*, ZIS 2010, 68 (70 f.); *Heidrich/Tschoepe*, MMR 2004, 75 (76); zweifelnd *Eisele*, Compliance und Datenschutzstrafrecht, S. 33 ff.; *ders.*, ZIS 2012, 402 (403 f.); zum TKG *Haußmann/Krets*, NZA 2005, 259 (260).

325 Zu den Begrifflichkeiten vgl. Art. 4 DS-GVO.

326 Verordnung (EU) 2016/679 des Europäischen Parlaments und des Rates vom 27. April 2016 zum Schutz natürlicher Personen bei der Verarbeitung

personenbezogener Daten ist demnach nur zulässig, wenn sie nach Vorschriften der DS-GVO oder sonstigen Gesetzen ausdrücklich erlaubt ist oder der Betroffene in sie unter Einhaltung der in Art. 4 Abs. 11, Art. 7 DS-GVO normierten Kriterien eingewilligt hat (Art. 6 Abs. 1 S. 1 lit. a) DS-GVO).[327] Für interne Ermittlungshandlungen erlangt vor allem die Regelung in § 26 Abs. 1 S. 2 BDSG[328] Bedeutung, die klarstellt, dass die Erhebung, Verarbeitung und Nutzung personenbezogener Daten von Beschäftigten zur Aufdeckung von Straftaten nur unter engen Voraussetzungen zulässig ist.[329] Es müssen nicht nur zu dokumentierende tatsächliche Anhaltspunkte vorliegen, die den Verdacht einer Straftat im Beschäftigungsverhältnis begründen; die Erhebung, Verarbeitung oder Nutzung von Daten muss auch zur Aufdeckung erforderlich und vor allem verhältnismäßig sein. Im Rahmen der Verhältnismäßigkeitsprüfung ist zwischen dem Aufklärungsinteresse und der Beeinträchtigung der Persönlichkeitsrechte des Überwachten abzuwägen.[330] Maßgebliche Gesichtspunkte bei der Abwägung sind etwa der Schadensumfang und die Dringlichkeit des Tatverdachts auf der einen Seite sowie die Intensität der Beeinträchtigung, insbesondere die Heimlichkeit der Überwachungsmaßnahme, und die Anzahl der betroffenen Personen auf der anderen Seite.[331]

Darüber hinaus haben Unternehmensleiter bzw. beauftragte interne Ermittler das strafbewehrte allgemeine Abhörverbot aus § 148 i.V.m. § 89 TKG zu beachten. Private Ermittler dürfen demnach Nachrichten, die nicht für den Funkanlagenbetreiber oder die Öffentlichkeit bestimmt sind, nicht mittels einer Funkanlage abhören oder Informationen hierüber an Dritte weitergeben. Im Vorfeld der gemäß § 201 StGB verbotenen Überwachungsmaßnahmen untersagt es § 148

---

personenbezogener Daten, zum freien Datenverkehr und zur Aufhebung der Richtlinie 95/46/EG (Datenschutz-Grundverordnung).

327 Dazu eingehend *Wilkens*, Internal Investigations, S. 362 ff.; *Klaas*, Interne Untersuchungen und Informationsaustausch, S. 296 ff.

328 Vormals § 32 BDSG a.F. Zu den Änderungen *Wilkens*, Internal Investigations, S. 355 f., 365, 375.

329 Vertiefend *Klaas*, Interne Untersuchungen und Informationsaustausch, S. 318 ff.; noch zu § 32 BDSG a.F. *Scharnberg*, Illegale Internal Investigations, S. 73 ff.; *Wybitul* in Internal Investigations, Kap. 12 Rz. 80 ff.

330 *Thüsing*, Beschäftigtendatenschutz, § 3 Rz. 24; *Wybitul*, BB 2010, 1085 (1086 ff.); *Klaas*, Interne Untersuchungen und Informationsaustausch, S. 321 f., 313 ff.

331 *Franzen* in EKArbR, § 26 BDSG Rz. 3; *Thüsing*, Beschäftigtendatenschutz, § 3 Rz. 24; in Bezug auf Mitarbeiterbefragungen *Münkel*, Mitarbeiteroffenbarungen im Strafprozess, S. 47 ff. Vgl. auch BAG, NZA 2008, 1187 (1190).

i.V.m. § 90 TKG außerdem, Sendeanlagen oder sonstige Telekommunikationsanlagen zu besitzen, herzustellen, zu vertreiben, einzuführen oder sonst in den Geltungsbereich des TKG zu verbringen, die in besonderer Weise geeignet und bestimmt sind, das nicht öffentlich gesprochene Wort eines anderen von diesem unbemerkt abzuhören oder das Bild eines anderen von diesem unbemerkt aufzunehmen.

Schließlich sei erwähnt, dass bei Verstößen neben einer eventuellen Strafbarkeit und/oder einer zivilrechtlichen Haftung derjenigen Personen, die die jeweilige Ermittlungshandlung durchgeführt bzw. angeordnet haben, ein Beweisverwertungsverbot im sich anschließenden Strafprozess droht.[332]

E. Fazit

Private Ermittlungen sind für Individualpersonen als auch für Unternehmen grundsätzlich aufgrund der nach Art. 2 Abs. 1 GG gewährten Handlungsfreiheit zulässig. Bei Beschuldigten im Strafverfahren besteht wegen deren Subjektstellung und des Grundsatzes der Waffengleichheit zudem ein gesteigertes Bedürfnis an privaten Ermittlungshandlungen. Da auch Unternehmen eine beschuldigtenähnliche Stellung zukommen im Hinblick auf laufende oder drohende Straf- bzw. Bußgeldverfahren zukommen kann, ist auch ihnen unter diesem Gesichtspunkt das Recht zur Durchführung interner Ermittlungsmaßnahmen zuzubilligen. Zwar gelten die verfahrensrechtlichen Regelungen der StPO für private Ermittler nicht, den Aufklärungsmaßnahmen interner Ermittler sind aber vor allem durch das materielle Strafrecht und das Datenschutzrecht Grenzen gesetzt.

---

332 Vertiefend etwa die in Fn. 4 genannten Monografien. Außerdem hierzu sowie zum Umgang mit rechtswidrig erlangten Beweisen im Zivilprozess und im Arbeitsgerichtsverfahren *Scharnberg*, Illegale Internal Investigations, S. 359 ff.

3. Kapitel: Pflicht zur Compliance

Bevor eine normative Verankerung unternehmensinterner Aufklärungsmaßnahmen autonom untersucht wird, soll zunächst auf allgemeiner gefasste gesetzliche Compliance-Pflichten und deren Umfang eingegangen werden, um zu untersuchen, ob diese möglicherweise unternehmensinterne Ermittlungen als repressive Compliance-Pflicht einschließen. In diesem Kapitel wird der begriffliche und inhaltliche Rahmen der in der Literatur vielfach diskutierten „Compliance-Pflicht" mit dem Fokus auf Criminal Compliance abgesteckt und darauf aufbauend beleuchtet, ob sich eine solche aus dem Gesetz herleiten lässt.

A. Begriff der Criminal Compliance

I. Compliance

Der Begriff Compliance leitet sich aus dem englischen Verb „(to) comply with sth." (= etwas einhalten, sich an etwas halten, mit etwas im Einklang stehen, etwas befolgen) ab, und bedeutet seinem Grunde nach „Einhaltung", „Übereinstimmung" oder „Befolgung".[333] Während in der Medizin bereits seit geraumer Zeit der begrifflich erforderliche Bezugsgegenstand in der jeweiligen Therapie zu sehen ist und folglich „Compliance" dort die Therapietreue des Patienten meint, knüpft der Begriff in der Rechtswissenschaft allgemein an das jeweils geltende Recht an.

1. Compliance als Sicherstellung der Normtreue

Eine positive Definition des Begriffes Compliance im rechtlichen Sinne gestaltet sich angesichts des in der Literatur breit gefächerten Begriffsverständnisses schwierig.[334] So meint Compliance im grundsätzlichen Sinne das Verhalten in Einklang mit den Gesetzen, also das rechtmäßige bzw. regelkonforme Handeln an sich. Teilweise wird daran anknüpfend Compliance (ausschließlich) als statischer Zustand normkonformen Verhaltens verstanden.[335] Folgt man diesem

333 *Rathgeber*, Criminal Compliance, S. 26.

334 *Rathgeber*, Criminal Compliance, S. 26 bezeichnet eine positive Definition von Compliance als „nahezu unmöglich".

335 *Bürkle*, DB 2004, 2158 (2160); *Günther*, Criminal-Compliance-Maßnahmen, S. 98 f.; *Rathgeber*, Criminal Compliance, S. 27 („engere Auffassung").

engen Begriffsverständnis, so erschöpft sich die Bedeutung von Compliance in dem trivialen Appell, die jeweils geltenden Gesetze und sonstigen Regeln zu beachten bzw. Verstöße gegen diese zu vermeiden.[336] Darüber hinaus versteht eine weitere Auffassung unter Compliance die Gesamtheit aller Maßnahmen in Unternehmen, die zu dem Zwecke der Sicherstellung des von der vorangehend beschriebenen Auffassung unter Compliance verstandenen Zustandes erfolgen.[337] Demnach fallen unter Compliance sämtliche Mittel und Bemühungen, anhand derer gewährleistet werden soll, dass im Unternehmen in Übereinstimmung mit geltenden Gesetzen und sonstigen Regelungen (etwa Unternehmensrichtlinien) agiert wird.[338]

2. *Compliance-Management-System, Compliance-Organisation und Compliance-Programm*

Zum Teil wird in der Literatur – gerade im Zusammenhang mit der Frage nach einer *Pflicht* zur Compliance – mit „Compliance" aber auch ein formal organisiertes unternehmensinternes Compliance-Management-System (CMS), verkürzt auch Compliance-System, bezeichnet.[339] Ein solches Konzept soll das Einhalten von Normen im Unternehmen, also die Compliance im engen Sinne, in organisierter Weise sicherstellen.[340] Es sieht in der Regel das Zusammenspiel verschiedener Unternehmensorgane, -bereiche und -abteilungen vor und dient der Umsetzung der sog. Compliance-Funktion im Unternehmen.

Synonym zu dem Terminus „Compliance-System" wird z.T. der Begriff der Compliance-Organisation[341], vereinzelt auch der des Compliance-

---

336 Prominent insoweit zu Beginn der deutschen Compliance-Diskussion der Ausspruch *Schneiders*, die verpflichtende Gesetzestreue von Unternehmen, ihren Organmitgliedern und Mitarbeitern sei und bleibe eine „Binsenweisheit", auch „wenn man dies neudeutsch als ‚Compliance' bezeichnet", *U.H. Schneider*, ZIP 2003, 645 (646).

337 *Bock*, Criminal Compliance, S. 21; *Rotsch* in Rotsch, Criminal Compliance, § 1 Rz. 10 („maßnahmenorientiertes Begriffsverständnis"); *Lösler*, NZG 2005, 104; beschränkend auf präventive Maßnahmen *Rathgeber*, Criminal Compliance, S. 26; *U.H. Schneider*, ZIP 2003, 645 (646).

338 *Rotsch* in Achenbach/Ransiek/Rönnau, 1. Teil 4. Kap Rz. 4; *Günther*, Criminal-Compliance-Maßnahmen, S. 98 f.; *I. Roxin*, StV 2012, 116; *Hauschka/Moosmayer/Lösler* in Hauschka/Moosmayer/Lösler, § 1 Rz. 4.

339 *Rathgeber*, Criminal Compliance, S. 27 bezeichnet dies als „systematisches Verständnis".

340 *Rathgeber*, Criminal Compliance, S. 32.

341 Vgl. etwa *Schneider*, ZIP 2003, 645; *Bachmann* in VGR 2008, S. 65; *Gürtler/Thoma* in Göhler, OWiG, § 130 Rz. 9; *Holle*, Legalitätskontrolle, S. 396; *Fleischer*, Hdb

Programms[342], verwendet. Aus Klarstellungsgründen empfiehlt sich, diese Begriffe deutlich voneinander zu trennen: Ein CMS meint das gesamte unternehmensinterne betriebswirtschaftliche Konzept, das alle auf die optimale Sicherstellung der Regeleinhaltung im Unternehmen gerichteten Maßnahmen umfasst. Zu diesen Maßnahmen gehört zunächst die Formulierung entsprechender Ziele, Grundsätze und Maßnahmen auf Grundlage der zuvor analysierten relevanten Risiken, d.h. die Erstellung eines sog. Compliance-Programms. Dieses kann etwa in Form von Richtlinien, Verfahrensanweisungen und Verhaltenskodizes die einzuhaltenden Normen, aber auch die planmäßige Umsetzung derselben sowie den Ablauf der Compliance-Maßnahmen im Unternehmen festlegen.[343] Die Umsetzung der gesamten Compliance-Funktion, insbesondere des Compliance-Programms, erfolgt dann durch eine Compliance-Organisation, also eine unternehmensinterne Einheit, die in systematischer Weise z.B. die Kompetenzverteilung und die Durchführung von Organisations- und Überwachungsmaßnahmen koordiniert.

Die Ausgestaltung der Compliance-Organisation ist mangels gesetzlicher bzw. regulatorischer Vorgaben – außerhalb z.B. von Kreditinstituten oder Versicherungen[344] – ins Ermessen der Unternehmensleitung gestellt. Sie kann als separate zentrale Organisation, aber auch als dezentrale Organisationsform eingerichtet werden, die in die betroffenen Unternehmensbereiche integriert ist.[345] Soweit sich das Unternehmen für die Schaffung einer zentralen Compliance-Organisation entscheidet, kann diese als selbstständige sog. Compliance-Abteilung unterhalb der Vorstandsebene etabliert oder in eine bereits bestehende Abteilung (etwa die Rechtsabteilung) eingebunden werden.[346] Die Compliance-Abteilung selbst, die mit der organisatorischen Sicherstellung der Regeleinhaltung betraut ist, wird vereinzelt ebenfalls abgekürzt schlicht als „Compliance“

Vorstandsrecht, § 15 Rz. 94; *ders.*, CCZ 2008, 1 (2); *Spindler* in MüKoAktG, § 91 Rz. 52 ff.; *Konu*, Garantenstellung, S. 41 ff.

342 So z.T. *Sieber* in FS Tiedemann, S. 449.

343 *Bürkle*, BB 2005, 565 (566).

344 S. 109 f.

345 *Lehmann* in Rotsch, Criminal Compliance, § 3 Rz. 79 f., Einzelheiten zu verschiedenen Organisationsmodellen Rz. 87 ff.

346 Dazu *Gilch/Weist* in Momsen/Grützner, HdB-WiStrafR, Kap. 2 § 7 Rz. 6 ff.; *Kort* in FS Roth, S. 407 (414 f.).

bezeichnet.[347] Dieser Begriffsgebrauch ist nicht nur irritierend, sondern angesichts der möglichen und gebräuchlichen Bezeichnung dieser Institution als Compliance-Abteilung auch überflüssig.[348]

II. Criminal Compliance

Criminal Compliance oder auch „kriminalitätsbezogene Compliance“[349] bezweckt in Abgrenzung zur Compliance, die ganz allgemein auf die Einhaltung von Gesetzen und Regeln abzielt, die Vermeidung strafrechtlicher Verantwortlichkeit bzw. strafrechtlicher Sanktionen.[350] Bezugsgegenstand sind alle Vorschriften, deren Missachtung zu (in weitestem Sinne) strafrechtlicher Verantwortlichkeit unternehmensangehöriger Individuen oder – hinsichtlich einer Geldbuße – des Unternehmens selbst führen kann. Die Criminal Compliance stellt somit einen Ausschnitt der als Oberbegriff fungierenden Compliance dar.[351] Gegen das enge Verständnis, das Criminal Compliance ausschließlich eine präventive Wirkung zur Vermeidung der Verwirklichung von Straftatbeständen zuspricht,[352] hat sich mittlerweile eine weite Auffassung durchgesetzt. Criminal Compliance erfasst demnach auch die Verhinderung bzw. Minimierung strafrechtlicher Verantwortlichkeit von Unternehmensangehörigen nach der Begehung einer Straftat im Unternehmen oder aus dem Unternehmen heraus.[353] Darüber hinaus soll aber nicht nur einer Sanktionierung von Unternehmensmitarbeitern oder des Unternehmens selbst, sondern auch dem bloßen Anschein strafrechtswidrigen Verhaltens und damit letztlich einem Reputationsverlust entgegengewirkt werden.[354]

Innerhalb von Criminal Compliance wird teilweise wiederum differenziert zwischen dem Bereich der sog. Entlastungskriminalität und

---

347 *Bottmann* in Park, Kapitalmarktstrafrecht, Teil 2 Kap. 2.1 Rz. 2; *Bock*, ZIS 2009, 68 (68); *ders.*, Criminal Compliance, S. 22 ordnet diese Terminologie dem organisatorischen Sprachgebrauch der Unternehmen zu.

348 Für eine klare sprachliche Differenzierung auch *Rotsch* in Rotsch, Criminal Compliance, § 1 Rz. 9.

349 *Rotsch* in Rotsch, Criminal Compliance, § 1 Rz. 11; *ders.* in Achenbach/Ransiek/Rönnau, 1. Teil Kap. 4 Rz. 7.

350 *Nienaber*, Compliancebasierte unternehmensinterne Ermittlungen, S. 41 f.

351 *Bittmann* in Rotsch, Criminal Compliance vor den Aufgaben der Zukunft, S. 147 (148).

352 *Bock*, Criminal Compliance, S. 21 f., 246; *Rathgeber*, Criminal Compliance, S. 34; *Kölbel*, ZStW 125 (2013), 499.

353 *Rotsch* in Rotsch, Criminal Compliance, § 1 Rz. 44.

354 *Rotsch* in Rotsch, Criminal Compliance, § 1 Rz. 45 f. („ökonomischer Effekt").

Belastungskriminalität.[355] Während Entlastungskriminalität strafrechtlich relevantes Verhalten aus dem Unternehmen heraus erfasse, das (in wirtschaftlicher Hinsicht) zugunsten des Unternehmens und zulasten Unternehmensexterner erfolgt, bezeichne Belastungskriminalität strafrechtlich relevante Handlungen durch Mitarbeiter des Unternehmens, die das eigene Unternehmen „belasten", also offensichtlich in Widerspruch zu den Unternehmensinteressen stehen.[356]

B. Compliance und unternehmensinterne Ermittlungen

I. Funktionen von Compliance

Compliance wird in der Spezialliteratur in verschiedene Funktionen untergliedert. Zu diesen zählen neben der „klassischen" Schutzfunktion, die allgemein allen auf Normkonformität abzielenden Organisationsmaßnahmen innewohnt, auch die Beratungs- und Informationsfunktion, die Marketingfunktion, die Überwachungsfunktion sowie die Qualitätssicherungs- und Innovationsfunktion.[357]

Es soll demnach durch Compliance nicht nur das Unternehmen selbst vor regelwidrigen Verhaltensweisen seiner Mitarbeiter bzw. vor daraus resultierenden empfindlichen Sanktionen bewahrt, sondern auch eine entsprechende Informationsgrundlage für die Unternehmensangehörigen als Adressaten geschaffen werden (Beratungs- und Informationsfunktion). Letzteres lässt sich etwa durch die Erstellung von Handbüchern oder durch Mitarbeiterschulungen erreichen.[358] Darüber hinaus empfiehlt sich eine vorbildliche Compliance-Kultur bereits aus Reputationsgründen, also um das Ansehen des Unternehmens auf dem Kapitalmarkt zu stärken oder wiederherzustellen (Marketingfunktion). Die eng mit der Schutzfunktion verzahnte Überwachungsfunktion von Compliance zielt auf die regelmäßige und zeitnahe Kontrolle des normkonformen Verhaltens der Mitarbeiter und damit letztlich auch auf die Reduzierung regelwidrigen Handelns durch Abschreckung ab.[359]

Zumindest im Wertpapierdienstleistungsbereich mögen mit Compliance häufig auch rein betriebswirtschaftliche Zwecke im Rahmen der Produkt- bzw.

---

355 Etwa *Bock*, Criminal Compliance, S. 23 ff.

356 *Bock*, Criminal Compliance, S. 23; ähnlich *Kuhlen* in Kuhlen/Kudlich/Ortiz de Urbina, S. 1 (21), Fn. 148; kritisch zu den Begriffen Entlastungs- und Belastungskriminalität *Rotsch* in Rotsch, Criminal Compliance, § 1 Rz. 16.

357 Grundlegend *Lösler*, NZG 2005, 104 (104 f).

358 *Seibt/Cziupka*, AG 2015, 93 (97).

359 *Lösler*, NZG 2005, 104 (105); *Konu*, Garantenstellung, S. 30.

Dienstleistungsoptimierung verfolgt werden (Qualitätssicherungs- und Innovationsfunktion), diese Funktion dürfte für die allgemeine Corporate Compliance aber zu vernachlässigen und eher als deren positiver Nebeneffekt einzuordnen sein.[360] Selbst soweit man betriebswirtschaftliche Zielvorgaben als Unterfall selbstdefinierter ethischer Unternehmensprinzipien betrachtet,[361] spielt die Qualitätssicherungs- und Innovationsfunktion jedenfalls für die Criminal Compliance, die sich ausschließlich auf strafrechtliche Normen bezieht, keine Rolle.

II. Zweck interner Ermittlungen und Verhältnis zu Compliance

Die Durchführung interner Ermittlungen im oben definierten Sinne[362] kann unter repressiven Gesichtspunkten zu Sanktionsmilderungen führen, sollte es trotz etablierter Compliance-Struktur zu kriminellen Handlungsweisen im Unternehmen kommen und das Unternehmen deshalb behördlich oder gerichtlich belangt werden. Sowohl präventive als auch repressive Aspekte sind Stoßrichtungen der Schutzfunktion von Compliance.[363] Die feste Integration interner Ermittlungen in die Compliance-Kultur des Unternehmens dient auch dazu, durch Abschreckung Normverstößen durch Mitarbeiter präventiv entgegenzuwirken.

Weiterhin kann die konsequente unternehmensinterne Aufklärung strafrechtlich relevanter Sachverhalte darauf gerichtet sein, öffentlichkeitswirksam die Reputation des Unternehmens zu sichern und lässt sich damit auch der Image- bzw. Marketingfunktion zuordnen.[364] Dehnt man den Begriff der Überwachung dahin gehend aus, dass neben der präventiv ausgerichteten regelmäßigen Kontrolle der Normeinhaltung auch die einzelfallbezogene nachträgliche Aufklärung verdächtiger Unternehmensvorgänge erfasst ist, so lässt sich Letztere auch unter die Überwachungsfunktion von Compliance subsumieren.[365]

Die rückwirkende Aufklärung potenzieller Straftaten, die im Unternehmen bzw. aus dem Unternehmen heraus begangen wurden, ist somit kein Selbstzweck, sondern verfolgt diverse Zwecke, die Compliance im Allgemeinen zugeschrieben werden, und stellt damit eine Compliance-Maßnahme dar.

---

360 *Geiser*, Leitungspflichten des Vorstandes, S. 256; a.A. *Konu*, Garantenstellung, S. 31 f.

361 *Konu*, Garantenstellung, S. 32.

362 Zusammenfassung S. 51.

363 *Wagner*, CCZ 2009, 8 (11); *Potinecke/Block* in Internal Investigations, Kap. 2 Rz. 25.

364 *Potinecke/Block* in Internal Investigations, Kap. 2 Rz. 25.

365 So *Wagner*, CCZ 2009, 8 (11); *Potinecke/Block* in Internal Investigations, Kap. 2 Rz. 25.

III. Unternehmensinterne Ermittlungen als wesentlicher Bestandteil eines Compliance-Systems

Während unternehmensinterne Ermittlungen zum einen als im Einzelfall für notwendig erachtete separate Compliance-Maßnahme der Unternehmensleitung praktiziert werden,[366] ist ebenfalls denkbar, dass diese als festes Element in ein umfassendes CMS eingegliedert sind und somit bei Eintritt bestimmter Umstände eingeleitet werden (müssen). Folglich stellt sich die Frage, wie ein CMS ausgestaltet sein sollte und ob auch die unternehmensinterne Untersuchung von Unregelmäßigkeiten zu dem Mindestrepertoire eines effizienten CMS zählt.

1. Wesentliche und typische Elemente eines Compliance-Systems

Mangels allgemeiner gesetzlicher Regelungen zur Ausgestaltung eines tauglichen Compliance-Systems kann nur auf die in der Literatur vorgeschlagenen und in der Unternehmenspraxis zunehmend übernommenen Modelle und Standards Bezug genommen werden.[367] Aus diesen Quellen lassen sich, obwohl es „die" richtige Compliance-Organisation nicht gibt, verschiedene Grundelemente festmachen, die übergreifend und wiederholt als essenziell für ein effizientes CMS angeführt werden. Vorbildfunktion haben hier die spezialgesetzlichen Vorschriften vor allem aus dem Bereich des Kreditwesens und des Wertpapierhandels, die z.T. recht umfangreiche Vorgaben zu Compliance-Systemen machen.[368]

Das CMS als institutionalisierte „Verkörperung" der Compliance im Unternehmen ist prinzipiell den bereits dargestellten Compliance-Zwecken, namentlich der Schutzfunktion, der Beratungs- und Informationsfunktion, der Marketingfunktion, der Überwachungsfunktion und ggf. auch der Qualitätssicherungs- und Innovationsfunktion verschrieben. Neben präventiven Bestandteilen eines CMS wie etwa die Erstellung von Compliance-Standards (Verhaltenskodizes etc.), die Risikoanalyse, die Einrichtung einer Whistleblowing-Stelle[369] sowie

---

366 Ein solches Verständnis legt etwa *Wagner* zugrunde, der vage von einer „Zuordnung der Internal Investigation zum Bereich der Compliance", nicht aber von einem Element eines Compliance-Systems bzw. einer Compliance-Organisation spricht, vgl. CCZ 2009, 8 (11).

367 Statt vieler *Bachmann* in KBLW, DCGK, A.2 Rz. 4 ff. m.w.N.

368 Dazu näher S. 109 f.

369 Die Schaffung einer Anlaufstelle für interne und externe Whistleblower empfiehlt seit 2017 auch der DCGK (in der damaligen Fassung Ziff. 4.1.3 Satz 3, heute A.2. S. 2).

die sorgfältige Dokumentation und Kommunikation an den Vorstand[370] gehört zu einem effektiven CMS als Ausfluss der Überwachungsfunktion die Sicherstellung der Wirksamkeit der ergriffenen Compliance-Maßnahmen.[371] Diese hat primär im Wege regelmäßiger stichprobenartiger Kontrollen zu erfolgen.[372] Darüber hinaus soll bei Verdacht von Rechtsverstößen im Einzelfall der verdächtige Sachverhalt nachträglich aufzuklären[373], ggf. das normwidrige Verhalten abzustellen und zu sanktionieren sein, um die Effektivität des CMS dauerhaft zu gewährleisten.[374]

2. *Insbesondere Notwendigkeit von Aufklärungs- und Sanktionsmechanismen*

Zu Recht wird darauf verwiesen, dass ein CMS ohne vorgesehene Untersuchungs- und Ahndungsmöglichkeiten bzw. eine Compliance-Organisation ohne hinreichende Aufklärungskompetenzen und -ressourcen massiv an Glaubwürdigkeit gegenüber Unternehmensmitarbeitern, aber auch gegenüber (Strafverfolgungs-)Behörden einbüßt.[375] Auch die z.T. eingeforderte konsequente Ahndung von Gesetzesverstößen[376] setzt in der Regel eine vorangehende Aufklärung der Vorkommnisse seitens der Unternehmensleitung voraus.

Die im Rahmen eines Compliance-Systems vorgesehene Untersuchung verdächtiger Sachverhalte im Unternehmen kann bei an die Öffentlichkeit getragenen Vorkommnissen auch reputationsschützend wirken und daher marketingstrategisch empfehlenswert sein.[377] Soweit also ein CMS in Unternehmen

---

370 Vgl. etwa *Bachmann* in KBLW, DCGK, A.2 Rz. 5 ff.; *Reichert* in FS Hoffmann-Becking, S. 943 (946 ff.); *Knierim* in Wabnitz/Janovsky/Schmitt, Kap. 5 Rz. 105 ff.; *Hüffer/Koch* AktG, § 76 Rz. 18; *Kort* in FS Roth, S. 407 (411 ff.).

371 *Bachmann* in KBLW, DCGK, A.2 Rz. 10 f.; *Klahold/Lochen* in Hauschka/Moosmayer/Lösler, § 37 Rz. 18 ff.

372 *Bachmann* in KBLW, DCGK, A.2 Rz. 10; *Lösler*, NZG 2005, 104 (105); *Klahold/Lochen* in Hauschka/Moosmayer/Lösler, § 36 Rz. 37, § 37 Rz. 89.

373 *Wagner*, CCZ 2009, 8 (11), der dies „losgelöst" von einem Compliance-System feststellt.

374 *Bachmann* in KBLW, DCGK, A.2 Rz. 11; ausführlich zu dem Mantra „Aufklären-Abstellen-Ahnden" *Reichert* in FS Hoffmann-Becking, S. 943 (947 ff.); sich dem anschließend *Fleischer*, NZG 2014, 321 (324, 326, 329); *Seibt/Cziupka*, AG 2015, 93 (98 ff.); *Beisheim/Hecker*, KommJur 2015, 49 (53); dies als aktienrechtlichen „Dreiklang" bezeichnend *Fleischer* in BeckOGK AktG, § 91 Rz. 57.

375 *Moosmayer*, NJW 2012, 3013 (3014).

376 *Reichert* in FS Hoffmann-Becking, S. 943 (946 ff.); *Schneider*, ZIP 2003, 645 (650).

377 *Potinecke/Block* in Internal Investigations, Kap. 2 Rz. 25.

implementiert wird, sollte dieses zur Sicherstellung der Einhaltung der vorgesehenen Maßnahmen sowie zur Gewährleistung der Glaubwürdigkeit nach innen und außen als integralen Bestandteil auch Regelungen und Mechanismen zur Einleitung unternehmensinterner Untersuchungen beim Auftauchen von Verdachtsmomenten umfassen.[378] In diese Richtung deutet auch der Deutsche Corporate Governance Kodex (DCGK), der zwar keine unmittelbaren Vorgaben zur Etablierung unternehmensinterner Ermittlungen, aber eine Empfehlung zur Einrichtung von Whistleblowing-Anlaufstellen enthält (Grundsatz 5 A.2 DCGK). Eine solche Empfehlung macht nur Sinn, wenn angestrebt wird, dass entsprechenden Hinweisen auf Rechtsverstöße auch nachgegangen wird.[379]

Es lohnt daher, im Folgenden zunächst der Frage nachzugehen, ob eine Pflicht zur Einrichtung eines derartigen CMS existiert, da diese dann eine Pflicht zur internen Sachverhaltsaufklärung bei Verdacht auf Unregelmäßigkeiten im Unternehmen beinhalten könnte.

C. Keine strafrechtliche Pflicht zur Einführung eines Compliance-Management-Systems

Es existiert kein Straf- oder Bußgeldtatbestand, der die unterlassene Einrichtung eines CMS ausdrücklich sanktioniert und somit die Unternehmensleitung zur Installation eines Compliance-Systems verpflichtet. In der Literatur wird vereinzelt die Aussage getroffen, jede strafbewehrte Norm enthalte die Verpflichtung, deren Einhaltung durch organisatorische Compliance-Maßnahmen sicherzustellen.[380] So sollen nach *Bock* „alle Straftatbestände und Ordnungswidrigkeiten als Rechtsgrundlage von Compliance-Organisationspflichten in Betracht" kommen.[381] Die von ihm angenommene Transformation einer Strafnorm in eine Norm, die derartige Compliance-Pflichten der Unternehmensführung in der Konstellation eines unechten Unterlassungsdeliktes begründet, setzt (irgendeine) Strafbarkeit eines Unternehmensmitarbeiters voraus, da diese (immer?)

---

378 *Moosmayer*, NJW 2012, 3013 (3014) („essenzieller Bestandteil eines jeden Compliance-Systems"); ebenso *Potinecke/Block* in Internal Investigations, Kap. 2 Rz. 26; *Grützner* in Momsen/Grützner, HdB-WiStrafR, Kap. 4 § 16 Rz. 11; *Lenze*, Compliance, S. 76; *Hart-Hönig* in FS Schiller, S. 281 (284 f.); *Fuhrmann*, NZG 2016, 881 (884); *Scharnberg*, Illegale Internal Investigations, S. 27 f.; wohl auch *Dann*, AnwBl 2009, 84 (84).

379 Dazu noch S. 124 ff.

380 *Bock*, Criminal Compliance, S. 280; *Bottmann* in Park, Kapitalmarktstrafrecht, Teil 2 Kap. 2.1 Rz. 20; *Holle*, Legalitätskontrolle, S. 345 f.

381 *Bock*, Criminal Compliance, S. 280.

auf eine entsprechende Pflichtverletzung der Unternehmensleitung zurückgehen könne.[382] Demnach würde etwa aus § 263 (i.V.m. § 13) StGB, sofern ein Mitarbeiter einen Betrug gegenüber einem Vertragspartner des Unternehmens begangen hat, die Pflicht des Vorstandes resultieren, geeignete Organisations- und Aufsichtsmaßnahmen zur Verhinderung von Betrugsstraftaten zu ergreifen.

Dies erscheint wenig plausibel, da zum einen – das Vorliegen einer Garantenstellung der zuständigen Leitungspersonen im Sinne des § 13 StGB unterstellt – zwar unter Umständen eine Handlungspflicht der Unternehmensleitung besteht, diese aber stets ausschließlich auf die Verhinderung der konkret begangenen Straftat des Mitarbeiters abzielt. Das Gesetz trifft keine Aussage darüber, *wie* der nach § 13 StGB zu verhindernde Erfolg abgewendet werden muss. Die im Einzelfall gebotene (und zumutbare) Maßnahme zur Verhinderung des Taterfolgs muss nicht zwingend dem Bereich der Compliance-Organisation zuzuordnen sein, sondern kann auch schlicht in dem Tätigen eines Anrufes, der Änderung einer Anweisung oder einem vertrauensvollen Gespräch mit einem Mitarbeiter liegen. Zum anderen wird diese Auffassung ad absurdum geführt, wenn man diese statt auf eine typische „Wirtschaftsstraftat" auf ein Delikt wie Totschlag oder Körperverletzung als Bezugstat überträgt und damit konsequenterweise ein Kapitaldelikt als Rechtsquelle von Compliance-Organisationspflichten des Vorstandes qualifizieren müsste.

Denkbar bleibt somit – vor dem Hintergrund der Akzessorietät des Wirtschaftsstrafrechts[383] – höchstens die Ableitung einer mittelbaren strafrechtlichen Pflicht zur Einrichtung eines Compliance-Systems und damit auch zur Einleitung unternehmensinterner Ermittlungen aus einer aus sonstigem Recht begründeten allgemeinen Compliance-Pflicht.

D. Herleitung aus Vorschriften außerhalb des Strafrechts

Neben diversen spezialgesetzlichen Regelungen sind auch aktienrechtliche Vorschriften und der Bußgeldtatbestand in § 130 OWiG als Anknüpfungspunkt einer Pflicht zur Errichtung eines CMS – und damit nach den vorangehenden Ausführungen gleichsam (mittelbar) zur Einleitung unternehmensinterner Ermittlungen – denkbar.

---

382 *Bock*, Criminal Compliance, S. 280.

383 Dazu monografisch *Wagner*, Akzessorietät des Wirtschaftsstrafrechts (2016).

I. Spezialgesetzlich geregelte Pflicht zur Einführung eines Compliance-Systems

Es existieren zahlreiche sektorspezifische Bestimmungen, die z.T. ihrem Wortlaut nach ausdrücklich die Einrichtung und Überwachung von CMS vorsehen und daher als Ausgangspunkt bei der Frage nach einer Rechtspflicht zur „Compliance" dienen.[384] Besonders prägnante und detaillierte Regelungen zur Etablierung und qualitativen Ausgestaltung eines CMS für Kreditinstitute und Finanzdienstleistungsinstitute enthalten die §§ 25a ff. KWG. Die erfassten Institute müssen nach § 25a Abs. 1 S. 1 KWG über eine ordnungsgemäße Geschäftsorganisation verfügen, welche die Einhaltung nicht nur der betriebswirtschaftlichen Notwendigkeiten, sondern auch der vom Institut zu beachtenden gesetzlichen Bestimmungen sicherstellt. Die eingeforderte Geschäftsorganisation hat insbesondere ein angemessenes und wirksames Risikomanagement zu umfassen, auf dessen Basis die Risikotragfähigkeit laufend zu überprüfen ist.

Für Wertpapierdienstleistungsunternehmen sieht § 80 Abs. 1 WpHG sogar vor, dass sie neben den gemäß § 80 Abs. 1 S. 1 WpHG anzuwendenden Vorschriften der §§ 25 a Abs. 1, 2, 25e KWG die Bestimmungen nach § 80 Abs. 1 S. 2 Nr. 1-4 WpHG sowie § 80 Abs. 1 S. 3 WpHG i.V.m. Art. 21-26 DVO (EU) 2017/565[385] (kurz: DVO) zu beachten haben.[386] Die Regelungen in Art. 22 DVO enthalten weitgehende Organisationsanforderungen im Compliance-Bereich. Nach Art. 22 Abs. 2 DVO haben Wertpapierfirmen insbesondere eine „permanente und wirksame, unabhängig arbeitende Compliance-Funktion" einzurichten, aufrechtzuerhalten und sie mit den dort näher bezeichneten Aufgaben zu betrauen. Was genau unter einer Compliance-Funktion zu verstehen ist, bleibt dabei ebenso offen, wie die Frage, wann diese ihre Aufgaben unabhängig wahrnimmt.[387]

---

384 Beispielhafte Aufzählung einiger dieser Vorschriften bei *Wessing* in FS Volk, S. 867 (880 ff.).

385 Delegierte Verordnung (EU) 2017/565 der Kommission vom 25. April 2016 zur Ergänzung der Richtlinie 2014/65/EU des Europäischen Parlaments und des Rates in Bezug auf die organisatorischen Anforderungen an Wertpapierfirmen und die Bedingungen für die Ausübung ihrer Tätigkeit sowie in Bezug auf die Definition bestimmter Begriffe für die Zwecke der genannten Richtlinie, ABl. EU L 87/1 v. 31.03.2017.

386 Eingehend *Bachmann* in FS Hopt, S. 17 (18 ff.).

387 Kritisch dazu sowie zur Regelungstechnik der Wertpapier-Compliance *Bachmann* in FS Hopt, S. 17 (25 f., 30 f.): „redaktioneller Rückschritt"; zu der früheren, inhaltlich ähnlichen Regelung in § 33 Abs. 1 S. 2 Nr. 1 WpHG a.F. *Spindler*, WM 2008, 905 (909 f.).

Auch Versicherungsunternehmen sind nach § 23 ff. VAG strengen und ausführlichen Anforderungen an „eine ordentliche Geschäftsorganisation" unterworfen. Diese soll nach §§ 26, 29 Abs. 1, 2 VAG die Einhaltung der zu beachtenden Gesetze und Verordnungen sowie der aufsichtsbehördlichen Anforderungen gewährleisten und setzt insbesondere ein angemessenes Risikomanagement voraus. In Bezug auf Geldwäsche treffen die in § 2 GwG aufgezählten Verpflichteten je nach Risikograd gestufte Sorgfaltspflichten (§§ 10 ff. GwG), die nach § 56 GwG zum Teil bußgeldbewehrt sind. Außerdem sind sie im Rahmen des Risikomanagements dazu angehalten, angemessene interne Sicherungsmaßnahmen zu ergreifen, um die Risiken von Geldwäsche und von Terrorismusfinanzierung in Form von Grundsätzen, Verfahren und Kontrollen zu steuern und zu mindern (§§ 4 ff. GwG). Zu diesen zählen unter anderem die Instruktion der Mitarbeiter im Hinblick auf entsprechende Risiken (§ 6 Abs. 2 Nr. 6 GwG), die regelmäßige Kontrolle des Personals auf dessen Zuverlässigkeit (§ 6 Abs. 2 Nr. 5 GwG) sowie die Einrichtung einer anonymen Anlaufstelle für Whistleblower (§ 6 Abs. 5 GwG).

Im Bereich des Umweltrechts sind etwa in § 52b BImSchG und § 58 KrWG Mitteilungspflichten gegenüber der zuständigen Behörde verankert, deren Erfüllung wiederum die hinreichende Dokumentation einer effektiven Organisation voraussetzt.[388] Die betroffenen Unternehmen sind somit gezwungen, sich proaktiv mit den betrieblichen Abläufen unter dem Blickwinkel der Einhaltung umweltrechtlicher Schutzvorschriften auseinanderzusetzen. Erwähnenswert erscheint auch die arbeitsrechtliche Vorschrift des § 12 Abs. 1 AGG, die dem Arbeitgeber die Pflicht auferlegt, präventive (auch organisatorische) Maßnahmen zum Schutz der Beschäftigten vor Benachteiligungen zu ergreifen.[389]

II. Allgemeine Pflicht zur Einrichtung eines Compliance-Management-Systems

Außerhalb der regulierten Sektoren und des Anwendungsbereichs vorangehend genannter Spezialregelungen ist die allgemeine obligatorische Implementierung eines CMS für Unternehmen gesetzlich jedenfalls nicht explizit vorgesehen. Im Schrifttum wird eine derartige allgemeine Compliance-Pflicht aber vor allem aus

388 *Meyer* in Hauschka/Moosmayer/Lösler, § 30 Rz. 51 ff., § 52 Rz. 49 ff.

389 *Geiser*, Leitungspflichten des Vorstands, S. 16; zu Einzelheiten *Thüsing* in MüKoBGB, § 12 AGG Rz. 3 ff.

verschiedenen Vorschriften des Gesellschaftsrechts sowie aus dem Ordnungswidrigkeitenrecht hergeleitet.

1. *Gesellschaftsrechtliche Pflicht zur Einführung eines Compliance-Management-Systems*

Denkbar erscheint zunächst die Ableitung einer solchen Pflicht aus den offen formulierten Haftungstatbeständen und sonstige Regelungen des Gesellschaftsrechts.

a) Allgemeine Leitungssorgfalt gemäß §§ 76 Abs. 1, 93 Abs. 1 AktG

Gemäß § 76 Abs. 1 AktG leitet der Vorstand die Gesellschaft unter eigener Verantwortung. Diese sog. Leitungsverantwortung des Vorstandes wird durch die Vorschrift des § 93 Abs. 1 S. 1 AktG ergänzt, die den Maßstab der allgemeinen Leitungssorgfalt normiert. Demnach haben die Vorstandsmitglieder „bei ihrer Geschäftsführung die Sorgfalt eines ordentlichen und gewissenhaften Geschäftsleiters anzuwenden". Im Kern zielt die allgemeine Sorgfaltspflicht darauf ab, die Gesellschaft vor wirtschaftlichen Nachteilen zu bewahren und Vorteile für das Unternehmen zu sichern.[390]

Da das Gesetz selbst keine präzisen Vorgaben dazu macht, wann der Vorstand diesem Sorgfaltsmaßstab genügt, bemüht sich die Literatur um eine Konkretisierung der allgemeinen Sorgfaltspflicht des Vorstandes.[391] So resultieren aus der Sorgfaltspflicht des Vorstandes nach allgemeiner Ansicht zum einen verschieden ausgerichtete Organisations- und Überwachungspflichten.[392] Die Unternehmensleitung hat demnach – verkürzt gesagt – für strukturierte Betriebsabläufe und klare Kompetenzverteilungen zu sorgen und das Geschehen im Unternehmen regelmäßig auf seine Recht- und Zweckmäßigkeit hin zu kontrollieren. Zum anderen findet die in §§ 76 Abs. 1, 93 Abs. 1 AktG normierte allgemeine Sorgfaltspflicht eine Ausprägung in der nachfolgend näher zu untersuchenden Kardinalpflicht, die Beachtung sämtlicher, für das Unternehmen relevanter Rechtsvorschriften sicherzustellen (Legalitätsprinzip).

---

390 OLG Zweibrücken, NZG 1999, 506 (507) zu § 43 Abs. 1 GmbHG; *Spindler* in MüKo-AktG, § 93 Rz. 26.

391 Statt vieler nur *Fleischer* in BeckOGK AktG, § 93 Rz. 19 ff.; *Hüffer/Koch* AktG, § 93 Rz. 6 ff. m.w.N.

392 *Fleischer* in BeckOGK AktG, § 93 Rz. 69 ff. m.w.N.

aa) Legalitätspflicht

Die Vorstandsmitglieder haben im Rahmen der sog. Legalitätspflicht bei der Ausübung ihrer organschaftlichen Funktionen ihr Handeln stets an den geltenden Normen auszurichten.[393] Dabei sind nicht nur aktienrechtliche, sondern auch sonstige zivilrechtliche Vorschriften wie etwa solche des Kartell-, Wettbewerbs-, Bilanz- und Arbeitsrechts, aber auch öffentlich-rechtliche (z.B. sozial- oder steuerrechtliche) und vor allem strafrechtliche Rechtsnormen einzuhalten.[394] Hierzu zählen einerseits Vorschriften, die sich an ein Vorstandsmitglied persönlich richten, andererseits aber auch solche, die an die Gesellschaft als Rechtssubjekt adressiert sind und daher vorrangig normkonformes Verhalten der Gesellschaft im Außenverhältnis verlangen.[395] Nach herrschender Ansicht begründet ein rechtswidriges Verhalten eines Organmitglieds im Außenverhältnis gleichzeitig eine Pflichtverletzung im Innenverhältnis.[396]

Hinsichtlich der Einhaltung der Legalitätspflicht, also der eigenen Rechtstreue bzw. des normkonformen Verhaltens der Gesellschaft, steht dem Vorstand prinzipiell kein unternehmerischer Handlungsspielraum offen.[397] Dies gilt nach ganz überwiegender Auffassung auch bei sog. „rentablen" Pflichtverletzungen im Interesse der Gesellschaft, das heißt bei solchen rechtswidrigen Handlungen mit ggf. sehr niedrigem Entdeckungsrisiko, die der Gesellschaft (zunächst) wirtschaftlich zugutekommen.[398] Dementsprechend beabsichtigte der Gesetzgeber

---

393 BGHZ 133, 370 = NJW 1997, 130; BGHSt 55, 266 = NJW 2010, 3458 (3460); BGHSt 55, 288 = NJW 2011, 88 (92); *Bicker*, AG 2014, 8; *Fleischer* in Fleischer, Hdb Vorstandsrecht, § 7 Rz. 13; *ders.* in BeckOGK AktG, § 93 Rz. 19; *Hüffer/Koch*, AktG, § 93 Rz. 6.

394 Ob darüber hinaus auch „allgemeine Grundsätze der Geschäftsmoral" einzuhalten sind, ist im Schrifttum umstritten, soll angesichts des Umfanges und der Kernthematik dieser Arbeit an dieser Stelle aber nicht diskutiert werden. Dazu nur *Fleischer* in BeckOGK AktG, § 93 Rz. 30 m.w.N.

395 *Fleischer* in BeckOGK AktG, § 93 Rz. 28; *Spindler* in MüKoAktG, § 93 Rz. 86 f.

396 Statt vieler *Fleischer* in BeckOGK AktG, § 93 Rz. 29; für die GmbH-Geschäftsführer *Verse* in Scholz, § 43 Rz. 79; a.A. *Hellgardt* in FS Hopt, S. 403 (405 ff.); *Torggler* in Kalss/Torggler, Compliance, S. 97 (105 ff., 125).; abweichend auch *Kuschnereit*, Legalitätspflicht, S. 78 ff. und passim.

397 Statt vieler BGHSt 55, 266 = NJW 2010, 3458 (3460); BGHSt 55, 288 = NJW 2011, 88 (92); *Fleischer* in BeckOGK AktG, § 93 Rz. 51 m.w.N.

398 *Fleischer* in BeckOGK AktG, § 93 Rz. 29, 50; *Hopt/Roth* in GroßkommAktG, § 93 Rz. 134; für die GmbH *Ziemons* in Michalski, § 43 Rz. 75; *Beurskens* in Baumbach/Hueck, § 43 Rz. 12; im Kontext der Bildung schwarzer Kassen BGHSt 55, 266 (275 f.) = NJW 2010, 3458 (3460); BGHSt 55, 288 (301 f.) = NJW 2011, 88 (92); differenzierter *Torggler* in Kalss/Torggler, Compliance, S. 97 (105 ff., 114 ff.).

bei Schaffung des § 93 Abs. 1 S. 2 AktG, bei illegalem Verhalten den Zugang zum „sicheren Hafen“ der Business Judgment Rule „im Sinne einer haftungstatbestandlichen Freistellung“ zu versperren.[399]

Da die Rechtstreue des Vorstandes als gebundene Entscheidung stets an das Vorhandensein eines strikten Handlungsgebots anknüpft, folgt eine Pflicht zur Einführung eines CMS dogmatisch jedenfalls nicht ausschließlich und unmittelbar aus der Legalitätspflicht im hier beschriebenen (engen) Sinne, das heißt aus dem an den Vorstand adressierten Normappell zum eigenen rechtmäßigen Verhalten im Rahmen seiner Amtsführung.[400] Vielmehr bedürfte es hierzu erst einer anderen konkreten Norm, die der Gesellschaft oder dem Vorstand selbst ausdrücklich die Implementierung eines Compliance-Systems auferlegt und damit eine Zuwiderhandlung gegen dieses Gebot als Pflichtverletzung i.S.v. § 93 Abs. 2 AktG qualifiziert. Eine solche explizite Regelung ist aber nicht ersichtlich. Zudem bedarf es zur Sicherstellung der eigenen Normtreue der Gesellschaft bzw. des Vorstandes keiner umfangreichen Überwachungs- und Kontrollmaßnahmen, wie sie ein – regelmäßig gerade nicht auf die Normkonformität des Verhaltens der Vorstandsmitglieder begrenztes – CMS vorsieht.[401] Zwar soll eine gewisse Nähe zur Legalitätspflicht nicht in Abrede gestellt werden, die Gleichsetzung mit der oder die ausschließliche Anbindung an die Legalitätspflicht hätte allerdings zur Konsequenz, dass sich bei der Einrichtung und der Ausgestaltung eines CMS eine Abwägung und entsprechende Gewichtung der Compliance-Maßnahmen unter Berücksichtigung unternehmerischer Ressourcen nicht anstellen ließe, ohne sich zunächst in Widerspruch zum Wesen der Legalitätspflicht zu setzen.[402] Denn ökonomische Erwägungen oder Zumutbarkeitsvorbehalte sind – von verschiedentlich diskutierten Ausnahmekonstellationen[403]

---

399 BegrRegE, BR-Drucks. 3/05, S. 18.

400 *Bachmann*, ZIP 2014, 579 (581); *Harbarth*, ZHR 179 (2015), 136 (147 ff.); im Ergebnis abweichend – wohl unter Zugrundelegung eines weiteren Begriffs der Legalitätspflicht – *Thole*, ZHR 173 (2009), 504 (510) und *Fleischer* in BeckOGK AktG, § 91 Rz. 50; Ableitung aus der Verkopplung einer „weit verstandenen Legalitätspflicht“ mit der „Organisationsverantwortung“ bei *Bachmann*, VGR 2008, S. 65 (73), differenzierend zwischen Compliance-Verantwortung und (enger) Legalitätspflicht ebd., S. 77 f.

401 *Harbarth*, ZHR 179 (2015), 136 (148); ähnlich *Bachmann*, VGR 2008, S. 65 (77 f.).

402 Daher unter Anpassung des Maßstabes für Pflichtverletzungen, insbesondere unter Rückgriff auf Zumutbarkeitserwägungen etwa *Verse*, ZHR 175 (2011), 401 (404 ff.); *Thole*, ZHR 173 (2009), 504 (510); im Ergebnis wie hier *Harbarth*, ZHR 179 (2015), 136 (149 f.), demzufolge der Zumutbarkeitsvorbehalt allein keinen hinreichenden Anhaltspunkt zur Konturierung der Compliance-Organisation biete.

403 Überblick bei *Fleischer* in BeckOGK AktG, § 93 Rz. 35 ff. m.w.N.

abgesehen – der gesellschaftsrechtlichen Legalitätspflicht im originären Sinne fremd. Konsequenter erscheint daher die Anknüpfung an eine – von der Legalitätspflicht im engen Sinne zu trennende – aus der allgemeinen Sorgfaltspflicht abgeleitete Legalitätskontrollpflicht des Vorstandes[404], die je nach Art der überwachten Mitarbeitertätigkeit – delegierte oder originäre Mitarbeiterpflichten – in unterschiedlichem Maße an die Legalitätspflicht im engen Sinne angebunden ist.[405]

bb) Legalitätskontrollpflicht als Teil der allgemeinen Sorgfaltspflicht

Über die eigene Rechtstreue hinaus trifft die Unternehmensleitung auch die Pflicht, durch regelmäßige Überwachung des Unternehmensgeschehens für normkonformes Handeln der Mitarbeiter und Angehörigen des Unternehmens Sorge zu tragen und damit die Rechtstreue der Gesellschaft insgesamt zu gewährleisten.[406] In der jüngeren Literatur wird diese Aufgabe der Unternehmensleitung treffend als „Legalitätskontrollpflicht" bezeichnet.[407]

Vor allem in der Kommentarliteratur wird oft begrifflich nicht hinreichend zwischen der Legalitätspflicht im engeren Sinne und der Legalitätskontrollpflicht differenziert. Zum Teil wird die Legalitätspflicht als Oberbegriff eingeordnet, der sowohl die oben beschriebene Legalitätspflicht im engeren Sinne als auch die Pflicht des Vorstandes zur Sicherstellung des rechtstreuen Verhaltens der untergeordneten Mitarbeiter umfasst.[408] Die Legalitätskontrollpflicht wird damit als unmittelbarer Bestandteil der Legalitätspflicht selbst angesehen. Es empfiehlt sich allerdings eine inhaltliche und damit einhergehend auch eine klarstellende terminologische Trennung, weil die Legalitätspflicht im engeren Sinne ausschließlich auf die eigene Rechtstreue der Unternehmensleitung abzielt und

---

404 Im Ergebnis auch *Torggler* in Kalss/Torggler, Compliance, S. 97 (111 f., 128), der jedoch bereits die Existenz einer strikten Legalitätspflicht „im Sinne einer vorrangigen Verpflichtung auf öffentliche (Präventions-)Interessen" ablehnt (ebd., S. 99 ff., 128).

405 Dazu sogleich S. 115 f.

406 *Fleischer* in BeckOGK AktG, § 91 Rz. 47.

407 Eingehend *Kutschelis*, Korruptionsprävention, S. 211 ff.; *Fleischer* in BeckOGK AktG, § 91 Rz. 47; vgl. auch *Konu*, Garantenstellung, S. 45 unter Verweis auf *Verse*, ZHR 175 (2011), 401 (403 ff.); *Bunting*, ZIP 2012, 1542 (1543); *Arnold*, ZGR 2014, 76 (79); *Harbarth*, ZHR 179 (2015), 136 (138, 145 ff.) spricht auch von „Legalitätsdurchsetzungspflicht".

408 So etwa noch *Fleischer* in Spindler/Stilz, 2. Aufl. 2010, § 91 Rz. 47; *Hüffer/Koch* AktG, § 93 Rz. 6; vgl. aber auch *Thole*, ZHR 173 (2009), 504 (509 f.); *Reichert* in FS Hoffmann-Becking, S. 943 (945).

damit nur solches Verhalten des Vorstandes erfasst, das dieser umfassend und unmittelbar selbst steuern kann.[409] Die Legalitätskontrollpflicht aber verlangt die Überwachung fremden und damit nur bedingt steuerbaren Verhaltens[410] und stellt damit letztlich vielmehr eine gesellschaftsrechtliche Organisationspflicht dar, die primär einen Ausschnitt des Pflichtenprogramms aus der allgemeinen Sorgfaltspflicht des § 93 Abs. 1 S. 1 AktG bildet.[411]

Dies bedeutet nicht, dass die Pflicht zur Überwachung der Rechtstreue der Unternehmensmitarbeiter völlig losgelöst von der Legalitätspflicht im engeren Sinne hergeleitet werden kann. Soweit die Unternehmensleitung originäre Vorstandsaufgaben (etwa die Berichtspflicht an den Aufsichtsrat nach § 90 Abs. 1 AktG) an untergeordnete Unternehmensangehörige delegiert, wird sie selbstverständlich nicht gleichzeitig von ihrer Pflicht zum legalen Verhalten entbunden.[412] Da der Vorstand sich anderenfalls durch umfassende Pflichtendelegation stets der Haftung für gesetzeswidriges Verhalten entziehen könnte, entsteht dann die Pflicht zur Kontrolle der Normkonformität der Delegaten infolge einer Modifikation der ursprünglichen Legalitätspflicht (sog. Residualpflichten des Vorstandes).[413] Somit besteht in Fällen der Übertragung eigener Vorstandsaufgaben ein unmittelbarer Zusammenhang zwischen der Legalitätskontrollpflicht und der Legalitätspflicht im engen Sinne.

Geht es allerdings um die Ausübung von Tätigkeiten, die einem Mitarbeiter kraft Weisung der Gesellschaft auferlegt werden und die damit zu seinen üblichen Aufgaben im Unternehmen zählen, so kann eine entsprechende Aufsichtspflicht der Leitungsorgane nicht aus o.g. Gesichtspunkten hergeleitet werden.[414] Denn es handelt sich bei diesen Aktivitäten nicht um delegierte Vorstandsaufgaben, sondern um die Erfüllung originärer Mitarbeiterpflichten gegenüber der Gesellschaft, für die nicht an die Legalitätspflicht des Vorstandes angeknüpft werden kann. Die der Unternehmensleitung im Allgemeinen für alle gewöhnlichen Mitarbeitertätigkeiten obliegende Kontrollpflicht ist vielmehr

---

409 Klar differenzierend etwa *Grigoleit* in Grigoleit AktG, § 93 Rz. 44.

410 *Harbarth*, ZHR 179 (2015), 136 (148); vgl. auch *Bachmann* in VGR 2008, S. 65 (77 f.).

411 *Bachmann*, ZIP 2014, 579 (581); in diese Richtung auch *Kutschelis*, Korruptionsprävention, S. 224 f.; *Hüffer* in FS Roth, S. 299 (302 f.); *Bunting*, ZIP 2012, 1542 (1544).

412 Zum Pflichteninhalt bei Delegation *Fleischer* in BeckOGK AktG, § 93 Rz. 126 m.w.N.; 128 ff.

413 So treffend *Harbarth*, ZHR 179 (2015), 137 (146); *Verse*, ZHR 175 (2011), 401 (404) („Verlängerung der Legalitätspflicht"); sich dem anschließend *Konu*, Garantenstellung, S. 44 f.; *Hoffmann-Becking* in Münchener HdB GesR IV, § 25 Rz. 32.

414 *Bunting*, ZIP 2012, 1542 (1543); so aber *Thole*, ZHR 173 (2009), 504 (510).

Ausfluss der allgemeinen Sorgfaltspflicht in Ausprägung der allgemeinen Schadensabwendungspflicht.

Die dogmatische Einordnung der Legalitätskontrollpflicht als eigenständige Ausprägung der allgemeinen Sorgfaltspflicht erscheint insbesondere vor dem Hintergrund des dem Vorstand im Bereich der Sorgfaltspflichten zuzubilligenden Entscheidungsspielraumes von Bedeutung. Denn die Frage nach der Pflicht zum eigenen rechtstreuen Verhalten der Organe (ggf. in Erfüllung der Legalitätspflicht der Gesellschaft im Außenverhältnis) ist in jedem Fall bedingungslos zu bejahen; die Leitungsorgane haften bei eigenem gesetzeswidrigem Handeln selbst bei „nützlichen" Gesetzesverstößen grundsätzlich uneingeschränkt.[415] Kongruent dazu haftet der Vorstand auch für eine (mangelhafte) Aufsicht bei Delegation seiner Pflichten.

In den Fällen, in denen die Legalitätskontrollpflicht als Ausprägung der allgemeinen Sorgfaltspflicht der Unternehmensleitung diese zur Überwachung originärer Mitarbeitertätigkeiten verpflichtet, scheidet eine umfassende Haftung aus. Denn den Leitungsorganen steht bei reinen Organisationspflichten, zu denen auch die Legalitätskontrolle zählt, prinzipiell ein Entscheidungs- und damit auch Haftungsfreiraum offen.[416]

cc) Ermessensspielraum des Vorstandes

Die Beantwortung der Frage nach dem „Ob" einer Legalitätskontrolle ist hierbei – ebenso wie bei allen gesellschaftsrechtlichen Organisationspflichten von Leitungsorganen – geradezu banal: Dass der Vorstand in irgendeiner Weise organisatorisch tätig werden und dabei im Rahmen der Legalitätskontrollpflicht auch Aktivitäten im Hinblick auf die Überwachung der Gesetzestreue der Mitarbeiter entfalten muss, ist eine Selbstverständlichkeit. Daher kann es bei der – praktisch wohl äußerst selten im Raum stehenden – Frage, ob der Vorstand überhaupt irgendwelche Maßnahmen zur Kontrolle des legalen Verhaltens im Unternehmen ergreifen muss, keinen Handlungsspielraum geben.

Hinsichtlich des „Wie" der Erfüllung der Legalitätskontrollpflicht steht den Leitungsorganen dagegen ein Ermessen zu.[417] Der Vorstand wird seiner Kontrollaufgabe zwar oft am ehesten durch die Einrichtung eines CMS gerecht. Die Implementierung eines solchen CMS als Mittel zur Erfüllung der

---

415 S. 112 f.

416 Im Ergebnis auch *Thole*, ZHR 173 (2009), 504 (510). Dazu sogleich unter S. 116 ff. und S. 144 ff.

417 *Hüffer/Koch* AktG, § 93 Rz. 14; *Verse*, ZHR 175 (2011), 401 (406 f., 414 f.).

Legalitätskontrollpflicht empfiehlt sich daher gerade bei großen und international tätigen Unternehmen, ist aber keinesfalls von Gesetzes wegen zwingend.[418] Denkbar sind vielmehr auch andere Mittel und Wege zur Unterbindung von Gesetzesverstößen durch Unternehmensmitarbeiter, solange sie im Einzelfall Effizienz versprechen.[419] Ob im Einzelfall das Ergreifen derartiger „loser" Compliance-Maßnahmen ohne systematische Steuerung und Organisation möglich und sinnvoll ist, muss im Einzelfall von den Unternehmensverantwortlichen bzw. im Fall eines gerichtlich geltend gemachten Schadensersatzanspruches von dem Gericht beurteilt werden. Selbstverständlich ist auch nicht auszuschließen, dass die einzurichtenden und auszuführenden Compliance-Maßnahmen in gewissen Unternehmenssachverhalten in ihrer Intensität und Vielzahl derart expandieren, dass sie nur im Rahmen eines CMS zu bewältigen sind.[420] Per se treffen die §§ 76 Abs. 1, 93 Abs. 1 AktG hierzu aber keine Aussage.

Folglich zwingt die Legalitäts- bzw. Legalitätskontrollpflicht nicht zur Implementierung eines CMS.[421] Zu einem anderen Ergebnis kann nur gelangen, wer die allgemeine Organisations- bzw. Legalitätskontrollpflicht der Unternehmensleitung mit dem Begriff der Compliance-Pflicht gleichsetzt.[422] Dann aber wäre Compliance eine reine Wortneuschöpfung für bereits lange bestehende gesellschaftsrechtliche Pflichten und damit nicht als ernst zu nehmendes diskussionswürdiges Phänomen, sondern mit einigen kritischen Stimmen in der Literatur[423] als althergebrachte Banalität einzustufen. Im Übrigen sind im Ergebnis die

---

418 *Bachmann* in VGR 2008, S. 65 (68 ff.); *Rotsch* in Rotsch, Criminal Compliance, § 1 Rz. 20; *Schraud*, Compliance in der AG, S. 67 ff.; a.A. etwa *Bürkle*, BB 2005, 565 (567 ff.).

419 *Schraud*, Compliance in der AG, S. 68 ff.

420 So wohl im berühmten „Siemens/Neubürger"-Fall, LG München I, ZIP 2014, 570. Dazu näher S. 126 ff.

421 *Bachmann* in VGR 2008, S. 65 (68 ff.); *Rotsch* in Rotsch, Criminal Compliance, § 1 Rz. 20; *Schraud*, Compliance in der AG, S. 67 ff.; a.A. *Ziemons* in Michalski, § 43 Rz. 59, 174; *Knierim* in Wabnitz/Janovsky/Schmitt, Kap. 5 Rz. 32, deutlicher Rz. 106 (rechtliche Verpflichtung zur Schaffung einer Compliance-Organisation); unter Heranziehung von Autoren, die eine pauschale CMS-Pflicht gerade ablehnen bzw. die Relativität einer derartigen Pflicht betonen *Hart-Hönig* in FS Schiller, S. 281 (284 f.).

422 *Goette*, ZHR 175 (2011), 388 (391 f., 400); *Hüffer/Koch* AktG § 93 Rz. 6c f. (Legalitätskontrollpflicht paraphrasiere lediglich Compliance-Pflicht); wohl auch *Holle*, Legalitätskontrolle, S. 1.

423 *U.H. Schneider*, ZIP 2003, 645 (646); ähnlich *Goette*, ZHR 175 (2011), 388 (391 f.).

Unterschiede zwischen den dazu vertretenen Auffassungen im Schrifttum marginal.[424] Denn auch nach der Ansicht, die eine allgemeine Pflicht zur Implementierung eines CMS annimmt, soll die konkrete inhaltliche Gestaltung dieses CMS stets im Ermessen der Unternehmensleitung liegen. Der einzige denkbare Unterschied zur hier vertretenen Auffassung liegt also in dem geforderten Mindestmaß an Koordination und Systematisierung dieser Compliance-Maßnahmen.[425]

b) Pflicht zur Einrichtung eines Früherkennungs- und Überwachungssystems, § 91 Abs. 2 AktG

Einen weiteren Anhaltspunkt für die verpflichtende Einrichtung eines CMS bietet § 91 Abs. 2 AktG. Nach dieser Vorschrift ist der Vorstand verpflichtet, „geeignete Maßnahmen zu treffen, insbesondere ein Überwachungssystem einzurichten, damit den Fortbestand der Gesellschaft gefährdende Entwicklungen früh erkannt werden."

aa) Allgemeiner Regelungsinhalt

Die mit dem KonTraG 1998 eingeführte Regelung beruht auf der allgemeinen Sorgfalts- und Leitungspflicht der Geschäftsleitung und konkretisiert die allgemein aus §§ 76 Abs. 1, 93 Abs. 1 AktG resultierende Organisationspflicht.[426] Sie verfolgt den Zweck, bestandsgefährdende Entwicklungen in der AG zutage zu fördern und damit Unternehmenskrisen vorzubeugen.[427] Die Gesellschaft soll so strukturiert und organisiert sein, dass der Vorstand imstande ist, frühzeitig von solchen Ereignissen und Prozessen Kenntnis zu erlangen, die wesentliche Gefahren für das Unternehmen darstellen oder sich zu solchen verdichten können.

„Frühzeitig" meint dabei einen Zeitpunkt, zu dem der Vorstand noch zum Ergreifen sinnvoller Maßnahmen zum Aufhalten nachteiliger bestandsgefährdender Entwicklungen und damit zur Gewährleistung des Fortbestandes der

---

424 *Hüffer/Koch* AktG § 76 Rz. 13: „Trennlinien zwischen Befürwortern und Kritikern oft fließend"; *Hoffmann-Becking* in Münchener HdB GesR IV, § 25 Rz. 18 m.w.N.

425 So wohl *Bürkle*, CCZ 2015, 52 (54): Soweit das Risikoprofil die Gefahrenschwelle überschreite, müsse – anstelle bloßer Einzelmaßnahmen – eine Compliance-Organisation eingerichtet werden, die umfangreichere aufbau- und ablauforganisatorische Vorgaben umfasse; ähnlich *Rathgeber*, Criminal Compliance, S. 31 f.

426 Reg. Begr. KonTraG, BT-Drs. 13/9712, S. 15.

427 *Grigoleit/Tomasic* in Grigoleit AktG, § 91 Rz. 6; *Fleischer* in BeckOGK AktG, § 91 Rz. 31 f.

Gesellschaft in der Lage ist.[428] Die von § 91 Abs. 2 AktG geforderten geeigneten Maßnahmen umfassen solche Aktivitäten und Einrichtungen, die erfahrungsgemäß der rechtzeitigen Informationsbeschaffung dienlich sind.[429] Welche Maßnahmen dies jeweils in concreto sein sollen, ist nach der Gesetzeslage unklar und nur durch eine Analyse des Einzelfalls zu ermitteln. Als geeignete Maßnahme hebt die Norm „insbesondere" die Einrichtung eines Überwachungssystems hervor, wobei angesichts des unergiebigen Wortlauts die erforderliche Reichweite dieses Überwachungssystems ebenso umstritten ist wie sein genauer Bezugspunkt.

bb) Inhalt und Umfang des Überwachungssystems

Richtigerweise knüpft die Überwachungspflicht – entgegen dem insoweit missverständlichen Wortlaut – nicht unmittelbar an die risikoträchtigen Entwicklungen an sich, sondern primär an die Eignung und Einhaltung der ergriffenen Maßnahmen zur rechtzeitigen Informationsbeschaffung an.[430] § 91 Abs. 2 AktG zielt also auf eine unternehmensinterne Überprüfung der tatsächlichen Umsetzung von veranlassten Schritten, insbesondere der zeitnahen Weiterleitung gewonnener Erkenntnisse durch die Innenrevision oder das Controlling an die Unternehmensleitung.[431]

Hinsichtlich des Umfangs des Überwachungssystems vertritt ein Teil des überwiegend betriebswirtschaftlichen Schrifttums die weitreichende Ansicht, die Vorschrift verpflichte den Vorstand zur Etablierung eines allgemeinen umfassenden Risikomanagementsystems, dessen konkrete Ausgestaltung wiederum im Einzelnen strittig ist.[432] Einigkeit besteht hier darüber, dass jedenfalls die Ermittlung, Identifizierung und Analyse sämtlicher für das Unternehmen relevanter Einzelrisiken bezweckt wird.[433] Darüber hinaus werden zum Teil sogar die Bewältigung bzw. die präventive Abwendung aller Risiken als Bestandteil eines solchen Risikomanagementsystems betrachtet.[434] Für letztgenannte

---

428 Reg. Begr. KonTraG, BT-Drs. 13/9712, S. 15; *Spindler* in MüKoAktG, § 91 Rz. 27 m.w.N.

429 *Hüffer/Koch* AktG, § 91 Rz. 7; *Fleischer* in BeckOGK AktG, § 91 Rz. 33.

430 *Hüffer/Koch* AktG, § 91 Rz. 10; *Spindler* in MüKoAktG, § 91 Rz. 29; *Bock*, Criminal Compliance, S. 573 f.; *Bunting*, ZIP 2012, 357 (358).

431 *Hüffer/Koch* AktG, § 91 Rz. 10.

432 Vgl. *Kromschröder/Lück*, DB 1998, 1573; *Lück*, DB 1998, 8 (9 f.); aus der Rechtswissenschaft *Preußner/Becker*, NZG 2002, 846 (848 ff.); *Hommelhoff/Mattheus*, BB 2007, 2787 (2788 f.); *Spindler*, WM 2008, 905 (906 f.).

433 Vgl. etwa *Preußner/Becker*, NZG 2002, 846 (848 ff.); dazu auch *Bunting*, ZIP 2012, 357 (357 f.).

434 *Eggemann*, BB 2000, 503; *Preußner/Becker*, NZG 2002, 846 (849 f.).

Auffassung lassen sich allerdings keinerlei Anhaltspunkte im Gesetzeswortlaut finden, der als Ziel der vorgesehenen Maßnahmen lediglich das frühzeitige *Erkennen* bestandsgefährdender Entwicklungen, nicht aber den Umgang mit identifizierten Risiken vorgibt. Der nicht ganz so weitgehenden Auffassung, die zumindest das Erfassen sämtlicher Einzelrisiken für obligatorisch hält, ist entgegenzuhalten, dass sie das zwingende Charakteristikum der *bestandsgefährdenden* Entwicklung missachtet.[435]

Die juristische h.M. legt daher die Regelung zu Recht enger dahin gehend aus, dass sie lediglich eine partielle Risikoüberwachungspflicht, namentlich die Pflicht zur Errichtung eines Früherkennungssystems, normiert.[436] Dieses Früherkennungssystem soll bestandsgefährdende Entwicklungen schlicht frühzeitig erkennen, nicht aber umfassend alle Risiken im Unternehmen analysieren, geschweige denn diese bekämpfen oder nachteiligen Entwicklungen prophylaktisch entgegenwirken.[437]

cc) Umfassende Erfassung von Gesetzesverstößen?

Da sich für das Unternehmen nachteilige Entwicklungen auch aus gesetzeswidrigem Verhalten von Unternehmensorganen oder Mitarbeitern ergeben können, fallen grundsätzlich auch Gesetzesverstöße unter den Begriff des Risikos. Soweit diese sich wesentlich auf die Vermögens-, Finanz- und Ertragslage der Gesellschaft auswirken, können sie ausweislich der Gesetzesbegründung zu den bestandsgefährdenden Risiken zählen.[438] Allerdings kann nicht jeder Rechtsverstoß den Fortbestand der Gesellschaft gefährden. Vielmehr muss der tatsächlich oder potenziell infolge der Normverletzung eintretende Schaden eine gewisse Intensität aufweisen, wobei die Konkretisierung des Begriffes der Bestandsgefährdung im Einzelnen umstritten ist.[439]

---

435 Gegen die Beschränkung auf bestandsgefährdende Risiken aber explizit *Spindler*, WM 2008, 905 (907).

436 OLG Celle, WM 2008, 1745 (1746); *Immenga* in FS Schwark, S. 199 (201); *Baums*, ZGR 2011, 218 (270); *Dreher* in FS Hüffer, S. 161 (162).

437 OLG Celle, WM 2008, 1745 (1746). Eingehend zum Pflichtenrahmen aus § 91 Abs. 2 AktG *Holle*, Legalitätskontrolle, S. 18 ff., 35: Die Regelung sei letztlich ein „Instrument punktueller Insolvenzprophylaxe".

438 BT-Drs. 13/9712, S. 15.

439 Während vereinzelt auf die Gefährdung der Rentabilität der Gesellschaft abgestellt wird (vgl. etwa *J. Hüffer* in FS Imhoff, S. 91 (100)), verengt die h.M. den Begriff der Bestandsgefährdung auf das Hervorrufen oder erhebliche Steigern eines Insolvenzrisikos, vgl. etwa *Fleischer* in BeckOGK AktG, § 91 Rz. 32 m.w.N.

Selbst soweit man der Ansicht folgt, die aus § 91 Abs. 2 AktG die Pflicht zu einem umfassenden Risikomanagement ableitet, lässt sich aus der Norm keine Pflicht zur systematischen Erfassung von Rechtsverstößen ableiten. Ein Risikomanagementsystem weist inhaltlich unabhängig von seiner konkreten Ausgestaltung unbestreitbar eine gewisse Schnittmenge mit einem CMS auf, weshalb beide häufig als einheitliche Management-Aufgabe wahrgenommen werden.[440] Die beiden Funktionen sind aber inhaltlich keinesfalls völlig deckungsgleich.[441] Einerseits geht ein Risikomanagement- oder Früherkennungssystem weiter als ein CMS, da es alle drohenden bestandsgefährdenden Risiken zu ermitteln und zu beobachten hat. Es beschränkt sich dabei nicht wie ein CMS auf Gesetzesverstöße, sondern bezieht umfassend wirtschaftlich nachteilige Entwicklungen ein.[442]

Andererseits hat ein Früherkennungssystem wiederum nicht alle Gesetzesverletzungen im Auge, sondern konzentriert sich dabei auf *bestandsgefährdende* Rechtsrisiken und ist insoweit enger gefasst als ein Compliance-System.[443] Während das Risikomanagementsystem sich nur auf risikoträchtige Entwicklungen fokussiert und daher rein präventiv ausgerichtet ist, verfolgt Compliance darüber hinausgehend auch eine repressive Stoßrichtung.[444] Eine Pflicht der Unternehmensleitung zur umfassenden systematischen Erfassung von Rechtsverletzungen innerhalb des Unternehmens kann sich mithin aus § 91 Abs. 2 AktG nicht ergeben.

---

440 Zum Verhältnis von Compliance und Risikomanagementsystem *Bürkle* in Hauschka/Moosmayer/Lösler, § 36 Rz. 69 f.; *Dreher* in FS Hüffer, S. 161 (169 ff.); *Kutschelis*, Korruptionsprävention, S. 96 f.; *Rathgeber*, Criminal Compliance, S. 49 ff.

441 In diese Richtung auch *Rathgeber*, Criminal Compliance, S. 50 f.

442 Die Gesetzesbegründung nennt neben Gesetzesverstößen beispielhaft risikobehaftete Geschäfte und Unrichtigkeiten der Rechnungslegung, BT-Drs. 13/9712, S. 15.

443 *Schneider*, NZG 2009, 1321 (1323); *Kordt*, Untersuchung von Compliance-Verstößen, S. 72 f.; *Hölters* in Hölters AktG, § 93 Rz. 94. Nach *Spindler*, WM 2008, 905 (907), der die Verengung auf bestandsgefährdende (Rechts-)Risiken negiert, werde dagegen die Compliance-Organisation als fester Bestandteil des Risikomanagements zu einer zusätzlichen, horizontal einwirkenden Kontrollfunktion.

444 Ähnlich *Dreher* in FS Hüffer, S. 161 (171): Compliance „selbständige Aufgabe, die weit über ihre risikobezogenen Elemente hinausgeht".

c) *Pflicht zur Einrichtung eines Kontrollsystems und Risikomanagementsystems für börsennotierte Aktiengesellschaften gemäß § 91 Abs. 3 AktG-E*

Im Zuge des durch das Bundeskabinett im Dezember 2020 anlässlich des Wirecard-Skandals beschlossenen Entwurfes eines Gesetzes zur Stärkung der Finanzmarktintegrität (Finanzmarktintegritätsstärkungsgesetz – FISG)[445] tritt voraussichtlich im Juli 2021[446] eine neue Regelung in § 91 Abs. 3 AktG-E in Kraft, nach der der Vorstand einer börsennotierten Aktiengesellschaft über die aus § 91 Abs. 2 AktG resultierenden Pflichten hinaus „ein im Hinblick auf den Umfang der Geschäftstätigkeit und die Risikolage des Unternehmens angemessenes und wirksames internes Kontrollsystem und Risikomanagementsystem einzurichten" hat.

Der Sache nach kommt dieser Neuregelung rein deklaratorischer Charakter zu, da die allgemeine Sorgfalts- und Organisationspflicht des Vorstandes aus § 93 Abs. 1 S. 1 AktG nach herrschender Auffassung im Schrifttum bereits nach bisheriger Rechtslage vor allem kapitalmarktorientierte Gesellschaften regelmäßig zur Installation von Kontroll- und Risikomanagementsystemen verpflichten.[447] Dies spiegelt sich auch in Grundsatz 4 des Deutschen Corporate Governance Kodex (DCGK) wieder, demzufolge es für einen verantwortungsvollen Umgang mit den Risiken der Geschäftstätigkeit es eines geeigneten und wirksamen internen Kontroll- und Risikomanagementsystems bedarf.[448] Nach der Gesetzesbegründung soll die Pflicht zur Einrichtung entsprechender Systeme bei den nicht von der Neuregelung erfassten – also nicht börsennotierten – Unternehmen unverändert im Leitungsermessen des Vorstandes stehen, während dieses Ermessen sich für börsennotierte Aktiengesellschaften im Zuge der Neuregelung nur noch auf die Frage der konkreten Ausgestaltung angemessener und wirksamer interner Kontrollsysteme und Risikomanagementsysteme im Hinblick auf den Umfang der Geschäftstätigkeit und die Risikolage des Unternehmens beschränke.[449]

Für die hier im Fokus stehende Pflicht zur Errichtung eines CMS erlangt die Neureglung insoweit Bedeutung, als das nunmehr für börsennotierte

---

445 Entwurf eines Gesetzes zur Stärkung der Finanzmarktintegrität vom 16.12.2020, BT-Drs. 19/26966; am 20.05.2021 in leicht modifizierter Form verabschiedet (BT-Drs. 19/29879), wobei die Regelung in § 91 Abs. 3 AktG-E unverändert angenommen wurde.

446 Art. 26 Abs. 1 FISG.

447 So die Gesetzesbegründung, BT-Drs. 19/26966, S. 134.

448 Dazu eingehend *Bachmann* in KBLW, DCGK, G4 Rz. 8 ff.

449 BT-Drs. 19/26966, S. 134 f.

Aktiengesellschaften ausdrücklich gesetzlich geforderte interne Kontrollsystem bzw. das Risikomanagementsystem möglicherweise obligatorisch ein CMS beinhaltet. Zwar wird in dem zugrunde liegenden Referentenentwurf die Pflicht zur Errichtung eines CMS ausdrücklich von der (deklaratorischen) Neuregelung ausgenommen, da für größere Unternehmen bei entsprechendem Risikopotenzial die Errichtung eines CMS bereits jetzt erforderlich und das Kriterium der Börsennotierung hierfür ohne Relevanz sei,[450] verschiedene Stellungnahmen haben sich dem aber ausdrücklich entgegengestellt.[451] So verweist die Regierungskommission Deutscher Corporate Governance Kodex darauf, dass Compliance zu den Zielen eines jeden internen Kontrollsystems gehöre und das CMS als Teil des internen Kontrollsystems bereits obligatorisch einzurichten sei. Es bedürfe daher einer entsprechenden Klarstellung (auch) im Hinblick auf die Einrichtung eines CMS.[452]

Soweit das einzurichtende interne Kontrollsystem auch die „Grundsätze, Verfahren und Maßnahmen zur Sicherung […] der Einhaltung der maßgeblichen rechtlichen Vorschriften" umfasst,[453] liegt in der Tat nahe, dass ein CMS stets zwingender Bestandteil eines solchen internen Kontrollsystems oder auch eines Risikomanagementsystems[454] ist. Andere gleich effektive Maßnahmen zur Gewährleistung der Normtreue im Unternehmen erscheinen gerade im Hinblick auf börsennotierte Gesellschaften kaum denkbar, sodass mit der Neuregelung zumindest implizit den Vorstandsmitgliedern börsennotierter Gesellschaften die Etablierung eines CMS auferlegt wird. Für die Leitungsorgane nicht

---

450 Referentenentwurf des Bundesministeriums der Finanzen und des Bundesministeriums der Justiz und für Verbraucherschutz: Entwurf eines Gesetzes zur Stärkung der Finanzmarktintegrität (Finanzmarktintegritätsstärkungsgesetz – FISG) vom 26.10.2020, abrufbar unter https://www.bmjv.de/SharedDocs/Gesetzgebungsverfahren/DE/Finanzmarktintegritaet.html, S. 116.

451 Etwa Stellungnahme der Regierungskommission DCGK vom 9.11.2020, S. 1 f.; Stellungnahme des Deutschen Aktieninstituts vom 8. November 2020, S. 11; Stellungnahme des Instituts der Wirtschaftsprüfer (IDW) vom 6. November 2020, S. 2, 22; alle abrufbar unter https://www.bundesfinanzministerium.de/Content/DE/Gesetzestexte/Gesetze_Gesetzesvorhaben/Abteilungen/Abteilung_VII/19_Legislaturperiode/2020-10-26-Finanzmarktintegritaetsstaerkungsgesetz/0-Gesetz.html (zuletzt abgerufen am 28.05.2021).

452 Stellungnahme der Regierungskommission DCGK vom 9.11.2020, S. 1 f.; ebenso Stellungnahme des Instituts der Wirtschaftsprüfer (IDW) vom 6. November 2020, S. 2, 22; *Steiger*, CCZ 2021, 12 (15).

453 BT-Drs. 26966, S. 113 unter Verweis auf BT-Drs. 16/10067, S. 77 (BilMoG).

454 So bereits zu § 91 Abs. 2 AktG *Spindler*, WM 2008, 905 (906 f.).

börsennotierter Gesellschaften greift diese Regelung wie dargelegt nicht. Die Pflicht zur Errichtung eines CMS ist hier weiterhin relativer Natur und insbesondere von der Unternehmensgröße und vorhandenen Risikofaktoren abhängig.

d) § 161 AktG i.V.m. A.2 DCGK

Einen weiteren gesellschaftsrechtlichen Anhaltspunkt für eine Pflicht der Unternehmensleitung, ein CMS einzurichten, bietet § 161 AktG. Dieser normiert unmittelbar keine Organisations-, Aufsichts- oder Kontrollpflichten des Leitungsorgans, sondern hält Vorstand und Aufsichtsrat kapitalmarktorientierter Aktiengesellschaften dazu an, jährlich eine Erklärung darüber abzugeben, ob und wenn ja, welchen Empfehlungen des Deutschen Corporate Governance Kodex (DCGK)[455] entsprochen wurde. Wenn den Empfehlungen bzw. einzelnen Empfehlungen des DCGK nicht gefolgt wurde, ist dies gemäß § 161 Abs. 1 AktG ebenfalls anzugeben und zu begründen („comply or explain"). Die Erklärung muss auf der Internetseite der Gesellschaft dauerhaft öffentlich zugänglich gemacht werden (§ 161 Abs. 2 AktG).

Zur Compliance-Verantwortung des Vorstandes heißt es in Grundsatz 5 DCGK:

> „Der Vorstand hat für die Einhaltung der gesetzlichen Bestimmungen und der unternehmensinternen Richtlinien zu sorgen und wirkt auf deren Beachtung im Unternehmen hin (Compliance)."

Unter „Empfehlungen und Anregung" heißt es unter A.2:

> „Der Vorstand soll für ein an der Risikolage des Unternehmens ausgerichtetes Compliance Management System sorgen und dessen Grundzüge offenlegen. Beschäftigten soll auf geeignete Weise die Möglichkeit eingeräumt werden, geschützt Hinweise auf Rechtsverstöße im Unternehmen zu geben; auch Dritten sollte diese Möglichkeit eingeräumt werden."

Grundsatz 5 DCGK bringt die allgemeine Pflicht des Vorstandes zur Sicherstellung der Normtreue im Unternehmen zum Ausdruck und gibt dabei lediglich geltendes Recht wieder. Mangels Empfehlungscharakter muss in der Entsprechenserklärung nach § 161 AktG daher auf ihn nicht eingegangen werden. Anders ist dies hinsichtlich der nachfolgenden, mit „Soll" formulierten Empfehlung (vgl. zur Nomenklatur Präambel Abs. 4 DCGK).[456] Die unter A.2

---

455 Die aktuelle Fassung vom 16.12.2019 ist online abrufbar unter https://www.dcgk.de/de/kodex.html (zuletzt abgerufen am 21.02.2021).

456 Vgl. *Bachmann/Kremer* in KBLW, DCGK, G5 Rz. 1.

ausgeführte Empfehlung wurde erst Anfang 2017 von der Kodexkommission eingefügt[457] und hält den Vorstand dazu an, ein CMS zu installieren und dessen Grundzüge offenzulegen. Darüber hinaus soll eine Anlaufstelle für interne und externe Whistleblower eingerichtet werden.

Diesen Empfehlungen kommt allerdings – ebenso wie allen anderen Kodexbestimmungen – keinerlei Rechtswirkung zu.[458] Soweit ihnen zum Teil zumindest mittelbare Rechtswirkung attestiert wird,[459] kann dem vor dem Hintergrund der in § 161 AktG zum Ausdruck kommenden gesetzgeberischen Intention nicht zugestimmt werden.[460] Die Norm zwingt die erfassten Unternehmen gerade nicht zur Befolgung der Empfehlungen des DCGK und knüpft insbesondere keine Rechtsfolgen an deren Nichtbeachtung.[461] Da die Bestimmungen des DCGK den Unternehmen lediglich einen Leitfaden hinsichtlich einer „Best Practice" im Bereich der Unternehmensführung an die Hand geben möchten, sind sie in juristischer Hinsicht unverbindlich. Dies gilt auch für die unter A.2 DCGK empfohlene Einrichtung eines CMS. Eine rechtliche Verpflichtung zur Einrichtung eines CMS kann dieser Bestimmung folglich nicht entnommen werden.[462]

Im Übrigen ist die Einordnung als Empfehlung statt als Wiedergabe geltenden Rechts kein Zufall: Die Kodexkommission sah in ihren Vorschlägen zur Änderung des DCGK zunächst folgende Formulierung in Ziff. 4.1.3 Satz 2 DCGK (2017) vor: „Zu diesem Zweck *sorgt* [der Vorstand] für ein angemessenes, an der Risikolage des Unternehmens ausgerichtetes Compliance Management System [...]".[463] Die geplante Formulierung als bloße Beschreibung bzw. Erläuterung (vermeintlich) geltenden Rechts[464] wurde infolge vereinzelter

457 Dort als geringfügig abweichend formulierte Sätze 2 und 3 der Ziff. 4.1.3 DCGK (2017).

458 *Bachmann* in KBLW, DCGK, A.2 Rz. 3; allgemein klarstellend zur fehlenden Rechtswirkung des DCGK *ders.* in KBLW, DCGK, Teil 2 (Einl.) Rz. 94 ff.; *Moosmayer*, NJW 2012, 3013 f.

459 *Hüffer/Koch* AktG, § 161 Rz. 3.

460 BGHZ 220, 36 = NJW 2019, 669 (673) m. Anm. *Habersack*; *Bachmann.* in KBLW, DCGK, Teil 2 (Einl.) Rz. 96 m.w.N.

461 *Bachmann* in KBLW, DCGK, Teil 2 (Einl.) Rz. 96.

462 *Bachmann* in KBLW, DCGK, A.2 Rz. 2 f.

463 Herv. d. Verf.

464 Änderungsvorschläge der Regierungskommission Deutscher Corporate Governance Kodex aus der Plenarsitzung vom 13.10.2016, S. 3 (abrufbar unter http://www.dcgk.de/de/konsultationen/aktuelle-konsultationen.html).

Kritik[465] bewusst aufgegeben und durch die heute geltende Fassung ersetzt, die nicht nur die Offenlegung der Grundzüge eines bestehenden CMS, sondern bereits das „Ob" der Installation eines CMS als Empfehlung formuliert. Dies verdeutlicht, dass auch die Kodex-Kommission nicht restlos davon überzeugt ist, dass die Einrichtung eines CMS nach aktueller Gesetzeslage für den Vorstand verpflichtend ist.

2. *Das „Siemens/Neubürger"-Urteil des LG München I*

Im Dezember 2013 hat sich erstmals ein deutsches Gericht ausdrücklich zu einer (zivilrechtlichen) Compliance-Pflicht des Vorstandes geäußert, wobei es hier weniger der Frage des „Ob" der Implementierung eines Compliance-Systems als vielmehr der Frage des „Wie", also der Ausgestaltung eines effektiven Compliance-Systems, nachging.

a) Sachverhalt

Dem Urteil des LG München I („Siemens/Neubürger")[466] lag folgender Sachverhalt zugrunde (gekürzt):[467]

Der Beklagte war von 1998 bis 2006 Vorstandsmitglied eines weltweit tätigen Unternehmens (der Klägerin) sowie Leiter der Zentralabteilung Finanzen, welche die Hauptabteilung Treasury, das Reporting und die Rechtsabteilung umfasste. Seit Beginn der 1980er Jahre hatte sich in gewissen Unternehmensbereichen ein System „schwarzer Kassen" gebildet, das dem Parken finanzieller Mittel des Unternehmens diente. Aus diesen Geldern wurden Korruptionszahlungen ins Ausland geleistet. Jenes System wurde schließlich durch ein neues System von Scheinberaterverträgen zur Verschleierung von Korruptionszahlungen abgelöst. Hierbei wurden – basierend auf mit verschiedenen Firmen abgeschlossenen Scheinberaterverträgen – Scheinrechnungen gestellt und der Klägerin auf deren Grundlage entsprechende finanzielle Mittel entzogen. Auf die korruptionsverdächtigen Vorgänge wurden die Mitglieder des Vorstandes der Klägerin nach den Feststellungen des Tatgerichts seit 1999 wiederholt ebenso hingewiesen wie auf die unzureichende Organisation des bestehenden Compliance-Systems.

---

465 *Nikoleyczik/Graßl*, NZG 2017, 161 (163); *Baur/Holle*, NZG 2017, 170 (171 f.); Stellungnahme *Wilsing/Johannsen-Roth* (Linklaters) v. 14.12.16, S. 3 (abrufbar unter http://www.dcgk.de/de/konsultationen/eingereichte-stellungnahmen.html).

466 LG München I, Urt. v. 10.12.2013 – 5 HK O 1387/10, ZIP 2014, 570.

467 Eingehend und anschaulich zu dem Fall Neubürger *Bachmann* in Fleischer/Thiessen, Gesellschaftsrechts-Geschichten, § 22, S. 691 (693 ff.).

Diese Hinweise auf einschlägige Verdachtsmomente erfolgten unter anderem im Spätsommer 2003 durch die Abschlussprüfer einer amerikanischen Anwaltskanzlei, ein Memorandum derselben sowie einen Vermerk eines Mitarbeiters der Rechtsabteilung an den Beklagten im November 2003 betreffend Barzahlungen in Nigeria. Weiterhin unterbreitete der Leiter der Rechtsabteilung dem Vorstand einen Vorschlag zur Neustrukturierung des bestehenden Compliance-Systems. Gegen die klagende Aktiengesellschaft ergingen infolge der bekannt gewordenen Schmiergeldzahlungen Bußgeldbescheide in jeweils dreistelliger Millionenhöhe. Außerdem entstanden der Klägerin Kosten in zweistelliger Millionenhöhe durch Honorarzahlungen an eine amerikanische Rechtsanwaltskanzlei, die mit der internen Aufklärung der korruptionsverdächtigen Vorgänge beauftragt worden war.

b) Aussagen des Urteils zur Compliance-Pflicht

Der Klage der Gesellschaft auf Schadensersatz wurde in vollem Umfang stattgegeben und der Beklagte Neubürger zu einer Schadensersatzzahlung in Höhe von 15 Mio. Euro an die Siemens AG verurteilt.[468] Zunächst stellte das LG München I klar, dass jedes Vorstandsmitglied im Rahmen seiner gesellschaftsrechtlichen Legalitätspflicht nicht nur selbst nach außen hin sämtliche das Unternehmen treffende Rechtsnormen einhalten, sondern auch dafür sorgen müsse, „dass das Unternehmen so organisiert und beaufsichtigt wird, dass keine derartigen Gesetzesverletzungen stattfinden.“[469]

Das Landgericht statuierte in seinem ersten Leitsatz, dass ein Vorstandsmitglied seiner Pflicht, das Unternehmen so zu organisieren und zu beaufsichtigen, dass keine Gesetzesverstöße aus dem Unternehmen heraus erfolgen, bei entsprechender Gefährdungslage nur dann genüge, wenn es eine auf Schadensprävention und Risikokontrolle angelegte Compliance-Organisation einrichte.[470] Es ließ im zu entscheidenden Fall ausdrücklich offen, ob diese angenommene Pflicht zur Implementierung eines Compliance-Systems unmittelbar aus § 91 Abs. 2 AktG oder aus der allgemeinen Leitungspflicht gem. §§ 76 Abs. 1, 93 Abs. 1 AktG folge.[471] Dafür wies es darauf hin, dass für den Umfang einer

468 Details insbesondere zu dem Urteilstenor und der Urteilsbegründung bei *Bachmann* in Fleischer/Thiessen, Gesellschaftsrechts-Geschichten, § 22, S. 691 (706 ff.).

469 LG München, ZIP 2014, 570 (573). Zur hier umschriebenen Legalitätskontrollpflicht bereits S. 93 ff.

470 LG München, ZIP 2014, 570 (573).

471 LG München, ZIP 2014, 570 (573).

solchen Compliance-Organisation im Einzelnen „Art, Größe und Organisation des Unternehmens, die zu beachtenden Vorschriften, die geografische Präsenz wie auch Verdachtsfälle aus der Vergangenheit" entscheidend seien.[472] Tiefere Ausführungen zum Bestehen und zur normativen Grundlage einer Pflicht zur Installation eines CMS erübrigten sich, da im vorliegenden Fall ein solches unbestritten bereits existierte und lediglich dessen Qualität und Umfang infrage standen.[473]

c) Reaktionen im Schrifttum

Das Urteil wurde in der Literatur vielfach als aufsehenerregend und wegweisend in der Compliance-Diskussion bezeichnet.[474] Während die Aussagen des Landgerichts verbreitet Zuspruch fanden[475], erhoben sich auch kritische Stimmen sowohl aus dem zivilrechtlichen[476] als auch aus dem strafrechtlichen[477] Schrifttum.[478] Vereinzelt wurde die pauschale Feststellung des Gerichts angezweifelt, dass der Vorstand der ihn gesellschaftsrechtlich treffenden Organisationspflicht ab einem gewissen Risikograd nur dann genüge, „wenn er eine auf Schadensprävention und Risikokontrolle angelegte Compliance-Organisation einrichtet"[479]. Das LG entziehe sich nicht nur der Frage nach der konkreten Rechtsgrundlage dieser behaupteten Compliance-Pflicht, sondern lasse auch eine Präzisierung der für das Entstehen der Pflicht maßgeblichen „Gefährdungslage" vermissen.[480]

---

472 LG München, ZIP 2014, 570 (573).

473 Pointiert *Bachmann* in Fleischer/Thiessen, Gesellschaftsrechts-Geschichten, § 22, S. 691 (711 f.).

474 Vgl. nur *Bachmann*, ZIP 2014, 579 („Paukenschlag"); *ders.* in Fleischer/Thiessen, Gesellschaftsrechts-Geschichten, § 22, S. 691 (692) m.w.N.: „Ausnahmestellung"; *Schulz/Held*, jurisPR-Compl 1/2014 Anm. 2 („Meilenstein"); *Hahn*, EWiR 2014, 175 („Wegweisend").

475 *Fleischer*, NZG 2014, 321; *Bürkle*, CCZ 2015, 52; *Grützner*, BB 2014, 850; *Markfort*, ZRFC 2014, 180; uneingeschränkt zustimmend *Hahn*, EWiR 2014, 175 (176); *Fett*, CCZ 2014, 142.

476 Etwa *Bachmann*, ZIP 2014, 579; *Paefgen*, WM 2016, 433; *Schäfer* in FS Krieger, S. 779 (782 f.).

477 *Rathgeber*, NZWiSt 2014, 192; *Kuhlen*, NZWiSt 2015, 121; *Dann*, WiJ 2015, 38.

478 Die wohl umfassendste Übersicht über die Resonanz im Schrifttum findet sich bei *Bachmann*, in Fleischer/Thiessen, Gesellschaftsrechts-Geschichten, § 22, S. 691 (715 ff.).

479 LG München, ZIP 2014, 570 (573).

480 *Rathgeber*, NZWiSt 2014, 192 (193).

Neben dieser von dem Gericht uneingeschränkt angenommenen Pflicht zur Einrichtung einer Compliance-Organisation wurden auch die vom LG München statuierten, detaillierten Vorgaben zur Beschaffenheit eines solchen pflichtgemäßen Compliance-Systems als zu weitgehend und verfehlt beurteilt.[481] Das Gericht nehme hier hinsichtlich des Ermessensspielraumes des Vorstandes bei der Ausgestaltung und Durchführung des Compliance-Systems im Ergebnis eine nicht zu rechtfertigende Reduktion auf Null an.[482]

Diese beruhe einerseits darauf, dass das LG München I den aktienrechtlichen Pflichtenmaßstab ex-post im Kontext der heutigen gesellschaftsrechtlichen Compliance-Debatte und unter Berücksichtigung der aus ihr resultierenden herrschenden Ansichten und Erkenntnisse bestimmt.[483] Die Ausführungen des Gerichts, wonach lediglich die Begrifflichkeit von Compliance, nicht jedoch die dahinterstehende Legalitäts(-kontroll-)pflicht neu sei[484], offenbarten fehlende Sensibilität für die Differenzierung zwischen einer – selbstverständlich seit jeher obligatorischen – rechtskonformen Unternehmensorganisation und der erst seit einigen Jahren (auch und gerade durch den Fall Siemens) in den Fokus von Unternehmenskultur und Wissenschaft gerückten Erforderlichkeit eines engmaschigen und durchorganisierten Compliance-Systems.[485] Die zum infrage stehenden Zeitraum von dem beklagten Vorstandsmitglied entfalteten Aktivitäten würden damit in problematischer Weise „an einem strengeren als dem zur Tatzeit gebräuchlichen Maßstab gemessen".[486] Zum anderen unterlaufe dem Landgericht auch bei der Einschätzung der Effektivität der unternommenen

---

481 *Bachmann*, ZIP 2014, 579 (580); *ders.* in Fleischer/Thiessen, Gesellschaftsrechts-Geschichten, § 22, S. 691 (717 f.); *Kuhlen*, NZWiSt 2015, 121 (127 f.); *ders.*, NZWiSt 2015, 161 (168): „deutlich überzogen"; *Schäfer* in FS Krieger, S. 779 (782 f.); *Seibt/Cziupka*, DB 2014, 1598 (1599).

482 *Bachmann*, ZIP 2014, 579 (580); zustimmend *Paefgen*, WM 2016, 433 f.; *Oppenheim*, DStR 2014, 1063 (1065); *Schäfer* in FS Krieger, S. 779 (782 f.); aA *Fleischer*, NZG 2014, 321 (329): „Konkretisierung der Verhaltenspflichten von Vorstandsmitgliedern bei den Gerichten einstweilen in guten Händen".

483 *Bachmann*, ZIP 2014, 579 (581); eingehend *ders.* in Fleischer/Thiessen, Gesellschaftsrechts-Geschichten, § 22, S. 691 (719); sich dem anschließend *Schäfer* in FS Krieger, S. 779 (782 f.).

484 LG München, ZIP 2014, 570 (575 f.).

485 *Bachmann*, ZIP 2014, 579 (581); *Bürkle*, CCZ 2015, 52 (55); in diese Richtung auch *Rathgeber*, NZWiSt 2014, 192 (193).

486 *Kuhlen*, NZWiSt 2015, 121 (128); ebenso *Bachmann*, ZIP 2014, 579 (581); *Bürkle*, CCZ 2015, 52 (55); *Paefgen*, WM 2016, 433; aA *Fleischer*, NZG 2014, 321 (323).

Bemühungen des Beklagten ein Rückschaufehler, wenn es dem Vorstandsmitglied einen umfassenden Katalog rückblickend zweckmäßiger und erforderlicher Einzelmaßnahmen vorhalte, ohne die seitens des Vorstandes tatsächlich eingeleiteten – und keineswegs evident unzweckmäßigen – Schritte hinreichend aus einer Ex-ante-Perspektive zu würdigen.[487]

Bisweilen monierten Stimmen in der Literatur auch die gerichtliche Begründung der Ineffektivität des im relevanten Zeitraum bei der Siemens AG bestehenden Compliance-Systems. So erliege das Gericht einem Trugschluss, wenn es die in jüngerer Zeit erfolgten Mitteilungen „korruptionsverdächtiger Vorgänge" als Symptom einer mangelhaft überwachten Compliance-Organisation und damit als Indiz für eine Pflichtverletzung des Beklagten[488] heranzieht. Vielmehr spreche es gerade *für* ein funktionierendes Compliance-System, wenn dieses – entsprechend seiner originären Zweckbestimmung – Verdachtsmomente zutage fördere und diese an die zuständigen Vorstandsmitglieder herangetragen würden.[489]

d) Stellungnahme

aa) Kein Plädoyer für eine generelle Pflicht zur Einrichtung eines CMS

Ob das Gericht mit der Entscheidung eine allgemeingültige Pflicht zur Errichtung eines umfassenden Compliance-Systems für alle Unternehmen ungeachtet ihrer Größe statuieren wollte, erscheint zumindest zweifelhaft.[490] In der Diskussion um die „Siemens/Neubürger"-Entscheidung wird zum Teil übersehen, dass das Gericht von einer verpflichtenden Einrichtung eines Compliance-Systems nur bei „entsprechender Gefährdungslage" ausgeht.[491] Unter welchen Voraussetzungen allgemein eine solche Gefährdungslage anzunehmen ist, wird nicht

---

487 So *Bachmann*, ZIP 2014, 579 (580); *ders.* in Fleischer/Thiessen, Gesellschaftsrechts-Geschichten, § 22, S. 691 (719); zustimmend *Schäfer* in FS Krieger, S. 779 (782 f.). Nach *Kuhlen*, NZWiSt 2015, 121 (128) lässt sich dieser Rückschaufehler zwar dogmatisch nicht dingfest machen, es spreche aber vieles dafür, dass ihm das Gericht erlegen sei.

488 LG München, ZIP 2014, 570 (575).

489 *Grützner*, BB 2014, 850 (851); differenzierter *Dann*, WiJ 2015, 38 (41); *Bürkle*, CCZ 2015, 52 (54 f.): „Zahl von Verdachtsmomenten ein ambivalentes und kein eindeutiges Kriterium".

490 Nach *Meyer*, DB 2014, 1063 (1065, 1068) enthält das Urteil mangels Entscheidungserheblichkeit gerade keine Aussage zur allgemeinen Pflicht zur Errichtung eines CMS.

491 LG München, ZIP 2014, 570 (573). Jedenfalls missverständlich *Dann*, WiJ 2015, 38 (39); *Fett*, CCZ 2014, 142 (144). Insoweit klarstellend *Meyer*, DB 2014, 1063 (1065, 1068).

weiter konkretisiert. Im betroffenen Fall folgert das LG München eine solche aus den wirtschaftlichen Aktivitäten und Verbindungen in besonders korruptionsanfällige Länder wie Nigeria, aber auch aus der Notierung an der New York Stock Exchange.[492] Diese Gefährdungslage habe sich zudem „in der Vergangenheit für den Vorstand erkennbar realisiert". Das Gericht betont wiederholt die Art und Größe des betroffenen Unternehmens, die den Vorstand zur Implementierung einer Compliance-Organisation verpflichte.[493]

Zwar bezieht es sich hierbei der Formulierung nach nur auf den Umfang und die Modalitäten der Compliance-Organisation („Wie"). Es drängt sich aber vor dem Hintergrund der Ausführungen zum Begriff der Compliance der Verdacht auf, dass hier die generelle aktienrechtliche Organisationspflicht des Vorstandes mit einer (wie auch immer gearteten) Compliance-Pflicht gleichgesetzt und infolgedessen die Frage des „Ob" eines klar strukturierten CMS (als Form bzw. Mittel der Compliance) streckenweise mit der Frage des „Wie" vermengt wird. Dies resultiert daher, dass das LG sich mit der Frage des „Ob" einer Verpflichtung zur Installation eines Compliance-Management-Systems überhaupt nicht auseinandergesetzt, sondern diese vielmehr unter Hinweis auf die lediglich geänderte Begrifflichkeit der seit jeher bestehenden Organisationspflicht als selbstverständlich unterstellt hat. Folgt man aber dem LG in diesem Punkt nicht und räumt der Unternehmensleitung einen Ermessenspielraum hinsichtlich der Ausübung ihrer Legalitätskontrollpflicht ein, so wird die vom Gericht untersuchte Frage des „Wie" der Organisation des CMS zur Frage, ob denn überhaupt die Einrichtung eines CMS erforderlich ist, um der aktienrechtlichen Organisationspflicht zu genügen. Dies wiederum ist mit dem LG München I erst zu bejahen, sobald – wie im vorliegenden Fall – die Fülle an notwendigen Organisations- und Überwachungsmaßnahmen nur noch durch Systematisierung im Rahmen einer Compliance-Organisation zu bewältigen ist. Liegt eine derartige „Verdichtung" der erforderlichen Compliance-Maßnahmen nicht vor, ist im Umkehrschluss auch die Errichtung eines umfassenden CMS nicht zwingend.[494]

Das Gericht nennt keine exakten Kriterien dazu, wann im Allgemeinen die sog. „Gefährdungsschwelle" überschritten ist und ein umfängliches und wirksames Compliance-System installiert werden muss. Dies war im betroffenen Fall nicht notwendig, da es im Siemens-Konzern zu dieser Zeit offensichtlich genügend Risikofaktoren gab, die ein möglichst lückenloses und ordnungsgemäß

492 LG München, ZIP 2014, 570 (574).

493 LG München, ZIP 2014, 570 (573 f.).

494 Ähnlich *Meyer*, DB 2014, 1063 (1064 f., 1068).

überwachtes CMS erforderten. Im Übrigen ist die Festlegung verbindlicher unternehmerischer Organisationsstandards nicht Aufgabe der Rechtsprechung, sondern steht im unternehmerischen Ermessen.

bb) Untaugliche Kriterien zur allgemeinen Beurteilung der Effektivität eines CMS

Soweit das LG München I (einzelfallbezogene) Aussagen zur Wirksamkeit des vorhandenen Compliance-Systems trifft, wird im Schrifttum zu Recht bemängelt, dass es hierbei nicht nur den unternehmerischen Ermessensspielraum bei Wahl und Umsetzung der erforderlichen Compliance-Maßnahmen missachtet und sich damit in Widerspruch zu seinen eigenen Aussagen setzt, sondern dabei auch einen unzulässigen Ex-post-Beurteilungsmaßstab ansetzt. Ein Gericht darf nicht rückblickend aus heutiger Perspektive das Risiko eines Tuns oder Unterlassens bewerten, um dann von der Nichteinhaltung heutiger Standards auf eine Pflichtverletzung in der Vergangenheit zu schließen.

Dass das LG München I sich mit der lapidaren Aussage begnügt, der Beklagte sei „nicht vollkommen untätig“ geblieben, die von ihm ergriffenen (Aufklärungs-)maßnahmen seien aber angesichts des mangelhaften Gesamtkonstrukts der Compliance-Organisation unzureichend, macht zudem zweierlei deutlich: Es verzichtet erstens auf eine differenzierte inhaltliche Würdigung der entfalteten Compliance-Aktivitäten des beklagten Vorstandsmitgliedes. Zweitens – und damit versucht es die fehlende Auseinandersetzung womöglich zu rechtfertigen – verweigert es eine isolierte Betrachtung der jeweils im Einzelfall ergriffenen Handlung, sondern stellt auf das gesamte Compliance-System ab, dessen Einrichtungen und Mechanismen nach den gerichtlichen Feststellungen gerade keinen lückenlosen Schutzwall gegen Normübertretungen der Mitarbeiter bildeten. Von Mängeln des Systems schließt das LG München I folglich auf die Wertlosigkeit der Einzelmaßnahme, was unter Compliance-Gesichtspunkten höchst bedenklich erscheint.

Die Kritik an den gerichtlichen Ausführungen ist auch insoweit berechtigt, als die durch das CMS zutage geförderten Verdachtsmomente ein zweischneidiges Schwert darstellen: Das Auftauchen verdächtiger Hinweise belegt zum einen dessen Funktionalität auf sekundärer Ebene, also im Hinblick auf den Umgang mit bereits erfolgten Normverstößen, gleichzeitig aber dessen Defizite bei der – primär bezweckten – Verhinderung strafrechtlich relevanter Vorgänge. Demnach stellen diese kein eindeutiges Kriterium zur Beurteilung der Wirksamkeit eines Compliance-Systems dar.

e) Zwischenfazit

Das Urteil des LG München I liefert zwar erstmalig inmitten der angeheizten Compliance-Debatte fallbezogenes Anschauungsmaterial, dessen Nutzen für Compliance-Verantwortliche und die anwaltliche Praxis nicht zu unterschätzen ist,[495] bringt aber wenig Licht in die von begrifflichen Dissonanzen durchzogene Kontroverse um eine ominöse „Compliance-Pflicht". Da das Gericht sich weder zum Bestehen einer allgemeinen – also unabhängig vom konkreten Einzelfall den Unternehmensleitern auferlegten – Pflicht zur Errichtung eines effektiven Compliance-Systems verhält, noch allgemeingültige Richtlinien zur Bestimmung der hierfür ausschlaggebenden Gefährdungslage des Unternehmens oder zur Ausgestaltung eines wirksamen CMS aufstellt, lassen sich aus der Entscheidung keine allgemeingültigen Erkenntnisse für die Pflichten-Diskussion gewinnen. Dessen ungeachtet dürfte die Tragweite des Urteils bezüglich der Konkretisierung von Compliance-Pflichten bereits deswegen begrenzt sein, weil es sich bisher um ein judikatives Unikat eines Landgerichts (!) handelt.[496]

3. Aufsichtspflicht aus § 130 OWiG

Einen Ansatzpunkt zur Herleitung einer Pflicht zur Einrichtung eines CMS im Außenverhältnis bietet der Bußgeldtatbestand § 130 OWiG. Nach dieser Vorschrift handelt ordnungswidrig, wer als Inhaber eines Betriebes oder Unternehmens vorsätzlich oder fahrlässig die Aufsichtsmaßnahmen unterlässt, die erforderlich sind, um in dem Betrieb oder Unternehmen Zuwiderhandlungen gegen straf- oder bußgeldbewehrte Inhaberpflichten zu verhindern, soweit eine entsprechende Zuwiderhandlung tatsächlich begangen wird, die durch gehörige Aufsicht verhindert oder wesentlich erschwert worden wäre.

a) Normadressaten

Die Vorschrift richtet sich an Betriebs- und Unternehmensinhaber und dient der sanktionsrechtlichen Durchsetzung von Aufsichtspflichten, die angesichts betriebstypischer Zuwiderhandlungsgefahren erforderlich und zumutbar sind. „Inhaber" ist derjenige, dem die Erfüllung der den Betrieb oder das

495 Dies betonend *Grützner*, BB 2014, 850 (852); *Dann*, WiJ 2015, 38 (41); *Meyer*, DB 2014, 1063 (1068). Zu den durchaus weitreichenden praktischen Konsequenzen und den zu ziehenden Lehren aber *Bachmann* in Fleischer/Thiessen, Gesellschaftsrechts-Geschichten, § 22, S. 691 (722 ff.).

496 *Rathgeber*, NZWiSt 2014, 192 (194).

Unternehmen treffenden Pflichten obliegt, deren Verletzung die Vorschrift sanktioniert.[497] Bei juristischen Personen ist Inhaber die juristische Person selbst, also ein im sanktionsrechtlichen Sinne handlungs- und schuldunfähiger Personenverband, sodass über § 9 OWiG eine Ableitung von Aufsichtspflichten für Organwalter wie Vorstände und Geschäftsführer stattfindet.[498]

b) Rechtsquelle von Organisationspflichten?

Vereinzelt wird die Ansicht vertreten, dass § 130 OWiG die Unternehmensleitung zur Einrichtung und Überwachung eines CMS verpflichte.[499] Dem kann aus verschiedenen Gründen nicht beigetreten werden.

aa) Rechtspflicht oder Obliegenheit

Zunächst ist ungeachtet der konkreten inhaltlichen Ausgestaltung der in dem Bußgeldtatbestand geforderten „Aufsicht“[500] die Frage aufzuwerfen, ob § 130 OWiG neben seinem Sanktionscharakter prinzipiell rechtlich verbindliche Pflichten von Leitungsorganen statuiert oder ob es sich bei der geforderten „gehörigen Aufsicht“ um eine reine Obliegenheit handelt.

Zum Teil wird gegen die Normierung einer Rechtspflicht angeführt, aus einer sanktionsrechtlichen Norm könne keine Pflicht herausgelesen werden, da dem Normadressaten stets die Wahl verbleibe, ob er den Normappell befolgt oder unter Inkaufnahme der ihn treffenden Sanktionen gegen die Vorschrift verstößt.[501] Dies stellt jedoch einen Trugschluss dar, weil es Charakteristikum jeder zivilrechtlichen oder strafrechtlichen Rechtsvorschrift ist, dass es ihrem Adressaten selbstverständlich prinzipiell freigestellt ist, sie zu beachten oder zu missachten, er sich im Falle der Zuwiderhandlung aber mit den gesetzlich vorgesehenen Konsequenzen abfinden muss. Es ist nicht einzusehen, weswegen hier im Ergebnis unterschieden werden soll zwischen explizit Pflichten festlegenden zivilrechtlichen Normen, deren Verletzung etwa im Wege einer Schadensersatzklage zu Nachteilen für den Betroffenen führt, und (i.w.S.) strafrechtlichen Tatbeständen, die einen Verhaltensverstoß mit Bußgeld oder Strafe sanktionieren.

---

497 *Rogall* in KK-OWiG, § 130 Rz. 25.

498 *Gürtler/Thoma* in Göhler, OWiG, § 130 Rz. 4 f., 6; *Rogall* in KK-OWiG, § 130 Rz. 25.

499 In diese Richtung *Spindler* in Fleischer, Hdb Vorstandsrecht, § 15 Rz. 94 („verlangt eine Art umfassende Compliance-Organisation“); *Moosmayer*, NJW 2012, 3013 (3014).

500 Dazu noch S. 182 ff.

501 In diese Richtung *Hauschka/Moosmayer/Lösler* in Hauschka/Moosmayer/Lösler, § 1 Rz. 23; *Stanitzek*, Bedeutung von Criminal Compliance, S. 32.

Trotz ihrer andersartigen Formulierung im Vergleich mit zivilrechtlichen oder öffentlich-rechtlichen Vorschriften können sich auch aus (Unterlassens-)Sanktionsnormen wie § 130 OWiG trotz der faktischen „Wahlmöglichkeit" des Regelungsadressaten grundsätzlich Verhaltenspflichten ergeben.[502]

Gegen die rechtliche Verbindlichkeit der Norm im Sinne einer unmittelbaren Rechtspflicht spricht allerdings, dass ein reiner Verstoß gegen das Gebot der gehörigen Aufsicht noch zu keinen strafrechtlichen Folgen führt.[503] Konstituierend für das Eingreifen des Bußgeldtatbestandes ist das tatsächliche Eintreten einer entsprechenden Zuwiderhandlung gegen straf- oder bußgeldbewehrte Inhaberpflichten infolge der mangelnden Aufsicht. Nach heute nahezu unbestrittener Auffassung handelt es sich bei diesem Erfordernis nicht um ein Tatbestandsmerkmal, sondern um eine objektive Bedingung der Ahndbarkeit.[504] Folglich ist der tatsächliche Eintritt einer Rechtsverletzung durch einen Unternehmensmitarbeiter zwar nicht Voraussetzung zur Erfüllung des Tatbestandes, aber „Auslöser" der Sanktionsmöglichkeit. Mit anderen Worten wird das Unterlassen der in § 130 OWiG geforderten gehörigen Aufsicht nicht geahndet, solange eine – möglicherweise durch diese Aufsicht zu verhindernde – Zuwiderhandlung gegen die dort normierten Pflichten nicht begangen wird und die objektive Bedingung der Ahndbarkeit damit nicht erfüllt ist.[505]

Eine strafrechtliche Pflicht kann jedoch nur dann angenommen werden, wenn die Verletzung der normierten Verhaltensanforderungen unmittelbar sanktioniert wird, ohne dass die Strafbarkeit bzw. Ahndbarkeit an weitere Voraussetzungen geknüpft ist. Ist ein Verstoß gegen den Normappell für sich genommen straflos, beinhaltet der Tatbestand höchstens eine Pflicht minderen Grades und damit eine reine Obliegenheit.[506] Eine Obliegenheit im strafrechtlichen Sinne zeichnet sich – in Anlehnung an die Obliegenheitsdogmatik

---

502 Allgemein *Röhl/Röhl*, Rechtslehre, S. 193 f.; in Bezug auf den Normappell des § 130 OWiG *Vogt*, Verbandsgeldbuße, S. 282; zustimmend *Holle*, Legalitätskontrolle, S. 392.

503 *Stanitzek*, Bedeutung von Criminal Compliance, S. 32; *Wilkens*, Internal Investigations, S. 121 f.; a.A. *Holle*, Legalitätskontrolle, S. 392.

504 Eingehend bereits in den 1970er Jahren *Thiemann*, Aufsichtspflichtverletzung, S. 73 ff., 96 f.; vgl. auch *Hermanns/Kleier*, Aufsichtspflicht, S. 9 f.; RegE OWiG, BT-Drs. V/1269, S. 70; heute statt vieler *Rogall* in KK-OWiG, § 130 Rz. 20, 77 m.w.N.

505 *Thiemann*, Aufsichtspflichtverletzung, S. 73 f.

506 Grundlegend *Hruschka*, Strafrecht nach logisch-analytischer Methode, S. 406 ff.; *ders.* in FS Bockelmann, S. 421 (422 ff.); *Montiel*, ZStW 129 (2014), 592 (599 ff.).

im Zivilrecht[507] – dadurch aus, dass ihr kein pönaler Charakter zukommt, ein Verstoß gegen die Obliegenheit aber zu Rechtsnachteilen (bzw. dem Verlust von Rechtsvorteilen) führt.[508]

Dementsprechend führt die Nichteinhaltung der nach § 130 OWiG erforderlichen Aufsicht nicht zu einer unmittelbaren Sanktionierung, hat für den Normadressaten aber einen Rechtsnachteil zur Folge. Dieser Nachteil besteht darin, dass die Ahndbarkeit der unterbliebenen bzw. mangelhaften Aufsicht nur noch von dem Eintritt einer durch sorgfältige Aufsicht verhinderbaren Rechtsverletzung eines Unternehmensmitarbeiters abhängt.[509] Der Betroffene hat nach Abschluss des tatbestandsmäßigen Unterlassens keinen Einfluss mehr auf die Verfolgbarkeit und Sanktionierung der unzureichenden Aufsicht. Demnach kann dem Bußgeldtatbestand in § 130 OWiG keine verbindliche Rechtspflicht zum Ergreifen bestimmter Aufsichtsmaßnahmen entnommen werden; er kann lediglich sog. Obliegenheiten beinhalten.[510]

bb) § 130 OWiG als Unternehmensorganisationsnorm

Im Rahmen der Diskussion um eine Compliance-Pflicht wird zum Teil die Einordnung von § 130 OWiG als allgemeine Quelle von Aufsichts- bzw. Organisationspflichten mit der Festschreibung einer Pflicht zur Einrichtung eines CMS gleichgesetzt.[511] Dies ruft nicht nur terminologisch bedingte Missverständnisse hervor,[512] sondern verkennt auch die grundsätzliche Verschiedenheit einer Verpflichtung zur Vornahme einzelner konkret erforderlicher Aufsichtsmaßnahmen von einer solchen zur umfassenden Organisation und Systematisierung

---

507 Zur Definition und Rechtsnatur der vor allem im Versicherungsrecht relevanten Obliegenheiten *Schmidt*, Obliegenheiten, S. 301 f., 315 f.; *Wandt* in MüKoVVG, Vor § 28 Rz. 12, 14 ff. m.w.N.

508 *Montiel*, ZStW 129 (2014), 592 (601); in Bezug auf Aufklärungspflichten bzw. -obliegenheiten *Wilkens*, Internal Investigations, S. 84 f.

509 Ähnlich *Wilkens*, Internal Investigations, S. 85.

510 Für eine nur mittelbare Rechtspflicht aus § 130 OWiG *U.H. Schneider*, ZIP 2003, 645 (649); *Gürtler/Thoma* in Göhler, OWiG, § 130 Rz. 9; tendenziell auch *Konu*, Garantenstellung, S. 42 („mittelbarer Druck zur Errichtung einer Compliance-Organisation"); *Golombek*, WiJ 2012, 162 (164); a.A. *Vogt*, Verbandsgeldbuße, S. 282; *Holle*, Legalitätskontrolle, S. 392.

511 Etwa *Konu*, Garantenstellung, S. 42; unpräzise auch *Schneider*, ZIP 2003, 645 (649 f.).

512 So zitiert *Konu*, Garantenstellung, S. 42 in Fn. 155 als angebliche Befürworter einer Pflicht zur Errichtung einer Compliance-Organisation Autoren, die § 130 OWiG lediglich allgemeine (nicht näher konkretisierte) Organisationspflichten entnehmen.

von Compliance-Maßnahmen. Daher ist bei der Untersuchung des Norminhalts zu differenzieren und an dieser Stelle zunächst die Frage aufzuwerfen, ob § 130 OWiG überhaupt (irgendwelche) *Organisations*obliegenheiten im Hinblick auf die Sicherstellung normkonformen Mitarbeiterverhaltens normiert.

Dem lässt sich bei unbefangener Lesart entgegenhalten, dass die Vorschrift ihrem Wortlaut nach den Betriebsinhaber nur zur Aufsicht, nicht aber zur präventiven Betriebsorganisation anhält.[513] Allerdings stellt § 130 Abs. 1 S. 2 OWiG klar, dass zu den erforderlichen Aufsichtsmaßnahmen auch die Bestellung, sorgfältige Auswahl und Überwachung von Aufsichtspersonen zählt. Diese beispielhaft angeführten Tätigkeiten sind ihrerseits organisatorische Maßnahmen im Rahmen der Personalverantwortung, die durchzuführen sind, soweit der (Ober-) Aufsichtspflichtige im Wege der Delegation untergeordnete Mitarbeiter einsetzt.

Daraus lässt sich schließen, dass § 130 OWiG der Unternehmensleitung sehr wohl nicht nur direkte Aufsichtsmaßnahmen[514] auferlegt, sondern ihr allgemein die präventive Organisation des Unternehmens zuweist. Mit steigender Unternehmensgröße nimmt die Aufgabendelegation und damit die Umwandlung (direkter) Aufsichtsmaßnahmen des Betriebsinhabers in Organisationsmaßnahmen zu.[515] Zum anderen macht die Gesetzesformulierung („auch") deutlich, dass daneben andere Aufsichtsobliegenheiten denkbar sind. Diese können vor dem Hintergrund des Normzwecks nur in sonstigen Leitungs-, Koordinations- und eben auch Organisationsobliegenheiten gesehen werden.[516] Damit stellt § 130 OWiG eine „Unternehmensorganisationsnorm" dar.[517]

cc) Generelle Pflicht zur Einrichtung eines CMS?

Darüber hinaus ist fraglich, ob die Norm auch zu ganz bestimmten Aufsichts- und Organisationsmaßnahmen, namentlich zur Installation eines umfassenden

---

513 Dies übersehend *Ransiek*, AG 2010, 147 (148 f.).

514 Näher zu dem Wortsinn des Terminus „Aufsicht" S. 184 ff.

515 *Bosch*, Organisationsverschulden, S. 311 f.; *Bock* in Rotsch, Criminal Compliance, § 8 Rz. 42.

516 So *Rogall*, ZStW 98 (1986), 573 (602 f.) mit dem Appell an den Gesetzgeber, diese Pflichten zwecks erhöhter Präzision beispielhaft in die Norm aufzunehmen. Vgl. zu diesen Pflichten auch *Pelz* in Hauschka/Moosmayer/Lösler, § 5 Rz. 14 ff.

517 *Bock*, Criminal Compliance, S. 280; *ders.*, ZIS 2009, 68 (70); *Rosinus*, Haftungsvermeidung, S. 74; vgl. auch *Ransiek*, AG 2010, 147 (148 ff.); *Gürtler/Thoma* in Göhler, OWiG, § 130 Rz. 10 f., 14; *Rathgeber*, Criminal Compliance, S. 303 (§ 130 OWiG verlange eine „präventiv wirkende Betriebsorganisation").

CMS, anhält. Dies ist jedoch vor dem Hintergrund nachfolgender Überlegungen klar zu verneinen.[518]

Gegen die Herleitung einer generellen Obliegenheit zur Einführung eines Compliance-Management-Systems aus § 130 OWiG spricht bereits, dass die Vorschrift den Betriebs- oder Unternehmensinhaber nur zur „gehörigen" Aufsicht anhält. Dies mag in spezialgesetzlich reglementierten Bereichen wie dem Kreditwesen oder dem Wertpapierhandel, die ihrerseits besondere rechtliche Vorgaben zur Betriebsorganisation bzw. zu Compliance-Systemen beinhalten, zwingend auf die Einrichtung eines umfassenden CMS hinauslaufen.[519] Es finden sich aber keine Anhaltspunkte dafür, dass außerhalb dessen der Aufsichtsobliegenheit stets nur dann genügt wird, wenn der Betrieb in bestimmter Art und Weise organisiert, namentlich ein Compliance-System etabliert wird.[520]

Hätte der Gesetzgeber bei der Einführung des Tatbestandes eine Verpflichtung zur Etablierung eines umfassenden CMS im Sinne gehabt, so wäre die Hervorhebung in § 130 Abs. 1 S. 2 OWiG überflüssig gewesen, da ein CMS wie dargelegt nach allen diskutierten und vorgeschlagenen Modellen zur Gestaltung eines solchen die (mehrstufige) Überwachung im Betrieb einschließt. Zudem bezieht sich die in § 130 OWiG genannte Aufsicht nur auf die Verhinderung von Zuwiderhandlungen gegen „Pflichten, die den Inhaber treffen und deren Verletzung mit Strafe oder Geldbuße bedroht ist". Die Norm erfasst somit nur ganz bestimmte Arten von Rechtsverstößen, ist aber nicht wie ein CMS auf die umfassende Erfassung aller denkbaren Rechtsrisiken ausgerichtet und daher in

---

518 *Hauschka/Moosmayer/Lösler* in Hauschka/Moosmayer/Lösler, § 1 Rz. 31; *Pelz* in Hauschka/Moosmayer/Lösler, § 5 Rz. 2; *Kremer/Klahold*, ZGR 2010, 113 (119); *Tangermann*, Compliance, S. 80; *Reeb*, Internal Investigations, S. 25 Fn. 82; *Schraud*, Compliance in der AG, S. 60 f.; kritisch auch *Kutschelis*, Korruptionsprävention, S. 134 ff.; eine bestimmte Betriebsorganisation nur ausnahmsweise für zwingend erachtet *Bülte*, Vorgesetztenverantwortlichkeit, S. 435; aA wohl *Spindler* in Fleischer, Hdb Vorstandsrecht, § 15 Rz. 94 („verlangt eine Art umfassende Compliance-Organisation"); *Pietrek*, Strafrechtliche Verantwortlichkeit des Betriebsinhabers, S. 147 ff.

519 *Rogall* in KK-OWiG, § 130 Rz. 40. Zu diesen spezialgesetzlichen Regelungen bereits S. 109 f.

520 *Rogall* in KK-OWiG, § 130 Rz. 40; *Bock* in Rotsch, Criminal Compliance, § 8 Rz. 42 (Compliance-Abteilung selbst in Großunternehmen nicht in jedem Fall erforderlich); *Bottmann* in Park, Kapitalmarktstrafrecht, Teil 2 Kap. 2.1 Rz. 23; *Kremer/Klahold*, ZGR 2010, 113 (119); ähnlich *Hermanns/Kleier*, Aufsichtspflicht, S. 41 f. (Einrichtung einer Revisionsabteilung nicht zwingend); *Bachmann*, ZIP 2014, 579 (581) bezieht diesen Aspekt wohl nur auf die konkrete Ausgestaltung eines erforderlichen Compliance-Systems.

ihrem Regelungsgegenstand beschränkt.[521] Denkbar bleibt angesichts des Erfordernisses einer risikoadäquaten Betriebsorganisation allerdings eine aus § 130 OWiG resultierende sog. „relative" Obliegenheit zur Einrichtung eines CMS, die die Unternehmensleitung erst unter gewissen Umständen, etwa bei Erreichen eines gewissen Gefährdungsgrades, trifft.[522]

4. *Gesamtanalogie aus spezialgesetzlichen Normen*

U.H. Schneider, dessen Publikation zu den Ersten überhaupt zählt, die sich eingehend mit Compliance und der Herleitung einer „Compliance-Pflicht" beschäftigten, vertrat die These, die von ihm angenommene allgemeine Pflicht der Unternehmensleitung zur Einrichtung und Ausgestaltung eines CMS lasse sich (unter anderem) im Wege einer Gesamtanalogie aus vereinzelten spezialgesetzlichen Compliance-Regelungen herleiten.[523] Er begründete diese Auffassung schlicht damit, dass der hinter diesen Vorschriften stehende Rechtsgedanke verallgemeinerungsfähig sei.[524]

Der in der viel beachteten Veröffentlichung aus dem Jahre 2003 formulierte Standpunkt fand im Schrifttum – soweit ersichtlich – keine Zustimmung.[525] Im Übrigen blieb die Idee der Rechtsanalogie zur Herleitung einer Pflicht zur Einrichtung eines CMS auch im „Neubürger"-Urteil[526] ohne Erwähnung. Zu Recht

---

521 Dies betonend *Rathgeber*, Criminal Compliance, S. 302 ff.; *Harbarth*, ZHR 2015, 136 (141 f.); *Kutschelis*, Korruptionsprävention, S. 134 f.; *Schraud*, Compliance in der AG, S. 60 f.; *Kordt*, Untersuchung von Compliance-Verstößen, S. 74 f.

522 *Bachmann* in VGR 2008, S. 65 (70) (Compliance-Struktur); *Hauschka/Moosmayer/Lösler* in Hauschka/Moosmayer/Lösler, § 1 Rz. 31 (Compliance-Organisation); *Bülte*, Vorgesetztenverantwortlichkeit, S. 433 (Compliance-Abteilung); *Koch*, WM 2009, 1013 (1016) (Verdichtung der Aufsichtsmaßnahmen „bei besonders gefahrgeneigten Betrieben"); *Hüffer* in FS Roth, S. 299 (304); *Holle*, Legalitätskontrolle, S. 395 f. („je nach Größe des Unternehmens"). Zum Inhalt der Aufsicht näher S. 182 ff., zur maßgeblichen Verdachtsschwelle S. 210 ff.

523 *Schneider*, ZIP 2003, 645 (648 f.).

524 *Schneider*, ZIP 2003, 645 (649).

525 Ablehnend etwa *Hüffer* in FS Roth, S. 299 (304); *Konu*, Garantenstellung, S. 42; ablehnend auch *Bachmann*, VGR 2008, S. 65 (70); *ders./Prüfer*, ZRP 2005, 109 (111); *ders.* in FS Hopt, S. 17 (28 f.); *Hauschka/Moosmayer/*Lösler in Hauschka/Moosmayer/Lösler, § 1 Rz. 30; *Hauschka*, ZIP 2004, 877 (878); *Rathgeber*, Criminal Compliance, S. 345 f; in Bezug auf die Legalitätskontrolle im Unternehmensverbund *Holle*, Legalitätskontrolle, S. 106.

526 LG München, ZIP 2014, 570. Dazu S. 126 ff.

wird im Schrifttum darauf hingewiesen, dass es sowohl an der für eine Analogie erforderlichen planwidrigen Regelungslücke als auch an einer vergleichbaren Interessenlage fehlt. Um den unternehmerischen Handlungs- und Organisationsfreiraum bei der Unternehmensführung zu respektieren, hat der Gesetzgeber bewusst darauf verzichtet, für alle Unternehmensformen geltende detaillierte Regelungen zur Unternehmensorganisation einzuführen, wie er sie ausnahmsweise etwa im Finanzsektor oder im Bereich der Geldwäsche erlassen hat.[527] In denjenigen Bereichen, in die der Gesetzgeber mit z.T. recht engmaschigen spezialgesetzlichen Vorgaben zur Compliance-Organisation eingegriffen hat, wurde die unternehmerische Organisationsfreiheit wohl überlegt dem Schutz der Anleger untergeordnet. Hintergrund hierfür sind – und dies begründet zugleich das Fehlen einer vergleichbaren Interessenlage – die jeweils besondere Zielsetzung und der abgegrenzte Adressatenkreis der in Bezug genommenen Vorschriften sowie die branchenspezifische Gefährdungslage in den streng regulierten Sektoren, die so nicht generell bei jedem Unternehmen gegeben ist.[528] Der Idee der Herleitung einer Pflicht zur Installation eines Compliance-Systems aus einer Gesamtanalogie zu spezialgesetzlichen Regelungen kann somit nicht gefolgt werden.

5. *Begründung oder Modifizierung von Compliance-Pflichten durch das Verbandssanktionengesetz?*

Unter Berücksichtigung der jüngsten Entwicklungen im Bereich der Unternehmenssanktionen ist auch die Frage aufzuwerfen, ob das geplante Verbandssanktionengesetz (VerSanG)[529] eine Pflicht des Vorstandes zur Errichtung eines CMS etabliert bzw. die gesellschaftsrechtliche Legalitätskontrollpflicht diesbezüglich modifiziert.

---

527 *Kindler* in FS Roth, S. 367 (371); ähnlich *Rathgeber*, Criminal Compliance, S. 344 f.; *Hauschka*, ZIP 2004, 877 (878).

528 *Bachmann* in FS Hopt, S. 17 (29); eingehend *Rathgeber*, Criminal Compliance, S. 340 ff.; vgl. auch *Hüffer* in FS Roth, S. 299 (304); *Bürkle*, BB 2005, 565 (567); *Kutschelis*, Korruptionsprävention, S. 124 f.; *Lenze*, Compliance, S. 29.

529 Entwurf eines Gesetzes zur Stärkung der Integrität in der Wirtschaft, BT-Drs. 19/23568, S. 7 ff. Zwar ist ungewiss, ob und in welcher konkreten Form ein (vergleichbares) Gesetz zur Unternehmenssanktion in Kraft treten wird, die nachfolgenden Ausführungen behalten aber gleichwohl ihre Bedeutung für den (wahrscheinlichen) Fall, dass ein an den früheren Entwurf angelehnter Gesetzesentwurf verabschiedet wird, vgl. dazu bereits Fn. 3.

Das VerSanG normiert erstmals im deutschen Rechtssystem eine über die Unternehmensgeldbuße nach § 30 OWiG hinausgehende strafrechtliche Verantwortlichkeit und Sanktionierung von Verbänden über die Zurechnung von Verbandstaten, die durch Leitungspersonen und Unternehmensmitarbeiter begangen wurden. Zugleich sieht der Gesetzesentwurf ausdrücklich die mildernde Berücksichtigung von Compliance-Maßnahmen des Unternehmens bei der Bemessung der Verbandssanktion vor. Nach § 15 Abs. 3 S. 2 Nr. 6 und 7 VerSanG-E hat das Gericht bei der Bemessung insbesondere „vorausgegangene Verbandstaten, für die der Verband nach § 3 Absatz 1 verantwortlich ist, sowie vor der Verbandstat getroffene Vorkehrungen zur Vermeidung und Aufdeckung von Verbandstaten" und „das Bemühen des Verbandes, die Verbandstat aufzudecken und den Schaden wiedergutzumachen, sowie nach der Verbandstat getroffene Vorkehrungen zur Vermeidung und Aufdeckung von Verbandstaten" zu berücksichtigen.

Auch wenn das Gesetz an keiner Stelle das Wort Compliance verwendet, sind hiermit unmissverständlich präventive und repressive unternehmensinterne Maßnahmen zur Gewährleistung bzw. Wiederherstellung von Rechtstreue im Unternehmen gemeint. Diese Maßnahmen werden zwar dem Verband an sich abverlangt, sind letztlich aber durch die für den Verband handelnden natürlichen Personen und damit regelmäßig durch Organmitglieder umzusetzen. Der Gesetzgeber macht in seiner Begründung des Gesetzesentwurfs deutlich, dass er mit dem VerSanG-E klare Anreize für Unternehmen zum Ergreifen effektiver Compliance-Maßnahmen und zur Verbesserung bestehender Compliance-Systeme setzen möchte.[530]

Das VerSanG-E verhält sich allerdings nicht dazu, wie die bezeichneten Vorkehrungen zur Vermeidung und Aufdeckung von Verbandstaten im Einzelnen auszusehen haben, insbesondere ob diese in Form eines CMS systematisiert sein müssen. Außerdem – und dies ist an hiesiger Stelle ausschlaggebend – begründet die Möglichkeit einer sanktionsmildernden Berücksichtigung von Compliance-Maßnahmen keine eigenständige Rechtspflicht zum Ergreifen von Compliance-Maßnahmen geschweige denn zur Errichtung eines CMS.[531] Zwar mag der – in Form des VerSanG-E erstmalig normierten, wenn auch zuvor bereits etwa aus § 46 Abs. 2 StGB, §§ 30 i.V.m. 17 Abs. 3 OWiG folgenden und praktizierten[532] – sanktionsmildernden Berücksichtigungsfähigkeit von Compliance-Maßnahmen

530 BT-Drs. 19/23568, S. 45, 49 ff., 55 f., 69, 75, 77 f., 82 f., 101, 124.

531 So auch *Nolte/Michaelis*, BB 2020, 1154 (1155).

532 So ausdrücklich die Gesetzesbegründung BT-Drs. 19/23568, S. 49 f. unter Verweis auf BT-Drs. 17/11053, S. 21 m.w.N. und BGH, wistra 2017, 390.

eine gewisse Ausstrahlungswirkung auf die originären gesellschaftsrechtlichen Legalitätskontrollpflichten zukommen. Denn die entsprechenden Regelungen des VerSanG-E bzw. deren Anwendung und Auslegung durch die Gerichte können zukünftig die Maßstäbe zur gerichtlichen Bewertung ergriffener Handlungen und etablierter Mechanismen im Zusammenhang mit der Erfüllung der gesellschaftsrechtlichen Legalitätskontrollpflicht, aber auch der nach § 130 OWiG geschuldeten Aufsichtspflicht beeinflussen.[533]

Eine allgemeingültige Konkretisierung des „Wie" der Sicherstellung der Regelkonformität im Unternehmen und damit eine Aufhebung oder generelle Reduzierung des Ermessens des Vorstandes bei der Wahrnehmung seiner Legalitätskontrollpflicht geht mit Inkrafttreten der Regelungen des VerSanG-E allerdings nicht einher.[534] Es bleibt bei der Beurteilung von unternehmerischen Entscheidungen stets Frage des Einzelfalls, welche Compliance-Anforderungen an das zuständige Organmitglied zu stellen waren, ob es diesen durch das jeweilige Verhalten genügt hat und ob die Installierung eines CMS erforderlich bzw. die Ausgestaltung eines vorhandenen CMS ausreichend und angemessen war.

E. Fazit

Eine allgemeine Pflicht zur Einrichtung eines CMS lässt sich weder aus dem Gesellschaftsrecht noch aus dem Ordnungswidrigkeitenrecht oder sonstigen gesetzlichen Regelungen ableiten. Aus der den AG-Vorstand treffenden Legalitäts- bzw. Legalitätskontrollpflicht folgt nicht die Pflicht zur Wahl bestimmter Mittel und Wege, um die obligatorische Sicherstellung des gesetzeskonformen Verhaltens zu erreichen. Der Unternehmensleitung steht bezogen auf das „Wie" der Erfüllung der Legalitätskontrollpflicht ein Ermessenspielraum zu, der nicht nur die konkrete Ausgestaltung eines etwaigen CMS, sondern auch die vorgeschaltete Entscheidung, überhaupt ein CMS einzuführen, betrifft.[535] Dieses Ermessen mag zwar in einer Vielzahl von Fällen durch die Regelungen eines Verbandssanktionengesetzes in Richtung der Vornahme umfangreicher Compliance-Maßnahmen bzw. der Etablierung eines CMS gelenkt sein, aufgehoben ist es durch die darin vorgesehene Sanktionsmilderung durch Compliance-Maßnahmen aber nicht.

---

533 *Nolte/Michaelis*, BB 2020, 1154 (1155).

534 *Nolte/Michaelis*, BB 2020, 1154 (1155).

535 *Geiser*, Leitungspflichten des Vorstandes, S. 48 f.; *Reichert/Ott*, ZIP 2009, 2173 (2174).

4. Kapitel: Verpflichtung zu unternehmensinternen Ermittlungen

Lässt sich eine Vorstandspflicht zur internen Sachverhaltsuntersuchung nicht bereits aus einer Pflicht zur Errichtung und Unterhaltung eines CMS ableiten, so stellt sich die Frage, ob die unternehmensinterne Ermittlung verdächtiger Sachverhalte als eigenständige Compliance-Maßnahme stattdessen unmittelbar gesetzlich verankert ist.

A. Im Innenverhältnis wirkende Normen HYPERLINK \l "_Toc431292230"

I. Pflicht zur Einrichtung eines Überwachungssystems nach § 91 Abs. 2 AktG

Die Vorschrift des § 91 Abs. 2 AktG richtet einen Appell an die Unternehmensleitung zur gewissenhaften Aufsicht über bestandsgefährdende – auch strafrechtlich relevante – Vorkommnisse im Unternehmen, damit Risiken zeitnah identifiziert werden können.[536] Da sie letztlich darauf abzielt, durch Früherkennungsmaßnahmen diesen Gefahren bzw. deren Realisierung entgegenzusteuern, erscheint es jedoch eher fernliegend, diese Verpflichtung auch auf die rückwirkende Aufdeckung bereits eingetretener Rechtsverstöße zu erstrecken.[537] Obwohl das Überwachungssystem nur als eine der nach Maßgabe der Vorschrift geeigneten Kontrollmaßnahmen („insbesondere“) genannt wird, unterstreicht auch dessen Aufzählung die präventive und zudem systematische Ausrichtung des § 91 Abs. 2 AktG.[538] „Systematisch“ meint dabei die in regelmäßigen Intervallen erfolgende Routine-Überwachung zwecks Risikoanalyse in Abgrenzung zu den hier zu untersuchenden anlassbezogenen repressiven Aufklärungsmaßnahmen.

---

536 Dazu bereits S. 118 ff.

537 In diese Richtung wohl *Müller-Michaels* in Hölters AktG, § 91 Rz. 6; *Spindler* in MüKo-AktG, § 91 Rz. 28: Keine Pflicht zur Reaktion auf Risiken; a.A. *Nienaber*, Compliancebasierte unternehmensinterne Ermittlungen, S. 156 f. unter Hinweis auf den (auch) präventiven Charakter interner Ermittlungen.

538 *Wagner*, CCZ 2009, 8 (12); a.A. *Potinecke/Block* in Internal Investigations, Kap. 2 Rz. 14.

Weiterhin beschränkt sich der Anwendungsbereich der von § 91 Abs. 2 AktG erfassten Früherkennungsmaßnahmen auf bestandsgefährdende Risiken, sodass sich aus der Vorschrift nur eine sehr begrenzte Ermittlungspflicht ergeben könnte.[539] Angesichts dieser Diskrepanzen zwischen Telos der Vorschrift und der Charakteristik einzelfallbezogener repressiver unternehmensinterner Ermittlungsmaßnahmen trifft die aktienrechtliche Norm keine allgemeingültige Aussage zu Verhaltenspflichten der Unternehmensleitungsorgane bei auftauchenden Verdachtsmomenten bzgl. gesetzeswidriger Handlungen im Unternehmen oder aus dem Unternehmen heraus.[540]

II. Allgemeine Leitungssorgfalt nach §§ 76 Abs. 1, 93 Abs. 1 AktG

Als Basis einer Ermittlungspflicht bei Hinweisen auf Unregelmäßigkeiten drängt sich weiterhin die allgemeine Leitungssorgfalt, wie sie in §§ 76 Abs. 1, 93 Abs. 1 AktG normiert ist, auf. Die in diesen Vorschriften normierte allgemeine Geschäftsführungssorgfalt beinhaltet neben der generellen Schadensabwendungspflicht in verschiedenen Ausprägungen[541] auch die Legalitäts- sowie die Legalitätskontrollpflicht.[542]

1. Einzelfallbezogene Ermittlungspflicht als Teil der Legalitätskontrollpflicht

Wie bereits dargelegt[543] ist der Vorstand nach §§ 76 Abs. 1, 93 Abs. 1 AktG grundsätzlich nicht nur zum eigenen legalen Verhalten sowie zur Gewährleistung der Rechtstreue der Gesellschaft im Außenverhältnis, sondern auch zur Überwachung des normkonformen Handelns der Unternehmensmitarbeiter (Legalitätskontrolle) verpflichtet. Die Art und Weise der Erfüllung dieser Kontrollpflicht steht im Ermessen des Vorstandes.[544]

539 So auch *Potinecke/Block* in Internal Investigations, Kap. 2 Rz. 14; *Wilkens*, Internal Investigations, S. 161 f.; *Wagner*, CCZ 2009, 8 (12); ähnlich *Wessing* in Hauschka/Moosmayer/Lösler, § 46 Rz. 16; allgemein in Bezug auf Compliance-Pflichten auch *Bachmann* in VGR 2008, S. 65 (72 f.).

540 *Thole*, ZHR 173 (2009), 504 (510); *Wagner*, CCZ 2009, 8 (12); *Potinecke/Block* in Internal Investigations, Kap. 2 Rz. 14; *Wilkens*, Internal Investigations, S. 161 f. m.w.N.

541 Dazu etwa *Spindler* in MükoAktG, § 93 Rz. 25 ff. m.w.N.

542 S. bereits S. 112 ff.

543 S. 114 ff.

544 S. 116 ff.

Nach allgemeiner Ansicht zählt zu dem Pflichtenkanon, der sich aus der in §§ 76 Abs. 1, 93 Abs. 1 AktG verankerten Legalitätskontrollpflicht ergibt, zunächst die Aufgabe des Vorstandes, die Geschäftsabläufe im Unternehmen so zu organisieren und koordinieren, dass Gesetzesverstößen von Unternehmensangehörigen möglichst optimal entgegengewirkt wird.[545] Wie genau diese Organisation allgemein auszusehen hat, regelt das Gesetz nicht, sodass aufgrund des genannten Ermessenspielraums jedenfalls keine gesetzliche Pflicht zur Errichtung oder Unterhaltung eines betriebswirtschaftlich konzeptionierten CMS besteht.[546] Weiterhin erfordert die Leitungsverantwortung des Vorstandes die laufende Kontrolle des Verhaltens der Mitarbeiter hinsichtlich seiner Konformität mit Gesetzen, internen Richtlinien und Anweisungen.[547] Hierzu zählt auch die Überwachung im Hinblick auf die Verhinderung von Straftaten und Ordnungswidrigkeiten.[548] Je nach Bedeutung der einzuhaltenden Normen und Risikogeneigtheit der jeweiligen Tätigkeit muss die Mitarbeiterüberwachung im Wege allgemeiner regelmäßiger Überprüfungen, aber auch durch stichprobenartige unangekündigte Kontrollen der Unternehmensvorgänge erfolgen.[549]

Neben diesen präventiven, auf die Unterbindung von Normübertretungen zielenden Routine-Überwachungsmaßnahmen soll der Vorstand im Einzelfall bei entsprechenden Hinweisen auch zur Aufklärung potenziell rechtswidriger Vorfälle verpflichtet sein.[550] Vorstandsmitglieder müssten Anhaltspunkten stets unverzüglich nachgehen, um den Sachverhalt umfassend und gründlich auszuleuchten.[551] Dem ist insoweit zuzustimmen, als die Unternehmensleitung

---

545 Statt vieler nur *Fleischer* in BeckOGK AktG, § 93 Rz. 137.

546 S. 116 ff., S. 142.

547 *Fleischer* in BeckOGK AktG, § 93 Rz. 134, 139.

548 A.A. wohl *Mertens/Cahn* in KK-AktG, § 93 Rz. 80: Diesbezüglich ergäben sich die Vorstandspflichten (nur?) aus §§ 30, 130 OWiG.

549 *Fleischer* in BeckOGK AktG, § 93 Rz. 139; *Grützner* in Momsen/Grützner, HdB-WiStrafR, Kap. 4 § 16 Rz. 48, 57.

550 So bereits *Fleischer*, AG 2003, 291 (294); *ders.* in Fleischer, Hdb Vorstandsrecht, § 8 Rz. 35; aktueller *ders.* in BeckOGK AktG, § 91 Rz. 57, § 93 Rz. 137; *Schäfer* in FS Krieger, S. 779 (785); *Wagner*, CCZ 2008, 8 (12 ff.); *Grunewald*, NZG 2013, 841 (841 f.); *Reichert/Ott*, ZIP 2009, 2173 (2176 ff.); *Rieger*, Legalitätspflicht, S. 234 f., 238 f.; *Potinecke/Block* in Internal Investigations, Kap. 2 Rz. 8 ff. Aus der Rechtsprechung BGH, GmbHR 1985, 143 (144); LG München I, ZIP 2014, 570 (573 f.) - Siemens/Neubürger.

551 *Fleischer* in BeckOGK AktG, § 93 Rz. 107; *Grützner* in Momsen/Grützner, HdB-WiStrafR, Kap. 4 § 16 Rz. 49 ff.; *Potinecke/Block* in Internal Investigations, Kap. 2 Rz. 8 f.

Verdachtsmomente, die auf Fehlentwicklungen bzw. Fehlverhalten im Unternehmen hindeuten, ab einem – noch zu präzisierenden[552] – Intensitätsgrad nicht ignorieren darf.[553] Eine diesbezüglich konsequente Untätigkeit des Vorstandes würde den Anschein der Duldung von Gesetzesverstößen durch die Unternehmensspitze erwecken und etwaig durchgeführte Compliance-Maßnahmen als reines „window-dressing" enttarnen.[554] Ernsthafte Aufklärungsbemühungen als repressive Compliance-Instrumente sind prinzipiell als Kehrseite einer auf Wahrung der Normkonformität ausgerichteten Unternehmenskultur anzusehen und zählen damit zur gesetzlich vorgeschriebenen Leitungssorgfalt.

Dies gilt jedenfalls in Fällen, in denen ein regelwidriges Verhalten noch andauert oder eine Wiederholungsgefahr besteht.[555] Ist die Fortsetzung bzw. Wiederholung des Gesetzesverstoßes offensichtlich ausgeschlossen oder zumindest unwahrscheinlich, etwa weil die verdächtigen Vorgänge längst abgeschlossen sind und der verantwortliche Vorstand oder die beteiligten Mitarbeiter das Unternehmen verlassen haben, stellt sich die im Folgenden zu erörternde Frage, ob das Leitungsorgan trotzdem in jedem Fall zur eingehenden Sachverhaltsaufklärung verpflichtet ist, oder ob ihm bei der Entscheidung ein Ermessenspielraum zusteht und es daher unter Umständen von einer Aufklärung absehen darf, ohne pflichtwidrig zu handeln.

2. *Anwendbarkeit der Business Judgment Rule*

Ein gerichtlich nicht überprüfbarer Ermessensspielraum ist als „sicherer Hafen" für den Vorstand nur eröffnet, soweit er eine unternehmerische Entscheidung trifft und dabei vernünftigerweise annehmen durfte, auf der Grundlage angemessener Information zum Wohle der Gesellschaft zu handeln, § 93 Abs. 1 S. 2 AktG (sog. Business Judgment Rule). In der Literatur ist die Auffassung anzutreffen, dass die Entscheidung der Unternehmensleitung über das „Ob" der Aufklärung verdächtiger Sachverhalte grundsätzlich nicht in deren Ermessen stehe und „die Business Judgment Rule, die dem Vorstand einen nicht justiziablen Beurteilungsspielraum zubilligt, [...] insoweit keine Anwendung" finde.[556]

552 S. 210 ff.

553 So auch *Wagner*, CCZ 2009, 8 (12).

554 *Reichert*, ZIS 2011, 113 (117).

555 In diese Richtung *Bachmann*, ZHR 180 (2016), 563 (568 f.).

556 *Reichert/Ott*, ZIP 2009, 2173 (2176); *Reichert*, ZIS 2011, 113 (117); ebenso *Potinecke/Block* in Internal Investigations, Kap. 2 Rz. 9; *Grützner* in Momsen/Grützner, HdB-WiStrafR, § 16 Rz. 48; *Arnold*, ZGR 2014, 76 (79).

Daraus folge die Pflicht, bei Verdachtsmomenten immer und unverzüglich nachzuforschen.[557]

Bei Verstößen gegen diese Pflicht zur Sachverhaltserforschung wäre demnach das Unterlassen der entsprechenden Aufklärungsmaßnahmen vollständig am Maßstab des § 93 Abs. 1 S. 1 AktG zu messen, d.h. es wäre voller gerichtlicher Überprüfung zugänglich, ob das Vorstandsmitglied dabei die Sorgfalt eines ordentlichen und gewissenhaften Geschäftsleiters beachtet hat. Ist die Einhaltung dieses Sorgfaltsmaßstabs streitig, trifft die Beweislast für die Beachtung der erforderlichen Sorgfalt nach § 93 Abs. 2 S. 2 AktG das handelnde Organmitglied.

a) Unternehmerische Entscheidung

Die Beurteilung dieser Auffassung hängt zunächst davon ab, ob die Ermittlung unternehmensinterner kritischer Sachverhalte als unternehmerische Entscheidung i.S.v. § 93 Abs. 1 S. 2 AktG zu bewerten ist. Eine solche kann nach der Gesetzesbegründung bei zukunftsgerichteten Entscheidungen vorliegen, denen Prognosecharakter zukommt und die aufgrund der mit ihnen verbundenen Unwägbarkeiten ein gewisses Risiko bergen.[558] Typische Fälle sind etwa Entscheidungen über Investitionen in neue Technologien[559], die Expansion einer Geschäftsniederlassung[560], die Vergabe von Großkrediten[561], M&A-Transaktionen[562] oder die Einführung neuer Produkte.[563] Weniger eindeutig lässt sich in diesen Kontext die Entscheidung über das Einleiten bzw. das Unterlassen unternehmensinterner Ermittlungen einordnen.

557 So *Potinecke/Block* in Internal Investigations, Kap. 2 Rz. 9; ähnlich *Rönnau/Schneider*, ZIP 2010, 53 (59).

558 Begr. RegE UMAG, BT-Drs. 15/5092, S. 11. Näher zu den Voraussetzungen einer unternehmerischen Entscheidung i.d.S. nur *Mertens/Cahn* in KK-AktG, § 93 Rz. 17 ff. Ein weiteres Abgrenzungskriterium kann die Frage sein, ob der Entscheidungsgegenstand auf den spezifischen Risiken der Fremdorganschaft beruht, so *Torggler* in Kalss/Torggler, Compliance, S. 97 (118 f.).

559 BGHZ 175, 365 (368 ff.) = NZG 2008, 389 (390 ff.).

560 BGH, NZG 2011, 549.

561 BGH NZG 2002, 195 (196 f.).

562 Vgl. OLG Frankfurt, NZG 2011, 62 (65).

563 *Fleischer* in BeckOGK AktG, § 93 Rz. 86 mit weiteren Beispielen; wichtige Fallgruppen aus der Rechtsprechung auch bei *Bachmann*, BB 2015, 771 (771 ff.).

aa) Rechtlich gebundene Entscheidung im Rahmen der Legalitätspflicht?

Schwierig erscheint die Subsumtion der Aufklärung verdächtiger Sachverhalte unter die (vagen) Kriterien der unternehmerischen Entscheidung vor allem aufgrund der Nähe der Aufklärungsmaßnahmen zur Legalitätspflicht, bei deren Erfüllung den Leitungsorganen unbestritten prinzipiell kein Ermessensspielraum zusteht.[564] Der Gesetzgeber hatte bei Schaffung des § 93 Abs. 1 S. 2 AktG eine klare Diskrepanz zwischen unternehmerischen Entscheidungen und rechtlich gebundenen Entscheidungen vor Augen.[565] Die Entscheidung der Vorstandsmitglieder für normkonformes bzw. -widriges Verhalten stellt hierbei eine rechtlich gebundene Entscheidung par excellence dar.[566]

Dabei ist jedoch der bereits angedeutete beschränkte Zusammenhang zwischen der Ergreifung von Aufklärungsmaßnahmen bei Hinweisen auf regelwidriges Mitarbeiterverhalten und der Legalitätspflicht i.e.S. zu beachten.[567] Letztere verpflichtet die Leitungsorgane zunächst nur zur eigenen Rechtstreue, also zur Einhaltung sämtlicher relevanter Regeln bei Ausübung ihrer Organtätigkeit im Innen- und Außenverhältnis. Wie bereits dargelegt ist die sog. Legalitätskontrollpflicht, d.h. die Pflicht zur Überwachung des normkonformen Verhaltens der Mitarbeiter, von der Legalitätspflicht insoweit zu trennen, als sie nicht nur die Mitarbeiterkontrolle bei Wahrnehmung delegierter Vorstandsaufgaben umfasst, sondern als Ausfluss der allgemeinen Sorgfaltspflicht auch die Legalitätskontrolle bei der Ausübung gewöhnlicher und originärer Mitarbeitertätigkeiten mit einschließt.[568]

Ein Ermessensspielraum ist nur dort zu versagen, wo der Vorstand sich durch Übertragung seiner Aufgaben von Arbeit entlastet und somit die ursprüngliche Legalitätspflicht ihren Pflichteninhalt hin zu einer entsprechenden Kontrollpflicht gegenüber den Delegaten ändert. Eine derart strenge Haftung, wie sie für das eigene legale Verhalten bzw. für die konnexe Legalitätskontrolle bei Delegation vorgesehen ist, verbietet sich demgegenüber bei der im Dunstkreis

564 BGHSt 55, 266 = NJW 2010, 3458 (3460); BGHSt 55, 288 = NJW 2011, 88 (92); *Fleischer* in BeckOGK AktG, § 93 Rz. 50 ff.; *Hüffer/Koch*, AktG, § 93 Rz. 6; *Bicker*, AG 2014, 8 (9); vgl. auch Begr. RegE UMAG, BT-Drs. 15/5092, S. 11: kein sicherer Hafen für illegales Verhalten.

565 Begr. RegE UMAG, BT-Drs. 15/5092, S. 11; *Spindler* in MüKoAktG, § 93 Rz. 88.

566 *Harbarth*, ZHR 179 (2015), 136 (151 f.).

567 *Reichert* in FS Hoffmann-Becking, S. 943 (953): „Differenz zwischen dem Begehen und dem Nicht-Verfolgen eines Rechtsverstoßes".

568 S. 114 ff.

der allgemeinen Sorgfaltspflicht angesiedelten Legalitätskontrolle in Bezug auf solche Tätigkeiten, die den Mitarbeitern qua Arbeitsvertrag mit der Gesellschaft auferlegt sind.[569] Per se scheidet folglich die Annahme einer unternehmerischen Entscheidung und damit die Anwendbarkeit der Business Judgment Rule nicht bereits deswegen aus, weil es sich stets um einen Annex zur strikten Legalitätspflicht handele.[570]

Auch aus der Gesetzesbegründung geht hervor, dass der „sichere Hafen" der Business Judgment Rule nur bei der Verletzung von Treuepflichten, Informationspflichten und sonstigen Gesetzes- und Satzungsverstößen versperrt sein soll.[571] Nimmt also ein Vorstandsmitglied selbst Bestechungshandlungen vor oder veranlasst bzw. fördert es bewusst korruptives Verhalten von Mitarbeitern, liegt offensichtlich eine Verletzung der Legalitätspflicht vor, bei der eine Haftungsfreistellung – ungeachtet eines etwaigen ökonomischen Nutzens – versagt bleibt.[572] Gleiches muss nach oben Gesagtem gelten, wenn der Vorstand eigene delegierbare Aufgaben (etwa die Buchführungspflicht nach § 91 Abs. 1 AktG) durch Unternehmensmitarbeiter auf untergeordneter Ebene durchführen lässt und dabei hinreichende Überwachungsmaßnahmen unterlässt.

Anders liegt allerdings der Fall, dass ein Angestellter der Gesellschaft (bei der Durchführung seiner originären Aufgaben) über einen gewissen Zeitraum Korruptionsstraftaten begangen hat und diese Gesetzesverstöße mangels hinreichender Nachforschungsbemühungen der Mitglieder des Leitungsorgans unentdeckt blieben. Dann könnte die unterbliebene Aufklärung nur einen Verstoß gegen die Legalitätskontrollpflicht als Ausfluss der allgemeinen Sorgfaltspflicht darstellen, bei dessen Beurteilung die Möglichkeit eines unternehmerischen Ermessensspielraums nicht von vorhinein ausgeschlossen erscheint. Ob die Einleitung interner Ermittlungen zu einem bestimmten Zeitpunkt aufgrund der Umstände des Einzelfalls erforderlich gewesen wäre, ist im jeweiligen Sachverhalt gesondert zu beurteilen; das Unterlassen unternehmensinterner Aufklärungsmaßnahmen stellt allerdings per se nicht in jedem Fall ein illegales

---

569 *Hüffer/Koch*, AktG, § 93 Rz. 6, 6c; *Holle*, Legalitätskontrolle, S. 61; *Harbarth*, ZHR 179 (2015), 136 (145 ff.); *Paefgen*, WM 2016, 433 (436).

570 *Harbarth*, ZHR 179 (2015), 136 (146 ff., 151 ff.); so aber *Potinecke/Block* in Internal Investigations, Kap. 2 Rz. 9; *Grützner* in Momsen/Grützner, HdB-WiStrafR, § 16 Rz. 48; im Ergebnis auch *Thole*, ZHR 173 (2009), 504 (510, 521 ff.), der im Rahmen der Legalitätskontrolle aber zumindest einen milderen Haftungsmaßstab anlegen möchte.

571 Begr. RegE UMAG, BT-Drs. 15/5092, S. 11 f.

572 Dazu bereits S. 112 ff.

Verhalten des Vorstandsmitglieds dar, für das die Business Judgment Rule von vorneherein ausscheidet.[573]

bb) Auswahl an Handlungsoptionen

Wie bereits in Abgrenzung zur rechtlich gebundenen Entscheidung deutlich wird, setzt die unternehmerische Entscheidung ferner voraus, dass dem Entscheidungsträger eine Auswahl diverser, tatsächlich möglicher und rechtlich zulässiger Handlungsalternativen zur Verfügung steht.[574]

Das z.T. vorgetragene Argument, die bloße Wahlmöglichkeit zwischen Vornahme und Unterlassen (interner Ermittlungsmaßnahmen) schließe das Vorliegen mehrerer denkbarer Handlungsoptionen aus,[575] verkennt, dass die zu treffende Entscheidung ebenso Grundlage eines Unterlassens wie einer aktiven Ausführungshandlung sein kann.[576] Dem steht der Wortlaut des § 93 Abs. 1 S. 2 AktG („handeln") nicht entgegen, weil ein systematischer Vergleich mit anderen Vorschriften zweifellos ergibt, dass Handeln stets auch Nichthandeln im Sinne des Unterlassens einer konkreten Handlung trotz entsprechender Handlungsmöglichkeit meint.[577]

Aus dem Anwendungsbereich ausgeschlossen ist lediglich das Handeln oder Unterlassen ohne bewusste unternehmerische Entscheidung,[578] wobei sich trefflich darüber streiten ließe, unter welchen Voraussetzungen von einer unbewussten Entscheidung gesprochen werden kann. Plausibel erscheint es, eine solch „unbewusst" getroffene Entscheidung erst anzunehmen, wenn tatsächlich keinerlei Abwägung zwischen möglichen Handlungsalternativen stattfindet. Ein Vorstandsmitglied wird eine Abwägung jedenfalls bei fehlendem Wissen um eine bestimmte aktive Handlungsmöglichkeit, also etwa bei fehlender Kenntnis einer Geschäftschance, unterlassen. Es bedarf in diesen Fällen keines Schutzes

---

573 So auch *Wagner*, CCZ 2009, 8 (16 f.).

574 So die Definition bei *Sven H. Schneider*, DB 2005, 707 (711); dem folgend etwa *Lutter*, ZIP 2007, 841 (843); *Beurskens* in Baumbach/Hueck, § 43 Rz. 35.

575 *Potinecke/Block* in Internal Investigations, Kap. 2 Rz. 9.

576 So ausdrücklich die Gesetzesbegründung, Begr. RegE UMAG, BT-Drs. 15/5092, S. 11; eingehend auch *Sven H. Schneider*, DB 2005, 707 (709): „Auch das bewusste Nichthandeln geschieht auf der Grundlage einer Entscheidung"; *Lutter*, ZIP 2007, 841 (843); *Paefgen*, AG 2004, 245 (251).

577 *Ihrig*, WM 2004, 2098 (2105) m.w.N.

578 Begr. RegE UMAG, BT-Drs. 15/5092, S. 11.

durch die Business Judgment Rule.[579] Anders liegt der Fall, wenn das Organmitglied eine Geschäftschance nicht nutzt und diesbezüglich untätig bleibt, weil es nach entsprechender Abwägung das Risiko als zu hoch erachtet.[580] Das Unterlassen muss dabei ebenso wenig wie eine aktive Handlung formalen Beschlusscharakter aufweisen, sondern kann als innerer Vorgang auch schlicht in einer Stimmenthaltung, im Schweigen oder im Fernbleiben einer Sitzung bestehen.[581]

Gerade im Bereich der Informationsbeschaffung, in welchem das dem Vorstand vorgeworfene Verhalten regelmäßig gerade in einem Unterlassen bestehen wird, wäre es angesichts der Zweckrichtung der Business Judgment Rule verfehlt, ein unterlassenes (weiteres) Nachforschen des Vorstandes mangels aktiver Handlung aus der Haftungsprivilegierung auszuklammern.[582]

cc) Zukunftsgerichteter, prognostischer Charakter

Nach der Gesetzesbegründung sind unternehmerische Entscheidungen infolge ihrer Zukunftsbezogenheit durch Prognosen und nicht justiziable Einschätzungen geprägt.[583] Die überwiegende Literatur interpretiert dies dahin gehend, dass die zu treffende Entscheidung von einem unsicheren weiteren Geschehensverlauf geprägt und damit risikobehaftet sein muss.[584] Aufgrund der Abhängigkeit von zukünftigen ungewissen Ereignissen verlange die unternehmerische Entscheidung eine zukunftsgerichtete Prognose von den Mitgliedern des Leitungsorgans.

Praktisch ist vor allem dem Merkmal der Zukunftsbezogenheit der Entscheidung geringe Bedeutung beizumessen,[585] da es kaum Fälle geben wird, in denen ihm abgrenzende Wirkung zukommt. Selbst soweit der Vorstand über den Umgang mit bereits abgeschlossenen bzw. in der Vergangenheit liegenden Sachverhalten entscheidet, entfalten diese Entscheidungen denknotwendig stets

579 *Sven H. Schneider*, DB 2005, 707 (709); *Kock/Dinkel*, NZG 2004, 441 (443); in Bezug auf „unbewusst fahrlässiges Verstreichenlassen von Geschäftschancen" *Spindler* in MüKoAktG, § 93 Rz. 51; a.A. *Torggler* in Kalss/Torggler, Compliance, S. 97 (119).

580 *Kock/Dinkel*, NZG 2004, 441 (443); *Spindler* in MüKoAktG, § 93 Rz. 50.

581 Sehr weitgehend *Druey* in FS Goette, S. 57 (66); a.A. wohl *Hauschka*, GmbHR 2007, 11 (14).

582 Ähnlich *Druey* in FS Goette, S. 57 (66).

583 Begr. RegE UMAG, BT-Drs. 15/5092, S. 11.

584 Vgl. nur *Hüffer/Koch* AktG, § 93 Rz. 18; *Spindler* in MüKoAktG, § 93 Rz. 48; *Grigoleit/Tomasic* in Grigoleit AktG, § 93 Rz. 42; *Sven H. Schneider*, DB 2005, 707 (710).

585 Grundsätzlich gegen das (als relevant eingestufte) Erfordernis der Zukunftsbezogenheit *Hopt/Roth* in GroßkommAktG, § 93 Rz. 84; *Hüffer/Koch* AktG, § 93 Rz. 18.

auch Wirkungen für das Unternehmen in der Zukunft.[586] Anschauliches Beispiel hierfür ist etwa das Aufstellen des Jahresabschlusses, mit dem etwa die zukünftige Dividendenzahlung sowie zukünftige Handlungsoptionen der Gesellschaft zusammenhängen.[587] Aber auch die Entscheidung über eine Prämienauszahlung im Rahmen der Vorstandsvergütung als Anerkennung für in der Vergangenheit erbrachte Leistungen, wie sie Gegenstand der berühmten Mannesmann-Entscheidung war,[588] kann für das Unternehmen vorteilhafte Anreizwirkungen mit sich bringen und ist damit zumindest teilweise zukunftsbezogen.[589]

Erkennt man an, dass ein Mitglied des Unternehmensleitungsorgans niemals gänzlich sämtliche Folgen seines Verhaltens voraussehen kann und somit de facto jeder Handlung der Unternehmensführung ein (mehr oder minder ausgeprägtes) Risiko innewohnt, erscheint auch das Kriterium der Unsicherheit bzw. der geforderte Prognosecharakter der unternehmerischen Entscheidung als inhaltsleer.[590] Denn selbst bei Klarheit über die unmittelbar intendierten Folgen des Organhandelns sind ausgelöste Kausalketten und weitreichende Konsequenzen nie gänzlich zu überblicken. Steht das zuständige Vorstandsmitglied vor der Entscheidung, einem Anhaltspunkt, der möglicherweise auf Non-Compliance hindeutet, nachzugehen, befindet es sich häufig vor einer – je nach Lage des Einzelfalls sogar recht komplexen – Abwägungssituation. Es stellt sich regelmäßig die Frage, ob Nachforschungen überhaupt neue sachdienliche Informationen zutage fördern können.[591]

Prima facie knüpft die unternehmensinterne Ermittlung zwar nur an vergangene, teilweise sogar abgeschlossene Geschehnisse an. Da aber stets unklar ist, ob durch die Untersuchung des Sachverhalts Erkenntnisse gewonnen werden, und wie gegebenenfalls mit diesen umzugehen ist, weist die Entscheidung auch Zukunftsbezug auf.[592] Ungeachtet des finanziellen und personellen Aufwands

---

586 *Hölters* in Hölters AktG, § 93 Rz. 30; *v. Falkenhausen*, NZG 2012, 644 (647).

587 *V. Falkenhausen*, NZG 2012, 644 (647).

588 BGHSt 50, 331 = NJW 2006, 522.

589 Vgl. BGHSt 50, 331 = NJW 2006, 522 (523 f.), insb. Rz. 15, 18. *Hopt/Roth* in GroßkommAktG, § 93 Rz. 84 deuten die Ausführungen der Mannesmann-Entscheidung wohl als Indiz für die Entbehrlichkeit der Zukunftsbezogenheit.

590 Nach *Hopt/Roth* in GroßkommAktG, § 93 Rz. 84 soll es auch Situationen geben, in denen „der Entscheider genau weiß, was die Folgen seiner Handlungsweise sein werden".

591 *Kocher*, CCZ 2009, 215 (221).

592 Im Ergebnis wohl auch *Grunewald*, NZG 2013, 841 (842); *Schockenhoff*, NZG 2015, 409 (411); anders *Potinecke/Block* in Internal Investigations, Kap. 2 Rz. 9: „Auf die Vergangenheit gerichtete Kontrollentscheidung".

birgt die Einleitung von Aufklärungsmaßnahmen häufig enorme Risiken für die öffentliche Wahrnehmung des Unternehmens.[593] Diese Gefahr für die Reputation der Gesellschaft, aber auch die negativen Auswirkungen auf das unternehmensinterne Klima z.B. durch auftauchende Gerüchte und überfallartige Durchsuchungen im Unternehmen, hat die Unternehmensleitung dem potenziellen Nutzen der Sachverhaltsaufklärung gegenüberzustellen.[594]

Unternehmensinterne Aufklärungsmaßnahmen sind somit nicht anhand der Kriterien der Zukunftsbezogenheit bzw. der Unsicherheit der Entscheidung aus dem Bereich der unternehmerischen Entscheidung im Sinne von § 93 Abs. 1 S. 2 AktG auszugrenzen.[595] Die Entscheidung, ob unternehmensinterne Aufklärungsmaßnahmen einzuleiten sind, stellt folglich nach den angeführten Kriterien eine unternehmerische Entscheidung dar.[596]

b) Schaffung einer angemessenen Informationsgrundlage

Nimmt man an, dass es sich auch bei repressiven Compliance-Maßnahmen wie der internen Sachverhaltsaufklärung bei Verdachtsmomenten im Unternehmen um eine unternehmerische Entscheidung handelt, stellt sich das Problem, dass der Anwendungsbereich der Business Judgment Rule erst dann eröffnet ist, wenn das handelnde (oder eben unterlassende) Vorstandsmitglied nach § 93 Abs. 1 S. 2 AktG „vernünftigerweise annehmen durfte, auf der Grundlage angemessener Information [...] zu handeln.“ Diese Voraussetzung könnte gegen das Zugeständnis eines nicht umfänglich justiziablen Handlungs- und damit Haftungsfreiraums bei dem „Ob“ der Sachverhaltsermittlung sprechen, weil eine angemessene Informationsgrundlage bei unterbleibender Aufklärung

593 Ähnlich in Bezug auf Sachverhaltsermittlung durch den Aufsichtsrat zur Vorbereitung einer Klage gegen den Vorstand *Bieder*, NZG 2015, 1178 (1184).

594 *Bachmann*, ZHR 180 (2016), 563 (568 f., 571 f.); *Wagner*, CCZ 2009, 8 (16 f.).

595 A.A. *Potinecke/Block* in Internal Investigations, Kap. 2 Rz. 9; *Redeke*, ZIP 2011, 59 (62): Bei Maßnahmen der Informationsgewinnung weit geringeres Risikoprofil als bei „klassischen“ unternehmerischen Entscheidungen; *Potinecke/Block* in Internal Investigations, Kap. 2 Rz. 9.

596 Ebenso *Lutter*, ZIP 2007, 841 (844 f.); *Kocher*, CCZ 2009, 215 (220 f.); *Druey* in FS Goette, S. 57 (65 f.); *Bachmann* in FS Stilz, S. 25 (39 f.); in diese Richtung auch *Spindler* in MüKoAktG, § 93 Rz. 55: Die Schaffung einer „Grundlage angemessener Information“ bedinge wiederum eine der unternehmerischen Entscheidung vergleichbare Kosten-Nutzen-Abwägung bzgl. weiterer Informationsbeschaffung; a.A. *Potinecke/Block* in Internal Investigations, Kap. 2 Rz. 9.

verdächtiger Sachverhalte gerade (noch) nicht besteht, sondern ihrerseits durch tatsächliche Nachforschungen noch geschaffen werden müsste.[597]

aa) Angemessenheit der Information

Untersucht man – vorab isoliert – das Merkmal der angemessenen Informationsgrundlage, drängt sich zunächst auf, dass es eine umfassende Information bei Vorstandsmitgliedern ebenso wenig wie bei anderen Personen im Unternehmen geben und diese auch bei unternehmerischen Entscheidungen demnach nicht gefordert werden kann.[598] Je nach Lage des Einzelfalls kann eine umfassende oder zumindest höchst intensive Informationsbeschaffung angesichts der damit regelmäßig verbundenen hohen Kosten sogar unökonomisch sein.[599] Daher ist das Organmitglied dazu angehalten, (finanziellen) Aufwand und Notwendigkeit bzw. Nutzen der ggf. zu ermittelnden Informationen gegeneinander abzuwägen.[600]

Im Rahmen des Kriteriums der Angemessenheit soll die Einbeziehung relevanter Faktoren wie Charakter und Tragweite der zu treffenden Entscheidung sowie deren Eilbedürftigkeit ermöglicht werden.[601] Die Abwägung betrifft nicht nur die Frage, welche Art von Informationen benötigt wird und auf welche Art und Weise sie zu gewinnen sind, sondern auch die Frage, ob überhaupt (weitere) Informationen eingeholt werden müssen.[602] Der Umfang der Information wurde vom Gesetzgeber bewusst nicht festgelegt, um den Mitgliedern des Leitungsorgans Raum zur Einschätzung der konkreten Situation und des daraus resultierenden Informationsbedarfs zu lassen.[603]

Bei der Frage, ob bestimmten Unregelmäßigkeiten weiter nachgegangen wird, ob also die vorhandene Informationsgrundlage ausreichend ist oder ob wiederum weitere Tatsachen ermittelt werden müssen, haben Vorstandsmitglieder zum einen die Dringlichkeit der vorhandenen Verdachtsmomente, zum anderen die im Raum stehenden Ansprüche bzw. strafrechtlich relevanten Vorwürfe zu berücksichtigen. Sind etwa geringwertige Gegenstände, die im

---

597 So *Potinecke/Block* in Internal Investigations, Kap. 2 Rz. 9; ähnlich *Schraud*, Compliance in der AG, S. 76 ff.

598 BT-Drs. 15/5092, S. 12; vgl. auch *Grundei/v. Werder*, AG 2005, 825 (830).

599 *Freitag/Korch*, ZIP 2012, 2281 (2284 f.).

600 *Grigoleit/Tomasic* in Grigoleit AktG, § 93 Rz. 47 f.; *Kocher*, CCZ 2009, 215 (220 f.).

601 BT-Drs. 15/5092, S. 12.

602 *Kocher*, CCZ 2009, 215 (221).

603 BT-Drs. 15/5092, S. 12; *Freitag/Korch*, ZIP 2012, 2281 (2284 f.).

Unternehmenseigentum stehen, verschwunden und ergeben sich nur sehr vage Anhaltspunkte für eine eventuelle Entwendung durch Unternehmensmitarbeiter, so kann es auch „angemessen" sein, gar keine weitere Information einzuholen.[604] Freilich wird diese Art von rechtswidrigem Verhalten äußerst selten an die Führungsetage herangetragen und kaum potenzieller Gegenstand unternehmensinterner Aufklärung sein.

Weitere ausschlaggebende Kriterien bei der Frage der Angemessenheit der (näheren) Aufklärung von Verdachtsmomenten sind, ob das im Raum stehende normwidrige Verhalten noch andauert und ob das Risiko der Wiederholung dieser Handlungen durch die (potenziellen) Täter oder Nachahmer besteht.[605] Dabei ist zu berücksichtigen, dass das Andauern der Normverstöße sowie die Wiederholungsgefahr ihrerseits erst durch ein gewisses Maß an Aufklärung beurteilt werden können. Ist etwa der oder die Täter sowie die Umstände der Tatbegehung gänzlich unbekannt, können Aussagen über diese Fragen kaum getroffen werden. Irgendeine Art der Nachforschung, und sei es nur eine kurze Nachfrage bei dem entsprechenden Abteilungsleiter, wird also in der Regel erforderlich sein, um die Informationsbasis als angemessen einzustufen.

bb) Das Kriterium des „Vernünftigerweise annehmen Dürfens"

Der Wortlaut des § 93 Abs. 1 S. 2 AktG verlangt nicht etwa, dass das handelnde Vorstandsmitglied auf der Grundlage angemessener Information gehandelt hat, sondern nur, dass es *vernünftigerweise annehmen durfte*, auf angemessener Informationsgrundlage zu agieren. Dies lässt den Schluss zu, dass den entscheidenden Organmitgliedern auch bei der Informationsbeschaffung ein weites Ermessen zukommt. Soweit hiergegen angeführt wird, die vernünftige Annahme knüpfe nur an das Handeln „zum Wohle der Gesellschaft" an,[606] widerspricht dies der Intention der Gesetzesformulierung.[607] Dass die vernünftige Annahme sich nicht zugleich auf sämtliche – auch ungeschriebene – Voraussetzungen der Business Judgment Rule erstreckt, schließt eine Anwendung auf die beiden ihr

604 In diese Richtung *Grützner* in Momsen/Grützner, HdB-WiStrafR, § 16 Rz. 55: „keine Pflicht zur Einleitung *groß angelegter* Ermittlungen" (Herv. d. Verf.).

605 *Bachmann*, ZHR 180 (2016), 563 (568 f.); *Grützner* in Momsen/Grützner, HdB-WiStrafR, § 16 Rz. 48; *Bürkle*, CCZ 2015, 52 (54); *Wagner*, CCZ 2009, 8 (13); *Ott/Lüneborg*, CCZ 2019, 71 (72).

606 *Goette*, ZGR 2008, 436 (448); zustimmend *Altmeppen* in Altmeppen, § 43 Rz. 9; zweifelnd auch *Redeke*, ZIP 2011, 59 (61).

607 So auch *Bachmann* in FS Stilz, S. 25 (39, 42): „Mit Wortlaut, Systematik und Entstehungsgeschichte unvereinbar".

im Satzbau nachfolgenden und somit von der Formulierung umklammerten geschriebenen Tatbestandsvoraussetzungen nicht aus.[608]

Der Ausdruck des „Vernünftigerweise annehmen Dürfens" zielt im Kern auf das Versagen eines gerichtlich nicht voll überprüfbaren Ermessensspielraums bei unverantwortlichem Verhalten eines Organmitglieds ab und meint letztlich ein Handeln *ohne grobe Fahrlässigkeit.*[609] Der Haftungsmaßstab war im Referentenentwurf zum UMAG[610] sogar wörtlich so formuliert, letztlich wegen dogmatischer Bedenken[611] aber nicht übernommen worden.[612] Die Normgenese ist dabei nicht auf sachliche bzw. rechtspolitische Kritik[613] zurückzuführen, sondern trägt nur der zuvor beklagten Vermischung zwischen Pflichtwidrigkeits- und Verschuldenselementen Rechnung und steht demzufolge einer Deutung des Merkmals als Festlegung des Haftungsmaßstabs auf grobe Fahrlässigkeit nicht entgegen.[614]

Einzelne Stimmen, die eine Haftungsbegrenzung auf „grob fahrlässig unangemessene Information" ablehnen, sprechen sich zwar gegen eine umfassende gerichtliche Überprüfbarkeit der Informationsgrundlage, aber für einen tendenziell objektiveren und damit strengeren Kontrollmaßstab aus, der auf eine Überprüfung der Entscheidung auf jede Form von Fahrlässigkeit hinausläuft.[615] Dies erhöht jedoch die Gefahr, dass das Gericht seine eigenen (objektiven) Sorgfältigkeitserwägungen anhand der aus Ex-post-Perspektive vorhandenen

608 Dies verkennend *Redeke*, ZIP 2011, 59 (61).

609 Eingehend *Bachmann* in FS Stilz, S. 25 (30 ff., 41); *Lohse*, Unternehmerisches Ermessen, S. 42 ff.; ähnlich *Freitag/Korch*, ZIP 2012, 2281 (2281 ff.; 2286): „in der Nähe zur groben Fahrlässigkeit [...] anzusiedeln"; noch weitergehender *Horn*, ZIP 1997, 1129 (1135): Hinzutreten besonderer Umstände erforderlich; a.A. *Ulmer*, DB 2004, 859 (862); zust. *Ihrig*, WM 2004, 2098 (2106): rechtspolitisch unvertretbar.

610 Gesetz zur Unternehmensintegrität und Modernisierung des Anfechtungsrechts vom 22.9.2005, BGBl. I, 2802.

611 Insbesondere von *Fleischer*, ZIP 2004, 685 (689); vgl. auch *Ihrig*, WM 2004, 2098 (2106).

612 So ausdrücklich BT-Drs. 15/5092, S. 11.

613 *Ulmer*, DB 2004, 859 (862); *Ihrig*, WM 2004, 2098 (2106).

614 *Bachmann* in FS Stilz, S. 25 (33 f.); a.A. etwa *Schäfer*, ZIP 2005, 1253 (1258); *Spindler* in MüKoAktG, § 93 Rz. 68; ausdrücklich gegen einen unmittelbaren Rückgriff auf das Kriterium der groben Fahrlässigkeit aufgrund der Entstehungsgeschichte der Norm, in der Sache aber wie hier *Freitag/Korch*, ZIP 2012, 2281 (2286).

615 *Redeke*, ZIP 2011, 59 ff.: „Plausibilitätskontrolle" (64), „die über eine minimale Unverantwortlichkeitsprüfung hinausgeht" (62); ebenso *Hüffer/Koch* AktG, § 93 Rz. 21; wohl auch *Spindler* in MüKoAktG, § 93 Rz. 68.

Informationen an die Stelle der subjektiven Ex-ante-Entscheidung des handelnden Vorstandsmitglieds über die Angemessenheit der Informationsgrundlage setzt (Rückschaufehler).[616] Gerade wenn es um die Einschätzung geht, ob ein Organmitglied sich hinreichend informierte bzw. inwieweit Veranlassung zur Einholung von (weiterreichenden) Informationen bestand, lässt sich die Verlockung nicht leugnen, diese am aktuell verfügbaren objektiven Informationsstand zu messen.[617] Dem Gericht wird häufig zudem ein entsprechendes Risikobewusstsein im Hinblick auf etwaige Rückschaufehler abgehen, da hier der Blick für unantastbare Entscheidungsspielräume nicht so geschärft sein mag wie im Bereich der „klassischen" unternehmerischen Entscheidung.[618] Ließe man gerichtlich darüber urteilen, ob der Umfang der zur Entscheidungsvorbereitung eingeholten Informationen „nachvollziehbar"[619], „vertretbar"[620] oder zumindest „rational begründet"[621] erschien, höhlte man die Business Judgment Rule weitestgehend aus.[622]

Eine nachträgliche gerichtliche Überprüfung der Angemessenheit der Informationsgrundlage auf ihre Nachvollziehbarkeit lässt sich auch nicht unter Hinweis auf den sonst sehr weitreichenden Ermessensspielraum der Unternehmensleitung rechtfertigen.[623] Eine Ausuferung des Haftungsschutzes für Leitungsorgane droht schon deswegen nicht in dem z.T. behaupteten Maße, weil eine zumindest nicht grob fahrlässig als angemessen eingeschätzte Informationsgrundlage

---

616 *Seibert/Schütz*, ZIP 2004, 252 (254); *Lutter*, ZIP 2007, 841 (844 f.); dazu auch *Faßbender*, NZG 2015, 501 (503); *Bachmann* in FS Stilz, S. 25 (41 f.).

617 *Freitag/Korch*, ZIP 2012, 2281 (2285).

618 Dies einräumend auch *Ihrig*, WM 2004, 2098 (2106): Nicht ohne weiteres von der Hand zu weisende Sorge; a.A. *Redeke*, ZIP 2011, 59 (61): Gefahr des Rückschaufehlers stelle sich nicht im gleichen Maße wie bei Entscheidung selbst; ähnlich *Hüffer/Koch* AktG, § 93 Rz. 21.

619 *Redeke*, ZIP 2011, 59 (62).

620 *Redeke*, ZIP 2011, 59 (62); so auch die Begrifflichkeit bei *Freitag/Korch*, ZIP 2012, 2281 (2286), die dies aber ausdrücklich nicht mit Fahrlässigkeit gleichsetzen, sondern wohl als „Zwischenstufe" zwischen Fahrlässigkeit und grober Fahrlässigkeit einordnen.

621 In diese Richtung *Grundei/v. Werder*, AG 2005, 825 (830 ff.).

622 *Freitag/Korch*, ZIP 2012, 2281 ff. wollen zwar dem telos der Business Judgment Rule zur vollen Geltung verhelfen (2285), sprechen sich aufgrund der „teilobjektivierten Formulierung" aber gegen die Anwendung der Rechtsfolge der Business Judgment Rule auf die Informationsgrundlage (2285) und für einen Haftungsmaßstab im Bereich der „Unvertretbarkeit" aus (2286).

623 So aber *Hüffer/Koch*, AktG, § 93 Rz. 21; *Wilkens*, Internal Investigations, S. 182; ähnlich *Thole*, ZHR 173 (2009), 504 (524).

das Vorliegen der anderen Voraussetzungen aus § 93 Abs. 1 S. 2 AktG nicht abkömmlich macht. Liegen nicht alle Merkmale vor, ist das Handeln weiterhin am Maßstab einfacher Fahrlässigkeit zu messen.[624] Letztlich wird (auch) im Bereich der Informationsverschaffung nur ein subjektiver Ex-ante-Maßstab der Tragweite der Business Judgment Rule gerecht, der in objektiver Hinsicht lediglich durch die Schwelle der Unverantwortlichkeit im Sinne grober Fahrlässigkeit limitiert und dessen Beachtung nur im Rahmen einer „Evidenzkontrolle“ gerichtlich überprüfbar ist.[625]

c) *Handeln zum Wohle der Gesellschaft*

Damit der Ermessensspielraum der Business Judgment Rule bei der Entscheidung zur Vornahme interner Ermittlungen eröffnet ist, genügt es nicht, diese als eine unternehmerische Entscheidung einzuordnen, bei der das Organmitglied vernünftigerweise annehmen durfte, auf angemessener Informationsgrundlage zu agieren. Das Vorstandsmitglied muss darüber hinaus nach § 93 Abs. 1 S. 2 AktG vernünftigerweise annehmen dürfen, dabei zum Wohle der Gesellschaft zu handeln, also vom Interesse der Gesellschaft geleitet zu sein.

Der umstrittene Begriff des Gesellschaftsinteresses[626], den nicht nur die höchstrichterliche Rechtsprechung[627], sondern etwa auch der DCGK[628] als Leitmaxime für Unternehmensführer gebraucht, wird im Einzelnen uneinheitlich verwendet und ausgelegt.[629] Letztlich bringt er die pluralistischen Interessen, Gesichtspunkte und Ziele zum Ausdruck, die der Vorstand bei der Wahrnehmung seiner Leitungsaufgabe zu berücksichtigen und miteinander in Einklang zu bringen hat.[630] Nach Auffassung des Gesetzgebers handelt der Vorstand zum Wohl der Gesellschaft, wenn die Entscheidung der langfristigen Ertragsstärkung

---

624 Darauf hinweisend *Bachmann* in FS Stilz, S. 25 (36 f).

625 *Bachmann* in FS Stilz, S. 25 (41 f.).

626 *Weber* in Hölters AktG, § 76 Rz. 19 ff.; *Wentrup* in Münchener HdB GesR IV, § 19 Rz. 21 ff.; z.T. mit dem Begriff des Unternehmensinteresses gleichgesetzt, vgl. BGHZ 64, 325 = NJW 1975, 1412; dazu kritisch *Hüffer/Koch*, AktG, § 76 Rz. 36 und *Spindler* in MükoAktG, § 76 Rz. 67.

627 BGHZ 71, 40 = BGH, NJW 1978, 1316 (1317 f.); BGHZ 125, 239 = NJW 1994, 1410 (1411); BGHZ 136, 133 = NJW 1997, 2815 (2816).

628 Präambel S. 3 sowie die Grundsätze 1, 10 und 19 DCGK (Unternehmensinteresse).

629 Überblick über den Streitstand bei *Spindler* in MükoAktG, § 76 Rz. 67 m.w.N.

630 *Hüffer/Koch* AktG, § 76 Rz. 28 ff., 36; ähnlich die Definition des Unternehmensinteresses in der Präambel des DCGK, dazu *v. Werder* in KBLW, DCGK, Präambel Rz. 20 ff.

und Wettbewerbsfähigkeit des Unternehmens dient.[631] Es darf sich jedenfalls nicht um eine eigennützige oder unter dem Einfluss von Interessenkonflikten getroffene Entscheidung handeln. Soweit die Solvenz der Gesellschaft durch die Entscheidung mit an Sicherheit grenzender Wahrscheinlichkeit gefährdet ist, kann das Handeln des Organs nicht mehr dem Gesellschaftswohl dienen.[632] Außerhalb solcher eindeutigen Sachverhalte bleibt das Kriterium des Gesellschaftswohls jedoch recht konturlos.

Die Aufklärung potenzieller Rechtsbrüche im Unternehmen dient in der Regel der „Bereinigung" des Unternehmens im Inneren und verhindert bzw. mindert einen Imageverlust nach außen.[633] Daher dürfte die Durchführung unternehmensinterner Ermittlungen das Unternehmen meist langfristig stärken und mithin im Gesellschaftsinteresse liegen. Fraglich ist, ob auch das Absehen von (weiteren) Nachforschungen bei Hinweisen auf Unregelmäßigkeiten unter bestimmten Umständen dem Wohle der Gesellschaft dienen kann oder ob das Kriterium des „Handelns zum Wohle der Gesellschaft" nur eine Handlungsvariante, nämlich die Aufklärung von Verdachtsmomenten, zulässt.

Denkbar sind durchaus Situationen, in denen der Gesellschaft aus der Aufklärung ein größerer Schaden droht als aus der Nichtaufklärung rechtswidrigen Verhaltens, etwa weil durch die Einleitung von Aufklärungsmaßnahmen im größeren Stil ein Imageschaden gerade erst provoziert würde oder finanzielle Einbußen in unverhältnismäßigem Umfang zu erwarten sind.[634] Eine wirtschaftliche Abwägung muss vor allem dann besonders intensiv stattfinden, wenn die potenziell Tatverdächtigen das Unternehmen längst verlassen haben und etwaige Schadensersatzansprüche verjährt oder aus anderen Gründen nicht durchsetzbar sind, d.h. die möglicherweise aus den Ermittlungsergebnissen zu ziehenden Konsequenzen sehr begrenzt wären. Es wäre dann abzuwägen, ob allein die Demonstration einer konsequenten Ahndung von Regelverstößen gegenüber den Unternehmensangehörigen bzw. gegenüber der Öffentlichkeit die Mittel einer unternehmensinternen Untersuchung heiligen. Eine Pflicht zur Nachforschung „um jeden Preis" ist dann unter Umständen nicht mehr zu rechtfertigen.

---

631 Reg. Begr. BT-Drs. 15/5092, S. 11.

632 *Baums*, ZGR 2011, 218 (255 f.); *Spindler* in MükoAktG, § 93 Rz. 54.

633 Zu den Zielen interner Ermittlungen bereits S. 43 ff., S. 104 ff.

634 *Bachmann*, ZHR 180 (2016), 563 (568 f., 571 f.); *Schockenhoff*, NZG 2015, 409 (411 f.); *Momsen* in Rotsch, Criminal Compliance vor den Aufgaben der Zukunft, S. 47 (52 ff.); *ders.* in Rotsch, Criminal Compliance, § 34 B Rz. 20; *Bieder*, NZG 2015, 1178 (1184); *Arnold*, ZGR 2014, 76 (84).

Bei einer Beurteilung der getroffenen Entscheidung des Organmitglieds für oder gegen die Einleitung unternehmensinterner Ermittlungen ist ebenso wie bei der Angemessenheit der Informationsgrundlage nicht das ex post feststellbare, sondern das ex ante ermittelte Gesellschaftswohl maßgeblich.[635] Außerdem ist zumindest im Grundsatz die subjektive Perspektive des handelnden Vorstandsmitglieds einzunehmen, die erst dann nicht mehr entscheidend ist, wenn – unter objektivem Blickwinkel – Risiken für das Gesellschaftswohl auf völlig unverantwortliche Art und Weise falsch eingeschätzt wurden und damit ein grob fahrlässiges Handeln vorliegt.[636]

d) Fazit zur Business Judgment Rule

Die Aufklärung unternehmensinterner Straftaten bzw. von Straftaten, die aus dem Unternehmen heraus begangen wurden, fällt grundsätzlich unter die Voraussetzungen einer unternehmerischen Entscheidung i.S.v. § 93 Abs. 1 S. 2 AktG. Die entsprechende Entscheidung eines Mitglieds des Leitungsorgans darf gerichtlich nur dahin gehend überprüft werden, ob es sich ohne grobe Fahrlässigkeit hinreichend über den Sachverhalt informiert fühlen durfte und dabei von dem Motiv des Gesellschaftswohls geleitet war. Wenn schon weitestgehend anerkannt ist, dass die Ausgestaltung eines CMS im Ermessen des Vorstandes steht, dann muss dies erst recht für den (isolierten) Einsatz einzelner Compliance-Elemente gelten.[637] So wird niemand ernsthaft bestreiten, dass die Entscheidung der Unternehmensleitung für oder gegen eine spezielle Schulung von Mitarbeitern oder den Erlass gewisser Verhaltenskodizes gegen eine pedantische Rechtskontrolle durch Gerichte immun ist. Ebenso ist dem Vorstand ein Ermessensspielraum bei repressiven Compliance-Maßnahmen zuzubilligen, und zwar nicht nur bei der Frage des „Wie“, sondern auch bei der vorgeschalteten Frage des „Ob“ der (weiteren) Nachforschung.[638]

3. Die Rolle der Rechtsprechung

Da die Ausgestaltung und Reichweite von Vorstandspflichten innerhalb der Leitungssorgfalt nur marginal bzw. generalklauselartig geregelt ist, ist ein Blick auf

---

635 Reg. Begr. BT-Drs. 15/5092, S. 11.

636 Ähnlich *Hüffer/Koch* AktG, § 93 Rz. 23; *Fleischer* in BeckOGK AktG, § 93 Rz. 99 (gemischt objektiv-subjektiver Prüfungsmaßstab); a.A. *Spindler* in MüKoAktG, § 93 Rz. 59.

637 *Schockenhoff*, NZG 2015, 409 (411).

638 *Schockenhoff*, NZG 2015, 409 (411, 419).

die Rechtsprechung zur Konkretisierung etwaiger Aufklärungspflichten bei Verdacht auf Non-Compliance im Unternehmen unerlässlich.

a) Zur Informationsgrundlage bei „klassischen" unternehmerischen Entscheidungen

Erster Anknüpfungspunkt ist die Rechtsprechung zu unternehmerischen Entscheidungen im Allgemeinen, d.h. solchen, die jedenfalls nicht die anlassbezogene Aufklärung von Sachverhalten durch den Vorstand betreffen. Aus dieser Judikatur lassen sich möglicherweise bereits Schlüsse auf die hier untersuchte Ermittlungspflicht des Vorstandes ziehen. Den Einstieg soll eine der populärsten Entscheidungen im Bereich Organhaftung und unternehmerisches Ermessen des BGH bilden.

aa) Ausgangspunkt: Das ARAG/Garmenbeck-Urteil

Die bekannte ARAG/Garmenbeck-Entscheidung des BGH[639] setzt sich zunächst mit Pflichten des Aufsichtsrats hinsichtlich der Durchsetzung von Innenhaftungsansprüchen der Gesellschaft gegenüber Vorstandsmitgliedern nach § 93 Abs. 2 AktG auseinander. Der BGH bezieht aber auch Stellung zu den Grenzen von haftungsfreien Fehlentscheidungen bzw. Ermessensspielräumen des Vorstandes. Im Rahmen dessen billigt er der Unternehmensführung einen eingeschränkt gerichtlich überprüfbaren Ermessensspielraum lediglich hinsichtlich unternehmerischer *Handlungen*, nicht aber im Bereich der Erkenntnisfindung zu.[640] Auf die in der ARAG-Entscheidung zum Ausdruck gekommene Rechtsprechung wird zum Teil Bezug genommen, um gegen die Möglichkeit einer Haftungsfreistellung bei unterlassener Sachverhaltsermittlung argumentieren.[641]

Die vorangehend in dieser Arbeit vorgenommene Einordnung von Sachverhaltsermittlung als unternehmerische Entscheidung[642] verdeutlicht aber bereits, dass eine klare Trennung zwischen Handlungs- und Erkenntnisbereich nicht möglich und die seitens des BGH vorgenommene Differenzierung daher impraktikabel ist.[643] Zudem darf angesichts der vom BGH angedeuteten

---

639 BGHZ 135, 244 = NJW 1997, 1926 – ARAG/Garmenbeck.

640 BGHZ 135, 244 (254) = NJW 1997, 1926 (1927); daran anknüpfend *Wagner*, CCZ 2009, 8 (16); *Potinecke/Block* in Internal Investigations, Kap. 2 Rz. 9.

641 Etwa *Wagner*, CCZ 2009, 8 (16); *Potinecke/Block* in Internal Investigations, Kap. 2 Rz. 9.

642 S. 147 ff.

643 So auch *Kocher*, CCZ 2009, 215 (221); *Mertens* in FS K. Schmidt, S. 1183 (1187 ff.); *Bieder*, NZG 2015, 1178 (1184 f).

„Hintertür" eines – wie auch immer konkret gearteten – „begrenzten Beurteilungsspielraums"[644] im Bereich der Erkenntnisfindung infrage gestellt werden, ob der BGH einen derart strikten Ermessensausschluss im Erkenntnisbereich tatsächlich intendierte.[645] Selbst wenn man die prinzipielle Verschiedenheit von unternehmerischen Handlungen und Erkenntnisfindung akzeptierte, können die durch den BGH in der ARAG-Entscheidung aufgestellten Maximen zum Ermessensspielraum bei der Informationsbeschaffung jedenfalls nicht umfassend auf jegliche Sachverhaltsermittlung im Unternehmen übertragen werden.

Denn es darf nicht aus den Augen verloren werden, dass sich die Entscheidung des BGH mit der Geltendmachung von Schadensersatzansprüchen durch den Aufsichtsrat gegen den Vorstand beschäftigt. Die Pflicht des Aufsichtsrates zur Überwachung des Vorstandes und damit korrespondierend die Pflicht zur gerichtlichen Durchsetzung von Ansprüchen der Gesellschaft gegen den Vorstand ergibt sich unmittelbar aus § 111 Abs. 1 i.V.m. § 112 AktG und stellt die originäre (Haupt-)Funktion des Aufsichtsrats in der Aktiengesellschaft dar. Die ursprünglich reine Überwachungspflicht wird, sobald die Geltendmachung von Ansprüchen gegen den Vorstand im Raum steht, gewissermaßen zu einer Geschäftsleitungsaufgabe des Aufsichtsrats modifiziert.[646] Demgegenüber ist nach dem Gesetz die Kardinalaufgabe des Vorstandes in der eigenverantwortlichen und sorgfältigen Leitung der Gesellschaft zu erblicken (§§ 76 Abs. 1, 93 Abs. 1 AktG), aus der nach gängiger Lesart in der Literatur wiederum verschiedene Einzelpflichten resultieren.[647] Zu diesem – nicht unmittelbar im Gesetz verankerten – Pflichtenkanon zählt auch die Kontrolle der Unternehmensmitarbeiter und damit einhergehend unter Umständen auch eine Pflicht zur Einleitung interner Ermittlungen.[648] Da die Aufklärungspflichten des Vorstandes in Bezug auf rechtswidriges Mitarbeiterverhalten aber nur einen Ausschnitt des Pflichtenkanons darstellen, kann auf diese bloße Teilaufgabe der Umfang der Überwachungs- und Verfolgungspflicht des Aufsichtsrates nicht übertragen werden kann.

Weiterhin lassen die Ausführungen des Gerichts darauf schließen, dass es unter sorgfältiger Würdigung der Entscheidungsgrundlagen in erster Linie die *rechtliche* Würdigung der (bereits weitestgehend bekannten) Geschehnisse zur

---

644 BGHZ 135, 244 (254) = NJW 1997, 1926 (1927 f.).

645 *Bachmann* in FS Stilz, S. 25 (40).

646 Statt vieler *Habersack* in MüKoAktG, § 111 Rz. 34 ff. m.w.N.

647 S. 111, S. 144.

648 S. 114 ff., S. 160.

Ermittlung der Erfolgsaussichten einer etwaigen Klage versteht. Nach der Feststellung, eine sachgemäße Entscheidung des Aufsichtsrats erfordere „zunächst die Feststellung des zum Schadenersatz verpflichtenden Tatbestandes in tatsächlicher wie rechtlicher Hinsicht“[649], kommt der BGH mit keinem Satz mehr auf die Sachverhaltsermittlung zurück. Vielmehr folgen ausschließlich detaillierte Vorgaben zu Inhalt und Umfang der rechtlichen Prüfung des festgestellten Sachverhalts sowie zur gerichtlichen Überprüfbarkeit derselben.

Die Beiläufigkeit des Hinweises auf die Tatsachenermittlung durch den Aufsichtsrat erscheint nachvollziehbar, berücksichtigt man die zugrunde liegende Sachverhaltskonstellation: Im Kern drehte es sich um den abgelehnten Antrag, einen Aufsichtsratsbeschluss mit dem Inhalt zu fassen, den Vorstand auf Schadensersatz zu verklagen, genauer: einen Anwalt mit der gerichtlichen und außergerichtlichen Geltendmachung der Ansprüche zu beauftragen.[650] Dass dieser zunächst noch Tatsachen ermitteln sollte, liegt eher fern, zumal der Sachverhalt weitgehend feststand und in erster Linie angestrebt wurde, Ansprüche rechtlich zu prüfen und durch den Rechtsbeistand gerichtlich einklagen zu lassen. Jedenfalls vordergründig ging es im ARAG/Garmenbeck-Urteil um rechtliche, nicht aber tatsächliche Erkenntnis,[651] sodass sich auch unter diesem Gesichtspunkt eine unbesehene Übertragung auf die Sachverhaltsermittlungspflicht des Vorstandes bei Verdachtsmomenten verbietet.

bb) Die weitere Entwicklung in der Rechtsprechung

Die ARAG/Garmenbeck-Rechtsprechung, die noch eine objektiv anmutende sorgfältig ermittelte Tatsachengrundlage[652] verlangte, wurde in der Neuregelung des § 93 Abs. 1 S. 2 AktG durch das UMAG relativiert. Nunmehr muss das Vorstandsmitglied bei unternehmerischen Entscheidungen nur noch annehmen dürfen, auf der Grundlage angemessener Information zum Wohle der Gesellschaft zu handeln.[653] Der teilweise aus „Ausreißer“ bezeichnete und zu Recht kritisierte[654] BGH-Beschluss aus dem Jahre 2008, in dem unter Anwendung der

649 BGHZ 135, 244 (253) = NJW 1997, 1926 (1927).

650 Vgl. zum Sachverhalt den Tatbestand der vorinstanzlichen Entscheidung des OLG Düsseldorf, BeckRS 9998, 13232.

651 Dazu auch *Binder*, AG 2012, 885 (887).

652 BGHZ 135, 244 (253 ff.) = NJW 1997, 1926 (1927).

653 Dazu S. 155 ff.

654 *Kocher*, CCZ 2009, 215 (220 f.); *Freitag/Korch*, ZIP 2012, 2281 (2282 f.); *Redeke*, ZIP 2011, 59 (60); *Fleischer* in BeckOGK AktG, § 93 Rz. 91; *Hüffer/Koch*, AktG, § 93 Rz. 20.

alten Rechtslage noch gefordert wurde, dass der GmbH-Geschäftsführer „in der konkreten Entscheidungssituation alle verfügbaren Informationsquellen tatsächlicher und rechtlicher Art ausschöpft“[655], ist demnach als überholt anzusehen.[656] Gleiches gilt für ähnliche Rechtsprechung, die zunächst betont strenge Maßstäbe bei der Beurteilung der Angemessenheit der Informationsgrundlage anlegte.[657]

So führte etwa das OLG Koblenz aus, die Entscheidung müsse „ohne Fahrlässigkeit [!] sorgsam vorbereitet und auf der Grundlage umfassender Information gefasst werden“[658], während das OLG Frankfurt a.M. hervorgehoben hatte, der dem Vorstand bei der Entscheidung zuzubilligende weite unternehmerische Ermessensspielraum erstrecke sich nicht in vollem Umfang auch auf die Entscheidungsvorbereitung, also auf die Informationsbeschaffung.[659] Die Entscheidungsfindung und die Entscheidungsvorbereitung wurden hier – unter Verweis auf die ARAG/Garmenbeck-Rechtsprechung – mit zweierlei Maß gemessen: Die Forderung, die Entscheidung müsse „mit aller Sorgfalt branchenüblich vorbereitet“[660] bzw. „auf informierter Grundlage [...] getroffen“[661] werden, umschreibt den Maßstab der (einfachen) Fahrlässigkeit und steht in Diskrepanz zu den in Richtung grobe Fahrlässigkeit deutenden Ausführungen zum Handlungsspielraum bei der Entscheidung selbst.[662]

In darauffolgenden Entscheidungen zeigte sich die zivilrechtliche Rechtsprechung insoweit gemäßigter, als sie auf das Erfordernis umfassender Information verzichtete und sich darauf beschränkte, eine sorgfältige Ermittlung der

655 BGH, NJW 2008, 3361.

656 *Freitag/Korch*, ZIP 2012, 2281 (2282 f.); in der Rspr. zum Teil wieder aufgegriffen, etwa BGH, wistra 2017, 148 (151), der zugleich aber den Spielraum des Vorstandes bei der Frage der erforderlichen Informationsbasis betonte.

657 OLG Koblenz, BeckRS 2008, 02728; OLG Frankfurt a.M., BeckRS 2008, 02699.

658 OLG Koblenz, BeckRS 2008, 02728.

659 OLG Frankfurt a.M., BeckRS 2008, 02699.

660 Identischer Wortlaut bei OLG Koblenz, BeckRS 2008, 02728; OLG Frankfurt a.M., BeckRS 2008, 02699.

661 OLG Frankfurt a.M., BeckRS 2008, 02699.

662 Diesbezüglich spricht das OLG Frankfurt a.M., BeckRS 2008, 02699 davon, die Entscheidung müsse „*nachvollziehbar* getroffen“ werden. Der Ermessensspielraum sei zudem erst bei „*Unverantwortlichkeit* der Organisationsstruktur“ überschritten bzw. „wenn ein *sich zwingend aufdrängendes*, organisatorische Maßnahmen erforderndes Problem *gänzlich ohne Berücksichtigung* bleibt oder wenn die getroffenen Maßnahmen *offensichtlich* unzweckmäßig sind“ (alle Herv. d. Verf.).

Entscheidungsgrundlagen zu verlangen.[663] Die jüngere Judikatur scheint Ermessensspielräume der Unternehmensorgane auch im Erkenntnisbereich mehr zu respektieren und wacht mit Augenmaß über die Angemessenheit der Informationsgrundlage. So stellte das OLG Frankfurt a.M. im Jahre 2011 klar, dass der Entscheidungsspielraum „sowohl die Art als auch den Umfang der Informationsbeschaffung durch den Vorstand" im Vorfeld unternehmerischer Entscheidungen betreffe. Die Entscheidung des Vorstands, welche Informationen er bei seiner Entscheidung heranziehe, wie er diese gewichte und bewerte, müsse dabei lediglich vertretbar und nachvollziehbar sein.[664] Im selben Jahr hob der BGH einen Beschluss des OLG Düsseldorf auf, in dem dieses ausgeführt hatte, der Unternehmensvorstand habe in Vorbereitung seiner unternehmerischen Entscheidung „alle ihm zur Verfügung stehenden Erkenntnisquellen auszuschöpfen."[665] Den überzogenen Forderungen des Berufungsgerichts betreffend den Vortrag des beklagten Vorstandsmitglieds zur Informationsgrundlage seiner Entscheidung trat der BHG entschieden entgegen.[666]

Auch das LG Essen bewies in einem Grundurteil im Rahmen des Schadensersatz-Verfahrens gegen ehemalige Vorstandsmitglieder der Arcandor AG Augenmaß bei der Frage der erforderlichen Tatsachengrundlage.[667] Statt von einer umfassenden sprach es von einer ausreichenden Informationsbasis und verdeutlichte dabei – ganz im Sinne der Gesetzesbegründung zum UMAG[668] – ein routinemäßiges Einholen von Gutachten nicht verlangt werden kann.[669] Insgesamt lässt sich also eine Tendenz der Rechtsprechung zur Berücksichtigung eines weiten Ermessensspielraums im Bereich der Tatsachenermittlung feststellen, wobei die weitere Entwicklung noch abzuwarten bleibt.

---

663 OLG Hamm, BeckRS 2012, 16355 unter Bezugnahme auf BGH, NJW-RR 2009, 332; anders vereinzelt noch die Untreue-Rechtsprechung des BGH, vgl. BGH, WM 2009, 1930 (1932 f.): Abwägung „auf Grundlage umfassender Information"; ebenso bereits BGHSt 47, 148 = NJW 2002, 1211 (1213 f.), wo der BGH gleichzeitig aber eine *gravierende* Informationspflichtverletzung für erforderlich hält; vgl. aber auch BGH, wistra 2017, 148 (151): Abwägung des Informationsbedarfs im Einzelfall.

664 OLG Frankfurt a.M., WM 2011, 2279 (2283).

665 OLG Düsseldorf, BeckRS 2010, 00532; BGH, WM 2011, 752 (753).

666 BGH, WM 2011, 752 (753).

667 LG Essen, NZG 2012, 1307.

668 Vgl. BT-Drs. 15/5092, S. 12.

669 LG Essen, NZG 2012, 1307 (1310).

b) Zur Aufklärung von Non-Compliance

Im Kontrast zu der recht umfangreichen Rechtsprechung zur Vorbereitung „klassischer" unternehmerischer Entscheidungen steht die rare (veröffentlichte) Judikatur, die Aufklärungspflichten der Unternehmensleitung bei Hinweisen auf normwidriges Verhalten von Mitarbeitern oder Organmitgliedern zum Gegenstand hat.

aa) BGH 1984

In einer Entscheidung aus dem Jahre 1984 verhielt sich der BGH zu Überwachungspflichten eines GmbH-Geschäftsführers in Bezug auf die ordnungsgemäße Erledigung steuerlicher Angelegenheiten.[670] Der Kläger hatte als ehemaliger Geschäftsführer einer GmbH in einem gewissen Zeitraum unrichtige Umsatzsteuervoranmeldungen abgegeben und dadurch Umsatzsteuern verkürzt, weswegen er von dem zuständigen Finanzamt auf Nachzahlung in Anspruch genommen wurde. Die seinerzeitige Mit-Geschäftsführerin und spätere Alleingeschäftsführerin nahm er unter anderem mit der Begründung nach § 426 Abs. 1 BGB in Regress, sie habe ihre Geschäftsführerpflichten hinsichtlich § 109 RAO[671] verletzt, nachdem der Kläger als Geschäftsführer ausgeschieden war und sie allein die Geschäfte der Gesellschaft leitete.

Das sorgfaltswidrige Verhalten der Beklagten, der nach Ausscheiden des Klägers auch die eigenverantwortliche Erledigung steuerlicher Angelegenheiten für die GmbH oblag, sah der BGH darin, dass sie sich nicht hinreichend über die laufenden Geschäfte informierte und Hinweisen auf früheres Fehlverhalten des ehemaligen Mit-Geschäftsführers nicht nachging. „Anlaß, sich über den Geschäftsgang – selbst oder mit Hilfe Dritter – eingehend zu unterrichten", habe der Geschäftsführer „in der Regel dann, wenn er von seinem Vorgänger die

670 BGH, Urt. v. 8.10.1984 – II ZR 175/83 –, juris = GmbHR 1985, 143. Auch der Geschäftsführer als Leitungsorgan der GmbH (§ 43 Abs. 1 GmbHG) ist Adressat von Legalitätskontroll- bzw. Compliance-Pflichten, dazu nur *Stephan/Tieves* in MüKoGmbHG, § 37 Rz. 25 ff. Da die in § 93 Abs. 1 S. 2 AktG für das Handeln von AG-Vorstandsmitgliedern normierte Business Judgment Rule grundsätzlich auch für die Haftung von GmbH-Geschäftsführern gilt (*Ziemons* in Michalski, § 43 Rz. 134 m.w.N.), ist die Entscheidung ohne Weiteres auf Vorstandsmitglieder einer AG übertragbar.

671 § 109 RAO 1931 ordnete die persönliche Haftung gesetzlicher Vertreter für die schuldhafte Nichterfüllung steuerrechtlicher Pflichten der juristischen Person an und entspricht – mit einigen Änderungen – grob dem heutigen § 69 AO. Dazu mit Abdruck der Norm *Haas*, Steuerliche Haftung des GmbH-Geschäftsführers, S. 15.

Erledigung steuerlicher Angelegenheiten in eigene Verantwortung übernimmt, ohne sich bis dahin von der Ordnungsmäßigkeit des Geschäftsgangs und der fachlichen Zuverlässigkeit der Angestellten selbst überzeugt zu haben.“[672] Eine Kontrolle der laufenden Geschäfte hätte – so führt das Gericht weiter aus – „im vorliegenden Falle auch die Fehler der Vergangenheit an den Tag gebracht; denn die monatlichen Steuerverkürzungen wurden unverändert fortgesetzt, nachdem der Kläger ausgeschieden und die Beklagte [...] allein zuständig geworden war.“[673] Neben dieser präventiv ausgerichteten Überwachungspflicht müsse der Unternehmensleiter außerdem „sofort eingreifen, wenn sich Anhaltspunkte für ein Fehlverhalten zeigen.“[674] Hinweise darauf, dass in den Umsatzsteuererklärungen Umsätze in bedeutendem Umfang fehlten, ergaben sich etwa aus erheblichen Abweichungen der aus den jeweiligen Jahresabschlüssen ersichtlichen Umsätze und Umsatzsteuerschulden von den in den Steuererklärungen an das Finanzamt angegebenen Umsätzen, die nahezu deckungsgleich mit den Umsatzsteuervoranmeldungen und damit zu niedrig angegeben waren.[675]

bb) OLG Koblenz 1991

Mit einem Anspruch gegen eine ehemalige GmbH-Geschäftsführerin hatte sich einige Jahre später auch das OLG Koblenz auseinanderzusetzen.[676] Der Sohn der alleinigen Geschäftsführerin, der zugleich Angestellter der Gesellschaft war, hatte dem Gesellschaftsvermögen ohne Genehmigung und rechtswidrig erhebliche Geldbeträge entnommen. Der Konkursverwalter über das Gesellschaftsvermögen forderte von der beklagten Geschäftsführerin Schadensersatz nach § 43 Abs. 2 GmbHG, weil diese, obwohl sich an einem Monatsende ein Fehlbetrag in der Gesellschaftskasse ohne Beleg zulasten ihres Sohnes ergeben hatte, untätig geblieben war, namentlich es unterlassen hatte, die dem Sohn erteilte Bankvollmacht zu widerrufen. Das Gericht stellte fest, die Beklagte hätte das finanzielle Verhalten ihres Sohnes überwachen, insbesondere nach der Feststellung der unberechtigten Entnahme den Fehlbetrag aufklären müssen, um weitere rechtswidrige Entnahmen zu unterbinden.[677]

672 BGH, GmbHR 1985, 143 (143 f.).
673 BGH, GmbHR 1985, 143 (144).
674 BGH, GmbHR 1985, 143 (144).
675 BGH, GmbHR 1985, 143 (144).
676 OLG Koblenz, Urt. v. 10.6.1991 – 6 U 1650/89, ZIP 1991, 870.
677 OLG Koblenz, ZIP 1991, 870 (871).

cc) LG München I 2013 (Siemens/Neubürger)

Im bereits erwähnten „Siemens/Neubürger-Urteil“ des LG München I aus dem Jahr 2013 wurden zahlreiche Hinweise verschiedener Art und Herkunft im Hinblick auf korruptionsverdächtige Vorgänge an den Vorstand der Siemens AG herangetragen.[678] Dem beklagten ehemaligen Vorstandsmitglied wurde vorgeworfen, er „habe trotz wiederholter ihm zur Kenntnis gebrachter Gesetzesverletzungen keine bzw. keine ausreichenden Maßnahmen zur Aufklärung und Untersuchung von Verstößen, deren Abstellen und der Ahndung der betroffenen Mitarbeiter eingeleitet“.[679] Die Ineffektivität der ergriffenen Maßnahmen des Beklagten resultiere unter anderem aus der „Ausklammerung der tatsächlichen Hintergründe aus den Ermittlungen“.[680] Nach Ansicht des Gerichts traf das beklagte Vorstandsmitglied die Pflicht, „sich umfassend zu den einzelnen bekanntgewordenen Vorfällen [...] fortlaufend zu informieren“ und sich insbesondere „in regelmäßigen Abständen darüber in Kenntnis setzen zu lassen, welche Ergebnisse interne Ermittlungen brachten“.[681]

dd) Würdigung der genannten Entscheidungen und Aussagen

Bei den aufgezeigten Entscheidungen erwägen die Gerichte prima facie keinen Ermessensspielraum bei der Frage des „Ob“ der Aufklärung des normwidrigen Verhaltens. Ein zweiter Blick offenbart jedoch die naheliegende Möglichkeit, dass ein Ermessenspielraum grundsätzlich impliziert wurde, bei den vorliegenden Entscheidungen aufgrund der Umstände des Einzelfalls aber auf Null reduziert wurde. Dies entspricht auch der im gesellschaftsrechtlichen Schrifttum überwiegend angenommenen Relativität von Compliance-Pflichten.[682] Es wird zwar nicht pauschal verlangt, jeglichen Anhaltspunkten nachzugehen und diese umfassend aufzuklären bzw. aufklären zu lassen, allerdings dürfen Verdachtsmomente ab einem gewissen Intensitätsgrad nicht mehr ignoriert werden, ohne dass sich die Verantwortlichen schadensersatzpflichtig machen.

Im erstgenannten Urteil des BGH aus dem Jahr 1984[683] hatte die Beklagte den Umstand, dass sie nach Ausscheiden des anderen Geschäftsführers selbst

---

678 LG München, ZIP 2014, 570. Zum Sachverhalt und den dortigen Aussagen zur Compliance-Verpflichtung des Vorstandes bereits S. 126 ff.

679 LG München, ZIP 2014, 570 (573).

680 LG München, ZIP 2014, 570 (573).

681 LG München, ZIP 2014, 570 (574).

682 Vgl. etwa *Bachmann* in VGR 2008, S. 65 (68); *Verse*, ZHR 175 (2011), 401 (406 f.).

683 BGH, GmbHR 1985, 143.

für Steuerangelegenheiten verantwortlich war, nahezu völlig außer Acht gelassen und blind darauf vertraut, dass steuerliche Angelegenheiten ordnungsgemäß behandelt werden. Es gab zwar keinen Hinweis auf die bestehende Pflicht zur Nachentrichtung von Umsatzsteuern durch den angestellten Buchhalter oder den Kläger[684], aber eine evidente Differenz zwischen den Zahlen aus den jeweiligen Jahresabschlüssen und den korrespondierenden Steuererklärungen, die einen sorgfältigen Geschäftsleiter hätte alarmieren müssen. Auch die seit über einem Jahr unterbliebene Einforderung des ausstehenden Umsatzsteuerbetrages durch das zuständige Finanzamt war ein Indiz dafür, dass die Steuerschuld diesem unbekannt war und die beklagte Geschäftsführerin demnach hätte hellhörig werden müssen. Der BGH spricht auffallend häufig von einem sich aufdrängenden bzw. naheliegenden oder sich erhärtenden Verdacht sowie von einer „Abweichung in dieser Größenordnung".[685] Er stellt damit auf die konkreten, erdrückenden Verdachtsmomente im Einzelfall ab.

Ähnlich evident gestaltete sich die „Verdachtslage" in der zweitgenannten Entscheidung des OLG Koblenz[686]: Die Beklagte blieb schlicht untätig und nahm den offensichtlich unberechtigten Entzug des für den Unternehmenszweck notwendigen GmbH-Kapitals durch ihren angestellten Sohn hin. Dass ein nicht geringfügiger Fehlbetrag in der Kasse einen „ausreichenden Anlaß"[687] darstellt, um zugunsten der Vermeidung zukünftiger rechtswidriger Entnahmen und zum Schutze des Gesellschaftsvermögens aktiv zu werden, stellt das OLG zu Recht klar.

Das LG München I monierte im „Neubürger Urteil" weniger eine gänzlich unterbliebene als vielmehr eine lückenhafte Aufklärung der an den Vorstand herangetragenen, teilweise erdrückenden Verdachtsmomente. Es zielte damit im Grunde auf das „Wie" der ergriffenen Compliance-Maßnahmen allgemein und der Ermittlungsmaßnahmen im Speziellen ab. Die unzureichenden Nachforschungen hinsichtlich der Korruptions-Vorfälle waren zudem nur einer der laut Gericht zahlreichen Mängel des bestehenden Compliance-Systems. Die Frage des „Ob" einer Verpflichtung zur Einleitung unternehmensinterner Ermittlungen stellte sich somit im Grunde nicht, auch wenn das LG München I von einer solchen (ohne Ermessensspielraum) auszugehen scheint.[688]

---

684 Deswegen verneinte das Gericht den Vorsatz der Beklagten, der zur Begehung einer Steuerverkürzung aber auch nicht erforderlich ist, BGH, GmbHR 1985, 143 (143).

685 BGH, GmbHR 1985, 143.

686 OLG Koblenz, ZIP 1991, 870.

687 OLG Koblenz, ZIP 1991, 870 (871).

688 Zur Kritik daran bereits S. 128 ff.

Im Ergebnis scheint die vorhandene Rechtsprechung prinzipiell einen Ermessensspielraum bei der Beurteilung der Angemessenheit der tatsächlichen Informationsgrundlage, insbesondere bei der Aufklärung von Normverstößen, nicht auszuschließen. Die wenigen zugänglichen Judikate, die im Einzelfall einen Pflichtverstoß infolge unterlassener oder unzureichender Sachverhaltsaufklärung annahmen, sind aus vorangestellten Erwägungen nicht verallgemeinerungsfähig.

III. Fazit

Die Mitglieder des Leitungsorgans sind grundsätzlich im Innenverhältnis verpflichtet, Verdachtsmomenten, die auf strafbares Verhalten von Unternehmensangehörigen hindeuten, nachzugehen, soweit die Anhaltspunkte eine gewisse Intensität erreicht haben.[689] Anhaltspunkten nachzugehen bedeutet nach hiesiger Auffassung zunächst, sich in – nach subjektiver Ex-ante-Einschätzung – angemessenem Maße mit Verdachtsmomenten bzw. den möglicherweise damit zusammenhängenden Vorwürfen auseinanderzusetzen. Diese Pflicht ist als Ausprägung der allgemeinen Leitungssorgfalt in §§ 76 Abs. 1, 93 Abs. 1 AktG verankert. Sie kann sich – je nach Grad der Verdachtsmomente und Bedeutung des möglicherweise aufzudeckenden kriminellen Verhaltens – zu einer Aufklärungspflicht in dem Sinne verdichten, dass nur eine umfängliche Sachverhaltsermittlung unter Hinzuziehung unternehmensinterner oder externer Ermittlungsressourcen den Umständen des Einzelfalles gerecht wird.

Die Business Judgment Rule findet auf die Entscheidung des Vorstands zur Einleitung interner Ermittlungen Anwendung. Wird Hinweisen auf Straftaten nicht (weiter) nachgegangen, kann das Vorstandsmitglied folglich dennoch von einer Haftung für etwaige Schäden der Gesellschaft befreit sein, wenn es gutgläubig und sachgerecht abgewogen hat, ob eine Aufklärung von Nöten ist, und wenn es ohne grobe Fahrlässigkeit annahm, diesbezüglich hinreichend informiert zu sein. Anders ausgedrückt kommt eine Haftung auf Schadensersatz nach gesellschaftsrechtlichen Maßstäben nur dann in Betracht, wenn das Organmitglied trotz evidenter Wissens- und damit Informationslücken über die vorliegenden Hinweise einen verdächtigen Sachverhalt nicht aufklärt. Gleiches gilt bei bösgläubig oder eigennützig handelnden Vorstandsmitgliedern oder wenn die unterlassene Ermittlung – subjektiv erkennbar – aus sonstigen Gründen dem Gesellschaftsinteresse zuwiderläuft.

689 Zu dem maßgeblichen Verdachtsgrad S. 210 ff.

B. § 130 OWiG als Ausgangspunkt für eine Aufklärungspflicht im Außenverhältnis

Der Wortlaut des als echtes Unterlassensdelikt konzipierten[690] Bußgeldtatbestandes in § 130 OWiG ist deutlich enger gefasst als etwa die aktienrechtliche Norm der allgemeinen Leitungssorgfalt und ordnet als einzige deutsche Norm eine Sanktionierung der Verletzung von Aufsichtspflichten durch Betriebs- bzw. Unternehmensinhaber an.

I. Repressive Aufklärung als geeignete Aufsichtsmaßnahme im Sinne des Tatbestandes

§ 130 OWiG kann nur dann eine Pflicht oder Obliegenheit des Vorstandes zur Einleitung unternehmensinterner Ermittlungen beinhalten, soweit anlassbezogene Aufklärungsmaßnahmen grundsätzlich geeignet sind, dem von der Norm geschützten Rechtsgut zu dienen, und somit als taugliche Aufsichtsmaßnahme in diesem Sinne einzuordnen sind. Daher ist zunächst der hinter dem Tatbestand stehende Gedanke und das von der Norm umfasste Schutzgut zu erörtern, um im Anschluss zu untersuchen, ob unternehmensinterne Ermittlungen von dem Sinn und Zweck des § 130 OWiG gedeckt sind bzw. diesen Telos fördern können.

1. Ratio Legis und Schutzgut des § 130 OWiG

a) Abstraktes Gefährdungsdelikt zur Verhinderung betriebsbezogener Zuwiderhandlungen

Die Vorschrift geht auf den Gedanken zurück, dass die Unternehmensleitung ab einer gewissen Unternehmensgröße aufgrund der Anzahl der zu bewältigenden Aufgaben und der Komplexität der Abläufe nicht mehr in der Lage ist, sämtliche an sie adressierten Pflichten selbst zu erfüllen. Während der Betriebsinhaber seine Aufgaben an Unternehmensmitarbeiter delegiert und von den Vorteilen der personalen Arbeitsteilung wirtschaftlich profitiert, darf er nicht von jeglicher Haftung für deliktisches Verhalten, das aus dem Kollektiv heraus begangen wird, freigestellt werden.[691] Der Unternehmensleiter hat daher für das erhöhte Delinquenzrisiko, das aus der Konzentration von Sachmitteln und Personal resultiert,

---

690 Statt vieler *Gürtler/Thoma* in Göhler, OWiG, § 130 Rz. 17; *Rogall* in KK-OWiG, § 130 OWiG Rz. 17 m.w.N.

691 *Rogall* in KK-OWiG, § 130 OWiG Rz. 2 ff.; *Gürtler/Thoma* in Göhler, OWiG, § 130 Rz. 2 f.; *Beck* in BeckOK OWiG, § 130 Rz. 5.

einzustehen.[692] Weil es umgekehrt unbillig wäre, den Unternehmensinhaber ungeachtet der Sorgfalt seiner Unternehmensorganisation für jede durch Unternehmensmitarbeiter begangene Zuwiderhandlung verantwortlich zu machen, wird er nach § 130 Abs. 1 OWiG dazu angehalten, die von seinem Betrieb als Gefahrenquelle ausgehenden Personalgefahren im Wege der sorgfältigen Aufsicht hinreichend zu kontrollieren.

§ 130 OWiG wirkt generellen Risiken betriebsbedingter Zuwiderhandlungen aufgrund mangelhafter Aufsicht durch den Betriebsinhaber[693] entgegen und wird daher zum Teil als abstraktes Gefährdungsdelikt eingeordnet.[694] Die in erster Linie von *Rogall* vertretene Gegenauffassung versteht die Norm als konkretes Gefährdungsdelikt, dessen Tatbestand – im Wege teleologischer Reduktion – zusätzlich die „nahe Gefahr von betrieblichen Zuwiderhandlungen eines bestimmten Typus“[695] verlange.[696] Das Erfordernis einer derart präzisierten Zuwiderhandlungsgefahr widerspricht jedoch nicht nur dem insoweit eindeutigen Wortlaut, sondern auch der gesetzgeberischen Intention, die Unternehmensleitung zum frühzeitigen Ergreifen präventiver Aufsichtsmaßnahmen anzuhalten, damit (konkrete) Gefahren gar nicht erst entstehen.[697] Der Mehrgewinn dieser restriktiven Auslegung erscheint außerdem fragwürdig, denn auch bei der Charakterisierung von § 130 OWiG als abstraktes Gefährdungsdelikt bleibt unbestritten, dass sich die Aufsicht in besonders risikobehafteten bzw. bereits auffällig gewordenen Bereichen bzw. Branchen verdichtet.[698] Umgekehrt darf der Betriebsinhaber auch bei bisher nicht negativ in Erscheinung getretenen

---

692 *Hermanns/Kleier*, Aufsichtspflicht, S. 16; *Thiemann*, Aufsichtspflichtverletzung, S. 71; *Bock*, Criminal Compliance, S. 364.

693 Zu den Normadressaten bereits S. 133 f.

694 Vgl. *Beck* in BeckOK OWiG, § 130 Rz. 14 ff.; *Helmrich* wistra 2010, 331 (333 f.); *Adam*, wistra 2003, 285 (289 f.); *Bosch*, Organisationsverschulden, S. 322; *Thiemann*, Aufsichtspflichtverletzung, S. 113 f.; *Bussmann/Matschke*, CCZ 2009, 132 (133); offengelassen vom 2. Zivilsenat in BGHZ 125, 366 (373) = NJW 1994, 1801 (1803).

695 *Rogall*, ZStW 98 (1986), 573 (599).

696 *Rogall*, ZStW 98 (1986), 573 (596 ff.); *ders.* in KK-OWiG, § 130 Rz. 18 f.; vgl. auch *Gürtler/Thoma* in Göhler, OWiG, § 130 Rz. 3a; *Bohnert/Krenberger/Krumm*, OWiG, § 130 Rz. 2; *Bock*, Criminal Compliance, S. 366; *ders.*, ZIS 2009, 68 (72); *Schürmann*, Aufsichtspflichtverletzungen, S. 95 f.

697 So auch *Schmittlein*, Verbands-Compliance, S. 52 ff.

698 *Thiemann*, Aufsichtspflichtverletzung, S. 114; *Adam*, wistra 2003, 285 (290); *Achenbach* in Achenbach/Ransiek/Rönnau, 1. Teil 3. Kap Rz. 52; *Bussmann/Matschke*, CCZ 2009, 132 (133 ff.).

und daher eher fernliegenden „Gefahrenkreisen“ keine Nachlässigkeit walten lassen. Er kann auch hier für Aufsichtspflichtverletzungen nach § 130 OWiG haften, ungeachtet dessen, wie konkret das Risiko war, das sich in der eingetretenen Zuwiderhandlung realisiert hat.[699]

b) Geschütztes Rechtsgut

Die Aufsicht, zu der § 130 OWiG den Unternehmensinhaber anhält, erschöpft sich nicht in einer – wie auch immer gearteten – „generellen“ Aufsicht um ihrer selbst willen.[700] Die vorangehend dargelegte Funktion des Tatbestandes, die Zurechnung der Handlungen untergeordneter Mitarbeiter zum Verantwortungsbereich des Inhabers sicherzustellen, stellt indes noch kein eigenständiges Schutzgut der Norm dar.[701] Dieses kann allein in dem Allgemein- oder Individualrechtsgut erblickt werden, das durch die geforderten Aufsichtsmaßnahmen geschützt werden soll. Umstritten ist, ob der Bußgeldtatbestand das Interesse der Allgemeinheit an der innerbetrieblichen Ordnung oder die durch die einzelnen in Bezug genommenen Straf- und Ordnungswidrigkeitstatbestände geschützten Individualrechtsgüter schützt.

Für Ersteres spricht der hinter § 130 OWiG stehende Gedanke des Betriebes als Gefahrenquelle, der durch die Zusammenfassung von Personal und Sachmitteln ein erhöhtes Potenzial an kriminellem Verhalten birgt.[702] Vor diesem Hintergrund erscheint zunächst plausibel, dass der Bußgeldtatbestand den Unternehmensinhaber zu einer kriminalpräventiven Unternehmensorganisation anhalten und damit kontrollierte und normkonforme Betriebsabläufe sicherstellen soll.[703] Zum Teil wird für die im öffentlichen Interesse liegende Schaffung bzw. Aufrechterhaltung der betrieblichen Ordnung als Schutzgut auch die Einordnung der Norm als abstraktes Gefährdungsdelikt angeführt, welcher nur entsprochen werde, wenn der Tatbestand die generelle Ordnung im

699 *Schmittlein*, Verbands-Compliance, S. 53.

700 *Adam*, wistra 2003, 285 (290).

701 *Rogall*, ZStW 98 (1986), 573 (585 f.); *ders.* in KK-OWiG, § 130 Rz. 14; *Beck* in BeckOK OWiG, § 130 Rz. 8; *Bosch*, Organisationsverschulden, S. 318 f.; *Bock*, Criminal Compliance, S. 365; ebenso *Helmrich*, wistra 2010, 331 (334), der jedoch meint, die für einen Individualrechtsgüterschutz plädierenden Autoren erkennten zugleich die Sicherung von Zurechnung als eigenständiges Rechtsgut an.

702 *Helmrich*, wistra 2010, 331 (333 f.); *Senge* in Erbs/Kohlhaas, § 130 Rz. 1.

703 So BGHZ 125, 366 (373) = NJW 1994, 1801 (1803): Allgemeiner Ordnungsgedanke; *Bosch*, Organisationsverschulden, S. 321 ff.; *Helmrich*, wistra 2010, 331 (333 f.); *Schürmann*, Aufsichtspflichtverletzungen, S. 94 f.

Betrieb schütze und damit abstrakten Personalgefahren entgegenwirke.[704] Der damit einhergehende Schutz von Individualrechtsgütern, die ihrerseits durch die in § 130 OWiG genannten betriebsbezogenen Straf- und Bußgeldvorschriften geschützt werden, sei lediglich Reflex[705] bzw. Funktion[706] der Norm. Der durch andere Normen garantierte Rechtsgüterschutz sei hinreichend durch eine Haftung des Unternehmensinhabers als Garant gewährleistet.[707]

Allerdings verkennen die Vertreter dieser Ansicht die Lückenhaftigkeit des Rechtsgüterschutzes im Wege der Garantenstellung des Inhabers, die bereits daraus resultiert, dass die Geschäftsherrenhaftung einen Schuldzusammenhang zwischen der Aufsichtspflichtverletzung und dem eingetretenen Taterfolg voraussetzt, während bei § 130 OWiG der Eintritt einer Rechtsgutverletzung nur objektive Bedingung der Ahndung ist.[708] Aufgrund einer Garantenstellung haftet der Unternehmensinhaber für einen konkret eingetretenen, durch einen Unternehmensangehörigen verwirklichten Erfolg; § 130 OWiG sanktioniert dagegen die mangelhafte Aufsicht im Unternehmen. Auch der Charakter als abstraktes Gefährdungsdelikt[709] zwingt nicht zur Annahme eines derart allgemein gefassten Schutzguts.[710] Denn die abstrakten (Personal-)Gefahren, an die der Tatbestand anknüpft, betreffen Individualrechtsgüter von unternehmensfremden, d.h. außerhalb des Unternehmens stehenden Personen. Die Aufrechterhaltung der betrieblichen Ordnung kann kein Selbstzweck, sondern nur notwendiges „Zwischenziel" zur Vermeidung von strafrechtlich relevanten Schädigungen Dritter aus dem Unternehmen heraus sein.[711] Dies entspricht auch der Intention der Norm, den Rechtsgüterschutz durch Vorverlagerung einer Sanktionierung zu intensivieren und dahin gehend präventive Wirkung zu entfalten. Wie *Rogall*

---

704 *Bosch*, Organisationsverschulden, S. 322; *Helmrich*, wistra 2010, 331 (333 f.).

705 *Helmrich*, wistra 2010, 331 (334.); *Thiemann*, Aufsichtspflichtverletzung, S. 71.

706 *Bosch*, Organisationsverschulden, S. 322; vermittelnd *Senge* in Erbs/Kohlhaas, § 130 Rz. 1, nach dem auch individuelle Rechtsgüter in den Schutzbereich der Norm fallen.

707 *Beck* in BeckOK OWiG, § 130 Rz. 10.

708 *Roxin* in FS Beulke, S. 239 (242 f.) zu der umgekehrten Diskussion, ob die strafrechtliche Geschäftsherrenhaftung angesichts der Sanktionsmöglichkeit nach § 130 OWiG obsolet sei.

709 S. 172 f.

710 Die Einordnung als konkretes oder abstraktes Gefährdungsdelikt hielt auch der BGH im Hinblick auf die Frage des geschützten Rechtsguts für irrelevant, BGHZ 125, 366 (373) = NJW 1994, 1801 (1803 f.).

711 *Rogall*, ZStW 98 (1986), 573 (586 f.): Ordnung im Betrieb allenfalls Schutzreflex; *ders.* in KK-OWiG, § 130 Rz. 15.

treffend bemerkte, wirkt § 130 OWiG „gewissermaßen als Warnung an den Betriebsinhaber, die Gefahr einer Bestrafung aus einem (unechten) Unterlassungstatbestand gar nicht erst aufkommen zu lassen.“[712]

Vor diesem Hintergrund erscheint es sachgerecht, die von den einzelnen Straf- und Bußgeldtatbeständen geschützten Rechtsgüter als primäres Schutzgut zu betrachten,[713] wobei mittelbar auch die Ordnung im Betrieb bezweckt wird, ohne die dieser Rechtsgüterschutz nicht gewährleistet werden könnte.[714] Die Eignung von möglichen Aufsichtsmaßnahmen ist demzufolge maßgeblich daran zu messen, ob sie dem Schutz der von den einzelnen Straf- und Bußgeldnormen geschützten Rechtsgüter dienen.

2. *Geeignetheit anlassbezogener Aufklärungsmaßnahmen zum bezweckten Individualrechtsgüterschutz*

Aufsichtsmaßnahmen sind als geeignet anzusehen, wenn sie höchstwahrscheinlich das Verhalten der unter Aufsicht stehenden Betriebsangehörigen dahin gehend beeinflussen, dass betriebsbezogene Zuwiderhandlungen im Unternehmen gegen Inhaberpflichten und damit einhergehende Beeinträchtigungen von Individualrechtsgütern Dritter verhindert werden.[715] Nachfolgend ist daher zu untersuchen, ob dies im Hinblick auf unternehmensinterne Ermittlungen als potenzielle Aufsichtsmaßnahme im Sinne des § 130 OWiG der Fall ist.

a) Keine Verhinderung oder Erschwerung abgeschlossener Taten

Offensichtlich ist zunächst, dass (rückwirkende) Aufklärungsbemühungen um eine bereits erfolgte und abgeschlossene Straftat oder Ordnungswidrigkeit genau diese begangene Zuwiderhandlung nicht mehr verhindern oder wesentlich erschweren können. Ausweislich der neutralen Formulierung des Tatbestandes („wenn eine solche Zuwiderhandlung begangen wird“) muss sich die pflichtwidrig unterlassene Aufsichtsmaßnahme aber nicht zwingend auf denjenigen Betriebsangehörigen beziehen, der infolge der mangelhaften Aufsicht einen

---

712 *Rogall*, ZStW 98 (1986), 573 (587 f.).

713 *Tiedemann*, DJT-Gutachten 1972, S. C 57; *Rogall*, ZStW 98 (1986), 573 (587 f.); *ders.* in KK-OWiG, § 130 Rz. 16; *Gürtler/Thoma* in Göhler, OWiG, § 130 Rz. 3a; *Lemke/Mosbacher*, OWiG, § 130 Rz. 3; *Bock*, Criminal Compliance, S. 365; ähnlich *Hermanns/Kleier*, Aufsichtspflicht, S. 6 (mittelbarer Individualgüterschutz).

714 So auch *Tiedemann*, DJT-Gutachten 1972, S. C 57; *Bock*, Criminal Compliance, S. 365; a.A. *Rogall*, ZStW 98 (1986), 573 (586 f.).

715 *Rogall* in KK-OWiG, § 130 Rz. 45; *Rosinus*, Haftungsvermeidung, S. 79 f.

Normverstoß begeht. Ebenso wenig muss die Aufsicht auf die Verhinderung oder Erschwerung genau dieser Tat oder genau dieser Art von Taten (z.B. Korruptionsdelikte) abzielen, die infolge der unzureichenden Aufsicht tatsächlich begangen wird.

Es ist daher durchaus möglich, dass dem Betriebsinhaber vorgeworfen wird, er sei einem bereits begangenen Verstoß durch Mitarbeiter A nicht nachgegangen und habe dadurch die „gehörige Aufsicht“ unterlassen, die eine (weitere) und ggf. anders gelagerte Gesetzesverletzung durch Mitarbeiter B verhindert oder wesentlich erschwert hätte.

b) Präventive Effekte unternehmensinterner Ermittlungen

Die präventiven Wirkungen unternehmensinterner Aufklärungsmaßnahmen bei Anhaltspunkten für Regelverstöße aus dem Unternehmen heraus lassen sich – ebenso wie die Effektivität anderer Aufsichtsmaßnahmen i.S.v. § 130 OWiG – nicht allgemeingültig bestimmen.[716] Da Unternehmensverantwortliche in der Regel nicht nur compliancefördernde Wirkungen in Bezug auf potenzielle überführte Täter, sondern auf das gesamte Personal im Unternehmen erstreben, ist zwischen beiden Stoßrichtungen zu differenzieren.

aa) Spezialprävention

Zunächst stellt sich die Frage, inwieweit die Untersuchung verdächtiger Sachverhalte im Unternehmen der individuellen Abschreckung des möglicherweise durch unternehmensinterne Ermittlungen zu überführenden Mitarbeiters dienen kann.

Eine künftige Verhaltensbeeinflussung, die auf das Unterlassen von (weiteren) Regelverstößen und die „Resozialisierung“ in dem betroffenen Unternehmen gerichtet ist, kann jedenfalls nur stattfinden, wenn der verdächtigte Mitarbeiter nicht infolge von Sanktionen aus dem Unternehmen ausscheidet (etwa im Wege der außerordentlichen Kündigung). Im Falle des Austritts aus dem Unternehmen hat sich die Gefahr einer zukünftigen (erneuten) Zuwiderhandlung des Verdächtigten zulasten des Unternehmens ohnehin erledigt, sodass der Aufsichtspflichtige auch nicht mehr wegen späterer Wiederholungstaten desselben Mitarbeiters in dem jeweiligen Unternehmen infolge mangelhafter Aufsicht belangt werden kann. Spezialpräventive Maßnahmen können dann höchstens

---

716 Anders wohl *Potinecke/Block* in Internal Investigations, Kap. 2 Rz. 13: Aufdeckung vergangener Zuwiderhandlungen habe *immer* auch einen präventiven Effekt bzgl. evtl. in der Zukunft stattfindender Taten; differenzierter *Wagner*, CCZ 2009, 8 (13).

noch in anderen Unternehmen, die den Mitarbeiter daraufhin einstellen, Wirksamkeit entfalten.

(1) Bei aufgedecktem Fehlverhalten

Hat der Mitarbeiter, dessen Fehlverhalten im Zuge interner Aufklärungsmaßnahmen aufgedeckt wurde, vorsätzlich gehandelt, entfalten die ihn überführenden Ermittlungen der Unternehmensleitung in aller Regel für sich genommen bereits eine abschreckende Wirkung. Werden gegenüber dem Betroffenen Sanktionen ausgesprochen, dürften diese die allein durch die Sachverhaltsaufklärung entfaltete Abschreckungswirkung zwar regelmäßig überlagern. Aber bereits das durch ernsthafte Aufklärungshandlungen vermittelte Gefühl, sich nicht in der Komplexität des Betriebes „verstecken" zu können, ist geeignet, das künftige Verhalten des überführten Delinquenten zu beeinflussen.

Die Auswirkungen beschränken sich nicht auf eine Abschreckung von der Begehung genau des gleichen Rechtsverstoßes, sondern erfassen regelmäßig sämtliche denkbaren Zuwiderhandlungen.[717] Ein Unternehmensangehöriger, gegen den unternehmensintern wegen Betruges ermittelt wurde, kann also aufgrund des ihm vor Augen geführten generellen Entdeckungsrisikos auch davon abgehalten werden, zukünftig Urkundendelikte oder Unterschlagungen zu begehen.

Soweit rein fahrlässige Regelverstöße im Raum stehen, geht es im Hinblick auf fahrlässige Erfolgsdelikte nicht um die künftige Vermeidung schädlicher Erfolge durch Willensbeeinflussung der Unternehmensmitarbeiter, sondern um die Einhaltung der im jeweiligen Verkehrskreis erforderlichen Sorgfalt.[718] Diesbezüglich erschöpft sich die Aufsicht nicht in reinen Appellen an die Sorgfalt der Mitarbeiter, sondern erfordert konkrete Handlungsanweisungen (z.B. Tragen von Schutzkleidung), deren Befolgung im Wege der Überwachung kontrolliert und ggf. im Wege von Sanktionen durchgesetzt wird.[719] Geht die Unternehmensleitung also Hinweisen auf die Nichteinhaltung derartiger Weisungen und damit auf sorgfaltswidriges Verhalten nach, kann die Sensibilität des jeweiligen Betriebsangehörigen in Bezug auf die einzuhaltende Sorgfalt erhöht werden.

---

717 Abweichend wohl *Wagner*, CCZ 2009, 8 (13): Spezialpräventive Wirkungen träten (nur?) ein, „wenn die Gefahr besteht, dass dieselben Unternehmensangehörigen *die gleiche Zuwiderhandlung* zu einem späteren Zeitpunkt wiederholen [...]" (Herv. d. Verf.).

718 Dazu allgemein *Maschke*, Aufsichtspflichtverletzungen, S. 51 f.

719 *Maschke*, Aufsichtspflichtverletzungen, S. 52; *Rogall* in KK-OWiG, § 130 Rz. 48.

Selbst soweit dem Betroffenen keine konkreten Handlungsanweisungen erteilt wurden, sondern der Betriebsinhaber bzw. der Weisungsbefugte nur den Rahmen abgesteckt hat, innerhalb dessen der Mitarbeiter sich selbst für eine Handlungsvariante entscheiden muss, kann die Aufdeckung fahrlässigen Fehlverhaltens eine zukünftige Steigerung der ausgeübten Sorgfalt bewirken. Soweit eingewendet wird, dass entsprechende Aufsichtsmaßnahmen in derartigen Konstellationen nicht dazu führen würden, dass der Betroffene künftig nur noch die „richtigen" Maßnahmen auswählt und ergreift,[720] mag dies insoweit zutreffen, als ein „richtiges" Verhalten im Sinne einer stets gebotenen konkreten Handlung hier ja gerade nicht verlangt wird, sondern im Einzelfall der Entscheidung des Mitarbeiters obliegt. Der Betriebsangehörige kann aber bei konsequenter Aufklärung eines Fehlverhaltens dahin gehend beeinflusst werden, zukünftig höhere Sorgfalt bei der durch ihn zu treffenden Auswahl an Handlungsoptionen walten zu lassen.

Nicht jede mögliche Form von Rechtsverstößen durch Unternehmensangehörige kann durch die konsequente Durchführung unternehmensinterner Ermittlungen verhindert werden. Eine Verhaltensbeeinflussung ist insbesondere bei solchen Tätern zweifelhaft, die fest und um jeden Preis zur Tat entschlossen sind und dabei gezielt im Unternehmen eingerichtete Compliance-Maßnahmen umgehen bzw. überschreiten (sog. „Exzesstäter").[721] Der gezielten Umgehung vorhandener Compliance-Strukturen kann eine Indizwirkung dahin gehend zukommen, dass auch die Durchführung interner Ermittlungen und ggf. sogar die Sanktionierung festgestellter Verstöße keine spezialpräventiven Effekte auf den unter allen Umständen zur Tat entschlossenen Täter entfaltet hätte. Die Annahme, dass derartige Betriebsangehörige auch bei unternehmensinterner Aufklärung von Verdachtsmomenten das Ziel des Normverstoßes im Zweifel dem Entdeckungsrisiko überordnen und daher durch repressive Compliance-Maßnahmen nicht von delinquentem Verhalten abgehalten werden, liegt jedenfalls dann nahe, wenn die gezielt umgangene Compliance-Struktur eine erhebliche tatsächliche oder psychische Hürde für den Täter darstellte, sich also nicht beispielsweise in der unternehmensinternen Einführung eines allgemein gehaltenen Code of Conducts erschöpfte.[722] Die regelmäßig mit hoher

720 Ähnlich *Maschke*, Aufsichtspflichtverletzungen, S. 52; *Rogall* in KK-OWiG, § 130 Rz. 48.

721 *Blassl*, CCZ 2016, 201 (202 ff.).

722 *Blassl*, CCZ 2016, 201 (202 ff.) führt das Beispiel an, dass ein Täter sich über unternehmensinterne Informationsbarrieren (sog. Chinese Walls) unter Nutzung fremder Zugangsdaten hinwegsetzt, um ein verbotenes Insidergeschäft zu tätigen.

krimineller Energie ausgeführten Exzesstaten werden sich demnach in den seltensten Fällen durch interne Aufklärungsmaßnahmen verhindern lassen.[723]

(2) Bei fehlendem Regelverstoß

Spezialpräventive Effekte können auch dann eintreten, wenn Anhaltspunkte für ein vermeintliches Fehlverhalten eines Mitarbeiters im Ergebnis ins Leere führen und der Verdacht sogar gänzlich entkräftet wird, etwa weil ein anderer Unternehmensangehöriger als wahrer Täter überführt wird. Die Auswirkungen der eingeleiteten unternehmensinternen Ermittlungen auf einen ggf. befragten und repressiv kontrollierten Mitarbeiter sind mit denjenigen eines staatlichen Ermittlungsverfahrens vergleichbar. Auch hier findet bereits durch die Einleitung eines Ermittlungsverfahren gegenüber Tatverdächtigen – ungeachtet der tatsächlichen Schuld oder der Verhängung einer Strafe – eine nicht zu unterschätzende Abschreckung statt, die sie von potenziellen künftigen Gesetzesverstößen abhalten kann und ihnen gleichzeitig die Effektivität des Rechtsstaats demonstriert.[724]

Dabei dürfen nicht die negativen Auswirkungen eines solchen Vorgehens der Unternehmensleitung wie die Verunsicherung der Mitarbeiter und die Gefahr der nachhaltigen Beeinträchtigung des Betriebsklimas übersehen werden.[725] Diese wiegen besonders schwer, wenn der Betroffene trotz seiner seiner Unschuld zu Unrecht einer betriebsinternen Diffamierung ausgesetzt wurde. Dies ist allerdings keine Frage der Eignung, also der Zweckdienlichkeit interner Ermittlungen zur Unterbindung zukünftiger Normverstöße, sondern vielmehr eine Frage der Zumutbarkeit bzw. Verhältnismäßigkeit der Maßnahmen.[726]

---

723 In diese Richtung auch *Rogall*, nach dem Exzesstaten „durch Aufsichtsmaßnahmen überhaupt nicht zu beeinflussen" seien (KK-OWiG, § 130 Rz. 46), der an anderer Stelle aber meint, ein derartiger Täter ließe sich „nur durch Aufsichtsmaßnahmen abhalten [...], die die Gefahr der Entdeckung seines verbotenen Handelns erhöhen oder die Hemmschwelle auf andere Weise merklich anheben." (KK-OWiG, § 130 Rz. 52). Die hierbei von *Rogall* als erforderlich angesehenen, drastischen Aufsichtsmaßnahmen (Bespitzelung, Telefonüberwachung) werden zu Recht als unzumutbar eingestuft; unternehmensinterne Ermittlungen ohne Einsatz dieser einschneidenden Mittel nimmt er freilich nicht in den Blick.

724 *Perron* in FS Hanack, S. 473 (476).

725 Dazu eingehend *Minoggio* in Böttger, Wirtschaftsstrafrecht, Kap. 18 Rz. 14 ff.; *Bachmann*, ZHR 180 (2016), 563 (572); *Grützner* in Momsen/Grützner, HdB-WiStrafR, § 16 Rz. 60.

726 Dazu noch S. 207 ff.

bb) Generalprävention

Bei der Generalprävention geht es im herkömmlichen Sinne um die Abschreckung anderer möglicher Rechtsbrecher bzw. die Eindämmung der Nachahmungsgefahr (negative Generalprävention), aber auch um Normbekräftigung und die Stärkung des gesellschaftlichen Vertrauens in den Rechtsstaat (positive Generalprävention).[727] Anknüpfungspunkt im hiesigen Kontext ist nicht der Rechtsstaat, sondern die Unternehmenspolitik, insbesondere die im Unternehmen herrschende Compliance-Kultur. Die (erhofften) generalpräventiven Effekte von Aufsichtsmaßnahmen beziehen sich außerdem im Gegensatz zu staatlichen Präventions- oder Sanktionsmaßnahmen nicht auf die Allgemeinheit der dem Gesetz unterstehenden Bürger, sondern auf alle den Unternehmensregeln unterworfenen Mitarbeiter.

Die generalpräventiven Effekte sind unabhängig von dem Verbleiben des entlarvten Täters im Unternehmen, da auch und gerade nach einer etwaigen Kündigung des im Zuge der Nachforschungen entdeckten Delinquenten bei den verbleibenden Mitarbeitern der Eindruck einer konsequent durchgesetzten Aufsicht i.S.v. § 130 OWiG hinterlassen wird. Mit der konsequenten Aufklärung von hinreichenden Verdachtsmomenten für Unregelmäßigkeiten kann die Unternehmensleitung im Rahmen ihrer Aufsichtspflicht verdeutlichen, dass Gesetzesverletzungen nicht geduldet werden, selbst wenn sie vermeintlich im Unternehmensinteresse liegen, weil sie wirtschaftlich dem Unternehmen und nicht dem Täter zugutekommen.

Fahrlässigen Normverletzungen kann durch konsequente Aufklärung von Verdachtsmomenten in der bereits oben beschriebenen Weise vorgebeugt werden: Ebenso wie an denjenigen Mitarbeiter, dessen sorgfaltswidriges Handeln im Einzelfall aufgedeckt wurde, kann auch an das restliche Personal durch Aufklärung des jeweiligen Vorfalls ein Sorgfaltsappell gerichtet werden.[728]

Die generalpräventive Eignung interner anlassbezogener Aufklärungsbemühungen hängt maßgeblich von der Kenntnisnahme der übrigen Belegschaft und einer entsprechenden Mitarbeiterkommunikation ab. Der von den internen Ermittlungen ausgehende Appell zum regelkonformen Verhalten erreicht diese nur dann, wenn die Nachforschungen der Unternehmensleitung sich entweder unter den Mitarbeitern herumsprechen oder aktiv im Unternehmen publik gemacht werden.[729] Dies wird jedenfalls im Zuge großformatiger Internal Investigations[730] durch externe Ermittler, mit denen regelmäßig zahlreiche

---

727 *Jakobs*, Strafrecht AT I, 1. Abschn. Rz. 27.

728 *Rogall* in KK-OWiG, § 130 Rz. 48 f.

729 In diese Richtung *Grützner* in Momsen/Grützner, HdB-WiStrafR, § 16 Rz. 146.

730 Zum Begriff oben S. 52.

Mitarbeiterinterviews, Durchsuchungen und Beschlagnahmen einhergehen, der Fall sein. Entscheidend ist dabei auch, dass die Unternehmensleitung gegenüber dem gesamten Personal kommuniziert, dass die konsequente Normdurchsetzung alle Unternehmensbereiche umfasst und sich nicht auf den von der internen Ermittlung gerade betroffenen Bereich beschränkt.

cc) Mittelbare Verhaltensbeeinflussung durch Optimierung der Unternehmensorganisation

Wie bereits dargelegt hält der Bußgeldtatbestand den Unternehmensinhaber nicht zur optimalen Betriebsorganisation um ihrer selbst willen[731] und – anders als die gesellschaftsrechtliche Legalitätskontrollpflicht – nicht zur Verfolgung ökonomischer Interessen der Gesellschaft an.[732] Unmittelbarer Normzweck ist die Eindämmung der Gefahr der Verletzung von Individualrechtsgütern außenstehender Dritter aus dem Unternehmen heraus.[733]

Dennoch ist mittelbar bzw. als Reflex einer konsequenten Aufklärung verdächtiger Sachverhalte auch die sorgfältige Unternehmensleitung erfasst. Durch eine präzise Aufklärung verdächtiger Sachverhalte können auch unternehmensinterne Organisationsmängel (etwa fehlende bzw. unausgereifte Sicherheitsvorkehrungen gegen bestimmte Regelverstöße) aufgedeckt und behoben werden, wodurch wiederum daraus resultierende Rechtsverstöße unterbunden werden können.[734] Neben den unmittelbar ausgelösten Abschreckungseffekten gegenüber dem möglicherweise entlarvten Täter und den übrigen Unternehmensangehörigen kann die Unternehmensleitung demnach im Zuge der Durchführung unternehmensinterner Ermittlungen auch Anstöße bekommen, das Compliance- und Risikomanagement zu optimieren.[735] Somit wird im Wege der verbesserten Betriebsorganisation zusätzlich das unmittelbare Ziel des Individualrechtsgüterschutzes verwirklicht bzw. gefördert.[736]

Sieht man die Ermittlungspflicht der Unternehmensleitung als Pendant zur staatlichen Strafverfolgung, ergibt sich im weiteren Sinne ein vergleichbares Bild: Auch die Strafverfolgungsorgane ziehen aus besonders häufigen oder

---

731 S. 173 ff.

732 Zu dem unterschiedlichen Rechtsgüterschutz der gesellschaftsrechtlichen Organhaftung und § 130 OWiG noch S. 189 ff.

733 S. 173 ff.

734 Vgl. etwa *Wagner*, CCZ 2009, 8 (13); ähnlich *Golombek*, WiJ 2012, 162 (164); *Theile* in Rotsch, Criminal Compliance, § 34 B Rz. 61.

735 *Theile* in Rotsch, Criminal Compliance, § 34 B Rz. 61: „Präventionseffekte auf einer tertiären Wirkungsebene".

736 Vgl. S. 44 f., S. 173 ff.

außergewöhnlichen Vorkommnissen und sich ergebenden Kriminalstatistiken Schlüsse darauf, in welchen Bereichen etwa stärkere Kontrollen bzw. Kriminalprävention stattfinden oder Sanktionen verschärft werden müssen.[737] Diese Maßnahmen können wiederum z.B. zu einem optimierten Einsatz personaler Kapazitäten bei den Ermittlungsbehörden und dadurch zu einer verbesserten Straftatverhütung führen. Keineswegs aber ist die Optimierung der Straftatverhütungsstrategien primärer oder gar alleiniger Zweck bei der staatlichen Ermittlungstätigkeit. Unmittelbares und vordergründiges Ziel ist und bleibt stets die Sanktionierung von Ordnungswidrigkeiten und Straftaten zugunsten des Individualrechtsgüterschutzes.

3. Zwischenfazit

Erhält der Betriebsinhaber Hinweise auf mögliche Regelverstöße im Unternehmen bzw. aus dem Unternehmen heraus, kann die unternehmensinterne Aufklärung eine geeignete Aufsichtsmaßnahme zur künftigen Unterbindung von Non-Compliance darstellen. Unternehmensinterne Ermittlungen können bei Vorsatztaten auf den einzelnen (potenziellen) Täter, aber auch auf die sich bisher normkonform verhaltende Allgemeinheit der Unternehmensangehörigen abschreckende Wirkung entfalten und dadurch zukünftig vergleichbare Straftaten verhindern.[738] Im Hinblick auf Fahrlässigkeitstaten wird die interne Aufklärung von Verstößen regelmäßig einen Anreiz zur gesteigerten Sorgfalt der Mitarbeiter bieten. Zur Sicherstellung der generalpräventiven Effekte ist darauf zu achten, dass die nicht unmittelbar betroffenen Mitarbeiter von den internen Ermittlungsmaßnahmen auch Kenntnis erhalten und der Eindruck vermieden wird, die Durchsetzung der Compliance beschränke sich auf den gerade betroffenen Unternehmensbereich.

II. Inhaltliche Konkretisierung der geforderten Aufsicht

Nachdem festgestellt wurde, dass interne Ermittlungen im Unternehmen den durch § 130 OWiG verfolgten Normzweck – den Schutz von Individualrechtsgütern Dritter – fördern und damit ihrer Wirkung nach als „erforderliche Aufsichtsmaßnahme“ bzw. „gehörige Aufsicht“ eingeordnet werden können, ist

---

737 So heißt es etwa auf der Seite des BKA: „Aktuelle Erkenntnisse zur Phänomenologie […] werden in praxisnahe Präventionsinitiativen umgesetzt.“, online abrufbar unter https://www.bka.de/DE/IhreSicherheit/Praevention/praevention_node.html (zuletzt abgerufen am 20.02.2021).

738 Im Ergebnis wohl auch *Golombek*, WiJ 2012, 162 (164).

nachfolgend zunächst zu untersuchen, ob die repressive anlassbezogene Sachverhaltsaufklärung auch von dem Wortlaut der Vorschrift erfasst ist. Weiterhin soll kurz auf die Frage eingegangen werden, ob die Gesetzessystematik oder die Normhistorie Rückschlüsse darauf zulassen, dass unternehmensinterne Ermittlungen Aufsichtsmaßnahmen im Sinne des Tatbestandes darstellen.

1. Grammatische Auslegung

a) Keine originäre und unmittelbare Rechtspflicht zu Aufsichtsmaßnahmen

Aufsichtspflichten im Sinne einer verbindlichen – d.h. unmittelbar erzwingbaren oder sanktionsbewehrten – Rechtspflicht zu einzelnen Aufsichtsmaßnahmen enthält der Bußgeldtatbestand wie bereits dargelegt nicht.[739] Da das Unterlassen der geforderten Aufsichtsmaßnahmen dem klaren Wortlaut nach stets nur dann geahndet werden kann, wenn eine Zuwiderhandlung gegen betriebsbezogene Inhaberpflichten tatsächlich eintritt, stellt sich die im Einzelfall geforderte Aufsicht als Obliegenheit dar, deren Nichterfüllung das Risiko – nicht aber die sichere Folge – der Ahndbarkeit begründet.[740] Ob die Einleitung interner Ermittlungen zu dem Kreis der durch § 130 OWiG dem Vorstand auferlegten Obliegenheiten zählt, ist nachfolgend zu beleuchten.

b) Keine gesetzliche Präzisierung der Aufsichtsmaßnahmen

Welche Aufsichtsmaßnahmen zur Abwendung oder wesentlichen Erschwerung der Zuwiderhandlung geeignet und erforderlich sind, präzisiert die Norm nicht. Eine gesetzliche Konkretisierung der gebotenen Aufsicht gestaltet sich äußerst schwierig, da die Auswahl und der Umfang der jeweiligen Maßnahmen stark von den Umständen des Einzelfalles abhängen und sich daher kaum in eine Formulierung bringen lassen, die noch eine Berücksichtigung des konkreten Sachverhaltes zulässt.[741] Einzige gesetzliche Konkretisierung ist zunächst die „Erforderlichkeit" der verlangten Aufsichtsmaßnahmen zur Verhinderung der betriebsbezogenen straf- oder bußgeldbewehrten Zuwiderhandlungen. Weiterhin ist nur die „gehörige Aufsicht" geschuldet, was als Vorbehalt der Geeignetheit,

---

739 S. 134 ff.

740 Ebenso *Bachmann*, ZHR 180 (2016), 563 (570): „Obliegenheit zur Durchführung interner Ermittlungen"; *Wilkens*, Internal Investigations, S. 84 f., 121 f.

741 RegE OWiG, BT-Drs. V/1269, S. 70; *Rogall*, ZStW 98 (1986), 573 (591, 603); vgl. entsprechende Bemühungen zur Konkretisierung des Bundesverbandes der Unternehmensjuristen (BUJ), online unter https://docplayer.org/5061278-Gesetzgebungsvorschlag.html (zuletzt abgerufen 20.02.2021), S. 9 ff.

praktischen Durchführbarkeit und Zumutbarkeit der Maßnahmen im Einzelfall gelesen wird.[742]

§ 130 Abs. 1 S. 2 OWiG stellt klar, dass die erforderliche Aufsicht *auch* die Bestellung, sorgfältige Auswahl und Überwachung von Aufsichtspersonen umfasst. Die Formulierung verdeutlicht immerhin, dass diese Aufsichtsmaßnahmen nicht abschließend sind, lässt aber die Frage offen, welche sonstigen Aktivitäten der Normadressat entfalten muss, um der gebotenen Aufsicht nachzukommen bzw. welche Aufsichtsmaßnahmen die bestellten Aufsichtspersonen ihrerseits ergreifen müssen.[743] Die Beauftragung von Aufsichtspersonen ist aber keinesfalls obligatorisch, sondern wiederum von deren Erforderlichkeit, etwa aufgrund der Unternehmensgröße oder der Unübersichtlichkeit der Strukturen, abhängig.[744]

c) Wortlaut: „Aufsicht" und „Überwachung" als repressive Aufklärung

Insbesondere aufgrund der im Schrifttum geäußerten Zweifel an der Verfassungsmäßigkeit des Bußgeldtatbestandes wegen Verletzung des Bestimmtheitsgrundsatzes und des Schuldprinzips[745] erscheint eine möglichst restriktive und am Wortlaut des Tatbestandes orientierte Auslegung angezeigt.[746]

aa) Aufsicht

Einen ersten Anhaltspunkt für die von der Norm geforderten Compliance-Maßnahmen bietet der Begriff der „Aufsichtsmaßnahmen" bzw. der gehörigen „Aufsicht", die Zuwiderhandlungen gegen bestimmte Pflichten verhindert oder wesentlich erschwert hätte.

(1) Die Reichweite des Begriffs prima facie

Der Terminus „Aufsicht" ist das Substantiv zu dem Verb „sehen". Gemeint ist also, dass derjenige, der etwas oder jemanden beaufsichtigt, die Sicht auf das

742 Vgl. OLG Düsseldorf, NStZ-RR 1999, 151; *Rogall* in KK-OWiG, § 130 OWiG Rz. 40 m.w.N.

743 *Beck* in BeckOK OWiG, § 130 Rz. 40; *Rogall* in KK-OWiG, § 130 OWiG Rz. 39 f.

744 *Rogall* in KK-OWiG, § 130 OWiG Rz. 40.

745 Vgl. nur *Hermanns/Kleier*, Aufsichtspflicht, S. 12; *Maschke*, Aufsichtspflichtverletzungen, S. 74 ff.; *Beck* in BeckOK OWiG, § 130 Rz. 18 ff. m.w.N.; diese Bedenken unter Verweis auf die Möglichkeit einer verfassungskonformen Auslegung als überwunden bezeichnend dagegen *Rogall* in KK-OWiG, § 130 OWiG Rz. 21.

746 So auch *Beck* in BeckOK OWiG, § 130 Rz. 22.

laufende Geschehen hat, mithin darauf aufpasst, ob Abweichungen vom Normalzustand eintreten bzw. dass gewisse Schadensereignisse nicht eintreten. Es stellt sich die Frage, ob der Wortlaut weit zu interpretieren und damit auch repressives Nachforschen und ggf. Eingreifen im Einzelfall erfasst ist oder ob dieser sich auf eine systematische, vorbeugend wirkende Kontrolle des Verpflichteten beschränkt. Der erste Anschein spricht für die letztgenannte engere Deutung.[747] Denkbar ist allerdings auch, „Aufsicht" dergestalt zu interpretieren, dass sie auch die Aufgabe umfasst, sich bei Bedarf eine „bessere Sicht" auf Vorgänge zu verschaffen, die nach dem ersten Eindruck auffällig erscheinen.

(2) „Aufsicht" in anderen Kontexten

Näheren Aufschluss über die übliche Deutung von „Aufsicht" könnte die Betrachtung anderer Aufsichts-Konstellationen außerhalb des Unternehmenskontextes geben: Nimmt man etwa § 832 BGB in den Blick, der die Haftung der Aufsichtsperson eines Minderjährigen wegen Verletzung der Aufsichtspflicht normiert, ergibt sich aus dem drittschützenden Charakter dieser Haftungsnorm, dass die zuständige Aufsichtsperson Anhaltspunkte, die auf ein Fehlverhalten des Minderjährigen hindeuten, regelmäßig nicht außer Acht lassen darf. So kann nach der Rechtsprechung im Einzelfall zur Vermeidung (künftiger) Schädigungen Dritter eine Nachforschungspflicht bestehen bei der Befürchtung, dass der minderjährige Sohn in Kneipenschlägereien verwickelt ist[748] oder das Kind sich nach eigener kurzzeitiger Abwesenheit in Besitz eines Feuerzeuges gebracht und damit Schaden angerichtet haben könnte.[749]

Auch sieht das Gesetz in verschiedenen Bereichen repressive Befugnisse für – explizit als solche bezeichnete – Aufsichtsbehörden vor. So verfügt die gemäß § 6 Abs. 1 S. 1 WpHG zur Aufsicht über Wertpapierdienstleistungsunternehmen zuständige Bundesanstalt für Finanzdienstleistungsaufsicht (BaFin) über diverse Ermittlungsbefugnisse zur Aufklärung von Verstößen gegen die einschlägigen Vorschriften, vgl. § 6 Abs. 3, 4, 11 bis 13 WpHG. Zu diesem Zwecke verpflichtet § 4d FinDAG die BaFin zur Einrichtung eines Hinweisgebersystems zur

747 So auch *Wagner*, CCZ 2009, 8 (13) mit Verweis auf *Spindler* in Fleischer, Hdb Vorstandsrecht, § 15 Rz. 112; *Wilkens*, Internal Investigations, S. 119; ähnlich *Rübenstahl/Skoupil*, WiJ 2012, 177 (182): „zukunftsgerichtete, präventiv geprägte Pflichtenstellung".

748 OLG Celle, VersR 1978, 1025; eine Nachforschungspflicht des Vaters im betreffenden Fall verneinend BGH, VersR 1980, 278.

749 OLG Düsseldorf, VersR 1992, 321.

Annahme von Meldungen über potenzielle oder tatsächliche Verstöße gegen Regelungen, deren Überwachung in die Kompetenz der BaFin fällt. Ähnliche Ermittlungsrechte sieht § 3 Abs. 4 BörsG für die nach § 3 Abs. 1 S. 1 BörsG zur Aufsicht über die Börsenorgane zuständige Börsenaufsichtsbehörde vor. Soweit ihr gemäß § 3 Abs. 4 S. 1 BörsG „auch ohne besonderen Anlass" unter anderem Auskunfts- und Prüfungsrechte zukommen, verdeutlicht dies im Wege eines Erst-Recht-Schlusses, dass davon auch anlassbezogene Aufklärungsmaßnahmen umfasst sind. Weitergehende Ermittlungsbefugnisse sind ausdrücklich an das Vorliegen entsprechender Verdachtsmomente geknüpft, § 3 Abs. 4 S. 3 BörsG. Als weiteres Beispiel einer mit Untersuchungsaufgaben und -befugnissen ausgestatteten Aufsichtsbehörde lässt sich die nach Art. 51 DS-GVO für die Überwachung der Einhaltung der Vorschriften der DS-GVO zuständige Datenschutzaufsichtsbehörde anführen. Art. 57 Abs. 1 h) DS-GVO weist dieser die Aufgabe zu, anlassbezogene Untersuchungen über die Anwendung der DS-GVO durchzuführen, während Art. 58 DS-GVO ihr die zur Durchführung dieser Aufgabe erforderlichen Ermittlungsbefugnisse zuweist.

Eine Gesamtschau dieser Vorschriften zeigt, dass das Gesetz mit „Aufsicht" regelmäßig auch und insbesondere repressive Ermittlungsmaßnahmen zur Feststellung etwaiger Rechtsverstöße meint. Dass § 130 Abs. 1 OWiG im Gegensatz zu den vorangehend genannten Vorschriften repressive Aufklärung nicht explizit als Aufsichtsmaßnahme anführt, steht einer entsprechend weiten Auslegung des Begriffs der Aufsicht nicht entgegen. Die Formulierung des Bußgeldtatbestandes wurde erkennbar bewusst knapp und allgemein gehalten und hebt allein in § 130 Abs. 1 S. 2 OWiG aus Klarstellungsgründen die Überwachung und Auswahl von Aufsichtspersonen hervor. Im Übrigen wurde der Tatbestand generalklauselartig konzipiert, um angesichts der Vielgestaltigkeit sorgfältiger Unternehmensführung möglichst viele unterschiedliche Aufsichtsmaßnahmen ohne ausdrückliche Aufzählung zu erfassen. Ein wesentlicher Unterschied des Bußgeldtatbestandes zu den vorangehend genannten Vorschriften, die einzelne durch Aufsichtsbehörden vorzunehmende Aufsichtsmaßnahmen (abschließend) normieren, liegt schließlich darin, dass diese Normen Eingriffsbefugnisse staatlicher Behörden regeln, während § 130 OWiG Obliegenheiten von Privatpersonen statuiert.

Im Ergebnis lässt der in § 130 Abs. 1 OWiG verwendete Terminus der Aufsicht seinem Wortsinn nach eine Subsumtion interner Aufklärungsbemühungen der Unternehmensleitung zu.

bb) Überwachung

Möglicherweise finden unternehmensinterne Ermittlungsmaßnahmen einen noch konkreteren normativen Anhaltspunkt in dem in § 130 Abs. 1 S. 2 OWiG verwendeten Terminus der „Überwachung". Nach dieser Vorschrift gehören zu den erforderlichen Aufsichtsmaßnahmen „auch die Bestellung, sorgfältige Auswahl und Überwachung von Aufsichtspersonen".

(1) Abgrenzung zur Aufsicht

Die Formulierung („auch") zwingt logisch zu dem Schluss, dass nach gesetzgeberischer Intention neben der Überwachung von Aufsichtspersonen ebenso die unmittelbar durch den Vorstand ausgeübte Mitarbeiterüberwachung unter den Oberbegriff der „Aufsicht" im Sinne des ersten Satzes fällt. Durch § 130 Abs. 1 S. 2 OWiG sollte deklaratorisch ergänzt werden, dass die Aufsicht, die generell Überwachungsmaßnahmen einschließt, sich auch auf zwischengeschaltete Aufsichtspersonen bezieht und der originär aufsichtspflichtige Betriebsinhaber sich nicht jeglicher Compliance-Pflichten durch deren Delegation entledigen kann.

Auch wenn der Begriff Überwachung häufig mit dem der Aufsicht gleichgesetzt wird, meint er doch eine deutlich intensivere Form der Kontrolle als die reine Aufsicht. Wären beide Ausdrücke identisch, so hätte es die Gesetzesformulierung in § 130 Abs. 1 S. 2 OWiG zum einen bei der sinngemäßen Aussage belassen können, dass auch die Aufsicht von ihrerseits Aufsichtspflichtigen zum Pflichtenkanon zählt. Eine beispielhafte Aufzählung verschiedener organisatorischer Maßnahmen wäre obsolet. Zum anderen beinhaltet bereits der natürliche Wortsinn und -gebrauch eine – oftmals negativ konnotierte – engere und regelmäßig zweckgebundene Observierung von Geschehensabläufen.[750]

(2) Beschränkung des Wortsinns auf planmäßige Kontrolle

Neben dieser Abgrenzung zum weiteren und insoweit übergeordneten Aufsichtsbegriff bleibt zweifelhaft, ob „Überwachung" neben dem vorbeugenden und planmäßigen Beobachten von Geschehensabläufen im Unternehmen anlassbezogene Sachverhaltsuntersuchungen umfasst. Allgemein ist unter Überwachung die fortgesetzte Überprüfung von Personen, Sachen und Vorgängen zum Schutz einzelner oder der Allgemeinheit zu verstehen.[751] Werden Personen überwacht, muss der Überwachungspflichtige im Wege der Kontrolle und Anweisung

750 Zu denken ist nur an Überwachungskameras (und nicht etwa Aufsichtskameras).
751 Brockhaus-Enzyklopädie, 1993, Bd. 22, 547, Stichwort Überwachung.

darauf achten, dass diese eine Tätigkeit sorgsam ausführen.[752] Wesentliches Element des Wortsinns ist die Dauerhaftigkeit und Kontinuität der Beobachtung und Kontrolle,[753] sodass die einzelfallbezogene Aufklärung verdächtiger Sachverhalte eher nicht hierunter fällt.

Von einer Dichotomie von (ständiger) Überwachung und anlassbezogener Kontrolle scheint auch die Rechtsprechung auszugehen. So erachtete der BGH den Hinweis für notwendig, dass die Unternehmensleitung nach § 43 Abs. 1 GmbHG nicht nur die Verpflichtung treffe, den Geschäftsvorgang zu überwachen bzw. überwachen zu lassen, sondern *darüber hinaus* auch die Pflicht, Anhaltspunkten für ein Fehlverhalten nachzugehen.[754] Demnach umfasst Überwachung in ihrer originären Bedeutung zumindest begrifflich nicht automatisch die Nachforschung bei Unregelmäßigkeiten. Die grammatische Auslegung spricht im Ergebnis dafür, dass mit Überwachung tatsächlich nur die planmäßige und dauerhafte Beobachtung der Vorgänge im Unternehmen, nicht aber anlassbezogene repressive Ermittlungsmaßnahmen durch das Leitungsorgan gemeint sind.

d) Zwischenergebnis

Der Wortlaut des Bußgeldtatbestandes lässt es zu, die Durchführung unternehmensinterner Ermittlungen durch den Vorstand als erforderliche Aufsichtsmaßnahme zu qualifizieren.

2. Systematik und Regelungszusammenhang der Norm

a) Stellung im Gesetz („äußere Systematik“)

Aus dem äußeren Regelungszusammenhang des § 130 OWiG, also dem „Standort“ der Vorschrift im Gesetz, lassen sich keine Erkenntnisse für die Frage gewinnen, ob die in der Vorschrift geforderte Aufsicht auch die anlassbezogene Einleitung unternehmensinterner Ermittlungen umfasst. Weder die Stellung des Tatbestandes im OWiG, also die Zuordnung zum Ordnungswidrigkeitenrecht bzw. Strafrecht im weiten Sinne, noch die Verortung in einem eigenen vierten

---

752 Meyers Enzyklopädisches Lexikon, 1979, Bd. 24, 79, Stichwort Überwachungspflicht; ähnlich Duden, 1981, Bd. 6, 2663, Stichwort überwachen.

753 Vgl. Brockhaus-Enzyklopädie, 1993, Bd. 22, 547, Stichwort Überwachung: „*fortgesetzte* Überprüfung […]“; Duden, 1981, Bd. 6, 2663, Stichwort überwachen: „jmdn. durch *ständiges* Beobachten kontrollieren“ (alle Herv. d. Verf.).

754 BGH, GmbHR 1985, 143 (144).

Abschnitt im dritten Teil des OWiG („Einzelne Ordnungswidrigkeiten") lässt sich für die aufgeworfene Frage fruchtbar machen.

b) Regelungszusammenhang mit gesellschaftsrechtlichen Pflichtenbindungen („innere Systematik")

Aufschluss über die inhaltliche Konkretisierung der gebotenen Aufsicht könnte aber die Abgrenzung bzw. das Verhältnis des Norminhalts des § 130 OWiG zum Anwendungsbereich bzw. Inhalt anderer Normen geben, die ebenfalls Anforderungen im Bereich der Compliance an den Vorstand der Aktiengesellschaft statuieren. Nachfolgend ist daher zu untersuchen, welche Rolle den compliancerelevanten gesellschaftsrechtlichen Haftungsnormen für Verstöße gegen die Leitungssorgfalt nach §§ 76 Abs. 1, 93 Abs. 1 AktG bzw. deren Auslegung bei der Bestimmung der nach § 130 OWiG erforderlichen Aufsicht zukommt.

aa) Keine umfassende Kongruenz zwischen gesellschaftsrechtlichen und ordnungswidrigkeitenrechtlichen Compliance-Pflichten

Die sich aus dem Gesellschaftsrecht und dem Ordnungswidrigkeitenrecht ergebenden Compliance-Anforderungen sind nicht ohne Weiteres umfassend auf das jeweils andere Rechtsgebiet übertragbar. Der Ausgangspunkt der aktienrechtlichen Organhaftung im Innenverhältnis ist ein anderer als derjenige der sanktionsrechtlichen Haftung des § 130 OWiG im Außenverhältnis.[755] Während die gesellschaftsrechtliche Leitungssorgfalt das Innenverhältnis zwischen dem Vorstand als Organ und der Gesellschaft betrifft und daher in erster Linie am Gesellschaftsinteresse orientiert ist, sanktioniert § 130 OWiG defizitäre Aufsicht, durch die Normverstöße aus dem Unternehmen heraus gegenüber externen Dritten ermöglicht werden. Der Bußgeldtatbestand verfolgt damit primär öffentliche Interessen.[756]

Darüber hinaus widerspräche es gerade dem von § 93 Abs. 1 AktG geschützten Gesellschaftswohl, würde man dessen Pflichteninhalt deckungsgleich auf die Haftung nach § 130 OWiG im Außenverhältnis übertragen. Denn zieht man zugunsten des Gesellschaftsvermögens die Schrauben der Innenhaftung des Vorstandes an, ginge damit eine verschärfte Haftung von Unternehmensleitern bei der Verletzung von Rechtsgütern Dritter durch Unternehmensangehörige und folglich – etwa über § 30 OWiG oder im Wege der Übernahme

755 *Grützner/Leisch*, DB 2012, 787 (790); ähnlich in Bezug auf Kartellrechtsverstöße *Twele*, Haftung des Vorstands, S. 113; relativierend *Löbbe* in FS Seibert, S. 561 (565 ff., 574).

756 Zu dem im Einzelnen umstrittenen Rechtsgut des § 130 OWiG bereits S. 173 ff.

von Bußgeldern oder Geldstrafen – eine (faktische) Sanktionierung des Unternehmens selbst einher.[757] Die geschädigte Gesellschaft würde damit ihrerseits für erlittene Pflichtverletzungen des Leitungsorgans „über die Bande des § 130 OWiG gespielt“[758] sanktioniert.

bb) Partielle Homogenisierung der Compliance-Anforderungen

Andererseits gebietet der Grundsatz der Einheit der Rechtsordnung jedenfalls insoweit einen homogenen Maßstab der Organhaftung für Compliance-Verstöße im Innen- und Außenverhältnis, dass das gesellschaftsrechtliche Haftungsregime und die bußgeldrechtliche Ahndung keine erheblich voneinander abweichenden oder gar sich widersprechenden Compliance-Anforderungen an die Leitungsorgane stellen dürfen.[759] Der Sache nach zielen immerhin beide im Bereich Compliance auf die Sicherstellung des normkonformen Handelns sämtlicher Unternehmensmitarbeiter durch entsprechende Aufsicht ab und weisen in ihrem Normappell eine wesentliche Schnittmenge auf.[760]

Denn die gesellschaftsrechtlichen Compliance-Pflichten sind nur soweit am Gesellschaftsinteresse auszurichten, wie das Vorstandshandeln nicht gegen geltende Gesetze verstößt. Wie bereits dargelegt zwingt die Legalitätspflicht die Unternehmensleitung bei der Ausübung ihrer Leitungssorgfalt zur Beachtung sämtlicher – auch drittschützenden – Normen und verbietet sog. „nützliche Pflichtverletzungen“ zugunsten des Gesellschaftswohls.[761] Gleichzeitig wird die durch § 130 OWiG geforderte Aufsicht wie erwähnt durch das Kriterium der Zumutbarkeit begrenzt, sodass hier das Unternehmensinteresse seinerseits als limitierender Faktor Berücksichtigung findet. Damit bleibt zumindest für eine eindimensionale Akzessorietät zwischen den gesellschaftsrechtlichen Compliance-Pflichten und der sanktionsrechtlich geforderten Aufsicht Raum.[762]

---

757 *Grützner/Leisch*, DB 2012, 787 (790).

758 *Grützner* in Momsen/Grützner, HdB-WiStrafR, § 16 Rz. 48; *ders./Leisch*, DB 2012, 787 (790).

759 *Löbbe* in FS Seibert, S. 561 (565 ff., 571).

760 *Löbbe* in FS Seibert, S. 561 (567, 574).

761 Statt vieler BGHSt 55, 288 = NJW 2011, 88; BGHSt 55, 266 = NZG 2010, 1190 (1192); *Fleischer* in BeckOGK AktG, § 93 Rz. 50 ff. m.w.N. Dazu bereits S. 91 f.

762 *Löbbe* in FS Seibert, S. 561 (569, 571 ff.).

cc) Asymmetrische Akzessorietät des § 130 OWiG von gesellschaftsrechtlichen Compliance-Pflichten

Daran schließt sich die Frage an, welche der beiden Rechtsquellen primärer Anknüpfungspunkt für die Konkretisierung der Compliance-Pflichten des Vorstandes, insbesondere für die hier interessierende Pflicht zur Einleitung interner Ermittlungen bei Verdacht auf Straftaten durch Unternehmensmitarbeiter, sein soll. Zunächst wäre denkbar, dass die durch § 130 OWiG geforderte Aufsicht allein aus sich heraus autonom zu bestimmen ist und dieser Maßstab die gesellschaftsrechtlichen Compliance-Pflichten beeinflusst. Die gesellschaftsrechtliche Legalitätspflicht hält in Form der externen Pflichtenbindung den Vorstand zur Einhaltung (auch) sämtlicher Strafgesetze und Bußgeldtatbestände an; ein Pflichtverstoß im Außenverhältnis führt gleichsam zu einer Schadensersatzpflicht des Vorstands im Innenverhältnis.[763]

Auch wenn ein Verstoß gegen § 130 OWiG regelmäßig zugleich zu einer Pflichtverletzung im Innenverhältnis führen wird,[764] kann jedoch ein Gleichlauf der Compliance-Pflichten in diese Richtung nur eingeschränkt angenommen werden.[765] Denn die Legalitätspflicht des Vorstandes greift nur im Hinblick auf strikte und klare Handlungsappelle an den Vorstand. Die durch § 130 OWiG geforderte Aufsicht ist – jedenfalls außerhalb der in § 130 Abs. 1 S. 2 OWiG aufgezählten oder wenigstens durch gefestigte Rechtsprechung anerkannten Aufsichtsmaßnahmen – für sich genommen aber zu unbestimmt und daher in hohem Maße auslegungs- bzw. konkretisierungsbedürftig.[766] Die im Rahmen der Legalitätspflicht zu beachtenden straf- und bußgeldrechtlichen Normappelle sind nicht aus § 130 OWiG, sondern unmittelbar aus denjenigen Straf- und Bußgeldvorschriften zu entnehmen, an die der Bußgeldtatbestand seinerseits anknüpft.

Weiterhin liefe eine durch § 130 OWiG angeführte Rangfolge zwischen den Compliance-Anforderungen dem „ultima-Ratio"-Gedanken des Strafrechts[767] zuwider. Dieser greift zwar aufgrund der Verschiedenheit beider

---

763 Ganz h.M.; statt vieler BGHSt 55, 288 = NJW 2011, 88 (92); OLG Karlsruhe, NZG 2013, 1177 (1178 f.); *Mertens/Cahn* in KK-AktG, § 93 Rz. 71; differenzierend *Grigoleit/Tomasic* in Grigoleit AktG, § 93 Rz. 12 ff.; *Werner*, CCZ 2010, 143 f.

764 *Twele*, Haftung des Vorstands, S. 113 f.; *Grützner/Leisch*, DB 2012, 787 (790).

765 *Huber*, Reichweite konzernbezogener Compliance-Pflichten, S. 85 ff.

766 Ähnlich *Werner*, CCZ 2010, 143 (144); *Huber*, Reichweite konzernbezogener Compliance-Pflichten, S. 85, 87, der eine Ausnahme für Bereiche zulassen möchte, „in denen die Rechtsprechung zu § 130 OWiG bereits konkrete Vorgaben erarbeitet hat".

767 Dazu nur *Kindhäuser*, ZStW 129 (2017), 382; bezogen auf das Wirtschaftsstrafrecht *Beckemper*, ZStW 131 (2019), 1105.

Sanktionssysteme[768] für das Ordnungswidrigkeitenrecht nicht in gleichem Maße wie für das Strafrecht. Dennoch erschiene es wertungswidersprüchlich, wenn ordnungswidrigkeitenrechtlich verboten wäre, was zivilrechtlich erlaubt ist.[769] In Bezug auf Ermittlungspflichten bedeutet dies: Die von § 130 OWiG geforderte Aufsicht kann nicht mehr verlangen, als diejenige Aufklärung, zu der der Vorstand im Innenverhältnis aktienrechtlich verpflichtet ist.

Vielmehr gilt entsprechend der zu § 266 StGB entwickelten Grundsätze eine asymmetrische Akzessorietät der durch § 130 OWiG geforderten Aufsicht von den gesellschaftsrechtlichen Compliance-Pflichten des Vorstands.[770] Im Rahmen der Untreue ist seit Langem anerkannt, dass die in § 266 StGB vorausgesetzte Vermögensbetreuungspflicht bzw. eine Verletzung derselben sich nach zivilrechtlichen Maßstäben bestimmt.[771] Mag dort auch die Ausgangslage eine andere sein, da sowohl § 266 StGB als auch die gesellschaftsrechtlichen Haftungsnormen das Gesellschaftsvermögen schützen, so lässt sich diese Wertung für den Bereich der Compliance-Pflichten dennoch auf die von § 130 OWiG geforderte Aufsicht übertragen.[772] Beide verlangen von dem Leitungsorgan – im Einzelnen konkretisierungsbedürftige – Anstrengungen zur Unterbindung von Normverstößen im Unternehmen. Für Fragen der Unternehmensleitung ist aber die gesellschaftsrechtliche Organhaftung die traditionelle[773] und sachnähere Materie.[774]

Im Ergebnis dienen die zu §§ 76 Abs. 1, 93 Abs. 1 AktG entwickelten Grundsätze als primärer Anknüpfungspunkt für die Konkretisierung der in § 130 OWiG geforderten Aufsicht. Der gesellschaftlichen Organhaftung kommt insoweit indizielle Wirkung für eine Pflicht- bzw. Obliegenheitsverletzung im Außenverhältnis zu, als eine Verletzung von Compliance-Pflichten im Innenverhältnis notwendige – nicht aber hinreichende – Bedingung der Verwirklichung

---

768 Grundlegend BVerfGE 8, 197 = NJW 1958, 1963 (1964) und BVerfGE 27, 18 = NJW 1969, 1619 (1622); *Achenbach* in FS I. Roxin, S. 3 (6 f.); ausführlich *Mitsch* in KK-OWiG, Einl. Rz. 50 ff.

769 *Löbbe* in FS Seibert, S. 561 (573).

770 *Löbbe* in FS Seibert, S. 561 (569, 571 ff.).

771 Vgl. nur BGHSt 47, 187 = NJW 2002, 1585; *Schünemann* in FS I. Roxin, S. 341 (345 ff.); *Dierlamm* in MüKoStGB, § 266 Rz. 173 f. m.w.N.

772 *Löbbe* in FS Seibert, S. 561 (574).

773 So gehen die heutigen Vorschriften der aktienrechtlichen Organhaftung auf Art. 241 Abs. 2 ADHGB 1861 zurück, während die bußgeldbewehrte Aufsichtspflichtverletzung erst in der zweiten Hälfte des 20. Jahrhunderts in Form des § 33 OWiG 1968 geschaffen wurde (zur Entstehungsgeschichte *Rogall* in KK-OWiG, § 130 Rz. 7 ff.).

774 *Löbbe* in FS Seibert, S. 561 (574); ähnlich *Werner*, CCZ 2010, 143 (144).

des § 130 OWiG ist.[775] Folglich hat sich die bußgeldrechtliche Aufsicht an den zu §§ 76 Abs. 1, 93 Abs. 1 AktG aufgestellten Grundsätzen zur Leitungssorgfalt, insbesondere zur Legalitätskontrolle, zu orientieren.[776] Ist im Innenverhältnis ein Verstoß gegen Compliance-Pflichten zu verneinen, etwa weil eine diesbezügliche Entscheidung des Vorstandes unter den Voraussetzungen der Business Judgment Rule getroffen wurde,[777] ist dieser Ermessensspielraum auch bei der Beurteilung der nach § 130 OWiG erforderlichen Aufsicht zu berücksichtigen.[778]

c) Zwischenergebnis

Die gesellschaftsrechtlich an den Vorstand adressierten Compliance-Anforderungen beeinflussen eindimensional den Inhalt der von § 130 OWiG geforderten Aufsichtsmaßnahmen. Soweit nach gesellschaftsrechtlichen Maßstäben eine anlassbezogene Sachverhaltsaufklärung im Einzelfall nicht pflichtwidrig ist, scheidet auch eine Ordnungswidrigkeit des Vorstandes wegen mangelhafter Aufsicht nach § 130 OWiG aus.

3. Historische Auslegung

Nachdem der Telos[779], der Wortlaut[780] und die Systematik[781] der Norm untersucht wurden, verbleibt die Möglichkeit einer historischen Auslegung des Bußgeldtatbestandes.

Die Normgenese lässt keine Rückschlüsse darauf zu, ob auch repressive Aufklärungsmaßnahmen zu den geforderten Aufsichtsmaßnahmen zählen. Die Gesetzesformulierung hat seit ihrer Einführung in das Bundesrecht in § 23 WiStG 1949 (§ 6 WiStG 1954)[782] diverse Änderungen erfahren.[783] So wurde der Tatbestand als § 33 OWiG 1968 erstmalig dem Wortlaut nach als

---

775 So auch *Löbbe* in FS Seibert, S. 561 (575).

776 Auf die Möglichkeit einer Übertragung der Organhaftungs-Maßstäbe auf § 130 OWiG wurde insbesondere im Kontext des Siemens/Neubürger-Urteils hingewiesen, vgl. *Grützner*, BB 2014, 850 (851 f.).

777 Dazu S. 160, S. 170.

778 *Werner*, CCZ 2010, 143 (144).

779 S. 175 ff.

780 S. 183 ff.

781 S. 188 ff.

782 BT-Drs. 478, S. 13.

783 Eingehend zur Normgeschichte etwa *Hermanns/Kleier*, Aufsichtspflicht, S. 3 ff.; *Maschke*, Aufsichtspflichtverletzungen S. 6 ff.; Überblick bei *Rogall* in KK-OWiG, § 130 Rz. 7 ff.

Unterlassensdelikt ausgestaltet,[784] auf eine Präzisierung des Inhalts der Aufsichtspflichten aber bewusst verzichtet, „weil das Ausmaß der Aufsichtspflicht zu sehr von den Umständen des einzelnen Falles abhängt […]".[785] Nachdem die Vorschrift 1974 in § 130 OWiG überführt wurde, rückte der Gesetzgeber von dem ursprünglich vorgesehenen strengen Kausalitätserfordernis zwischen der Aufsichtspflichtverletzung und der ermöglichten Zuwiderhandlung ab[786] und strich schließlich bei der Kennzeichnung der betriebsbezogenen Zuwiderhandlung („Pflichten …, die den Inhaber als solchen treffen") die Worte „als solchen" ersatzlos, sodass auch Allgemeindelikte als Bezugstaten erfasst waren.[787] Aber weder aus der an der Risikoerhöhungslehre orientierten Ausgestaltung des Tatbestandes, noch aus der Ausweitung der Anknüpfungstaten auf Allgemeindelikte lässt sich eine eindeutige Aussage darüber gewinnen, ob „Aufsicht" auch Ermittlungsmaßnahmen bei dem Vorliegen von Verdachtsmomenten auf Rechtsverstöße im Unternehmen meint.

III. Auslegung durch die Rechtsprechung

Angesichts der offenen Formulierung des Tatbestandes kommt der Rechtsprechung bei der Präzisierung der Aufsichtspflichten eine erhebliche Rolle zu. Die Gerichte betonen stets, dass die geforderte Aufsicht sich vorrangig nach der Art, Größe und Organisation des Betriebs sowie den unterschiedlichen Überwachungsmöglichkeiten, aber auch nach der Vielfalt und Bedeutung der zu beachtenden Vorschriften und der Anfälligkeit des Betriebs für Verstöße gegen diese Bestimmungen richtet.[788] Dabei könnten „insbesondere solche Fehler eine Rolle spielen […], die bereits in der Vergangenheit gemacht worden sind".[789]

1. Aussagen zur internen Aufklärungspflicht

Die Aufklärung verdächtiger Anhaltspunkte für Fehlverhalten im Einzelfall wurde – soweit ersichtlich – als adäquates Mittel zur Überwachung i.S.v. § 130

784 BT-Drs. V/1269, S. 67 ff.

785 BT-Drs. V/1269, S. 70.

786 Dazu Entwurf eines Zweiten Gesetzes zur Bekämpfung der Wirtschaftskriminalität (2. WiKG), BT-Drs. 10/318, S. 43 f.; vgl. auch BT-Drs. 12/192, S. 33 f.

787 BT-Drs. 16/3656, S. 14.

788 OLG Zweibrücken, NStZ-RR 1998, 311; OLG Düsseldorf, NStZ-RR 1999, 151; OLG Jena, NStZ 2006, 533; in diese Richtung auch OLG Köln, wistra 1994, 315; zu Konzernsachverhalten OLG München, StV 2016, 35.

789 OLG Zweibrücken, NStZ-RR 1998, 311.

OWiG explizit kaum gefordert. In den bisher gefällten Entscheidungen verstanden die Gerichte unter einer Intensivierung der Überwachung meist den engmaschigeren Einsatz präventiv wirkender Kontrollmaßnahmen im Unternehmen, sei es in Form von umfassender kontinuierlicher Überwachung oder häufigeren bzw. intensiveren Stichproben. Dennoch sollen im Folgenden gerichtliche Ausführungen beleuchtet werden, denen sich möglicherweise – wenigstens implizite – Hinweise auf das Bestehen repressiver Aufklärungsobliegenheiten entnehmen lassen.

a) Beschluss des OLG München v. 23.09.2014

Ein seltenes Beispiel stellt insoweit ein Beschluss des OLG München dar, der sich schwerpunktmäßig mit der Anwendbarkeit des § 130 OWiG auf Konzernstrukturen befasst.[790] Die Entscheidung leistet nicht nur einen wertvollen Beitrag zur Compliance-Diskussion auf Konzernebene, sondern verdient auch deshalb Beachtung, weil sie sich – im konzernrechtlichen Gewand – zumindest am Rande mit Aufklärungs- und Interventionspflichten des Betriebsinhabers auseinandersetzt.

Der Geschäftsführung der Muttergesellschaft eines faktischen Konzerns wurde seitens der Staatsanwaltschaft die Verletzung einer konzernrechtlichen Aufsichtspflicht gegenüber dem rechtlich selbstständigen Tochterunternehmen vorgeworfen, das über Jahre hinweg ein sog. „Lohnsplittingmodell" praktiziert hatte. Dieses Modell sah im Wesentlichen vor, dass bei der Tochtergesellschaft fest angestellte Mitarbeiter einen Teil ihres Gehalts über eine dritte Firma abrechneten, die die Mitarbeiter offiziell (wohl aber nur zum Schein) zusätzlich im Rahmen eines abgabenfreien 400-Euro-Minijobs beschäftigte und ihrerseits bei entsprechendem Bedarf die Mitarbeiter an die Tochtergesellschaft „auslieh". Ziel soll die Ersparnis von Sozialversicherungsabgaben und Lohnsteuer aufseiten der Tochtergesellschaft als Arbeitgeberin gewesen sein.[791] Angeklagt waren daher insbesondere verschiedene Manager der Tochtergesellschaft wegen des Vorenthaltens und Veruntreuens von Arbeitsentgelt und Steuerhinterziehung sowie die Tochtergesellschaft selbst als Nebenbeteiligte. Soweit die Staatsanwaltschaft die Anklage auch auf die Muttergesellschaft als Nebenbeteiligte erstreckt hatte, wurde diese durch das erstinstanzlich zuständige Landgericht nicht zugelassen, da seitens der Muttergesellschaft keine Aufsichtspflicht bestanden habe. Die Staatsanwaltschaft München hatte gegen die Nichteröffnung des

790 OLG München, Beschl. v. 23.9.2014 – 3 Ws 599/14, 3 Ws 600/14, juris.
791 *Kastner*, Süddeutsche.de v. 27.03.2013; *ders.*, Süddeutsche.de v. 17.11.2014.

Hauptverfahrens sofortige Beschwerde eingelegt, die in dem hier beleuchteten Beschluss des OLG München als unbegründet verworfen wurde.

Die Zuwiderhandlungen in der Sphäre der Tochtergesellschaft wären laut Anklageschrift unterbunden worden, wenn die Unternehmensleitung der Obergesellschaft ihrer Aufsichtspflicht nachgekommen wäre. Der Vorwurf lautet hier nicht etwa, dass keine präventiven Compliance-Maßnahmen in Bezug auf die Tochtergesellschaft initiiert wurden, sondern dass die Geschäftsführung der Muttergesellschaft gegen das strafbare Verhalten der Tochter im Zusammenhang mit dem illegalen Beschäftigungsmodell „trotz Kenntnis von der Anwendung dieses (rechtswidrigen) Modells nicht eingeschritten sei und auch keine genaue rechtliche Klärung des Sachverhalts herbeigeführt habe".[792] Anhaltspunkte für die rechtlichen Verstöße ergaben sich etwa aus einer Anfrage der Dienstleistungsgewerkschaft ver.di wegen des „Lohnsplittings" bei dem Tochterunternehmen, das zunächst an die Geschäftsleitung der Konzernmutter adressiert und von dieser an ihre eigene Rechtsabteilung sowie die Verantwortlichen der Tochtergesellschaft weitergeleitet wurde. Die Rechtsabteilung der Obergesellschaft empfahl den Verantwortlichen der Tochtergesellschaft die Einholung eines Rechtsgutachtens, das von dieser schließlich in eigener Verantwortung eingeholt und um ein weiteres ergänzendes Gutachten ergänzt wurde. Zudem war einer der drei Geschäftsführer der Muttergesellschaft, der zugleich Aufsichtsratsvorsitzender des Tochterunternehmens war, in der Aufsichtsratssitzung der Tochtergesellschaft mit der Frage der Fortführung des gegenständlichen Lohnsplittingmodells befasst. Dort schloss er sich der Ansicht der Geschäftsleitung der Tochter an, „dass hinsichtlich des Lohnsplittingmodells kein Handlungsbedarf bestehe".[793] Auf dem in dieser Sache eingeholten Rechtsgutachten vermerkte er schließlich, dass „die Angelegenheit damit hinreichend geklärt sein solle".

Trotz vorhandener Hinweise auf das strafrechtlich relevante Verhalten der Tochtergesellschaft hielt das OLG München die Geschäftsführer des Mutterunternehmens nicht für verpflichtet, diesen nachzugehen, den genauen Sachverhalt aufzuklären und damit die strafrechtlich relevante Praxis für die Zukunft einzustellen. Dies begründet es – verkürzt gesagt – mit der fehlenden tatsächlichen Einflussnahme der Muttergesellschaft betreffend den Personalbereich der Tochter und damit auch hinsichtlich des Vorenthaltens und Veruntreuens von Arbeitsentgelt und der Steuerhinterziehung im Zuge des etablierten und illegalen

792 OLG München, Beschl. v. 23.9.2014 – 3 Ws 599/14, 3 Ws 600/14, juris Rz. 4.
793 OLG München, Beschl. v. 23.9.2014 – 3 Ws 599/14, 3 Ws 600/14, juris Rz. 21.

„Lohnsplittings".[794] Besondere Kontrollpflichten bestünden nach Auffassung des Gerichts nur bezüglich der Normeinhaltung in faktisch „mitregierten" Angelegenheiten der Konzerntochter. Dass das Gericht die eigenständige Befassung der Muttergesellschaft und damit eine Nachforschungs- und Interventionspflicht durch deren Geschäftsführung ungeachtet des dringenden Verdachts bzw. des Wissens um die delinquenten Aktivitäten der Tochtergesellschaft verneinte, ist bemerkenswert.[795]

Allerdings ist anzunehmen, dass die – hier durch die fehlende Einflussnahmemöglichkeit der Konzernmutter gerechtfertigte – Untätigkeit der Unternehmensleitung angesichts der offensichtlichen Compliance-Mängel bei einer Einzelgesellschaft nicht toleriert würde. Vielmehr kann die intensive Auseinandersetzung des OLG München mit der Frage der Ausweitung der Aufsichtspflicht nach § 130 OWiG auf die Leitung der Konzernmutter dahin gehend interpretiert werden, dass die an den Umfang des Einflusses knüpfende Compliance-Verantwortlichkeit außerhalb eines Konzernsachverhalts in voller Breite anzunehmen sei. Sollte die Unternehmensleitung Kenntnis von Hinweisen in dem hier vorliegenden Ausmaß haben, ist sie nach Ansicht des OLG München wohl dazu angehalten, diesen nachzugehen, um sich nicht dem Vorwurf einer Aufsichtspflichtverletzung auszusetzen.

b) Beschluss des OLG Celle v. 24.02.1987

Zu einem ähnlichen Ergebnis könnte auf den ersten Blick die Analyse eines Beschlusses des 2. Senats für Bußgeldsachen des OLG Celle aus dem Jahr 1987 führen, in der das Gericht die Beteiligung des Unternehmers an einer Ordnungswidrigkeit seines Mitarbeiters bzw. fahrlässige Nebentäterschaft von einer Aufsichtspflichtverletzung nach § 130 OWiG abgrenzte.[796] Das vorinstanzlich zuständige Amtsgericht hatte den Inhaber mehrerer gastronomischer Betriebe wegen fahrlässiger Aufsichtspflichtverletzung mit einer Geldbuße belegt, weil dieser in einem seiner Betriebe eine Ausländerin ohne Arbeitserlaubnis beschäftigt hatte.[797] Der eigenverantwortlich für die Personaleinstellung zuständige Angestellte wurde zu Beginn seiner Tätigkeit durch den Betriebsinhaber nachdrücklich zur sorgfältigen Prüfung der Einstellungsformalitäten angehalten.

794 OLG München, Beschl. v. 23.9.2014 – 3 Ws 599/14, 3 Ws 600/14, juris Rz. 16 ff., dem beipflichtend *Caracas*, CCZ 2016, 44 (46 ff.).

795 Kritisch auch *Engelhart*, WiJ 2015, 242 (246): „äußerst zweifelhaft".

796 OLG Celle, Beschl. v. 24.2.1987 – 2 Ss (OWi) 842/86, NdsRpfl 1987, 135.

797 Entscheidung soweit ersichtlich nicht veröffentlicht.

Dies geschah auch vor dem Hintergrund früherer Vorkommnisse in diesem Bereich. Laut dem angefochtenen Urteil des Amtsgerichts habe der Inhaber den Angestellten nach der Einweisung nicht mehr kontrolliert, insbesondere dessen Tätigkeit nicht mehr durch unregelmäßige Stichproben auf Einhaltung der einschlägigen Regelungen überprüft.

Das Oberlandesgericht erkannte es als rechtsfehlerhaft, dass die Vorinstanz das Verhalten des Betroffenen ausschließlich unter dem Gesichtspunkt einer Aufsichtspflichtverletzung geprüft, nicht aber eine von dem Betroffenen selbst begangene Ordnungswidrigkeit erwogen hat. Dies sei mit der Funktion des § 130 OWiG als Auffangtatbestand nicht vereinbar, wenn der Betroffene sich an der Ordnungswidrigkeit des Mitarbeiters beteiligt oder als fahrlässiger Nebentäter gehandelt und somit seine unmittelbare Verantwortlichkeit für den durch den Angestellten verwirklichten Bußgeldtatbestand begründet habe. Das OLG führt aus, ein derartiges fahrlässiges Zulassen der im Betrieb begangenen Verstöße könne „dem Unternehmer nach Ablauf der Einarbeitungsphase weiter angelastet werden, wenn der Unternehmer nichts unternimmt, obwohl ihm Unregelmäßigkeiten bekanntgeworden sind [...], obwohl er auf Grund früherer Kontrollen den Verdacht auf Unregelmäßigkeiten gehabt hat [...] oder obwohl ihm Unregelmäßigkeiten aufgrund sonstiger konkreter Anhaltspunkte erkennbar waren“.[798]

Ob die von dem Gericht umschriebene Untätigkeit des Unternehmers trotz bekannter bzw. erkennbarer Anhaltspunkte ausschließlich auf das erforderliche Veranlassen rein präventiver Compliance-Maßnahmen, etwa eine zukünftig verschärfte Kontrolle des verdächtigen oder in einem „vorbelasteten“ Bereich tätigen Mitarbeiters, abzielt, ist zu bezweifeln. Da der Senat vor und nach diesem Hinweis bereits auf vorbeugende Mittel zur Vermeidung von Normverstößen eingeht (sorgfältige Auswahl, Instruktion, Überwachung, klare Aufgabenverteilung), ist vielmehr anzunehmen, dass er mit den obigen Ausführungen zumindest auch repressive Maßnahmen meint. Vor diesem Hintergrund liegt es nahe, dem obigen Zitat die Aussage zu entnehmen, der Unternehmer sei bei vorhandenen Verdachtsmomenten dazu angehalten, die Geschehnisse und ihre Hintergründe aufzuklären und ggf. Konsequenzen zu ziehen. Zwar hält das OLG Celle gerade bei Untätigkeit trotz vorhandener Anhaltspunkte für Unregelmäßigkeiten eine fahrlässige Nebentäterschaft in Bezug auf die durch den Mitarbeiter verwirklichte Ordnungswidrigkeit statt einer Aufsichtspflichtverletzung nach § 130 OWiG für möglich. Sollte dem Betroffenen aber z.B. aus tatsächlichen Gründen

798 OLG Celle, NdsRpfl 1987, 135 (135).

ein täterschaftliches Handeln oder eine Beteiligung an der durch einen Angestellten begangenen Ordnungswidrigkeit nicht nachzuweisen sein, greift bei Untätigkeit des Aufsichtspflichtigen § 130 OWiG als Auffangtatbestand.[799]

c) Zwischenfazit

Die zitierten Ausführungen der Rechtsprechung bieten zwar vage Anhaltspunkte für die Annahme einer Pflicht bzw. Obliegenheit zur internen Aufklärung durch den Betriebsinhaber, sind aber, da sie nie den Kern der jeweiligen Entscheidung ausmachten und teilweise nicht ganz eindeutig sind, wenig aussagekräftig und nicht verallgemeinerungsfähig.

2. Sanktionsandrohung und -verhängung als repressive Compliance-Maßnahmen

Während es an einer expliziten Auseinandersetzung der Rechtsprechung mit der Aufklärung potenzieller Regelverstöße im Unternehmen als erforderliche Aufsichtsmaßnahme nach § 130 OWiG mangelt, finden andere repressive Maßnahmen, insbesondere die Androhung und Verhängung von betrieblichen Sanktionen etwas häufiger Erwähnung. Möglicherweise ergeben sich aus deren Interpretation durch die Rechtsprechung Rückschlüsse auf die Haltung der deutschen Gerichte zu unternehmensinterner Sachverhaltsaufklärung (als „Vorstufe“ der Sanktionierung).

a) Betriebliche Sanktionen als Compliance-Maßnahme

Zu den im Schrifttum allgemein anerkannten Aufsichtsmaßnahmen gehört auch das Verhängen von Sanktionen, wodurch die Authentizität der Überwachung gewährleistet werden soll.[800] Dies könne in Form von Abmahnung, Gehaltskürzung, Verwarnung, Versetzung, betrieblichen Geldbußen, (Verdachts-)Kündigung,[801] aber auch im Wege externer Maßnahmen (etwa einer Strafanzeige) geschehen.[802] Soweit ersichtlich wurden bisher noch kaum (veröffentlichte) Fälle entschieden, in denen die Aufsichtspflichtverletzung i.S.v. § 130 OWiG

799 OLG Celle, NdsRpfl 1987, 135 (135).

800 Vgl. nur *Reichert* in FS Hoffmann-Becking, S. 943 (949 f.); *Rogall* in KK-OWiG, § 130 Rz. 42, 66 m.w.N.

801 *Rogall* in KK-OWiG, § 130 Rz. 65.

802 *Bock*, Criminal Compliance, S. 727.

maßgeblich darin gesehen wurde, dass die Unternehmensleitung nach festgestellten Regelverstößen keine Sanktionen ausgesprochen hatte.

aa) BGH-Kartellsenat 1985

Ein eher versteckter Hinweis dazu findet sich etwa in einer Entscheidung des BGH-Kartellsenats zu § 130 OWiG aus dem Jahr 1985, die Aufsichtspflichten des Inhabers eines Bauunternehmens hinsichtlich der Einhaltung kartellrechtlicher Vorschriften zum Gegenstand hatte.[803] Dem Unternehmensinhaber wurde vorgeworfen, seine Mitarbeiter nicht in hinreichendem Maße zur Dokumentation von Vorgängen angehalten und kontrolliert zu haben, wodurch er den vorsätzlichen Verstoß eines angestellten Bauingenieurs gegen das Kartellgesetz ermöglicht habe. Der BGH verwies die Rechtssache zurück an das Kammergericht, weil dieses die Aufsichtspflichtverletzung nicht hinreichend dargetan hatte. Insbesondere reichten die – von dem betroffenen Unternehmensinhaber in beträchtlichem Maße durchgeführten – Anweisungen und stichprobenartigen Überprüfungen in der Regel aus, um auch vorsätzliche Rechtsverstöße der Mitarbeiter zu unterbinden. Die Untauglichkeit des etablierten Kontrollsystems werde durch die Vorinstanz nicht ausreichend mit Tatsachen belegt und sei nicht bereits damit als erwiesen anzusehen, dass der angestellte Betriebsleiter im Einzelfall unbemerkt eine verbotene Preisabsprache traf.[804]

Am Ende des Beschlusses verweist der BGH darauf, der neu entscheidende Tatrichter werde sich – soweit das Kontrollsystem an sich ausreichend war – unter anderem damit auseinandersetzen müssen, ob der kartellrechtswidrig handelnde Mitarbeiter an weiteren Submissionsabsprachen beteiligt war und ggf. wieso das delinquente Verhalten unbemerkt blieb. Sollten sich derartige Vorfälle gehäuft haben, so das Gericht weiter, könne dies „ein Hinweis darauf sein, dass der Betroffene derartige Absprachen in Wahrheit hingenommen hat“. Bedeutsam könne in diesem Zusammenhang auch sein, „ob der Betroffene nach Verstößen gegen seine Anordnungen die angedrohten Maßnahmen auch ergriffen hat“.[805] Der BGH tendiert also, soweit gehäuft festgestellte Normübertretungen von dem zuständigen Betriebsinhaber nicht geahndet wurden, dazu, die fehlende Sanktionierung als Indiz für die betriebliche (konkludente) Duldung von Non-Compliance heranzuziehen.

---

803 BGH, NStZ 1986, 34.
804 BGH, NStZ 1986, 34.
805 BGH, NStZ 1986, 34 (35).

bb) OLG Düsseldorf 2007

Ein ähnliches Bild ergibt ein Beschluss des Senats für Bußgeldsachen des OLG Düsseldorf aus dem Jahr 2007.[806] Er bestätigte das von dem vorinstanzlichen AG gefundene Ergebnis, dass der Betroffene als Geschäftsführer eines Speditionsbetriebes fahrlässig gegen das Gebot, als Unternehmer für die Einhaltung der Lenk- und Ruhezeiten zu sorgen, verstoßen hat. Der Geschäftsführer wurde zwar nicht wegen einer Aufsichtspflichtverletzung nach § 130 OWiG, sondern wegen fahrlässigen Verstoßes gegen das Fahrpersonalgesetz (in Verbindung mit der Fahrpersonalverordnung) zu einer Geldbuße verurteilt. Im Grundsatz dürfte der hier anzulegende Sorgfaltsmaßstab aber dem des § 130 OWiG entsprechen.

Nachdem das Gericht sich zu den grundsätzlich zu ergreifenden Präventivmaßnahmen, durch die Verstößen gegen die vorgeschriebenen Lenk- und Ruhezeiten vorgebeugt werden soll, geäußert hat, weist es auf die Pflicht zu gesteigerten Aufsichtsmaßnahmen im Einzelfall gegenüber „unbelehrbaren" und sich vorschriftswidrig verhaltenden Fahrern hin: Dies bedeute, „dass der Unternehmer rechtzeitig angemessene arbeitsrechtliche Maßnahmen wie Abmahnung und nötigenfalls Kündigung ergreifen muss, wenn – wie hier – wiederholte Hinweise und Belehrungen nicht dazu führen, dass der Fahrer sein Verhalten ändert, und dieser weiterhin die vorgeschriebenen Lenk- und Ruhezeiten missachtet".[807] Dem Geschäftsführer wurde vorgeworfen, er habe arbeitsrechtliche Maßnahmen zunächst unterlassen, obwohl sich bereits zuvor zahlreiche Verstöße durch den betroffenen Fahrer ereigneten und er von diesen auch Kenntnis hatte. Erst wesentlich verspätet wurde der Fahrer wegen erneuter Nichteinhaltung der relevanten Vorschriften schriftlich abgemahnt und dadurch unmittelbar zu einer Änderung seines Verhaltens angehalten. Das OLG macht hier deutlich, dass im Einzelfall, sobald rein präventiv wirkende Maßnahmen offensichtlich keine Wirkung zeigen, der Unternehmensinhaber verpflichtet ist, dem wiederholt normwidrig handelnden Mitarbeiter spürbare Sanktionen für sein Fehlverhalten aufzuerlegen. Ansonsten sei die Ernsthaftigkeit der diesbezüglichen Anweisungen des Unternehmers mangels deren konsequenter Durchsetzung infrage gestellt.

806 OLG Düsseldorf, NJW 2008, 930.
807 OLG Düsseldorf, NJW 2008, 930 (931).

cc) Zivilrechtliche Rechtsprechung

Auch wenn der Pflichtenmaßstab der gesellschaftsrechtlichen Normen zur Leitungssorgfalt sich nicht pauschal und umfassend auf das Außenverhältnis übertragen lässt, hat die erforderliche Aufsicht sich grundsätzlich an den gesellschaftsrechtlichen Compliance-Pflichten zu orientieren.[808] Daher können sich Hinweise auf die Auslegung von § 130 OWiG auch aus der zivilrechtlichen Judikatur zur Verletzung von Compliance-Pflichten nach §§ 76 Abs. 1, 93 Abs. 1 AktG ergeben.

So trug die klagende Gesellschaft im berühmten Siemens/Neubürger-Urteil[809] unter anderem vor, das beklagte Vorstandsmitglied „habe trotz wiederholter ihm zur Kenntnis gebrachter Gesetzesverletzungen keine bzw. jedenfalls keine ausreichenden Maßnahmen zur Aufklärung und Untersuchung von Verstößen, deren Abstellen und der Ahndung der betroffenen Mitarbeiter eingeleitet".[810] Die seitens des beklagten Vorstandsmitglieds ergriffenen (Aufklärungs-)Maßnahmen seien „ohne Konsequenzen" geblieben.[811] Zu diesen Vorwürfen stellte das LG München zunächst nur fest, es hätte „darauf hingewirkt werden müssen, dass die mit der Überwachung der Compliance-Vorgaben beauftragten Personen hinreichende Befugnisse haben, Konsequenzen aus Verstößen zu ziehen".[812] Der Kontext dieser Aussage deutet darauf hin, dass mit den zu ziehenden Konsequenzen an dieser Stelle eher die Verbesserung des bestehenden und scheinbar mangelhaften Compliance-Systems als die Verhängung von Sanktionen gegen die betreffenden Mitarbeiter gemeint ist. An späterer Stelle führt das Landgericht allerdings unmissverständlich aus, den Beklagten treffe „auch die Verpflichtung, sich in regelmäßigen Abständen darüber in Kenntnis setzen zu lassen, welche Ergebnisse interne Ermittlungen brachten" und „ob personelle Konsequenzen gezogen wurden".[813] Diese ausgesprochene Verpflichtung des Vorstandes, sich über personelle Konsequenzen von aufgedeckten Normverstößen zu informieren, beinhaltet faktisch auch die Pflicht, selbst für eine angemessene Ahndung von Fehlverhalten zu sorgen. Die Sanktionierung von Non-Compliance zählt also nach Auffassung des LG München zum

808 S. 189 ff., S. 193.
809 Dazu bereits S. 126 ff.
810 LG München, ZIP 2014, 570 (573).
811 LG München, ZIP 2014, 570 (573).
812 LG München, ZIP 2014, 570 (574).
813 LG München, ZIP 2014, 570 (574).

(zivilrechtlichen) Compliance-Pflichtenkanon des Vorstandes,[814] was der überwiegenden Ansicht im gesellschaftsrechtlichen Schrifttum entspricht.[815]

Auch wenn sich anhand der aufgezeigten gerichtlichen Ausführungen im Einzelfall eine Tendenz erkennen lässt, das Verhängen betrieblicher Sanktionen bei festgestellten Normübertretungen als Pflicht des Unternehmensinhabers anzusehen, wäre es voreilig, davon auf eine feste Linie der Rechtsprechung zu schließen. Dies verbietet sich nicht zuletzt, da der Umfang der dazu vorhandenen Judikatur sehr begrenzt ist und die dortigen Ausführungen weitestgehend nicht einmal unmittelbar an die Aufsicht nach § 130 OWiG anknüpfen.

b) Androhung von Sanktionen

Betont zurückhaltend war die Rechtsprechung hinsichtlich der Androhung (rechtlich zulässiger) Sanktionen als Aufsichtsmaßnahme im Sinne von § 130 OWiG.

aa) Rechtsprechung zu § 130 OWiG

Der Kartellsenat des BGH stellte hierzu im Jahre 1982 fest, das Vorstandsmitglied einer AG müsse zwar die Revisionsabteilung so organisieren, dass diese wenigstens zur Durchführung stichprobenartiger überraschender Prüfungen in allen Verkaufsbüros in der Lage sei.[816] Solche Kontrollen seien zur Abschreckung der Betriebsangehörigen von Zuwiderhandlungen gegen das Kartellgesetz geeignet und erforderlich. Es sei aber darüber hinaus „nicht verpflichtet, den Betriebsangehörigen für den Fall eines Verstoßes gegen Kartellvorschriften von vornherein arbeitsrechtliche Sanktionen anzudrohen."[817]

Dem pflichtete das OLG Frankfurt in einer Entscheidung zu § 130 OWiG bei. Es führte ebenfalls aus, der Aufsichtspflichtige sei „nicht verpflichtet, den Betriebsangehörigen für den Fall eines Kartellverstoßes "von vornherein" arbeitsrechtliche Sanktionen anzudrohen".[818] Dies gelte jedenfalls, solange es an

---

814 So auch die Interpretation von *Fleischer* in BeckOGK AktG, § 91 Rz. 57.

815 *Fleischer* in BeckOGK AktG, § 91 Rz. 57 f.; *Hüffer/Koch* AktG, § 76 Rz. 16; die Sanktionierungspflicht sogar aus § 130 OWiG herleitend *Reichert* in FS Hoffmann-Becking, S. 943 (949 f.); *Pelz* in Hauschka/Moosmayer/Lösler, § 5 Rz. 31; a.A. *Hölters* in Hölters AktG, § 93 Rz. 109; *Mengel*, CCZ 2008, 85 (88), die sich beide für eine Ausnahme bei großen finanziellen Verlusten des Unternehmens aussprechen; *Schockenhoff*, NZG 2015, 409 (411).

816 BGH, wistra 1982, 34.

817 BGH, wistra 1982, 34.

818 OLG Frankfurt, NJW-RR 1993, 231 (231).

konkreten Verdachtsmomenten für ein Fehlverhalten des betroffenen Mitarbeiters fehle.[819] Das Gericht verneinte nicht nur eine generelle Pflicht zur Sanktionsandrohung, sondern erteilte auch der Auffassung der Landeskartellbehörde, in der Vergangenheit gegenüber einzelnen Mitarbeitern verhängte Sanktionen seien im Unternehmen publik zu machen, eine klare Absage. Es sei „fraglich, ob eine solche Maßnahme auf Grund ihrer ‚Prangerwirkung' für den betroffenen Mitarbeiter und der damit verbundenen Störung des Betriebsfriedens [...] noch innerhalb der Grenzen des Zumutbaren"[820] liege.[821] Auch eine anonymisierte Bekanntgabe helfe dem nicht wesentlich ab, „da es sich erfahrungsgemäß selbst in einem größeren Betrieb sehr schnell verbreitet, um wen es sich bei dem betreffenden Mitarbeiter handelt."[822]

bb) Rechtsprechung mit Bezug zu Fahrpersonal als Katalysator?

Eine gegenläufige Strömung lässt sich in der Rechtsprechung zum Recht des Fahrpersonals festmachen: Der 3. Strafsenat des KG äußerte sich in der Vergangenheit regelmäßig dahin gehend, dass allgemein gehaltene Belehrungen und Hinweise des Unternehmers bzw. des zuständigen Disponenten gegenüber dem Fahrpersonal nicht ausreichend seien, um die Einhaltung der einschlägigen gesetzlichen Vorschriften sicherzustellen.[823] Maßgeblich sei vielmehr, dass den Betriebsangehörigen deutlich vor Augen geführt werde, dass es dem Unternehmen ernsthaft um die Beachtung der Sozial- bzw. Arbeitszeitvorschriften gehe „und die Fahrer bei deren Mißachtung fühlbare Unannehmlichkeiten mit dem Arbeitgeber zu befürchten haben."[824] Die Androhung von Sanktionen durch das Unternehmen bzw. den Disponenten könne auch nicht etwa durch eine externe Beratungs- und Diskussionsveranstaltung einer Landesbehörde ersetzt werden, da nur das Unternehmen und nicht die Verwaltungsbehörde dem Fahrpersonal glaubhaft vermitteln könne, „welche Unannehmlichkeiten von Arbeitgeberseite im Falle von Verstößen gegen die Arbeitszeitvorschriften zu gewärtigen sind."[825] Mit ähnlicher Begründung schloss sich dem das OLG Düsseldorf in dem bereits

819 OLG Frankfurt, NJW-RR 1993, 231 (231).

820 OLG Frankfurt, NJW-RR 1993, 231 (231).

821 A.A. wohl *Reichert* in FS Hoffmann-Becking, S. 943 (949): Verstöße seien „sichtbar" zu ahnden.

822 OLG Frankfurt, NJW-RR 1993, 231 (231).

823 KG NZV 1991, 322; NZV 1992, 329.

824 KG NZV 1991, 322 (323); NZV 1992, 329 (329).

825 KG, NZV 1992, 329 (329 f.).

oben erwähnten Beschluss von 2008, der die Missachtung der vorgeschriebenen Lenk- und Ruhezeiten infolge unzureichender Aufsicht betraf, an.[826]

Ob der offensichtlich strengere Maßstäbe anlegenden Rechtsprechung zur Sanktionsandrohung gegenüber Fahrpersonal bei Missachtung der einschlägigen Sozial- und Arbeitszeitvorschriften eine Art Schrittmacherfunktion für die zukünftige Bestimmung der allgemeinen Aufsichtsobliegenheit des Betriebsinhabers aus § 130 OWiG zukommt, erscheint zwar keineswegs sicher, angesichts der immer stärker anschwellenden Compliance-Diskussion aber durchaus möglich.[827]

3. *Fazit zur Rechtsprechung*

Die deutschen Gerichte haben sich noch kaum mit der Initiierung unternehmensinterner Ermittlungen als Aufsichtsmaßnahme im Sinne des § 130 OWiG auseinandergesetzt, insbesondere existiert hierzu bisher keine höchstrichterliche Rechtsprechung. Die vereinzelt zu findenden Anhaltspunkte für die Annahme einer solchen Obliegenheit der Unternehmensleitung können darauf hindeuten, dass die Rechtsprechung von einer solchen Obliegenheit bei Hinweisen auf ein Fehlverhalten von Mitarbeitern ausgeht. Zwingend ist diese Interpretation keineswegs.

Auch was andere repressive Compliance-Maßnahmen angeht, lassen sich schwerlich klare Schlüsse ziehen: Die höchstrichterliche Rechtsprechung erwähnte eine Pflicht zur betrieblichen Sanktionierung von Non-Compliance aus § 130 OWiG – soweit ersichtlich – nur einmal am Rande einer über 30 Jahre zurückliegenden Entscheidung.[828] Im Übrigen lassen sich diesbezüglich nur bedingt die gerichtlichen Ausführungen im Zusammenhang mit Rechtsverstößen von Fahrpersonal oder aus dem Siemens/Neubürger-Urteil des LG München I, das gesellschaftsrechtliche Schadensersatzansprüche zum Gegenstand hatte, ins Feld führen. Diese bejahen jeweils im Einzelfall eine Sanktionspflicht der aufsichtspflichtigen Personen bei festgestellten Verstößen. Einigkeit scheint – außerhalb des Kontexts des Fahrpersonals – dahin gehend zu bestehen, dass betriebliche Sanktionen für normwidriges Verhalten den Mitarbeitern zumindest nicht von vorneherein angedroht werden müssen, um der Aufsichtspflicht zu genügen. Da auch hierzu jüngere Judikatur zu § 130 OWiG fehlt, sind aber nur vorsichtige Aussagen möglich.

---

826 OLG Düsseldorf, NJW 2008, 930.
827 Ähnlich *Bussmann/Matschke*, CCZ 2009, 132 (136).
828 S. 200.

Insgesamt zeichnet sich weder in Bezug auf die interne Sachverhaltsaufklärung noch in Bezug auf andere repressive Compliance-Maßnahmen (die potenziell einer Aufklärung nachfolgen) als Bestandteil der Aufsicht nach § 130 OWiG ein einheitliches Bild in der Rechtsprechung ab.

IV. Fazit

§ 130 OWiG beinhaltet eine Obliegenheit der Unternehmensleitung zur Einleitung interner Ermittlungen bei Hinweisen auf ordnungswidrige oder strafbare Verstöße gegen Inhaberpflichten aus dem Unternehmen heraus. Eine Pflicht im Sinne einer unmittelbar erzwingbaren oder sanktionsbewehrten Rechtspflicht zu internen Aufklärungsmaßnahmen lässt sich dem Bußgeldtatbestand dagegen nicht entnehmen, da die Ahndung des Unterlassens der gehörigen Aufsicht stets an eine objektive Bedingung der Ahndbarkeit, nämlich den tatsächlichen Eintritt einer Zuwiderhandlung gegen betriebsbezogene Inhaberpflichten geknüpft ist. Die interne Aufklärung als Aufsichtsmaßnahme muss im Einzelfall aufgrund der asymmetrischen Akzessorietät des Bußgeldtatbestandes auch im Innenverhältnis nach den §§ 76 Abs. 1, 93 Abs. 1 AktG gesellschaftsrechtlich geschuldet sein. Der Begriff der Aufsicht schließt dem Wortlaut nach auch repressive Aufklärungsmaßnahmen ein. Diese Auslegung entspricht auch dem Normzweck, der darin besteht, die durch Bußgeld- und Strafvorschriften erfassten Rechtsgüter außenstehender Dritter vor Schädigungen oder Gefahren aus dem Unternehmen heraus zu schützen. Soweit die Unternehmensleitung verdächtigen Hinweisen auf Regelverstöße konsequent nachgeht und diese Nachforschung auch im Unternehmen publik macht, können sowohl der einzelne Täter als auch die anderen Unternehmensangehörigen von der Begehung von (weiteren) Verstößen abgehalten und damit die Verletzung von Individualrechtsgütern Dritter vermieden werden.

5. Kapitel: Entscheidung zur Einleitung unternehmensinterner Ermittlungen

Nachdem festgestellt wurde, dass sich für den Vorstand eine anlassbezogene Aufklärungspflicht sowohl aus §§ 76 Abs. 1, 93 Abs. 1 AktG als auch – in Form einer Obliegenheit – aus § 130 OWiG ableiten lässt, soll in diesem Kapitel abschließend untersucht werden, unter welchen konkreten Voraussetzungen der Vorstand nach diesen Vorschriften Aufklärungsmaßnahmen einzuleiten hat.

A. Relativität der Pflicht bzw. Obliegenheit zur Einleitung unternehmensinterner Ermittlungen

Die dargelegte Pflicht bzw. Obliegenheit zur Einleitung unternehmensinterner Ermittlungen trifft den Vorstand ungeachtet der konkreten Rechtsgrundlage nicht uneingeschränkt, sondern nur unter bestimmten Voraussetzungen und in gewissen Grenzen. Das Ergreifen von Aufklärungsmaßnahmen muss für den Vorstand im Einzelfall verhältnismäßig und zumutbar sein.[829]

I. Den pflichtauslösenden Normen immanente Ermessensspielräume

Diese von Einzelfall zu Einzelfall unterschiedlich ausgeprägten Vorbehalte bestehen unabhängig von der konkreten Rechtsgrundlage der Compliance-Pflicht.[830] Dieser Vorbehalt ergibt sich für die aus §§ 76 Abs. 1, 93 Abs. 1 AktG resultierende Pflicht zur Durchführung interner Ermittlungen bereits aus der Funktion der Organhaftung für Sorgfaltspflichtverletzungen, nämlich dem Schutz des Gesellschaftsinteresses,[831] und der damit zusammenhängenden Zubilligung eines Ermessensspielraums des Vorstandes bei unternehmerischen

---

829 Statt vieler *Bachmann*, VGR 2008, S. 65 (78 f.); *ders.* in KBLW, DCGK, G5 Rz. 27; *Reichert* in FS Hoffmann-Becking, S. 943 (950 ff.); *Momsen* in Rotsch, Criminal Compliance vor den Aufgaben der Zukunft, S. 47 (52 f.): „Kosten-Nutzen-Abwägung".

830 *Bachmann/Kremer* in KBLW, DCGK, G5 Rz. 27. Zur Kohärenz der diesbezüglichen Anforderungen an die jeweiligen Compliance-Normen treffend *Bachmann* in VGR 2008, S. 65 (78 f., 81 f.): Zu § 130 OWiG entwickelte Grundsätze werden insoweit „über das Legalitätsprinzip auch in das aktienrechtliche Pflichtenprogramm transponiert".

831 Zum Schutzzweck des § 93 AktG *Hölters* in Hölters AktG, § 93 Rz. 8. Zum Gesellschaftsinteresse bereits S. 158 ff.

Entscheidungen.[832] Das Gesellschaftswohl kann damit den Vorstand nicht nur im Einzelfall zu internen Aufklärungsmaßnahmen zwingen, sondern diese Pflicht auch begrenzen.[833] Durfte der Vorstand im Rahmen seiner Abwägung annehmen, auf der Grundlage angemessener Information zum Wohle der Gesellschaft zu handeln, etwa weil die mit einer Aufklärung verbundenen, der Gesellschaft drohenden Nachteile die möglichen Vorteile einer Sachverhaltsaufklärung übersteigen, haftet er nicht für die unterlassene Einleitung interner Ermittlungen.[834] Besteht jedoch im Einzelfall eine evident unzureichende Informationsgrundlage oder zwingt das Gesellschaftsinteresse erkennbar zu einer – möglicherweise sehr weitreichenden – Aufklärung, so handelt der Vorstand pflichtwidrig. Staatliche Strafverfolgungsinteressen sind insoweit nicht einzubeziehen.[835]

Einfallstor eines dem Leitungsorgan zuzubilligenden Ermessensspielraums bei dem Ergreifen bzw. der Auswahl von Aufsichtsmaßnahmen im Sinne von § 130 Abs. 1 OWiG ist das Kriterium der Zumutbarkeit, das überwiegend aus dem Tatbestandsmerkmal der „gehörigen“ Aufsicht abgeleitet wird.[836] Der Normzweck des Bußgeldtatbestandes – der Schutz der Individualrechtsgüter unternehmensexterner Dritter[837] – hat dann zurückzutreten, wenn er nur mit unzumutbaren Maßnahmen zu verwirklichen wäre. Geboten ist damit eine von den Umständen des Einzelfalls geprägte, durch die Leitungsperson vorzunehmende Verhältnismäßigkeitsprüfung, in die der Aufwand und sonstige Nachteile der Sachverhaltsaufklärung einerseits und der von der Aufklärung zu erwartende Nutzen andererseits einzustellen sind.[838]

II. Zumutbarkeit als übergreifender Rechtsgrundsatz

Darüber hinaus stellt das Kriterium der Zumutbarkeit einer von Gesetzes wegen geforderten Maßnahme ein allgemeines Rechtsprinzip dar, das in verschiedenen

---

832 S. 146 ff., S. 160.

833 *Bachmann*, ZHR 180 (2016), 563 (567 f.); *Ott/Lüneborg*, CCZ 2019, 71 (72); *Reichert* in FS Hoffmann-Becking, S. 943 (953 ff.).

834 S. 170.

835 *Stoffer*, Privatisierung, S. 211; *Bachmann*, ZHR 180 (2016), 563 (568 f.).

836 *Gürtler* in Göhler, OWiG, § 130 Rz. 12; *Beck* in BeckOK OWiG, § 130 Rz. 51; *Bock*, Criminal Compliance, S. 464; *Reichert* in FS Hoffmann-Becking, S. 943 (952); *Rogall* in KK-OWiG, § 130 Rz. 51 m.w.N.

837 S. 173 ff.

838 Etwa AG Köln, BeckRS 2018, 50926, Rz. 21; *Bohnert/Krenberger/Krumm*, OWiG, § 130 Rz. 20, 23; *Bock*, Criminal Compliance, S. 467 ff.; *Többens*, NStZ 1999, 1 (3 f.).

zivilrechtlichen, aber auch strafrechtlichen Vorschriften Niederschlag gefunden hat.[839] Auch die Rechtsprechung und das Schrifttum erkennen norm- und rechtsgebietsübergreifend die Zumutbarkeit als regulative Beschränkung von Sorgfalts- und Handlungspflichten an.[840] Sie impliziert stets eine Abwägung, bei der die mit der jeweiligen Maßnahme verbundene Belastung des Verpflichteten ins Verhältnis zu dem mit ihr erreichten Rechtsgüterschutz gesetzt wird.[841] Die Begrenzung von Compliance-Maßnahmen durch Zumutbarkeits- bzw. Verhältnismäßigkeitserwägungen erklärt sich insbesondere vor dem Hintergrund der Geltung des überwiegend aus dem Rechtsstaatsprinzip abgeleiteten Verhältnismäßigkeitsprinzips für die staatliche Durchsetzung von Regeln und Geboten.[842] Es erscheint nur konsequent, diesen Maßstab auch dann anzulegen, soweit der Staat nicht selbst auf die Einhaltung staatlicher Gebote hinwirkt, sondern entsprechende (Compliance-)Bemühungen von privaten Unternehmen bzw. von Unternehmensleitern gegenüber ihren Mitarbeitern verlangt.[843]

Aufgrund dieser Relativität der Ermittlungspflicht sind nachfolgend praxisrelevante Punkte näher zu untersuchen, die bei der Entscheidung des Vorstandes zur Vornahme oder dem – ggf. nicht pflichtwidrigen – Unterlassen einer unternehmensinternen Ermittlung zur Aufklärung von Verdachtsmomenten zu beachten sind. Dies betrifft zum einen die Präzisierung der Verdachtsschwelle, die wie dargelegt für das Auslösen der aus §§ 76 Abs. 1, 93 Abs. 1 AktG resultierenden Aufklärungspflicht sowie der aus § 130 OWiG folgenden Aufklärungsobliegenheit von hoher Bedeutung ist.[844] Zum anderen ist der Frage nachzugehen, ob – und falls ja, unter welchen Voraussetzungen – die Einleitung interner Ermittlungen dem Vorstand unzumutbar und das Absehen von

---

839 *Bachmann* in VGR 2008, S. 65 (78 f.) unter Hinweis auf diverse Normen des zivilrechtlichen Leistungsstörungsrechts (§§ 275 Abs. 3, 313 Abs. 1 BGB), § 906 Abs. 2 S. 1 BGB und den Straftatbestand § 323c StGB.

840 BGHZ 165, 276 (280 f.) = NJW 2006, 362 (363); BGHZ 173, 188 (192 f.) = NJW 2008, 758 (759 f.); *Barczak*, JuS 2021, 1 (5); im Kontext strafrechtlicher Gefahrabwendungspflichten *Beulke/Bachmann*, JuS 1992, 737 (741); monografisch *Momsen*, Die Zumutbarkeit als Begrenzung strafrechtlicher Pflichten (2006).

841 *Bachmann* in VGR 2008, S. 65 (78 f.); ähnlich *Beulke/Bachmann*, JuS 1992, 937 (941); im Grundrechtskontext etwa *P. Kirchhoff* in Maunz/Dürig, GG, Art. 3 Rz. 261 m.w.N.

842 Dazu statt vieler nur BVerfGE 23, 127 = NJW 1968, 979 m. Anm. *Arndt*; BVerfGE 86, 288 = NJW 1992, 2947; *Grzeszick* in Maunz/Dürig, GG, Art. 20 Rz. 107 ff. m.w.N. auch zu anderen diskutierten Verfassungsgrundlagen; *Klatt/Meister*, Der Staat 2012, 159.

843 *Reichert* in FS Hoffmann-Becking, S. 943 (951).

844 Nachfolgend S. 210 ff.

Aufklärungsmaßnahmen daher ausnahmsweise gerechtfertigt sein kann. Hier soll der Fokus auf einer Unzumutbarkeit infolge drohender Selbstbelastung des Vorstandes liegen.[845]

B. Grad des Tatverdachts

Die Relativität der vorangehend hergeleiteten Pflicht bzw. Obliegenheit des Vorstandes zur Einleitung unternehmensinterner Ermittlungen ist maßgeblich an die Frage geknüpft, ob solche Verdachtsmomente vorliegen, die das Ingangsetzen interner Untersuchungsmaßnahmen erforderlich machen. Ab welchem Verdachtsgrad ein ermittlungspflichtiges Organmitglied Aufklärungsmaßnahmen ergreifen muss, um seinen Pflichten zu genügen, wurde bislang kaum untersucht, ist in der Praxis für Unternehmensleiter aber von immenser Bedeutung. Selbstredend kann es hierfür keine allgemeingültigen starren Kriterien geben, sondern die Entscheidung ist – der Natur der Sache geschuldet – stets einzelfallabhängig.

I. Anfangsverdacht im Sinne der §§ 152 Abs. 2, 160 Abs. 1 StPO

Naheliegender Ausgangspunkt zur Bestimmung des pflichtauslösenden Verdachtsgrads ist der strafprozessuale Anfangsverdacht, der nach §§ 152 Abs. 2, 160 Abs. 1 StPO die Ermittlungspflicht der staatlichen Ermittlungsbehörden begründet. Wörtlich hängt die Verfolgungspflicht gemäß § 152 Abs. 2 StPO vom Vorliegen „zureichender tatsächlicher Anhaltspunkte“ ab. Dies ist der Fall, wenn die bekannten Tatsachen es nach kriminalistischer Erfahrung[846] möglich erscheinen lassen, dass eine verfolgbare Straftat vorliegt.[847]

Als Anhaltspunkte genügen auch entfernte Indizien und unter Umständen sogar ungeprüfte Angaben, Gerüchte und Behauptungen, soweit sie durch zusätzliche Tatsachen plausibel erscheinen.[848] Dagegen reichen bloße

845 S. 221 ff.

846 Für eine restriktive Auslegung dieses Terminus *Kempf* in Fischer/Hoven, Verdacht, S. 135 (138 ff.).

847 BGH, NJW 1989, 96 (97 f.); NStZ 1994, 499; BVerfG, NStZ 1982, 430; NJW 1994, 783; NStZ-RR 2004, 206; *Meyer-Goßner/Schmitt*, StPO, § 152 Rz. 4; *Krause* in FS Strafrechtsausschuss BRAK, S. 351 (353); *Kuhlmann*, NStZ 1983, 130; *Diemer* in KK-StPO, § 152 Rz. 7 m.w.N.

848 *Diemer* in KK-StPO, § 152 Rz. 7; unter Verzicht auf die Plausibilitätsprüfung *Mavany* in LR-StPO, § 152 Rz. 30 f.; *Keller/Griesbaum*, NStZ 1990, 416.

Vermutungen und reine denktheoretische Möglichkeiten nicht aus.[849] Die konkret erforderliche Tatsachenbasis darf umso weniger fundiert sein, je gewichtiger das bedrohte Rechtsgut und je höher die Eingriffsintensität der in Betracht kommenden Handlung ist.[850] Der Staatsanwaltschaft steht bezüglich der Frage, ob ein Verdacht ausreicht, ein der gerichtlichen Kontrolle entzogener Beurteilungsspielraum zu.[851] Ein Fehlen des Anfangsverdachts ist lediglich – in seltenen Ausnahmefällen[852] – dann anzunehmen, wenn sich die Einleitung von Ermittlungen unter keinem Gesichtspunkt aus sachlichen Erwägungen rechtfertigen lässt und daher willkürlich erscheint.[853] Insgesamt erfordert der strafprozessuale Anfangsverdacht also tatsächliche Anhaltspunkte geringer Intensität und ermöglicht damit eine Aufnahme staatlicher Ermittlungen bereits ab einer niedrigen Verdachtsschwelle.

Ein Abstellen auf andere strafprozessuale Verdachtsgrade, namentlich auf den für eine staatliche Anklageerhebung notwendigen hinreichenden Tatverdacht (vgl. § 170 Abs. 1 StPO) und den – beispielsweise für den Erlass eines Haftbefehls und bestimmte besonders einschneidende Ermittlungsmaßnahmen erforderlichen – dringenden Tatverdacht (vgl. § 112 Abs. 1 StPO) erscheint dagegen aufgrund der sachlichen Andersartigkeit der daran geknüpften Eingriffe und der dementsprechend hohen bis sehr hohen Anforderungen an den Tatverdacht fernliegend. Die wohl herrschende Ansicht im Schrifttum stellt deswegen bei der Ermittlung des notwendigen Verdachtsgrads zur Einleitung interner Ermittlungen auf den recht niedrigschwelligen Anfangsverdacht im Sinne des § 152 Abs. 2 StPO ab.[854] Fraglich ist, ob es daneben noch andere taugliche Orientierungspunkte außerhalb der Verdachtsgrade der Strafprozessordnung gibt.

---

849 BVerfG, NJW 2014, 3085 (3087); NJW 2006, 976; BVerfGE 44, 353 = NJW 1977, 1489; *Meyer-Goßner/Schmitt*, StPO, § 152 Rz. 4; *Beukelmann* in BeckOK StPO, § 152 Rz. 4; jüngst wieder zur Geldwäsche LG Bremen, StV 2020, 778.

850 Vgl. BVerfGE 100, 313 = NJW 2000, 55 (66).

851 BVerfG, NJW 2014, 3085 (3087 f.); MDR 1984, 284; BGH. NJW 1989, 96 (97); *Kuhlmann*, NStZ 1983, 130; *Krey/Heinrich*, Strafverfahrensrecht, Rz. 607; *Peters* in MüKoStPO, § 152 Rz. 49 f. m.w.N. auch zur Gegenauffassung; eingehend *Hoven*, NStZ 2014, 361; *dies.* in Fischer/Hoven, Verdacht, S. 117 (119 f.); für gerichtliche Überprüfbarkeit etwa *Eisenberg/Conen*, NJW 1998, 2241.

852 *Peters* in MüKoStPO, § 152 Rz. 58: „Willkürverbot erfasst letztlich nur Extremfälle".

853 BGH, NJW 1989, 96; BVerfG, NStZ 1984, 228 (229); NStZ 2004, 447; *Heinrich*, NStZ 1996, 110 (112); *Hoven*, NStZ 2014, 361.

854 Z.B. *Momsen* in Rotsch, Criminal Compliance vor den Aufgaben der Zukunft, S. 47 (51 f.); *Schäfer* in FS Krieger, S. 779 (786); *Grützner* in Momsen/Grützner,

II. Ausrichtung an Verdachtsgraden im Aktienrecht und nach dem Geldwäschegesetz

Während eine Orientierung an anderen strafprozessualen Verdachtsgraden bereits deswegen nicht in Betracht kommt, weil diese über die reine Initiierung erster Aufklärungsmaßnahmen hinaus zu eingriffsintensiven Handlungen ermächtigen, erscheint es aufgrund der zumindest vordergründigen Sachnähe denkbar, aktienrechtliche bzw. spezialgesetzliche Verdachtsgrade heranzuziehen, die sich (auch) auf möglicherweise begangene Straftaten in Unternehmen beziehen.[855]

1. Verdachtsgrade im Aktienrecht

a) Sonderprüfung nach §§ 142 Abs. 2, 315 S. 2 AktG

Nach § 142 Abs. 2 AktG kann eine qualifizierte Aktionärsminderheit, soweit die Hauptversammlung einen entsprechenden Bestellungsantrag ablehnt, eine gerichtliche Bestellung eines unabhängigen Sonderprüfers zur Untersuchung bestimmter Prüfungsgegenstände erreichen, „wenn Tatsachen vorliegen, die den Verdacht rechtfertigen, dass bei dem betreffenden Vorgang Unredlichkeiten oder grobe Verletzungen des Gesetzes oder der Satzung vorgekommen sind." Die nach gleichen Maßstäben qualifizierte Aktionärsminderheit kann in Konzernsachverhalten gemäß § 315 S. 2 AktG unter näheren Voraussetzungen gerichtlich die Bestellung eines Sonderprüfers zur Prüfung der geschäftlichen Beziehungen der Gesellschaft zu dem herrschenden Unternehmen oder einem mit ihm verbundenen Unternehmen beantragen, wenn sonstige Tatsachen vorliegen, die den Verdacht einer pflichtwidrigen Nachteilszufügung rechtfertigen.

Hinsichtlich der bezeichneten Verdachtsschwelle besteht jedenfalls insoweit Einigkeit, dass diese über die Maßstäbe eines strafprozessualen Anfangsverdachts im Sinne der bloßen Möglichkeit einer groben Pflichtverletzung

---

HdB-WiStrafR, Kap. 4 § 16 Rz. 53; *Ott/Lüneborg*, CCZ 2019, 71 (76); abweichend wohl *Nienaber*, Compliancebasierte unternehmensinterne Ermittlungen, S. 52 f.

855 Ähnlich der Ansatz von *Seibt/Schwarz*, AG 2010, 301 (312 ff.), die die aktienrechtlichen Regelungen zum Minderheitenschutz heranziehen, um den Gleichlauf der aktienrechtlichen Differenzierung zwischen einfachen und groben Pflicht- bzw. Gesetzesverletzungen und den durch die Rechtsprechung aufgestellten Voraussetzungen der strafrechtlichen Untreue (insb. dem Erfordernis einer besonders qualifizierten „gravierenden" Pflichtverletzung) zu belegen. Daran anknüpfend *Bachmann* in FS Beulke, S. 1259 (1269).

hinausgeht. Nach herrschender Auffassung müssen die Antragsteller Tatsachen nachvollziehbar vortragen, aufgrund derer Unredlichkeiten oder grobe Pflichtverletzungen wahrscheinlich sind.[856] Das Gericht muss mithin infolge des Tatsachenvortrags der Auffassung sein, dass „mehr für als gegen das Vorliegen einer Unredlichkeit oder einer groben Pflichtverletzung spricht."[857] Insgesamt sind also hohe Anforderungen an die Überzeugung des Gerichts zum Vorliegen der Tatsachen zu stellen.[858] Dies dürfte im Ergebnis in etwa dem hinreichenden Tatverdacht der StPO entsprechen, wie er insbesondere zur Anklageerhebung nach § 170 Abs. 1 StPO verlangt wird.[859] Die hohe Verdachtsschwelle soll der Schwere der behaupteten Unregelmäßigkeiten – grobe Pflichtverletzungen oder Unredlichkeiten[860] – Rechnung tragen und der Missbrauchsgefahr[861] bei Sonderprüfungsanträgen durch eine Aktionärsminderheit begegnen.

b) Klageerzwingungsverfahren nach § 148 Abs. 1 S. 2 Nr. 3 AktG

Zur praktischen Durchsetzung von Ersatzansprüchen im Gesellschaftsinteresse ermächtigt § 147 Abs. 1 AktG die Hauptversammlung, per einfachem Mehrheitsbeschluss (§ 133 Abs. 1 AktG) die Geltendmachung bestimmter Ersatzansprüche der Aktiengesellschaft, insbesondere gegen ihre Verwaltungsmitglieder, zu erzwingen. Dadurch wird den Aktionären die Möglichkeit verliehen, über die ablehnende Entscheidung des jeweils originär zuständigen Gesellschaftsorgans hinweg die Verfolgung von Ersatzansprüchen durch das zuständige Organ zu bewirken. Um unter engen Voraussetzungen auch einer qualifizierten Aktionärsminderheit die Durchsetzung von Ersatzansprüchen in eigenem Namen zu ermöglichen, sieht § 148 AktG ein entsprechendes gerichtliches

---

856 OLG München, AG 2010, 840 (841); OLG Köln, AG 2010, 414 (415); OLG Celle, NZG 2017, 1381 (1382); OLG Stuttgart, BeckRS 2018, 35625 Rz. 74 ff.; *Rachlitz* in Grigoleit AktG, § 142 Rz. 55 m.w.N.

857 OLG Celle, NZG 2017, 1381 (1382); OLG Stuttgart, BeckRS 2018, 35625 Rz. 76.

858 So ausdrücklich die Gesetzesbegründung, BT-Drs. 15/5092, S. 18; vgl. auch OLG Stuttgart, NZG 2010, 864 (865); OLG Frankfurt a.M., ZIP 2011, 1764 (1765).

859 Strenger im Sinne eines dringenden Tatverdachts sogar *Trölitzsch/Gunßer*, AG 2008, 833 (836).

860 Vgl. zu dem (in § 148 Abs. 1 S. 2 Nr. 3 AktG bedeutungsgleich verwendeten) Begriff BT-Drs. 15/5092, S. 18, 22: „stets ins Kriminelle reichende Treupflichtverstöße"; darauf bezugnehmend OLG Köln, NZG 2019, 582 (584).

861 Dazu *Bachmann*, ZIP 2018, 101 (105 f.); *Trölitzsch/Gunßer*, AG 2008, 833; von einer nur geringfügigen Zunahme von Sonderprüfungsanträgen ausgehend *Arnold* in MüKoAktG, § 142 Rz. 12 m.w.N. zu diesbezüglich unterschiedlichen Einschätzungen.

Klagezulassungsverfahren vor. Die gerichtliche Zulassung der Aktionärsklage ist neben weiteren Voraussetzungen daran geknüpft, dass Tatsachen vorliegen, die den Verdacht rechtfertigen, dass der Gesellschaft durch Unredlichkeit oder grobe Verletzung des Gesetzes oder der Satzung ein Schaden entstanden ist (§ 148 Abs. 1 S. 2 Nr. 3 AktG).

Auch hier ist im Gleichlauf mit den Anforderungen im Rahmen von § 142 Abs. 2 AktG ein hinreichender Tatverdacht, also eine hinreichende Wahrscheinlichkeit der groben Pflichtverletzung und des dadurch verursachten Schadens, erforderlich.[862] Abweichend von der früheren, zunächst im Zuge des UMAG[863] eingeführten Regelung in § 147 Abs. 3 AktG a.F. wird ein dringender Tatverdacht nicht mehr verlangt.[864] Die deutlich über einem Anfangsverdacht liegende Verdachtsschwelle ist ebenso wie bei dem Sonderprüfungsantrag darauf zurückzuführen, dass es sich um ein subsidiäres (vgl. § 148 Abs. 3 AktG) und als Ausnahmeregelung zum Minderheitenschutz konzipiertes Instrumentarium handelt, dessen Voraussetzungen nach dem gesetzgeberischen Willen recht eng gesteckt sind, damit die Gerichte nur mit hinreichend aussichtsreichen Klagen befasst sind.[865]

c) *Übertragbarkeit auf die Verdachtsschwelle zur Auslösung der internen Aufklärungspflicht des Vorstandes*

Vor dem Hintergrund des hier skizzierten Ausnahmecharakters der bezeichneten aktienrechtlichen Vorschriften zum Minderheitenschutz in der Aktiengesellschaft verbietet es sich, den dort vorausgesetzten Verdachtsgrad bezüglich begangener Pflichtverletzungen in der Gesellschaft auf den zur Einleitung interner Ermittlungen erforderlichen Verdacht zu projizieren. Die recht hohen Anforderungen an die zur gerichtlichen Bestellung eines Sonderprüfers oder zur gerichtlichen Klagezulassung einer Aktionärsminderheit erforderlichen konkreten Anhaltspunkte erklären sich einerseits daraus, dass das aktienrechtliche Kompetenzgefüge grundsätzlich unberührt bleiben soll. Würde man hier etwa einen Anfangsverdacht im Sinne der StPO genügen lassen, bestünde die Gefahr

---

862 Eingehend OLG Köln, NZG 2019, 582 (584); *Rachlitz* in Grigoleit AktG, § 148 Rz. 16; *Hüffer/Koch*, AktG, § 148 Rz. 8; *Bezzenberger/Bezzenberger* in GroßkommAktG, § 148 Rz. 146 ff. m.w.N.

863 Gesetz zur Unternehmensintegrität und Modernisierung des Anfechtungsrechts v. 22.09.2005 (UMAG), BGBl. 2005 I S. 2802.

864 BT-Drs. 15/5092, S. 22.

865 OLG Köln, NZG 2019, 582 (584).

der Aushöhlung von Befugnissen, die nach eindeutiger gesellschaftsrechtlicher Kompetenzverteilung gemäß § 147 AktG bzw. § 142 Abs. 1 AktG der (Mehrheit der) Hauptversammlung vorbehalten sind. Andererseits zielen beide Instrumentarien der Minderheitsaktionäre auf eine gerichtliche Bestellungs- bzw. Klagezulassungsentscheidung und nicht auf die bloße (außergerichtliche) Entscheidung zur Einleitung von unternehmensinternen Aufklärungsmaßnahmen ab und dürften damit regelmäßig ein noch höheres Kosten- und Reputationsrisiko[866] bergen als unternehmensinterne Ermittlungen. Interne Aufklärungsmaßnahmen nehmen keine gerichtlichen Ressourcen in Anspruch und sind bereits unter diesem Gesichtspunkt nicht mit den dargelegten aktienrechtlichen Instrumentarien zum Minderheitenschutz in der Gesellschaft vergleichbar.

Der Gedanke einer drohenden Verschiebung der dem gesetzlichen Leitbild zu entnehmenden Kompetenzverteilung lässt sich bei der Bestimmung der erforderlichen Verdachtsschwelle zur Einleitung interner Ermittlungen nicht dahin gehend transferieren, dass ein (zu) niedriger Verdachtsgrad die Gefahr der Verlagerung staatlicher Strafverfolgungskompetenzen auf Private berge. Denn wie dargelegt existiert gerade kein staatliches Ermittlungsmonopol, dass die reine Ermittlungstätigkeit ausschließlich den staatlichen Strafverfolgungsbehörden zuweist.[867] Nicht zuletzt der Entwurf des geplanten Verbandssanktionengesetzes (VerSanG-E), der obligatorische Strafmilderungen zugunsten von Unternehmen vorsieht, die durch unternehmensinterne Ermittlungen maßgeblich zur Aufdeckung von Straftaten beitragen,[868] verdeutlicht das staatliche Interesse an der Ermittlungstätigkeit von Unternehmensleitern. Ein den Regelungen zum Minderheitenschutz entsprechender Ausnahmecharakter ist der Pflicht zur Einleitung unternehmensinterner Ermittlungen folglich gerade nicht zu entnehmen.

2. *Verdachtsgrad nach dem Geldwäschegesetz*

Denkbar ist weiterhin eine Ausrichtung an dem Verdachtsgrad, der für Kreditinstitute und andere Verpflichtete nach § 2 GwG bestimmte Meldepflichten gegenüber staatlichen Behörden auslöst. Gemäß § 43 Abs. 1 GwG trifft Banken und andere Verpflichtete bei Verdacht der Geldwäsche oder der Terrorismusfinanzierung im Rahmen bestimmter Transaktionen eine Mitteilungspflicht gegenüber

866 Zu diesem Aspekt, dem auch durch die Regelung in § 148 Abs. 1 S. 2 Nr. 4 AktG Rechnung getragen wird, *Arnold* in MüKoAktG, § 148 Rz. 48.

867 S. 84 ff., S. 90.

868 Siehe insb. die Regelung in § 17 VerSanG-E, BT-Drs. 19/23568, S. 7 ff., sowie die Gesetzesbegründung, BT-Drs. 19/23568, S. 84 ff. Dazu auch Fn. 3.

der Zentralstelle für Finanztransaktionsuntersuchungen. Der hier erfasste Verdachtsgrad war lange umstritten und wurde zum Teil mit dem strafprozessualen Anfangsverdacht gleichgesetzt,[869] ist aber infolge der Klarstellung durch den Gesetzgeber und die Rechtsprechung nach heute wohl einhelliger Auffassung unterhalb des Anfangsverdachts anzusiedeln.[870]

Nach Ausführungen des BVerfG genügt es für das Vorliegen eines meldepflichtigen Verdachts, „dass objektiv erkennbare Anhaltspunkte dafür sprechen, dass durch eine Transaktion illegale Gelder dem Zugriff der Strafverfolgungsbehörden entzogen oder die Herkunft illegaler Vermögenswerte verdeckt werden sollen und ein krimineller Hintergrund i.S.d. § 261 StGB nicht ausgeschlossen werden kann."[871] Die Meldepflicht nach dem GwG sei an deutlich geringere Anforderungen als der strafprozessuale Anfangsverdacht geknüpft.[872] Dies rechtfertige sich aus der weiteren Zweckrichtung der Mitteilungspflicht nach dem GwG, die auch darin liegen könne, „Anstoß für Ermittlungen [zu] geben, durch die das Vorliegen eines Anfangsverdachts erst geprüft werden soll."[873] Zwar ist nach § 43 GwG eine Meldung ohne nachvollziehbare Gründe „ins Blaue hinein" unzulässig,[874] die Anforderungen an die Verdachtsschwelle sind aber auf ein absolutes Minimum reduziert.[875]

Anhand der im GwG vorgesehenen zahlreichen Obliegenheiten bestimmter Unternehmen zur Bekämpfung von Geldwäsche und Terrorismusfinanzierung[876] wird deutlich, dass der Gesetzgeber aufgrund der weltweiten Bedeutung der Geldwäsche im Bereich der organisierten Kriminalität den erfassten

---

869 Etwa LG München I, BeckRS 2011, 12017; dazu *Barreto da Rosa* in Herzog, GwG, § 43 Rz. 16 m.w.N.

870 BT-Drs. 17/6804, S. 35; BT-Drs. 18/11928, S. 26; BVerfG, NJW 2020, 1351 (1353); OLG Frankfurt a.M., NStZ 2020, 173 (175); *Barreto da Rosa* in Herzog, GwG, § 43 Rz. 18; *Neuheuser*, NStZ 2020, 559 (560).

871 BVerfG, NJW 2020, 1351 (1353) Rz. 43.

872 BVerfG, NJW 2020, 1351 (1353) Rz. 43.

873 BVerfG, NJW 2020, 1351 (1353) Rz. 44.

874 BT-Drs. 17/6804, S. 35 f.; BR-Drs. 317/11, S. 49.

875 Kritisch *Barreto da Rosa* in Herzog, GwG, § 43 Rz. 20: Verdachtsgrad „letztlich auf das (auch verfassungsrechtlich) wohl geringstmögliche Maß herabgesetzt", das kaum noch Spielraum zu einer unzulässigen Meldung „ins Blaue hinein" lasse.

876 Neben der Meldepflicht nach § 43 GwG sei an dieser Stelle nur auf die diversen organisatorischen Pflichten nach §§ 4 ff. GwG, etwa die Pflicht zur Installation eines Geldwäschebeauftragten (§ 7 GwG) und die Aufzeichnungs- und Aufbewahrungspflichten nach § 8 GwG, hingewiesen.

Geldinstituten eine aktive Rolle in der Verbrechensbekämpfung zuweist. Bei den an einen äußerst geringen Verdachtsgrad geknüpften Meldepflichten handelt es sich nicht etwa um Strafanzeigen gemäß § 158 Abs. 1 StPO, sondern um Meldungen sui generis gegenüber den zuständigen Behörden mit dem Ziel, den vielfältigen Verschleierungsmöglichkeiten und den damit verbundenen gesteigerten Risiken des Missbrauchs zu Geldwäsche und Terrorismusfinanzierung zu begegnen.[877] Dies spiegelt sich darin wieder, dass geldwäscheverdächtige Transaktionen nach dem Wortlaut des § 43 Abs. 1 GwG unabhängig von ihrer Summe anzuzeigen sind.

Eine Orientierung des zur Einleitung interner Ermittlungen erforderlichen Verdachtsgrades an dem nach dem GwG vorgesehenen sehr niedrigen Verdachtsgrad ist daher sachlich nicht angemessen. Denn die hier untersuchte Verdachtsschwelle soll keine Anzeige- oder Meldepflicht gegenüber einer zuständigen Behörde zwecks ggf. weiterer Ermittlung, sondern bereits unmittelbar unternehmensinterne Aufklärungspflichten zur Aufdeckung strafbaren Verhaltens auslösen. Demzufolge erscheint es nur gerechtfertigt, den erhöhten und von dem Unternehmen selbst zu tragenden Ermittlungsaufwand zumindest davon abhängig zu machen, ob auch eine zur Strafverfolgung berufene staatliche Ermittlungsbehörde nach § 152 Abs. 2 StPO Ermittlungen aufnehmen müsste. Die anhand der Gesetzeskonzeption erkennbar exponierte Stellung der Geldwäschebekämpfung legt im Umkehrschluss die vergleichsweise geringere Risikoeinschätzung hinsichtlich anderer aufklärungsbedürftiger Straftaten nahe, sodass eine Gleichsetzung mit der Verdachtsschwelle nach § 43 GwG widersinnig erscheint.[878] Bei der Einleitung unternehmensinterner Aufklärungsmaßnahmen bildet – auch wenn diese mittelbar staatlich veranlasst sind – das Gesellschaftsinteresse das Leitmotiv,[879] während Pflichten nach dem Geldwäschegesetz zuvorderst dem staatlichen Strafverfolgungs- bzw. Präventionsinteresse im Bereich der Geldwäsche und dem Schutz des Wirtschaftsstandorts Deutschland dienen.

3. *Zwischenfazit*

Die Ausrichtung des die Ermittlungspflicht des Vorstandes auslösenden Verdachtsgrades an dem – im Bereich des hinreichenden Tatverdachts liegenden – aktienrechtlichen Verdachtsgrad, wie er in §§ 142 Abs. 2, 315 S. 2 AktG für die

---

877 *Barreto da Rosa* in Herzog, GwG, § 43 Rz. 5.

878 Ähnlich im Hinblick auf die niedrige Verdachtsschwelle in § 15 Abs. 5 GwG und § 25h Abs. 3 S. 1 KWG *Wilkens*, Internal Investigations, S. 201.

879 S. 43 ff., S. 104, S. 188 ff.

Sonderprüfung oder in § 148 Abs. 1 S. 2 Nr. 3 AktG für das Klageerzwingungsverfahren gefordert wird, kommt ebenso wenig in Betracht wie die Heranziehung des deutlich unter dem strafprozessualen Anfangsverdacht liegenden Verdacht nach dem Geldwäschegesetz. Denn sämtlichen vorangehend untersuchten Regelungen liegen spezielle Erwägungen zugrunde, die nicht auf die Pflicht des Vorstandes zur Einleitung interner Untersuchungen übertragbar sind. Folglich verbleibt allein eine jedenfalls grobe Orientierung an dem eingangs dargestellten strafprozessualen Anfangsverdacht im Sinne des § 152 Abs. 2 StPO.

III. Leitlinien zur Konkretisierung des Tatverdachts

Der strafprozessuale Anfangsverdacht dient nach herrschender Auffassung jedenfalls als Ausgangspunkt bei der Bestimmung des Konkretisierungsgrads der vorhandenen Anhaltspunkte,[880] kann aber nicht als allgemeingültiger Maßstab für alle denkbaren Situationen herangezogen werden.[881] Dies ergibt sich bereits aus der fehlenden Geltung des Offizial- und des Legalitätsprinzips für Unternehmensleiter.[882]

Für Vorstandsmitglieder leitet sich die interne Aufklärungspflicht primär aus der Legalitätskontrollpflicht ab, die den Vorstand als Leitungsorgan trifft,[883] sodass maßgebliches Kriterium für das Eingreifen und die Reichweite einer internen Ermittlungspflicht allein das Gesellschaftsinteresse sein kann.[884] Die relevante Verdachtsschwelle, aber auch der Umfang der ggf. einzuleitenden Maßnahmen, ist somit stets abhängig von den konkreten Umständen des Einzelfalls zu bestimmen.[885] Als Faktoren sind in die jeweilige Beurteilung des Sachverhalts die Art der an den Vorstand herangetragenen Hinweise und ihre Stichhaltigkeit, die Art des im Raum stehenden Fehlverhaltens und die Tragweite des

---

880 *Ott/Lüneborg*, CCZ 2019, 71 (75 f.); *Grützner* in Momsen/Grützner, HdB-WiStrafR, Kap. 4 § 16 Rz. 53; *Momsen* in Rotsch, Criminal Compliance vor den Aufgaben der Zukunft, S. 47 (51 f.); für eine niedrigere Verdachtsschwelle wohl *Reichert*, ZIS 2011, 113 (117): jeder nicht ganz fernliegende Verdacht eines Regelverstoßes.

881 *Grützner* in Momsen/Grützner, HdB-WiStrafR, Kap. 4 § 16 Rz. 53, 95.

882 *Grützner* in Momsen/Grützner, HdB-WiStrafR, Kap. 4 § 16 Rz. 95.

883 S. 144 ff.

884 *Wagner*, CCZ 2009, 8 (12); dem folgend *Wilkens*, Internal Investigations, S. 202.

885 *Schäfer* in FS Krieger, S. 779 (786); *Grützner* in Momsen/Grützner, HdB-WiStrafR, Kap. 4 § 16 Rz. 68; *Wilkens*, Internal Investigations, S. 200 ff.; zur Angemessenheit der Informationsgrundlage bereits S. 134 f.

Sachverhaltes, soweit die Anhaltspunkte tatsächlich ein strafrechtlich relevantes Geschehen zutage fördern sollten, einzubeziehen.[886]

Dabei dürfen die gesellschaftsrechtlichen Aufklärungspflichten, die nur einen Teilausschnitt der Geschäftsführungsaufgaben der Vorstandsmitglieder darstellen, nicht an den gleichen Maßstäben gemessen werden wie die Ermittlungspflichten der – originär und ausschließlich mit der Strafverfolgung betrauten – Staatsanwaltschaft.[887] Eine genaue Validierung der vorhandenen Verdachtsmomente ist vor Einleitung von Ermittlungen demnach nicht nur zulässig, sondern angesichts der Bindung an das Unternehmensinteresse auch angezeigt. Denn sowohl bei der Frage, ob vorhandenen Anhaltspunkten überhaupt auf irgendeine Weise nachgegangen werden muss, als auch bei der Frage der Intensität der Aufklärungsbemühungen darf nicht aus dem Blick verloren werden, dass drohende Kosten- und Reputationsrisiken für die Gesellschaft in die Beurteilung der erforderlichen Verdachtsschwelle einzubeziehen sind.[888]

Bei der Validierung der über einen Hinweisgeber an den Vorstand herangetragenen Verdachtsmomente schlägt *Momsen* insbesondere eine Orientierung an der Pflichtgemäßheit des Whistleblowings vor.[889] Neben der praktisch im Einzelfall schwierigen Abgrenzung allgemeiner Gerüchte oder Vermutungen von konkreten Hinweisen und der Tatbezogenheit des Verdachts sei demnach zu untersuchen, ob das Whistleblowing aus Perspektive des Hinweisgebers sorgfaltswidrig war und einen berechtigten Grund zur Kündigung biete.[890] Diene das Whistleblowing erkennbar nicht der Wahrnehmung berechtigter Interessen, sondern unlauteren Motiven wie etwa Mobbing, reiche der Verdacht nicht aus, um eine interne Untersuchung anzustoßen.[891] Dieser Ansatz ist immerhin

---

886 *Grützner* in Momsen/Grützner, HdB-WiStrafR, Kap. 4 § 16 Rz. 53 ff., 59 f.; *Fuhrmann*, NZG 2016, 881 (885); *Ott/Lüneborg*, CCZ 2019, 71 (76); *Momsen* in Rotsch, Criminal Compliance vor den Aufgaben der Zukunft, S. 47 (53 ff.); *Wilkens*, Internal Investigations, S. 202; in Bezug auf den Umfang der internen Ermittlungspflicht auch *Potinecke/Block* in Internal Investigations, Kap. 2 Rz. 164 ff.; *Nienaber*, Compliance-basierte unternehmensinterne Ermittlungen, S. 93.

887 In diese Richtung *Bachmann*, ZHR 180 (2016), 563 (567); darauf bezugnehmend *Wilkens*, Internal Investigations, S. 191; ebenso *Schäfer* in FS Krieger, S. 779 (786).

888 Eingehend (auch) zu dem Spannungsfeld des § 266 StGB, in dem sich Unternehmensleiter bei der Entscheidung bewegen *Momsen* in Rotsch, Criminal Compliance vor den Aufgaben der Zukunft, S. 47 (52 ff.).

889 *Momsen* in Rotsch, Criminal Compliance vor den Aufgaben der Zukunft, S. 47 (54 ff.).

890 *Momsen* in Rotsch, Criminal Compliance vor den Aufgaben der Zukunft, S. 47 (54 ff.); zum Whistleblowing als Kündigungsgrund *Momsen/Grützner/Oonk*, ZIS 2011, 754.

891 *Momsen* in Rotsch, Criminal Compliance vor den Aufgaben der Zukunft, S. 47 (57).

geeignet, abwegige und aus willkürlichen Motiven kommunizierte Anhaltspunkte herauszufiltern, deckt aber nur einen kleinen Ausschnitt der denkbaren an den Vorstand herangetragenen Verdachtsmomente ab.

Während Hinweise insbesondere von anonym bleibenden Arbeitnehmern oder Kunden nach diesem Maßstab zunächst gefiltert und sorgsam validiert werden sollten, um das Überschreiten der ermittlungspflichtauslösenden Verdachtsschwelle festzustellen, dürften etwa Hinweise im Rahmen einer Revisionsprüfung oder anlassunabhängigen Compliance-Prüfung, durch externe Berater oder auch Presseveröffentlichungen seriöser Publikationsorgane regelmäßig einen ernst zu nehmenden Anlass für Aufklärungsmaßnahmen bilden.[892] Dies gilt selbsterklärend erst recht, wenn der Vorstand Kenntnis von der bereits erfolgten oder bevorstehenden Einleitung eines staatlichen Ermittlungsverfahrens erhält.[893] Denn dann wurde jedenfalls die Frage eines strafprozessualen Anfangsverdachts bereits seitens der Behörden geprüft, sodass eine unternehmensinterne Validierung von Verdachtsmomenten zwecks Prüfung eines – zumindest nicht höher als den strafprozessualen Anfangsverdacht anzusetzenden – relevanten Verdachtsgrads obsolet ist.

Zusammengefasst bedeutet dies in der Praxis: Je geringer die Bedeutung des im Raum stehenden Sachverhaltes, je geringfügiger das möglicherweise begangene Unrecht, je vager, unauthentischer oder unschlüssiger die vorhandenen Verdachtsmomente sind, desto höher ist die Verdachtsschwelle anzusetzen – und umgekehrt.[894] Eine Rolle spielt insbesondere, ob die vorhandenen Anhaltspunkte in irgendeiner Weise ein systematisches Vorgehen innerhalb des Unternehmens oder eher kriminelle Aktivitäten einzelner Mitarbeiter nahelegen.[895] Diese Faktoren wirken sich nicht nur auf die Ermessensausübung bei der Frage aus, ob überhaupt irgendwelche Anstrengungen zu Aufklärungen unternommen werden müssen, sondern auch auf die Frage, in welcher Tiefe ein Sachverhalt aufgeklärt werden muss. So dürfte es dem „common sense“[896] entsprechen, dass der Ermittlungspflicht des Vorstandes bei Vorliegen von Verdachtsmomenten regelmäßig entsprochen wird, wenn die Aufklärung stufenweise erfolgt, also

892 *Fuhrmann*, NZG 2016, 881 (885).

893 *Fuhrmann*, NZG 2016, 881 (885): „authentischste Quelle“.

894 *Fuhrmann*, NZG 2016, 881 (885).

895 *Fuhrmann*, NZG 2016, 881 (885); *Ott/Lüneborg*, CCZ 2019, 71 (76); *Grützner* in Momsen/Grützner, HdB-WiStrafR, Kap. 4 § 16 Rz. 55, 59, der in ersterem Fall ein Entschließungsermessen ablehnt und auch das Auswahlermessen als reduziert ansieht.

896 So *Bachmann*, ZHR 180 (2016), 563 (571).

zunächst vorhandene Verdachtsmomente plausibilisiert und nur bei Erhärtung dieser Anhaltspunkte weitere Ermittlungshandlungen ergriffen werden.[897]

IV. Zusammenfassung

Im Ergebnis ist festzuhalten, dass die im Rahmen dieser Arbeit untersuchte Pflicht des Vorstands zur Einleitung unternehmensinterner Ermittlungen durch einen Verdacht auf strafbares betriebsbezogenes Verhalten im Unternehmen ausgelöst wird, dessen Schwelle eher niedrig anzusetzen ist und sich regelmäßig im Bereich des strafprozessualen Anfangsverdachts bewegt. Allgemeingültige Kriterien und Schemata können insoweit angesichts der Vielgestaltigkeit denkbarer Konstellationen und der Diversität potenzieller Verdachtsmomente nicht aufgestellt werden. Leitlinie ist stets das Gesellschaftsinteresse, das zu einer eingehenden Abwägung von Risiken im Falle der Aufklärung und solcher bei unterbliebener Aufklärung zwingt. In diese Abwägung ist insbesondere die Qualität der vorhandenen Anhaltspunkte – die unter anderem von der jeweiligen Quelle, der Schlüssigkeit und Tragweite des Sachverhalts abhängt – einzustellen, sodass die maßgebliche pflichtauslösende Verdachtsschwelle von Fall zu Fall unterschiedlich zu bestimmen sein kann.

C. Unzumutbarkeit der Aufklärung wegen drohender Selbstbelastung

Die Compliance-Pflichten und -Obliegenheiten stehen – wie dargelegt - ungeachtet der konkreten Rechtsgrundlage unter dem Vorbehalt der Verhältnismäßigkeit bzw. Zumutbarkeit.[898] Unter Umständen ist im Rahmen einer Abwägung eine drohende negative Auswirkung der an sich erforderlichen internen Ermittlungen derart schwer zu gewichten, dass das Vorstandsmitglied von einer Aufklärung absehen darf oder sogar muss. Einer dieser möglichen Gesichtspunkte soll hier unter dem Blickwinkel der Auswirkung auf die prinzipielle Pflicht des Vorstands zur Einleitung interner Ermittlungen beleuchtet werden.

---

897 *Grützner* in Momsen/Grützner, HdB-WiStrafR, Kap. 4 § 16 Rz. 93 ff.; *Bachmann*, ZHR 180 (2016), 563 (571); *Wilkens*, Internal Investigations, S. 202 f.; *Reichert/Ott*, NZG 2014, 241 (244); strenger wohl *Reichert*, ZIS 2011, 113 (117), nach dem nur eine *umfassende* Sachverhaltsaufklärung im Regelfall den Compliance-Anforderungen genüge.

898 S. 207 ff.

Ein Absehen vom Ergreifen von Aufklärungsmaßnahmen könnte gerechtfertigt sein, soweit das ermittlungspflichtige Vorstandsmitglied durch Ingangsetzen einer unternehmensinternen Untersuchung (faktisch) an der Offenlegung der eigenen Beteiligung an Straftaten bzw. eigener Aufsichtspflichtverstöße mitwirken müsste. Ausgangspunkt dieser Überlegung ist die Frage, ob der im Strafverfahren Geltung beanspruchende Grundsatz der Selbstbelastungsfreiheit (nemo tenetur se ipsum accusare – kurz: nemo tenetur) in derartigen Konstellationen zugunsten des Vorstandsmitglieds greift und zu einer Unzumutbarkeit der Erfüllung der Aufklärungspflicht führt.

I. Inhalt und Reichweite des Nemo-tenetur-Prinzips

1. Schutz vor Mitwirkung an staatlicher Strafverfolgung

Das Recht des Beschuldigten in einem Strafverfahren, zum Tatvorwurf zu schweigen und auch nicht auf andere Art und Weise aktiv an seiner eigenen Überführung mitzuwirken (nemo tenetur), gehört zu den elementaren und traditionellen Prinzipien des Strafverfahrens.[899] Abgeleitet wird dieser Grundsatz aus der Menschenwürde[900], dem allgemeinen Persönlichkeitsrecht[901], dem Rechtsstaatsprinzip[902] und dem Fair-trial-Grundsatz aus Art. 6 EMRK.[903] Es handelt sich um ein Abwehrrecht des Einzelnen gegen staatliche Eingriffe.[904] Dahinter steht der Gedanke, dass es mit den vorangehend genannten Grundrechten und Rechtsprinzipien unvereinbar wäre, wenn der Staat den Einzelnen

---

899 BVerfGE 56, 37 (41 f.) = NJW 1981, 1431; BVerfGE 38, 105 = NJW 1975, 103; BVerfGE 133, 168 = NJW 2013, 1058 (1061); BVerfGE 95, 220 = NJW 1997, 1841 (1843 f.); BGH, wistra 2010, 299; BGHSt 38, 214 = NStZ 1992, 294; *Eschelbach* in MAH Strafverteidigung, § 30 Rz. 162 ff.

900 BVerfGE 95, 220 (241 f.) = NJW 1997, 1841 (1843 f.); *Kudlich* in MüKoStPO, Einl. Rz. 54; kritisch dazu *Verrel*, NStZ 1997, 361 (364 f.) m.w.N.

901 BVerfGE 56, 37 (41 f.) = NJW 1981, 1431; BVerfGE 95, 220 = NJW 1997, 1841; BVerfG, NJW 2005, 352.

902 BVerfG, NJOZ 2016, 1879 (1882), Tz. 34 m.w.N.; OLG Frankfurt a.M., NStZ-RR 1997, 152 (153); *Degenhart* in Sachs, GG, Art. 103 Rz. 45.

903 EGMR 17.12.1996 – 19187/91, ÖJZ 1998, 32 Rz. 68 – Saunders/UK; EGMR 14.3.2000 – 47240/99, Rz. 1 – Ebbinge/NL; EGMR 21.12.2000 – 34720/97, Rz. 40 ff. – Heaney u. McGuinness/IRE; *Gaede* in MüKoStPO, EMRK Art. 6 Rz. 318 ff.; eingehend zu internationalen und verfassungsrechtlichen Rechtsquellen *Bosch*, Aspekte des nemo-tenetur-Prinzips, S. 24 ff.; *Rogall*, Der Beschuldigte als Beweismittel, S. 109 ff.

904 BVerfG, NJW 1981, 1431 (1432); OLG Brandenburg, NStZ-RR 2015, 53; *Rogall*, Der Beschuldigte als Beweismittel, S. 153 f.

in eine Konfliktlage bringen dürfte, in der er durch eigene Aussagen oder sonstige aktive Mitwirkung die Grundlage seiner strafrechtlichen Sanktionierung schaffen muss oder dazu verleitet wird, sich durch Falschaussagen erneut strafbar zu machen bzw. wegen seines Schweigens Zwangsmitteln unterworfen zu werden.[905] Mit anderen Worten: Der Einzelne soll nicht zum Beweismittel gegen sich selbst gemacht werden.[906]

Strafprozessual wird dem Nemo-tenetur-Grundsatz insbesondere durch das Aussageverweigerungsrecht des Beschuldigten nach §§ 136 Abs. 1 S. 2, 163a Abs. 4 S. 2, 243 Abs. 5 S. 1 StPO sowie das Auskunftsverweigerungsrecht des Zeugen nach § 55 Abs. 1 StPO Rechnung getragen. Dem Staat stehen grundsätzlich keine zulässigen Zwangsmittel zur Verfügung, um den Beschuldigten bzw. Angeklagten oder Zeugen zu einer Aussage gegen sich selbst zu bewegen.[907] Als Konsequenz dessen dürfen zur Absicherung des Schweigerechts aus dem vollständigen Schweigen des Betroffenen keine nachteiligen Schlüsse zu seinen Lasten gezogen werden.[908] Die manipulative Einflussnahme auf die Willensfreiheit des Betroffenen, etwa durch Täuschung oder (Androhung von) Folter, führt zu einem Beweisverwertungsverbot hinsichtlich der unter diesen Voraussetzungen erlangten Aussagen.[909]

2. *Anwendbarkeit außerhalb des Strafverfahrens*

Wie dargelegt ist der Nemo-tenetur-Grundsatz ein insbesondere aus dem allgemeinen Persönlichkeitsrecht abgeleitetes Prinzip des Strafverfahrens. Da das Grundrecht aber nicht nur im Strafverfahren, sondern in jeder Beziehung zwischen Staat und Individuum Geltung beansprucht und ein staatlicher Aussagezwang dieses Grundrecht verfahrensunabhängig einschränkt, kann der Schutz vor Selbstbelastung nicht auf das Strafverfahren begrenzt sein.[910] Dies drängt

---

905 BVerfG, NJOZ 2016, 1879 (1882), Tz. 34 f.; NJW 2005, 352; BVerfGE 95, 220 = NJW 1997, 1841 (1843); *Eschelbach* in MAH Strafverteidigung, § 30 Rz. 162.

906 BGHSt 42, 139 (151 ff.) = NJW 1996, 2940 (2942); *Rogall*, Der Beschuldigte als Beweismittel, S. 149; *Bosch*, Aspekte des nemo-tenetur-Prinzips, S. 24 ff.

907 *Fritz/Nolden*, CCZ 2010, 170 (173); grundlegend BVerfG, NJW 1981, 1431 (1432 f.) – „Gemeinschuldner-Beschluss".

908 BGHSt 32, 140 = NJW 1984, 1829; BGHSt 38, 302 = NJW 1992, 2304; BGHSt 45, 363 = NJW 2000, 1426; NStZ-RR 2018, 286; *Dahs/Langkeit*, NStZ 1993, 213 (214 f.); *Krey/Heinrich*, Strafverfahrensrecht, Rz. 478; *Ott* in KK-StPO, § 261 Rz. 153 ff. m.w.N.

909 EGMR, StV 2003, 257 m. Anm. *Gaede* = BeckRS 2003, 05512; BGHSt 42, 139 = NJW 1996, 2940 – „Hörfalle".

910 *Schaefer*, NJW-Spezial 2010, 120.

sich bereits aus der Erwägung heraus auf, dass der Nemo-tenetur-Grundsatz praktisch leerliefe, wenn dem Beschuldigten im Strafverfahren zwar ein Schweigerecht zukäme, aber ihn belastende Informationen als Beweismittel Eingang in ein Strafverfahren fänden, zu deren Offenlegung er zulässigerweise in einem anderen (Nichtstraf-)Verfahren gezwungen werden durfte.[911] Eine Selbstbelastung droht bereits dann, wenn der Inhalt der erzwungenen Auskunft geeignet ist, einen Tatverdacht im Sinne des § 152 Abs. 2 StPO zu begründen und das Risiko einer Weiterleitung des Inhalts dieser Aussagen an Strafverfolgungsbehörden sowie der Verwendung in einem Strafverfahren gegen die Auskunftsperson besteht.[912]

Umgekehrt kennt die Rechtsordnung – dies stellte das Bundesverfassungsgericht in seinem viel beachteten „Gemeinschuldner-Beschluss" klar – „kein ausnahmsloses Gebot, daß niemand zu Auskünften oder zu sonstigen Handlungen gezwungen werden darf, durch die er eine von ihm begangene strafbare Handlung offenbart."[913] Es stellt sich in einzelnen Konstellationen vielmehr die Frage, ob die jeweils vorgesehene und in die Grund- und Verfahrensrechte des Betroffenen eingreifende Aussagepflicht im Allgemeininteresse gerechtfertigt ist.

a) Geltung in diversen Verfahren für Beschuldigte, Zeugen und Prozessparteien

Der gesetzlich begründete Aussagezwang in einem Nichtstrafverfahren führt dann zu einem Konflikt mit dem grundrechtlich verankerten Selbstbelastungsschutz, wenn eine zweckwidrige Verwendung der offenbarten Informationen im Strafverfahren droht. In verschiedenen Verfahren außerhalb des Strafverfahrens, in denen den Beteiligten oder außenstehenden Dritten – namentlich Zeugen – prinzipiell eine gesetzliche Aussagepflicht trifft, hat der Gesetzgeber diesen deswegen ein Schweigerecht zugebilligt, soweit die grundsätzlich aussagepflichtige Person sich durch die Aussage selbst einer Straftat bezichtigen müsste.

So findet sich in § 384 Nr. 2 ZPO ein gesetzliches Auskunftsverweigerungsrecht für Zeugen im Zivilprozess, die prinzipiell gemäß §§ 395 Abs. 1, 396 ZPO zur wahrheitsgemäßen Aussage verpflichtet sind, bezüglich Fragen, deren Beantwortung dem Zeugen oder einem seiner im § 383 Nr. 1 bis 3 ZPO bezeichneten Angehörigen zur Unehre gereichen oder die Gefahr zuziehen würde, wegen einer Straftat oder einer Ordnungswidrigkeit verfolgt zu werden. Durch

---

911 BVerfG, NJW 1981, 1431; *Schaefer*, NJW-Spezial 2010, 120.

912 *Schaefer*, NJW-Spezial 2010, 120.

913 BVerfG, NJW 1981, 1431.

gesetzliche Verweisung findet diese Regelung auch auf Zeugen im Verwaltungsverfahren nach § 65 Abs. 1 S. 2 VwVfG, im Verwaltungsprozess nach § 173 S. 1 VwGO und im Sozialverwaltungsverfahren nach § 21 Abs. 3 S. 3 SGB X Anwendung. Zeugen, die als unbeteiligte Außenstehende unfreiwillig in das Verfahren einbezogen werden und dort nicht in eigener Sache agieren, sollen nicht zur Selbstbelastung gezwungen sein; insoweit hat der Rechtschutzanspruch der am Prozess beteiligten Parteien hinter dem allgemeinen Persönlichkeitsrecht des Zeugen zurückzutreten.[914]

Dies gilt selbst für Personen, die nicht als völlig unbeteiligte Dritte eine reine Zeugenstellung innehaben, sondern als Vertreter einer juristischen Person oder einer rechtsfähigen Personengesellschaft in einem gegen diese geführten staatlichen Sanktionsverfahren auftreten und damit jedenfalls stärker als Zeugen in den Prozess eingebunden bzw. von diesem betroffen sind. Im Kartellbußgeldverfahren ist nach § 81b Abs. 3 GWB die für die juristische Person oder für die Personenvereinigung handelnde natürliche Person berechtigt, die Auskunft auf solche Fragen zu verweigern, deren Beantwortung sie selbst oder einen der in § 52 Abs. 1 StPO bezeichneten Angehörigen der Gefahr aussetzen würde, wegen einer Straftat oder einer Ordnungswidrigkeit verfolgt zu werden. Eine ähnliche Regelung findet sich für das Verbandssanktionsverfahren in dem neuen § 33 Abs. 1 VerSanG-E hinsichtlich des gesetzlichen Vertreters des Verbandes. Diesem soll es demnach freistehen, sich zu äußern oder nicht zur Sache auszusagen. Die Vorschriften der Strafprozessordnung über die Vernehmung des Beschuldigten sollen entsprechend für die Vernehmung des gesetzlichen Vertreters des Verbandes gelten, § 33 Abs. 1 S. 2 VerSanG-E.

Demgegenüber ist für Personen, gegen die sich ein staatliches Verfahren richtet und die zur Auskunft bzw. Mitwirkung verpflichtet sind, regelmäßig kein Auskunftsverweigerungsrecht zum Schutz vor Selbstbelastung vorgesehen. Dies wurde prominent erstmalig durch das BVerfG in seinem „Gemeinschuldner-Beschluss" für das Insolvenzverfahren (damals noch: Konkursverfahren) festgestellt. Bei dem Insolvenzverfahren handelt es sich um ein Zivilverfahren mit starken Parallelen zum zivilprozessualen Vollstreckungsverfahren. Es dient dem Ziel der staatlich geordneten Vermögensverteilung, sodass hier anders als im zivilprozessualen Erkenntnisverfahren – eingeschränkt durch die Beibringungslast der Gläubiger im Rahmen der Antragsstellung – gemäß § 5 Abs. 1 InsO überwiegend die Inquisitionsmaxime gilt, mithin also nicht primär die Parteien,

---

914 Zustimmend *Stürner*, NJW 1981, 1757 (1760).

sondern das Gericht den Gang des Verfahrens bestimmt.[915] Vor diesem Hintergrund erklärt sich die uneingeschränkte und gemäß § 98 Abs. 2 Nr. 1, 2 InsO mit der Anordnung von Beugehaft zwangsweise durchsetzbare Auskunftspflicht des Insolvenzschuldners nach § 97 Abs. 1 S. 1, S. 2 InsO. Hier überwiegt das insolvenzrechtliche Ziel der bestmöglichen Haftungsverwirklichung im Sinne einer bestmöglichen Gläubigerbefriedigung (vgl. § 1 InsO) das grundrechtlich geschützte Interesse des Insolvenzschuldners an Selbstbelastungsfreiheit. Letzterem wird gleichwohl durch ein strafprozessuales Verwertungsverbot in § 97 Abs. 1 S. 3 InsO Rechnung getragen.

Ähnlich stellt sich die Rechtslage im Besteuerungsverfahren dar, im Zuge dessen den Steuerpflichtigen eine uneingeschränkte und nach §§ 328 Abs. 1, 329 AO mit Zwangsgeld durchsetzbare Mitwirkungs- und Auskunftspflicht nach §§ 90, 93 Abs. 1, 3, 150 Abs. 2, 200 Abs. 1 AO trifft. Lediglich anderen Personen als den Beteiligten und den für diese auskunftspflichtigen Personen, insbesondere Zeugen, steht nach § 103 S. 1 AO ein Recht zur Auskunftsverweigerung bei Gefahr der Strafverfolgung zu; der Steuerschuldner hingegen bleibt selbst dann zur wahrheitsgemäßen Auskunft verpflichtet, wenn er dadurch zugleich eigenes früheres strafbares Verhalten aufdecken muss.[916] Dies rechtfertigt sich sachlich aus dem schwer zu gewichtenden Grundsatz der Steuergerechtigkeit und fiskalischen Interessen.[917] Dem Schutz vor Selbstbelastung wird allerdings zumindest partiell durch ein Zwangsmittelverbot im Besteuerungsverfahren bei drohender Offenbarung von Steuerstraftaten (§ 393 Abs. 1 S. 2 AO)[918] und ein begrenztes Weitergabeverbot (§ 30 AO)[919] sowie ein begrenztes Beweisverwertungsverbot (§ 393 Abs. 2 AO)[920] im Hinblick auf andere Straftaten Rechnung getragen. Die bloße Mitwirkungspflicht des Steuerpflichtigen und die daran anknüpfenden steuerrechtlichen Folgen bleiben davon jedoch unberührt.[921]

915 Zum Wesen des Insolvenzverfahrens *Ganter/Bruns* in MüKoInsO, Vor §§ 2 bis 10 Rz. 3 ff.

916 BGHSt 49, 136 = NJW 2005, 2720 (2722).

917 BVerfG, wistra 1988, 302 = BeckRS 2010, 51411; BGHSt 49, 136 = NJW 2005, 2720 (2722 f.); BGHSt 47, 8 = NJW 2001, 3638; BGH, NJW 2005, 763 (764).

918 BGHSt 47, 8 = BGH, NJW 2001, 3638 (3640); BGH, NJW 2005, 763.

919 Nach § 30 AO dürfen Angaben des Steuerschuldners und daraus gewonnene Erkenntnisse ohne dessen Zustimmung – abgesehen von den in §§ 30 Abs. 4 Nr. 4, 5, 31a, 31b AO geregelten Ausnahmen – nicht an die Strafverfolgungsbehörden zur Verfolgung anderer Taten als Steuerstraftaten übermittelt werden (Steuergeheimnis).

920 BGHSt 49, 136 = NJW 2005, 2720 (2723).

921 BGHSt 47, 8 = NJW 2001, 3638 (3641).

Eine andere Entscheidung traf der Gesetzgeber in Beschwerdeverfahren gegen Rechtsanwälte wegen Berufsrechtsverstößen, welches seinerseits ein Verwaltungsverfahren darstellt (vgl. § 32 Abs. 1 S. 1 BRAO). Die dort nach § 56 Abs. 1 S. 1 BRAO, § 24 Abs. 2 BORA bestehende und gemäß § 57 BRAO mit Zwangsgeld durchsetzbare Aussagepflicht des betroffenen Rechtsanwalts entfällt gemäß § 56 Abs. 1 S. 2 BRAO insbesondere, wenn dieser sich durch wahrheitsgemäße Äußerungen der Gefahr der Verfolgung wegen einer Straftat, Ordnungswidrigkeit oder Berufspflichtverletzung aussetzen würde.[922] Hintergrund dessen dürfte die etwa im Vergleich zum Besteuerungs- und Insolvenzverfahren anders gelagerte Verfahrenssituation sein, denn der betroffene Anwalt wird regelmäßig ein hohes Interesse daran haben, sich durch eigene tatsächliche Stellungnahme gegen den ihn treffenden Vorwurf der Berufsrechtsverletzung zu verteidigen[923] und befindet sich insoweit eher in einer dem Beschuldigten in einem Strafverfahren vergleichbaren Rolle.[924] Die Ausnahme von der Mitteilungspflicht des Anwalts erscheint auch insoweit konsequent, als anderenfalls das nach § 116 Abs. 1 S. 2 BRAO i.V.m. §§ 136, 243 Abs. 5 StPO in einem nachfolgenden anwaltsgerichtlichen Verfahren geltende Verweigerungsrecht ineffizient bliebe bzw. die erzwungenen Auskünfte einem Verwertungsverbot nach § 116 BRAO i.V.m. § 136a StPO unterlägen.[925]

Wiederum anders liegt der Fall im Zivilprozess, in dem die sich kontradiktorisch gegenüberstehenden Prozessparteien nach § 138 ZPO zur vollständigen und wahrheitsgemäßen Aussage verpflichtet sind. Auch wenn das Gesetz den Parteien – im Gegensatz zu den Zeugen[926] – gerade kein gesetzliches Schweigerecht bei drohender Selbstbezichtigung einer Straftat einräumt,[927] nimmt die

---

922 So bereits vor der heute geltenden Neufassung des § 56 Abs. 1 BRAO durch Gesetz vom 2.9.1994 (BGBl. I S. 2278) BGHSt 27, 374 = BGHZ 71, 162 = NJW 1979, 324; noch offengelassen von BGHSt 21, 167 = BGHZ 46, 380 = NJW 1967, 893. Vgl. auch BGHSt 50, 230 = NJW-RR 2006, 137.

923 *Nöker* in Weyland, BRAO § 56 Rz. 1.

924 Ähnlich das BVerfG in seinem Gemeinschuldner-Beschluss, wenn es Disziplinarverfahren und berufsgerichtliche Verfahren als dem Strafverfahren entsprechende Verfahren einordnet, „in denen dem Betroffenen ähnliche Sanktionen wegen seines Verhaltens drohen" (NJW 1981, 1431), vgl. auch *Verrel*, NStZ 1997, 361 (365).

925 BGHSt 27, 374 = BGHZ 71, 162 = NJW 1979, 324 (325); *Nöker* in Weyland, BRAO § 56 Rz. 33.

926 S. 224 f.

927 OLG München, NJOZ 2008, 617 (618) im Anschluss an OLG Frankfurt a.M., NJW-RR 2001, 1649.

wohl herrschende Meinung ein solches an, wenn eine Partei ihr zur Unehre gereichende Tatsachen oder eine strafbare Handlung offenlegen müsste.[928] Ein echtes Aussageverweigerungsrecht geschweige denn ein umfassender Schutz vor Selbstbelastung geht damit nicht einher, denn nach dem Grundsatz der freien Beweiswürdigung (§ 286 ZPO) können der die Auskunft verweigernden Prozesspartei aus ihrem Schweigen durchaus prozessuale Nachteile erwachsen (vgl. §§ 446, 453 Abs. 2 ZPO).[929] Denkbar bleibt auch hier ein Beweisverwertungsverbot hinsichtlich der offenbarten Tatsachen im Strafprozess.[930] Diese Rechtslage erscheint angesichts der vielfältigen prozessualen Handlungsoptionen der in eigener Sache agierenden Parteien, der Geltung der Dispositionsmaxime und der fehlenden Gefahr für die Parteien, bloßes Objekt der prozessualen Wahrheitsfindung zu werden, sachgerecht.[931]

Die zumindest per Gesetzeslage ausnahmslose Auskunftspflicht im zivilprozessualen Erkenntnisverfahren findet sich auch im sich anschließenden Zwangsvollstreckungsverfahren wieder. Dort besteht nach § 802c ZPO eine umfassende Offenbarungspflicht des Vollstreckungsschuldners, die gemäß § 802f ZPO mit Beugehaft erzwingbar ist; eine falsche Auskunft ist nach § 156 StGB strafbar. Dies gilt auch für solche Angaben, durch die der Vollstreckungsschuldner sich oder einen nahen Angehörigen der Gefahr der Verfolgung wegen einer Straftat aussetzt. Der Gesetzgeber hat hier sogar von einem gesetzlichen Übermittlungs- oder Verwendungsverbot – etwa nach dem Vorbild des § 30 AO oder § 97 Abs. 1 S. 3 InsO – abgesehen.[932]

Es zeigt sich, dass die jeweiligen gesetzlichen Vorkehrungen zum Schutz vor Selbstbelastung auskunftspflichtiger Personen in staatlichen Verfahren je nach Rolle der Auskunftsperson (unbeteiligter Zeuge oder unmittelbar Beteiligter),

---

928 *Reicholt* in Thomas/Putzo, § 138 Rz. 7; *Brand*, NJW 2017, 3558 (3560); OLG Düsseldorf, NJOZ 2004, 3127 (3128) m.w.N.; a.A. *Fritsche* in MüKoZPO, § 138 Rz. 14; OLG Frankfurt a.M., NJW-RR 2001, 1649.

929 BGHZ 220, 200 = NZI 2019, 244 (246); OLG München, NJOZ 2008, 617 (618).

930 Dies betont OLG München, NJOZ 2008, 617 (619) mit dem Hinweis darauf, dass die drohende Selbstbelastung durch Erfüllung der Aussagepflicht im Zivilprozess keinen tauglichen Aussetzungsgrund für das Zivilverfahren bildet und über ein etwaiges strafprozessuales Verwertungsverbot „nicht im vorliegenden Zivilprozess, sondern gegebenenfalls im Strafprozess zu entscheiden" sei.

931 *Schrader/Thoms/Mahler*, NZA 2018, 965 (969 f.).; *Fritsche* in MüKoZPO, § 138 Rz. 14.

932 BVerfG, WM 2008, 989 = BeckRS 2008, 35240; kritisch *Weiß*, NJW 2014, 503, der aus fehlenden Regelungen zum Schutz vor Selbstbelastung die Verfassungswidrigkeit des § 802c ZPO ableitet.

Art des Verfahrens (Staat gegen Individuum oder Individuum gegen Individuum) und Zweckbestimmung der Auskunft (z.B. Durchsetzung des staatlichen Steueranspruchs, staatliche Vermögensverteilung oder Ahndung von Berufsrechtsverstößen) unterschiedlich ausfallen.[933] Je enger die Auskunftsperson in das Verfahren eingebunden bzw. von diesem betroffen ist und je ausgeprägter das Risiko einer zweckfremden Verwendung der erlangten Auskünfte in einem Strafverfahren ist, desto weniger erscheint ein Eingriff in das allgemeine Persönlichkeitsrecht zu rechtfertigen und desto eher wird der Auskunftsperson bei drohender Selbstbezichtigung ein Auskunftsverweigerungsrecht bzw. wenigstens ein strafprozessuales Verwendungsverbot zugebilligt.

b) Geltung in Privatrechtsverhältnissen

Während – wie dargestellt – das Gesetz in zahlreichen staatlichen Verfahren Zeugen, Prozessparteien und Beschuldigten ein Schweigerecht für den Fall der Selbstbezichtigung einräumt, gilt dies nach Ausführungen des BVerfG[934]

> *„nicht in gleicher Weise für solche Personen, die aus besonderen Rechtsgründen rechtsgeschäftlich oder gesetzlich verpflichtet sind, einem anderen oder einer Behörde die für diese notwendigen Informationen zu erteilen. Hier kollidiert das Interesse des Auskunftspflichtigen mit dem Informationsbedürfnis anderer, deren Belange in unterschiedlicher Weise berücksichtigt werden."*

Eine derart problematische und seit geraumer Zeit vor allem im Rahmen unternehmensinterner Ermittlungen viel diskutierte Konstellation liegt im Hinblick auf arbeitsvertragliche Aussagepflichten des Arbeitnehmers bei drohender Selbstbezichtigung vor. Die Relevanz der Streitfrage beruht darauf, dass bei unternehmensinternen Untersuchungen die Aussagen von Mitarbeitern im Zuge sog. „interviews" regelmäßig die Hauptquelle von Erkenntnissen sind.[935] Während die Unternehmensmitarbeiter als Arbeitnehmer gegenüber dem Arbeitgeber eine umfassende Aussagepflicht für unmittelbar mit ihrem persönlichen Arbeitsbereich zusammenhängende Fragen gemäß §§ 666, 675 BGB bzw. eine relative Auskunftspflicht als arbeitsvertragliche Nebenpflicht gemäß §§ 611, 611a, 241 Abs. 2, 242 BGB für Wahrnehmungen außerhalb des unmittelbaren Arbeitsbereichs trifft, sollen die auf diese Weise erlangten Informationen nach

933 BVerfG, NJW 1981, 1431 (1432 f.).

934 BVerfG, NJW 1981, 1431 (1432 f.).

935 Zu typischen Maßnahmen unternehmensinterner Ermittlungen S. 55 f.

vereinzelt vertretener Auffassung in einem späteren Strafverfahren gegen den Arbeitnehmer verwertbar bleiben.[936]

Jedenfalls die – sogar gemäß § 888 Abs. 1 ZPO erzwingbare – Aussagepflicht bezüglich Wahrnehmungen im persönlichen Arbeitsbereich greift auch dann, wenn der befragte Arbeitnehmer sich durch seine Aussage selbst einer Straftat bezichtigen muss.[937] Dies beruht darauf, dass der Nemo-tenetur-Grundsatz im Arbeitsrecht zwischen den privaten Akteuren jedenfalls nicht unmittelbar gilt[938] und das Informationsbedürfnis des Arbeitgebers im Rahmen unternehmensinterner Ermittlungen zur Ermöglichung einer effizienten und umfassenden Sachaufklärung durch das Unternehmen das Selbstschutzinteresse des Arbeitnehmers übersteigt. Dem Unternehmen verbleiben regelmäßig kaum andere Möglichkeiten, um an die benötigten Informationen zu gelangen, sodass es auf die ausnahmslose Mitwirkung der Mitarbeiter angewiesen ist, um die Funktionsfähigkeit des Unternehmens – auch im Sinne der Mitarbeiter – zu erhalten und weitere Schäden und (Verbands-)Sanktionen von diesem abzuwenden.[939] Nicht zuletzt bliebe es andernfalls den aufklärungspflichtigen Vorstandsmitgliedern verwehrt, ihrer Ermittlungspflicht umfänglich nachzukommen, wenn das Aussageverweigerungsrecht den möglichen Fortgang der Ermittlungen blockiert.

In Konsequenz der umfassenden Auskunftspflicht im Rahmen des Arbeitsverhältnisses wird in der Literatur überwiegend ein strafprozessuales Verwertungsverbot hinsichtlich der erlangten Erkenntnisse zum Schutz des befragten und aussagepflichtigen Arbeitnehmers vor erzwungener Selbstbelastung

---

936 LG Hamburg, NJW 2011, 942 (944); Problemaufriss bei *Gerst*, CCZ 2012, 1 (2 f.) und *Greco/Caracas*, NStZ 2015, 7 (7 f.); eingehend zur Grundlage und zum Umfang der arbeitsrechtlichen Auskunftspflicht *Nienaber*, Compliancebasierte unternehmensinterne Ermittlungen, S. 103 ff.; Überblick über mögliche Sanktionen des Arbeitgebers gegenüber nicht aussagebereiten Mitarbeitern bei *Lützeler/Müller-Sartori*, CCZ 2011, 19 (24 f.).

937 BAGE 81, 15 = NZA 1996, 637 (638); BGH, NJW-RR 1989, 614; LAG Hamm, BeckRS 2009, 74015; *Momsen*, ZIS 2011, 508 (513); *v. Galen*, NJW 2011, 945; *Greco/Caracas*, NStZ 2015, 7 (8 f.); *Nienaber*, Compliancebasierte unternehmensinterne Ermittlungen, S. 108 ff., 335, 401 ff.; *Grützner* in Momsen/Grützner, HdB-WiStrafR, Kap. 4 § 16 Rz. 438 ff.; a.A. *I. Roxin*, StV 2012, 116 (121); *Mengel/Ullrich*, NZA 2006, 240 (243); *Rudkowski*, NZA 2011, 612 (613 f.); *Zerbes*, ZStW 2013, 551 (558 f.); verfassungsrechtliche Bedenken äußernd *Jahn*, StV 2009, 41 (43 f.).

938 Allgemein für eine mittelbare Drittwirkung des Selbstbelastungsschutzes *Rogall*, Der Beschuldigte als Beweismittel, S. 153 f.

939 *Rödiger*, Strafverfolgung von Unternehmen, S. 286 ff.; *Nienaber*, Compliancebasierte unternehmensinterne Ermittlungen, S. 401 f.

befürwortet.[940] Dieses wird zum Teil auf Konstellationen beschränkt, in denen die staatlichen Ermittlungsbehörden die unternehmensinternen Ermittlungen aktiv veranlassen oder trotz Vorliegens eines Anfangsverdachts gezielt untätig bleiben, um sich die – nicht an die Einschränkungen der StPO gebundene – Ermittlungstätigkeit des Unternehmens und die daraus gewonnenen Ergebnisse zunutze zu machen.[941] Die Rechtsprechung hat sich dem nicht angeschlossen, sondern vielmehr vereinzelt ein solches Verwertungsverbot für „fernliegend" gehalten.[942] So lehnte das LG Hamburg in einer vielfach kritisierten[943] Entscheidung aus dem Jahr 2011 ein strafprozessuales Beweisverwertungsverbot hinsichtlich der Mitarbeiterauskünfte im Zuge unternehmensinterner Ermittlungen mit der Erwägung ab, der dem „Gemeinschuldner-Beschluss" zugrunde liegende Gedanke sei „auf den vorliegenden Fall, in dem sich Privatpersonen in (arbeits-) vertragliche Bindungen begeben haben, die sie zur Offenbarung möglicherweise auch strafbaren Verhaltens verpflichten, ersichtlich nicht anwendbar."[944] Es handele sich – anders als bei der insolvenzrechtlichen Auskunftspflicht – nicht um eine gesetzliche Auskunftsverpflichtung, sondern um eine „vom Betroffenen freiwillig eingegangene[n] vertragliche[n] Verpflichtung zur möglichen Selbstbelastung."[945]

Die Frage, wie das unweigerlich bestehende Spannungsfeld zwischen arbeitsrechtlicher Offenbarungspflicht von Arbeitnehmern und drohender Selbstbelastung in einem Strafverfahren aufzulösen und ob insbesondere ein (generelles

---

940 *v. Galen*, NJW 2011, 945; *Nienaber*, Compliancebasierte unternehmensinterne Ermittlungen, S. 406 ff.; *Rödiger*, Strafverfolgung von Unternehmen, S. 273 ff.; *Kottek*, Kooperation von Unternehmen, S. 120 f.; *Fritz*, CCZ 2011, 156; *Sarhan*, wistra 2015, 449 (450); vgl. auch LG Hamm, CCZ 2010, 237 = BeckRS 2009, 74015; OLG Karlsruhe, NStZ 1989, 287 (m. zust. Anm. *Rogall*), das allerdings eine arbeitsrechtliche Aussagepflicht bei drohender Selbstbezichtigung verneint und gerade deshalb im konkreten Fall ein Verwertungsverbot ablehnt.

941 *Greco/Caracas*, NStZ 2015, 7 (13 f.).

942 LG Hamburg, NJW 2011, 942 (944).

943 Vgl. nur die ablehnenden Besprechungen von *Fritz*, CCZ 2011, 156; *Schuster*, NZWiSt 2012, 28; *v. Galen*, NJW 2011, 945.

944 LG Hamburg, NJW 2011, 942 (944).

945 LG Hamburg, NJW 2011, 942 (944); die Übertragbarkeit der Wertungen des „Gemeinschuldner-Beschlusses" auf das Arbeitsrecht ablehnend bereits OLG Karlsruhe, NStZ 1989, 287 m. zust. Anm. Rogall, das allerdings schon eine arbeitsrechtliche Aussagepflicht bei drohender Selbstbezichtigung verneint und gerade deshalb im konkreten Fall mangels Schutzbedürftigkeit des Arbeitnehmers ein Verwertungsverbot ablehnt.

oder auf bestimmte Konstellationen beschränktes) strafprozessuales Verwertungsverbot zu konstituieren ist, ist Gegenstand zahlreicher Beiträge und Monografien[946] und soll daher an dieser Stelle nicht tiefer untersucht und entschieden werden. Festzuhalten ist für die hier interessierende Fragestellung – nämlich diejenige nach einer Pflicht der Vorstandsmitglieder zur Einleitung interner Ermittlungen trotz drohender Selbstbezichtigung – an dieser Stelle nur so viel:

Der Schutz vor Selbstbelastung hat in zahlreichen Privatrechtsverhältnissen, insbesondere im Arbeitsrecht[947], abweichend von den oben beispielhaft skizzierten staatlichen Verfahren weder in Form einer Beschränkung der Auskunftspflicht noch eines speziellen Übermittlungs- oder Beweisverwertungsverbots gesetzlichen Niederschlag gefunden. In der Rechtsprechung hat sich eine Ausnahme von der vertraglichen Auskunftspflicht für den Fall drohender strafrechtlicher Selbstbezichtigung nicht etabliert. Auch die in der Literatur vielfach geforderte Annahme eines strafprozessualen Verwertungsverbots wurde von der Rechtsprechung bislang nur vereinzelt übernommen. In verschiedenen Ausprägungen wird gegen die Unzumutbarkeit der Selbstbelastung im privatrechtlichen Kontext auf die autonom und bewusst eingegangene Vertragsverbindung verwiesen, aus der im Gegensatz zu gesetzlichen Mitwirkungspflichten in staatlichen Verfahren keine mit echtem Zwang vergleichbare Konfliktsituation für den Betroffenen erwachse.

II. Anwendbarkeit auf gesellschaftsrechtlich abgeleitete Aufklärungspflicht von Organwaltern in der AG

Fraglich ist, ob und inwieweit die Argumente zur Mitwirkungspflicht von Unternehmensmitarbeitern im Rahmen unternehmensinterner Ermittlungen bei drohender strafrechtlicher Selbstbezichtigung auf die aus §§ 76 Abs. 1, 93 Abs. 1 AktG abgeleitete Aufklärungspflicht von Leitungspersonen bzw. Organwaltern in der AG bei drohender Selbstbelastung übertragbar sind. Eine derartige Debatte wird bislang – soweit ersichtlich – noch kaum im Kontext der

946 Vgl. nur die in Fn. 4 genannten Monografien.

947 Neben dem hier betrachteten Beispiel des Arbeitsrechts findet sich eine umfassende rechtsgeschäftliche Auskunftspflicht etwa im Versicherungsrecht, § 31 VVG (zur entsprechenden Regelung in § 34 VVG a.F. BVerfG, NStZ 1995, 599). Vgl. auch die Auskunftspflicht des behandelnden Arztes gegenüber dem Patienten aus § 630c Abs. 2 BGB, die auch und gerade eigene Behandlungsfehler umfasst und den Arzt daher zur Selbstbelastung verpflichten kann, zugleich aber mit einem ausdrücklichen strafprozessualen Verwertungsverbot korrespondiert (§ 630c Abs. 2 S. 3 BGB).

Vorstandspflicht zur Einleitung interner Ermittlungen geführt[948], wohl aber vereinzelt in Bezug auf die Pflicht des Aufsichtsrats zur Verfolgung respektive Aufklärung von Pflichtverstößen des Vorstandes.

1. *Zusammenfassung des Meinungsstands zur Rechtsverfolgungspflicht des Aufsichtsrats*

Der Aufsichtsrat hat als Überwachungsorgan gegenüber dem Vorstand der AG insbesondere die Pflicht, Schadensersatzansprüche der Gesellschaft gegenüber dem Vorstand eigenverantwortlich zu prüfen, geltend zu machen und durchzusetzen.[949] Als logisch notwendige Vorstufe der rechtlichen Prüfung einer Vorstandshaftung ist der Aufsichtsrat zur tatsächlichen Aufklärung vorhandener Verdachtsmomente zur Evaluierung des zutage geförderten Sachverhalts unter Haftungsgesichtspunkten verpflichtet.[950] Bei der Wahrnehmung dieses repressiven Teils seiner in § 111 i.V.m. § 112 AktG normierten Kontrollaufgabe steht dem Aufsichtsrat nach herrschender Auffassung in Rechtsprechung und Literatur grundsätzlich kein Ermessen im Sinne der Business Judgment Rule zu.[951]

Im Zuge der jüngsten Entscheidung des BGH zur Verjährung von Ersatzansprüchen der AG gegen ein Aufsichtsratsmitglied[952] wurde die in der Literatur bislang vernachlässigte Debatte aufgegriffen, ob Aufsichtsratsmitglieder auch dann nicht ausnahmsweise von einer (umfassenden) Erfüllung ihrer Aufklärungspflicht absehen dürfen, wenn sie sich dadurch möglicherweise selbst belasten müssten.[953] Nach Auffassung der höchstrichterlichen Rechtsprechung scheide ein Ersatzanspruch des Aufsichtsrats nicht deshalb aus, „weil er sich zur Vermeidung der ihm vorgeworfenen Pflichtverletzung habe selbst bezichtigen müssen, was von ihm nach allgemeinen Grundsätzen nicht verlangt

948 Erwähnung findet die Thematik immerhin bei *Grunewald*, NZG 2013, 841 und *Schraud*, Compliance in der AG, S. 90 ff.

949 BGHZ 135, 244 = NJW 1997, 1926; *Grigoleit/Tomasic* in Grigoleit, AktG, § 111 Rz. 5; *Hüffer/Koch* AktG, § 111 Rz. 7 ff. m.w.N.

950 *Hüffer/Koch* AktG, § 111 Rz. 8 f.; *Habersack* in MüKoAktG, § 111 Rz. 40; *Bachmann*, ZHR 180 (2016), 563 (573).

951 Grundlegend BGHZ 135, 244 = NJW 1997, 1926 – ARAG/Garmenbeck mit dem Vorbehalt eines „begrenzten Beurteilungsspielraums“ BGHZ 202, 26 = NZG 2014, 1058 (1059 f.); jüngst BGHZ 219, 356 = NJW 2019, 596 (597 ff.); Überblick über den Meinungsstand bei *Habersack* in MüKoAktG, § 111 Rz. 38 und *Bachmann*, Gutachten E zum 70. DJT 2014, S. 80 ff., jew. m.w.N. Zur Business Judgment Rule bereits S. 146 ff.

952 BGHZ 219, 356 = NJW 2019, 596 (599) – Easy Software.

953 Vgl. aber bereits *Grunewald*, NZG 2013, 841 (842 ff.).

werden könne".[954] Weiter heißt es, „das rein persönliche Interesse des Bekl., sich durch die Verfolgung der Ersatzansprüche gegen den Vorstand nicht mittelbar zugleich seiner eigenen damit zusammenhängenden Pflichtverletzungen [...] bezichtigen und einem Schadensersatz- bzw. Rückzahlungsanspruch aussetzen zu müssen, [vermag] keine Ausnahme von seiner Pflicht zur Anspruchsverfolgung zu begründen".[955] Der BGH sprach sich gegen eine generalisierende und für eine einzelfallabhängige Beurteilung aus;[956] zudem blieb mangels Entscheidungsrelevanz ausdrücklich offen, ob die dortige Einschätzung zum Selbstbelastungszwang auch bei der drohenden Offenbarung strafbaren Verhaltens des Aufsichtsrats gelte.[957]

Das Urteil stieß im Hinblick auf die hier interessierenden Ausführungen zur Unzumutbarkeit der Selbstbelastung überwiegend auf Zustimmung.[958] Soweit ersichtlich spricht sich lediglich *Fleischer* in seiner Urteilsanmerkung dafür aus, dem Aufsichtsratsmitglied den Einwand der Unzumutbarkeit wegen drohender Selbstbelastung nicht kategorisch zu verwehren.[959] Eine Ausnahme von der Regelverfolgungspflicht solle jedenfalls bei konkreten Verdachtsmomenten oder unstreitigen Verfehlungen des Aufsichtsrats zulässig sein,[960] also dann, wenn das drohende Selbstbelastungsrisiko sich nahezu sicher oder zu einem hohen Wahrscheinlichkeitsgrad verwirklichen wird. Eine Rückausnahme von dieser Einschränkbarkeit der Verfolgungspflicht des Aufsichtsrats sei nur in besonders verwerflichen Fällen zu machen.[961]

Während für die Unzumutbarkeit der Selbstbezichtigung von Organmitgliedern die damit einhergehenden erheblichen Belastungen bzw. Eingriffe in die Grundrechte der Verpflichteten angeführt werden,[962] stellt die herrschende

---

954 BGHZ 219, 356 = NJW 2019, 596 (599), Rz. 37.

955 BGHZ 219, 356 = NJW 2019, 596 (599), Rz. 38.

956 BGHZ 219, 356 = BGH, NJW 2019, 596 (599), Rz. 42 f.; die Sinnhaftigkeit dieser Einzelfallbetrachtung infrage ziehend *Grigoleit/Tomasic* in Grigoleit AktG, § 93 Rz. 69.

957 BGHZ 219, 356 = NJW 2019, 596 (599), Rz. 48 mit dem vorsichtigen Hinweis auf die Möglichkeit eines strafprozessualen Beweisverwertungsverbots; dafür *Grigoleit/Tomasic* in Grigoleit AktG, § 93 Rz. 69; *Altmeppen*, ZIP 2019, 1253 (1259); *Bayer/Scholz*, NZG 2019, 201 (206 f.).

958 Z.B. *Bayer/Scholz*, NZG 2019, 201 (206 f.); *Paefgen*, JZ 2020, 101.

959 *Fleischer*, ZIP 2018, 2341 (2347 ff., 2350); ähnlich bereits *Grunewald*, NZG 2013, 841 (842 ff.); klar dagegen *Bayer/Scholz*, NZG 2019, 201 (207).

960 *Fleischer*, ZIP 2018, 2341 (2348 f.).

961 *Fleischer*, ZIP 2018, 2341 (2348 f.).

962 *Grunewald*, NZG 2013, 841 (845).

Gegenansicht in Übereinstimmung mit der Argumentation in anderen Zivilrechtsverhältnissen vor allem auf das besondere Pflichtenverhältnis ab, in das die Aufsichtsratsmitglieder sich mit der freiwilligen Übernahme des Aufsichtsratsamts begeben.[963] Das persönliche Individualinteresse des Organwalters, sich nicht selbst bezichtigen zu müssen, habe hinter der im Rahmen dieses Treueverhältnisses gegenüber der Gesellschaft geschuldeten Wahrnehmung von Kontroll- und Überwachungsaufgaben zurückzutreten.[964] Die dem Aufsichtsrat zukommende Schutzfunktion zugunsten des Gesellschaftsinteresses, die sich insbesondere in der alleinigen Vertretungsbefugnis der Gesellschaft gegenüber dem Vorstand nach § 112 AktG widerspiegele, sei von überragender Bedeutung und würde ansonsten in der Praxis regelmäßig unterlaufen, da mit aufzuklärenden Pflichtverstößen des Vorstandes nicht selten ein pflichtwidriges Verhalten des kontrollpflichtigen Aufsichtsrats korreliert.[965] Überdies läge in der Befreiung von Organpflichten aufgrund vorangehender eigener Pflichtverletzungen gegenüber der Gesellschaft eine dem Unternehmensinteresse erkennbar zuwiderlaufende und ungerechtfertigte Privilegierung.[966]

2. *Übertragbarkeit und Konsequenzen für Aufklärungspflicht des Vorstandes*

Welche Schlüsse lassen sich aus den bezeichneten Argumenten im Zusammenhang mit Aufklärungspflichten des Überwachungsorgans der AG in Bezug auf Fehlverhalten des Vorstandes für die Untersuchungspflicht des Leitungsorgans im Hinblick auf Non-Compliance in der Gesellschaft ziehen?

a) Praktisches Selbstbelastungsrisiko des Vorstandes

Zunächst einmal ist klarzustellen, dass die Organfunktionen und die damit einhergehenden (Compliance-)Pflichten des Vorstandes und des Aufsichtsrats, insbesondere soweit es um die Aufklärung von Pflichtverstößen geht, sich nur vereinzelt überschneiden. Grundsätzlich sind diese unterschiedlich

---

963 BGHZ 219, 356 = NJW 2019, 596 (599); *Bayer/Scholz*, NZG 2019, 201 (207); *Grigoleit/Tomasic* in Grigoleit AktG, § 93 Rz. 68 f.

964 BGHZ 219, 356 = NJW 2019, 596 (599).

965 BGHZ 219, 356 = NJW 2019, 596 (599 f.); *Fleischer*, ZIP 2018, 2341 (2347) erklärt die kategorische Zurückweisung des Senats des Selbstbelastungseinwands mit dem Schutz der ARAG/Garmenbeck-Doktrin; zur Korrelation von Vorstandspflichtverstoß und Überwachungsverschulden des Aufsichtsrats *Faßbender*, NZG 2015, 501 (507).

966 BGHZ 219, 356 = NJW 2019, 596 (600).

ausgeprägt. Der Vorstand ist – wie in dieser Arbeit dargelegt[967] – bei hinreichenden Verdachtsmomenten auf Non-Compliance im Unternehmen zur Einleitung interner Aufklärungsmaßnahmen verpflichtet. Die genuine Funktion des Aufsichtsrats liegt in der Überwachung des Vorstands einschließlich der Einleitung interner Aufklärungsmaßnahmen bei Anhaltspunkten für Pflichtverstöße des Vorstands.[968] Bei Verdacht der allgemeinen Non-Compliance im Unternehmen (auch) unterhalb der Leitungsebene treffen den Aufsichtsrat nur subsidiäre Aufklärungspflichten, etwa dann, wenn der Vorstand trotz entsprechender Anhaltspunkte untätig bleibt oder wesentliche Informationen zurückhalt; die originäre Aufklärungsverantwortung des Vorstands bleibt davon allerdings stets unberührt.[969]

Während dem Vorstand bei der Frage der Einleitung unternehmensinterner Ermittlungen nach hier vertretener Ansicht ein Ermessen im Sinne der Business Judgment Rule zukommt,[970] steht ein gerichtlich nur eingeschränkt überprüfbarer Ermessensspielraum dem Aufsichtsrat bei der Wahrnehmung seiner Aufklärungspflicht regelmäßig nicht zu.[971] Bei unbefangener Betrachtung könnte infolge des eröffneten Ermessensspielraums des Vorstandes bei der Einleitung unternehmensinterner Ermittlungen eher Raum für die Begrenzung der Aufklärungspflicht wegen der Unzumutbarkeit etwaiger Selbstbelastung bestehen. Auch greift das im Hinblick auf den Aufsichtsrat regelmäßig gegen die Zubilligung eines Ermessensspielraums in Aufklärungsfragen angebrachte Argument der weitgehenden Aushöhlung der originären Organfunktion nicht in gleichem Maße für den Vorstand.

Das Selbstbelastungsrisiko des Aufsichtsrats bei der Aufklärung von Pflichtverstößen des Vorstands könnte aufgrund der Konzentration der Aufsichtsratspflicht höher sein als dasjenige des Vorstands, dessen Leitungs- und Legalitätspflicht – etwa in Form eines prinzipiell effektiven CMS – trotz

---

967 S. 170, S. 206.

968 Grundlegend die viel zitierte ARAG/Garmenbeck-Entscheidung BGHZ 135, 244 = NJW 1997, 1926, dazu bereits hier S. 137 ff.; BGHZ 180, 9 = NJW 2009, 2207 (2010); *Bachmann*, ZHR 180 (2016), 563 (573); *Scharnberg*, Illegale Internal Investigations, S. 47 f.; *Reichert/Ott*, NZG 2014, 241 (248); *Golombek*, WiJ 2012, 162 (169).

969 *Bachmann*, ZHR 180 (2016), 563 (576); *Habbe*, CCZ 2019, 27 (29 ff.); *Wilkens*, Internal Investigations, S. 210 ff.

970 S. 146 ff., S. 160, S. 170, S. 206.

971 BGHZ 135, 244 = NJW 1997, 1926 – ARAG/Garmenbeck; BGHZ 202, 26 = NZG 2014, 1058 (1059 f.); *Hüffer/Koch* AktG, § 111 Rz. 8; *Habbe*, CCZ 2019, 27 (29 ff.); *Wagner*, CCZ 2009, 8 (15).

normwidrigen Mitarbeiterhandelns durchaus eingehalten worden sein kann (z.B. bei Exzesstaten). Denn die Aufgabe des Vorstandes, die Normtreue in einem Unternehmen mit mehreren tausend Mitarbeitern flächendeckend sicherzustellen, lässt aufgrund ihrer praktisch schwierigen Umsetzbarkeit naturgemäß eher Raum für eine Exkulpation des Vorstandes als der gesetzlich recht eng gesteckte Aufgabenbereich des Aufsichtsrats, der sich im Wesentlichen in der Überwachung des Leitungsorgans erschöpft. Mit der prinzipiellen Einschränkbarkeit der Aufklärungspflicht des Vorstands wegen drohender Selbstbezichtigung wäre also dessen genuine Tätigkeit nicht in dem Umfang infrage gestellt, wie dies hinsichtlich einer entsprechenden Begrenzung der Aufsichtsratspflicht in hohem Maße der Fall wäre. Jedoch ist zu bedenken, dass auch im Kontext der Vorstandshaftung für Non-Compliance in der Praxis regelmäßig der Schluss auf fehlende bzw. unzureichende Compliance-Maßnahmen des Vorstandes naheliegt und hier zudem gerichtliche Rückschaufehler bei der nachträglichen Beurteilung solcher Sachverhalte drohen.[972] Das Risiko, sich selbst zumindest dem Verdacht eigener Pflichtverletzungen und ggf. sogar Straftaten auszusetzen, dürfte für Vorstandsmitglieder damit jedenfalls nicht signifikant geringer ausfallen als dasjenige des Aufsichtsrats bei Anhaltspunkten für Regelverstöße des Vorstandes.

b) Beschränkung der Aufklärungspflicht wegen Compliance-Verantwortlichkeit des Aufsichtsrats

Auch die bereits erwähnte subsidiäre Compliance-Pflicht des Aufsichtsrats bei Anhaltspunkten für Normverstöße im Unternehmen (auch) unterhalb der Leitungsebene kann keine Ausnahme von der aus der Compliance-Verantwortung des Vorstandes abgeleiteten anlassbezogenen Pflicht zur Einleitung unternehmensinterner Untersuchungen rechtfertigen, denn die Aufklärungspflicht des Vorstandes bleibt in jedem Fall vollumfänglich bestehen.[973] Das Recht und die Pflicht des Aufsichtsrats zur eigenständigen Einleitung interner Ermittlungen stellen insoweit einen reinen Sicherheitsmechanismus zum Schutze des Unternehmenswohls für den Fall dar, dass der Vorstand pflichtwidrig keine internen Ermittlungen initiiert. Sie ist folglich unter keinem Gesichtspunkt geeignet, das Vorstandsmitglied zum Absehen von Aufklärungsmaßnahmen bei Verdacht auf Straftaten im Unternehmen zu veranlassen, soweit es befürchtet,

---

972 Dazu bereits im Kontext des „Siemens/Neubürger"-Urteils S. 108 f.; vgl. auch *Grunewald*, NZG 2013, 841 (842).

973 *Habbe*, CCZ 2019, 27 (30 f.).

durch das Anstoßen von internen Ermittlungen an der eigenen Überführung mitzuwirken.[974]

c) *Geltung des Nemo-tenetur-Grundsatzes*

Der Grundsatz, dass niemand (staatlich) dazu gezwungen werden darf, an seiner eigenen Strafverfolgung aktiv mitzuwirken, findet auf die gesellschaftsrechtliche Organpflicht – ebenso wie auf andere Privatrechtsverhältnisse – jedenfalls keine unmittelbare Anwendung[975], da die Pflicht hier nicht auf staatlichem Zwang, sondern höchstens auf einer privatrechtlich erwachsenen faktischen Drucksituation des betroffenen Organmitglieds beruht. Allein die Tatsache, dass der Schutz vor Selbstbelastung keinen einfachgesetzlichen Niederschlag innerhalb des Gesellschaftsrechts gefunden hat, schließt allerdings dessen Berücksichtigung bei der Organhaftung nicht von vorneherein aus. Selbst soweit man jedoch eine Ausstrahlungswirkung des grundgesetzlich verbürgten allgemeinen Persönlichkeitsrechts auf das Organverhältnis und damit die Eröffnung des Schutzbereichs von Art. 2 Abs. 1 i.V.m. Art. 1 Abs. 1 GG im Hinblick auf die Offenbarung strafbaren Verhaltens annehmen möchte, lässt sich ein Eingriff mangels (staatlichen) Zwangscharakters der freiwillig übernommenen Organpflichten nicht begründen.[976]

Ein staatlicher Zwang lässt sich auch dann nicht konstruieren, wenn die Ermittlungsergebnisse im Nachgang an die staatlichen Ermittlungsbehörden weitergeleitet werden sollen – was in der Praxis bereits häufig geschieht[977] und zukünftig vor dem Hintergrund des geplanten VerSanG[978] regelmäßig unerlässlich sein wird. Selbst wenn die internen Ermittlungen erst auf staatliche Veranlassung hin in Gang gesetzt werden sollen, liegt kein echter Zwang im Sinne einer unauflösbaren Konfliktsituation vor. Die Initiierung und kooperative

---

974 Anders wohl *Schraud*, Compliance in der AG, S. 95.

975 S. 229 ff.

976 Bereits die Anwendbarkeit des Nemo-tenetur-Grundsatzes verneinend *Grigoleit/Tomasic* in Grigoleit AktG, § 93 Rz. 69 („von vornherein außerhalb des Schutzbereichs des nemo-tenetur-Grundsatzes“); in diese Richtung auch *Bayer/Scholz*, NZG 2019, 201 (207), die allerdings die Offenbarung (auch) strafbaren Verhaltens ausklammern: „aktienrechtliches Nullum“.

977 Zu kurz greift insoweit das Argument *Grunewalds*, dass belastende Informationen nicht an Dritte weitergeleitet würden (*Grunewald*, NZG 2013, 841 (843)).

978 Nach § 17 Abs. 1 Nr. 3 VerSanG-E ist strenge Voraussetzung einer Sanktionsmilderung die ununterbrochene und uneingeschränkte Zusammenarbeit des Verbands mit den Verfolgungsbehörden.

Begleitung der unternehmensinternen Ermittlungen durch staatliche Behörden führen nicht zu einem rechtlichen Zwang, sondern höchstens zu einem faktischen Aufklärungsdruck des Unternehmens bzw. des Leitungsorgans, wenn das Unternehmen und ggf. auch involvierte Unternehmensangehörige in den Genuss der regelmäßig in Aussicht gestellten Sanktionsmilderungen kommen wollen. Folglich führt die Kooperation mit staatlichen Behörden nicht dazu, dass die unternehmensinternen Untersuchungen als „quasi-staatliche" Maßnahmen zu qualifizieren sind.[979]

Zwar könnte das Organmitglied sich einer Pflicht zur Offenlegung eigenen strafbaren Verhaltens und der damit einhergehenden Konfliktsituation angesichts nachwirkender Treuepflichten wohl auch durch Niederlegung seines Amtes nicht entziehen[980] und würde sich bei pflichtwidrig unterbliebener Aufklärung möglicherweise gegenüber der Gesellschaft – mitunter in existenzvernichtender Höhe – schadensersatzpflichtig machen. Es verbleibt aber angesichts der rein privatrechtlichen Natur der freiwillig (mit-)übernommenen Ermittlungspflicht dabei, dass an das Unterlassen der Aufklärung eigenen normwidrigen Verhaltens unmittelbare staatliche Sanktionen oder Zwangsmittel gegenüber dem Organmitglied nicht geknüpft sind.[981]

Überdies erscheint es nicht sachgerecht, die möglicherweise gegen das Vorstandsmitglied infolge der Nichtaufklärung gerichteten zivilrechtlichen Schadensersatzansprüche auf eine Stufe mit „echtem" staatlichem Zwang zu stellen, weil die Organhaftung in der Praxis regelmäßig durch bestimmte Vereinbarungen und Mechanismen abgeschwächt wird. So kann neben ggf. eingreifenden D&O-Versicherungen für das Vorstandsmitglied je nach Art und Gewicht der Straftat sowie sonstiger Umstände die Möglichkeit bestehen, dass die Gesellschaft etwaige Geldstrafen, Bußgelder oder Geldauflagen im Sinne des § 153a StPO übernimmt und es damit faktisch von der drohenden Sanktionierung freistellt.[982] Auch dieser Aspekt mindert die Unzumutbarkeit der Selbstbezichtigung und führt zu dem Schluss, dass in der Aufklärungspflicht jedenfalls kein Zwang im Sinne des Nemo-tenetur-Prinzips zu erblicken ist.

---

979 So auch bzgl. mit der SEC abgesprochener interner Ermittlungen *Dann/Schmidt*, NJW 2009, 1851 (1852).

980 Zu nachvertraglichen (Treue-)Pflichten statt vieler nur *Bachmann* in MüKoBGB, § 241 Rz. 109 ff., 118 m.w.N.

981 Zu der denkbaren (staatlichen) Verhängung eines Bußgeldes nach § 130 OWiG bei pflichtwidrig unterlassener Aufklärung als Selbstbelastungszwang S. 241 ff.

982 Vgl. zu den Voraussetzungen einer solchen Übernahme nur BGHZ 202, 26 = NZG 2014, 1058 (1059); *Spindler* in MüKoAktG, § 84 Rz. 100 ff. m.w.N.

d) Überlagerung des individuellen Selbstschutzinteresses durch freiwillig übernommene Organpflichten

Wie bereits vorangehend in dieser Arbeit dargelegt[983] liegt die Kernaufgabe des Vorstands als Geschäftsführungsorgan in der Wahrung fremder Vermögensinteressen, weshalb ihm zur Wahrnehmung dieser Funktion eine verschiedentlich ausgeprägte Sorgfaltspflicht und insbesondere eine Legalitätskontrollpflicht zur Gewährleistung der Normtreue im Unternehmen (Compliance-Pflicht) obliegt. Auch unternehmensinterne Untersuchungen als repressive Compliance-Maßnahme dienen letztlich dem Zweck, das Unternehmen vor allem vor Haftungs- bzw. Reputationsschäden und damit vor finanziellen Nachteilen zu bewahren.[984] Dieser Druck dürfte zukünftig aufgrund der mit Inkrafttreten des VerSanG drohenden massiven Verbandssanktionen bzw. der in Aussicht gestellten Sanktionsmilderungen bei umfassender interner Aufklärung und Kooperation mit den Ermittlungsbehörden noch wachsen.[985]

Darüber hinaus ist der Vorstand als treuhänderischer Verwalter fremden Vermögens im Rahmen seiner Treuepflicht dazu angehalten, allein das Wohl der Gesellschaft zu verfolgen und diesem Vorrang vor persönlichen Interessen der Vorstandsmitglieder einzuräumen.[986] Der volle Einsatz jedes Vorstandsmitglieds muss darauf gerichtet sein, der Gesellschaft loyal zu dienen und auf die Förderung von Geschäftschancen und die Abwendung von Schäden zugunsten der Gesellschaft hinzuwirken.[987] Die ihm qua seiner Organstellung eingeräumte Vertrauensstellung darf das Organmitglied nicht dadurch missbrauchen, dass es persönliche Vorteile verfolgt.[988] Mit dem treuhänderischen Charakter der Vorstandstätigkeit ist es schwer vereinbar, dem Organwalter das Recht zuzubilligen, seine Entscheidung zur Einleitung unternehmensinterner Ermittlungen danach auszurichten, ob die Untersuchung womöglich strafrechtlich belastende Tatsachen zutage fördert.[989]

---

983 S. 111 ff.

984 S. 43 ff., S. 104.

985 Dazu bereits S. 34, S. 43 f., S. 73, S. 140 ff.

986 *Sailer-Coceani* in K. Schmidt/Lutter AktG, § 93 Rz. 21.

987 *Spindler* in MüKoAktG, § 76 Rz. 13.

988 *Hüffer/Koch* AktG, § 84 Rz. 10; *Spindler* in MüKoAktG, § 76 Rz. 13.

989 Im Ergebnis ebenso *Grigoleit/Tomasic* in Grigoleit AktG, § 93 Rz. 68 f.; in diesem Sinne in Bezug auf den Aufsichtsrat BGHZ 219, 356 = NJW 2019, 596 (599); a.A. *Schraud*, Compliance in der AG, S. 95.

Anderenfalls läge es im Ermessen des Organwalters, den mit unternehmensinternen Ermittlungen verfolgten Zwecken nur gefiltert nach dem persönlichen Risiko einer Enthüllung strafbaren Verhaltens zu dienen. Dies liefe jeglichem Streben nach Compliance zuwider, da gerade die – oftmals mit der Untersuchung individuellen Fehlverhaltens im Unternehmen korrelierende – Offenlegung von behebungsbedürftigen Mängeln eines Compliance-Systems damit unterbliebe. Zusätzlich kann das Abstandnehmen von Aufklärungsmaßnahmen trotz – ggf. bereits nach außen gedrungener – Hinweise auf ein Vorstandsverschulden neben der Verschlechterung des Betriebsklimas zu erheblichen Imageschäden in der Öffentlichkeit und damit wiederum zu finanziellen Nachteilen für die Gesellschaft führen.[990] Das Individualinteresse des einzelnen Vorstandsmitglieds, eigenes strafrechtlich relevantes Fehlverhalten nicht aufzudecken, hat folglich im Ergebnis hinter dem mit der Organhaftung abgesicherten Gesellschaftsinteresse zurückzustehen.[991]

III. Anwendbarkeit auf die Aufklärungsobliegenheit von Vorstandsmitgliedern aus § 130 OWiG

Soweit eine Obliegenheit des Vorstandes zur Einleitung unternehmensinterner Ermittlungen auf den Tatbestand in § 130 OWiG gestützt wird[992] und bei der Bestimmung der Reichweite dieser (Compliance-)Obliegenheit ebenfalls das Kriterium der Zumutbarkeit zum Tragen kommt, ist zunächst festzustellen, dass die Nichterfüllung dieser Obliegenheit eine andere Rechtsfolge nach sich zieht. Statt einer zivilrechtlichen Schadensersatzhaftung des Organs aus § 93 Abs. 2 AktG bzw. – im Wege des Gesamtschuldnerregresses – des einzelnen pflichtvergessenen Vorstandsmitglieds normiert § 130 Abs. 3 i.V.m. § 30 Abs. 2 S. 3 OWiG eine Bußgeldandrohung in Höhe von bis zu 10 Mio. Euro und damit eine im weitesten Sinne strafrechtliche Sanktion. Dies könnte eine im Verhältnis zur zivilrechtlichen Organhaftung abweichende Beurteilung der Einschränkbarkeit der Ermittlungspflicht aus § 130 OWiG bei drohender Selbstbelastung rechtfertigen.

---

990 *Grunewald*, NZG 2013, 841 (843).

991 *Grigoleit/Tomasic* in Grigoleit AktG, § 93 Rz. 68 f.; so zur Vermögensbetreuungspflicht im Rahmen des Untreuetatbestandes *Momsen* in Rotsch, Criminal Compliance vor den Aufgaben der Zukunft, S. 47 (53); in Bezug auf Aufsichtsratsmitglieder *Altmeppen*, ZIP 2019, 1253 (1258 f.); *Bayer/Scholz*, NZG 2019, 201 (206 f.); a.A. *Schraud*, Compliance in der AG, S. 95.

992 Eingehend S. 171 ff., S. 206.

Indem der gesetzliche Bußgeldtatbestand – jedenfalls nach überwiegend und auch hier vertretener Lesart – je nach Umständen des Einzelfalls den Adressaten auch zu anlassbezogenen Aufklärungsmaßnahmen anhält bzw. die Nichtaufklärung mit empfindlichen Bußgeldern sanktioniert, ist angesichts der möglichen Involvierung des aufklärungspflichtigen Vorstandsmitglieds in die aufzuklärenden Verstöße eine Kollision mit dem Nemo-tenetur-Grundsatz denkbar. Die Sanktionsbewehrung nemo-tenetur-relevanter Strafnormen bewirkt zwar keinen Zwang zur Selbstbezichtigung im klassischen Sinne, hält den Wissensträger aber nachdrücklich davon ab, Versuche zur illegalen Geheimhaltung selbstbelastender Informationen zu unternehmen.[993] Ein staatlicher Eingriff in das grundrechtlich geschützte Prinzip der Selbstbelastungsfreiheit liegt bereits in dem abstrakt-generellen Legislativakt und nicht erst in der darauf basierenden Sanktionierungszuweisung.[994]

Eine solche staatliche Einschränkung des Nemo-tenetur-Grundsatzes bewirkt § 130 OWiG aber bereits deswegen nicht, weil die dort angedrohte Sanktionierung lediglich ein (wenn auch im Einzelfall empfindliches) Bußgeld und keine Kriminalstrafe im engen Sinne ist. Der aus dem Ordnungswidrigkeitenrecht hervorgehende Appell stellt im Hinblick auf den Eingriffscharakter der Sanktionsnorm ein deutlich stumpferes Schwert als eine echte Strafandrohung dar, denn das mit einer Ordnungswidrigkeit verknüpfte Unwerturteil ist qualitativ geringer als das einer Straftat.[995]

Zum anderen mindert sich die Eingriffsintensität der Norm dadurch, dass sie ihrem Inhalt nach – anders als etwa der Straftatbestand des § 142 Abs. 1 Nr. 1 StGB – eine aktive Pflicht zum Mitwirken an der Sachverhaltsaufklärung bzw. zur Initiierung einer solchen nicht explizit statuiert. Während § 142 Abs. 1 Nr. 1 StGB dem Normadressaten als Unfallbeteiligten ein präzises Pflichtenprogramm auferlegt, das insbesondere die Offenbarung seiner Unfallbeteiligung umfasst, verlangt § 130 OWiG seinem Wortlaut nach allgemein gefasst die Vornahme erforderlicher und gehöriger Aufsichtsmaßnahmen zur Verhinderung bestimmter straf- oder bußgeldbewehrter Zuwiderhandlungen. Dem offen formulierten Tatbestand werden erst im Zuge der in den vergangenen Jahren forcierten Compliance-Debatte zunehmend auch repressive Aufklärungspflichten durch Rechtsprechung und Schrifttum entnommen.[996] Darüber hinaus enthält der

---

993 *Kölbel*, Selbstbelastungsfreiheiten, S. 393 f.

994 *Kölbel*, Selbstbelastungsfreiheiten, S. 338, 362.

995 BVerfGE 27, 18 = NJW 1969, 1619; *Achenbach* in FS I. Roxin, S. 3 (6 f.).

996 S. 133 ff., S. 171 ff., S. 206.

Bußgeldtatbestand anders als § 142 Abs. 1 Nr. 1 StGB keine unmittelbar sanktionierte Rechtspflicht zur (Mitwirkung an der) Aufklärung, sondern nur eine – an den Eintritt einer von dem Tatbestand erfassten Zuwiderhandlung – Obliegenheit zum Ergreifen erforderlicher Aufsichtsmaßnahmen.[997] Diese Aspekte dürften auch erklären, weshalb in der Literatur soweit ersichtlich bislang noch nie auf die Selbstbelastungsfreiheit gestützte Bedenken an der Verfassungsmäßigkeit des § 130 OWiG vorgetragen wurden.[998]

Das Geheimhaltungsinteresse eines möglicherweise zumindest mittelbar in aufzuklärende Zuwiderhandlungen involvierten Vorstandsmitglieds hat hinter dem durch § 130 OWiG geschützten Interesse der Allgemeinheit bzw. einzelner Individuen an der Verhinderung von betriebsbezogenen Straftaten[999] aus dem Unternehmen durch sorgfältige Wahrnehmung der Aufsichtspflichten zurückzutreten. Denn auch hier hat der entstehende Druck zur Aufklärung seinen Ursprung letztlich in der autonomen Übernahme der Organstellung einschließlich sämtlicher Vorstandspflichten. Mit dem Eintritt in die Funktion eines Vorstandsmitglieds bindet der Organwalter sich an das aktienrechtliche Pflichtenprogramm, das – ungeachtet des abweichenden Schutzzwecks[1000] – wie dargelegt maßgeblich auf die nach § 130 OWiG geschuldete Aufsicht ausstrahlt.[1001] Bereits unter diesem Gesichtspunkt scheint ein zumindest partieller Gleichlauf des Pflichten- und auch des Zumutbarkeitsmaßstabs im Rahmen des § 130 OWiG mit der aktienrechtlichen Organhaftung für Nichtaufklärung von Compliance-Verstößen geboten, sodass obige Erwägungen weitgehend auch hier greifen.

Wollte man dem nach § 130 OWiG aufklärungspflichtigen Vorstandsmitglied für den Fall der eigenen Involvierung in die aufzuklärenden Zuwiderhandlungen das Recht zusprechen, auf die Initiierung von Ermittlungsmaßnahmen

---

997 S. 134 ff., S. 183.

998 Vgl. demgegenüber die seit jeher geäußerten Zweifel an der Verfassungsmäßigkeit des § 142 Abs. 1 Nr. 1 StGB, dazu statt vieler *Sternberg-Lieben* in S/S, § 142 Rz. 1a m.w.N.

999 Zum Schutzgut S. 173 ff.

1000 Dieser besteht gerade nicht in dem Schutz der Gesellschaft, sondern in der Eindämmung betriebsbezogener Zuwiderhandlungsgefahren zugunsten der Allgemeinheit bzw. externer Dritter (etwa *Tiedemann*, DJT-Gutachten 1972, S. C57: „drittbezogene Schadensverhinderungspflicht"). Zum Streitstand um das konkret geschützte Rechtsgut, insbesondere um die Frage einer rein ordnungsstiftenden oder erfolgsbezogenen Funktion *Rogall* in KK-OWiG, § 130 Rz. 14 ff. mit klarer Präferenz der letztgenannten Auffassung. Dazu bereits S. 173 ff.

1001 Zur asymmetrischen Akzessorietät des § 130 OWiG S. 191 ff.

zu verzichten bzw. die Reichweite der Aufklärung entsprechend zu beschränken,[1002] liefe dies auf eine sanktionsrechtliche Privilegierung desjenigen hinaus, der bereits die begangene Zuwiderhandlung ermöglicht oder sogar an dieser mitgewirkt hat.[1003] Dies gilt auch und erst recht, wenn der Normadressat durch vorsätzliches Verhalten in die Zuwiderhandlung verwickelt ist. Denn dann mag zwar sein Bedürfnis, nicht an der eigenen Strafverfolgung mitzuwirken, angesichts des Unrechtsgehalts und der entsprechend höheren Strafdrohung ungleich stärker sein, dem stünde aber ein gleichfalls gesteigertes staatliches Sanktionsinteresse wegen der Aufsichtspflichtverletzung gegenüber, sodass eine Besserstellung wegen vorangehender Normverstöße noch unbilliger als bei rein fahrlässiger Mitwirkung erscheint. In Übereinstimmung mit den Ausführungen des BGH zur Zumutbarkeit der Erfüllung der Pflichten aus § 142 StGB bei vorsätzlicher Unfallverursachung[1004] ist vielmehr festzustellen, dass es gerade demjenigen Vorstandsmitglied, das vorsätzlich seinen Organpflichten nicht nachgekommen ist, zumutbar ist, die dadurch entstandenen bzw. ermöglichten Normverstöße aufzuklären.[1005]

Im Ergebnis ist auch im Rahmen der aus § 130 OWiG abgeleiteten Pflicht zur Einleitung unternehmensinterner Ermittlungen bei Verdacht auf Straftaten Unternehmensangehöriger keine Unzumutbarkeit wegen drohender Selbstbezichtigung des Vorstandsmitglieds anzunehmen.[1006]

IV. Lösung über strafprozessuales Beweisverwertungsverbot

Es sei an dieser Stelle kurz aufgezeigt, wenngleich nicht vertieft diskutiert, dass die durch den BGH in Bezug auf die Aufklärungspflichten des Aufsichtsrats angedachte Lösung des Konflikts zwischen Organpflichten und

---

1002 So im Ergebnis *Schraud*, Compliance in der AG, S. 95.

1003 So für den Fall der vorsätzlichen Unfallverursachung *Geppert* in LK-StGB, § 142 Rz. 196.

1004 BGHSt 24, 382 (386) = NJW 1972, 1960 (1961); ebenso die h.M. im Schrifttum, vgl. statt vieler nur *Hanack* in LK-StGB, § 142 Rz. 196 m.w.N.

1005 Allgemein kritisch zu einer derartigen Berücksichtigung der Vordeliktsschuld, die zu einer „Bemakelung des Geheimhaltungsinteresses" führen solle, *Kölbel*, Selbstbelastungsfreiheiten, S. 382 f.

1006 So auch *Momsen* in Rotsch, Criminal Compliance vor den Aufgaben der Zukunft, 47 (52 f.) im Hinblick auf ein etwaiges Erlöschen der Vermögensbetreuungspflicht i.S.d. § 266 StGB.

dem Nemo-tenetur-Grundsatz im Wege der Zubilligung eines strafprozessualen Beweisverwertungsverbots zwar theoretisch in begrenztem Umfang vor Selbstbezichtigung schützen kann, aber im Hinblick auf einen praktisch durchführbaren ausgewogenen Interessenausgleich nicht der Weisheit letzter Schluss ist. Es wirft bereits rechtspraktische Probleme auf, welche genaue Handlung bzw. welche genauen Informationen (zunächst) von einem Verwertungsverbot umfasst sein sollen. Während sich dies bei den oben thematisierten Aussagen von Unternehmensmitarbeitern im Rahmen sog. Interviews recht einfach damit beantworten lässt, dass jedenfalls die im Wege dieser Auskünfte erlangten Angaben in einem Strafverfahren nicht verwertet werden dürften, fällt eine Umgrenzung des Verwertungsverbots bei der Einleitung von Aufklärungsmaßnahmen durch Vorstandsmitglieder deutlich schwerer.

Denn das Anstoßen interner Ermittlungshandlungen stellt für sich genommen keine mit dem Tätigen von Auskünften vergleichbare *Mitwirkung* an der unternehmensinternen Ermittlung – und einer potenziellen Strafverfolgung – dar. Die Initiierungshandlung wird isoliert betrachtet auch kaum relevante und ggf. selbstbelastende Inhalte bergen, die über die eventuelle Weiterleitung von an den Vorstand herangetragenen Verdachtsmomenten hinausgeht. Anders gesprochen: Hier steht nicht das Beisteuern eines Puzzlestücks zur Aufklärung strafrechtlich relevanter Vorgänge in Rede, sondern ein Verhalten, durch das eine Aufklärung *überhaupt erst in Gang gesetzt* werden kann. Dies könnte zu dem Schluss verleiten, dass es allein konsequent und erst effektiv zum Schutz des Vorstandsmitglieds vor Selbstbelastung wäre, ein Verwertungsverbot auf sämtliche im Zuge der initiierten unternehmensinternen Ermittlung zutage geförderten Informationen, etwa aus Dokumenten, Mitarbeiteraussagen und Datenauswertungen, auszudehnen.

Ein solches Vorgehen käme allerdings in vielen Fällen einem strafrechtlichen Freifahrtschein für Organmitglieder gleich, den sie allein aufgrund der Wahrnehmung ihrer im Wege der Organstellung übernommenen Compliance-Pflichten erhielten. Dies würde erkennbar weit über das Ziel des Selbstbelastungsschutzes hinausschießen. Zudem entspräche dies der Annahme einer – hier nahezu unbegrenzten – Fernwirkung im Sinne eines mittelbaren Verwertungsverbots. Nach geltender Rechtslage und herrschender Rechtsprechung entfalten strafprozessuale Beweisverwertungsverbote allerdings regelmäßig keine Fernwirkung, das heißt das Verwertungsverbot erstreckt sich nicht auch auf dasjenige Beweismaterial, das erst aufgrund solcher Informationen gewonnen wurde, die ihrerseits einem unverwertbaren Beweisergebnis entstammen.[1007]

Mag eine Durchbrechung dieses Grundsatzes im Hinblick auf ein Beweisverwertungsverbot im Zusammenhang mit der Selbstbelastung auskunftspflichtiger Arbeitnehmer diskutabel sein,[1008] so liegt ein entscheidender Unterschied zu der hiesigen Konstellation in der drohenden Uferlosigkeit einer solchen Fernwirkung. Denn die Einleitung interner Ermittlungen durch den Vorstand ist denklogisch Ursprung jeglicher weiteren eröffneten Informationsquellen, sodass im Strafverfahren kaum mehr von dem Verwertungsverbot ausgenommenes Tatsachenmaterial zur Verfügung stünde; letztlich blieben sämtliche aus der unternehmensinternen Ermittlung gewonnenen Erkenntnisse in einem Strafverfahren gegen das Organmitglied „gesperrt". Sowohl die Annahme eines auf die Initiierungshandlung begrenzten Beweisverwertungsverbots, als auch die Ausdehnung auf ein umfassendes und Fernwirkung entfaltendes Verwendungsverbot erscheinen somit höchst fragwürdig. Dies gilt ungeachtet dessen, ob die unternehmensinterne Ermittlung aufgrund eines gänzlich autonomen Entschlusses des Vorstandsmitglieds oder auf Veranlassung der staatlichen Ermittlungsbehörden eingeleitet wurde.

Andererseits sind alternative Wege zur Auflösung des Konflikts zwischen Selbstbezichtigungsschutz und Aufklärungspflicht der Vorstandsmitglieder kaum denkbar. Insbesondere dürfte die Geheimhaltung der gewonnenen Erkenntnisse gegenüber der Staatsanwaltschaft in den wenigsten Fällen ratsam bzw. zukünftig angesichts der geplanten Regelung in § 17 Abs. 1 Nr. 3, 4 VerSanG-E[1009] (Sanktionsmilderung bei umfassender Kooperation mit den Verfolgungsbehörden) nahezu ausgeschlossen sein. Da – soweit ersichtlich – eine Auseinandersetzung mit Beweisverwertungsverboten und deren Reichweite im Kontext der Selbstbelastung von Vorstandsmitgliedern durch Wahrnehmung von Compliance-Pflichten noch nicht stattgefunden hat, bleibt die Weiterentwicklung und Lösung der skizzierten Problematik der weiteren Debatte im Schrifttum vorbehalten.

1007 BGHSt 27, 355 = NJW 1978, 1390; BGHSt 32, 68 = NJW 1984, 2772 (2773); BGH, NStZ 1996, 48; NStZ-RR 2016, 216 = BeckRS 2016, 09756; anders für den Fall einer schwerwiegenden und bewussten Missachtung des Richtervorbehalts bei einer Wohnungsdurchsuchung OLG Düsseldorf, NStZ 2017, 177 (180); dem im Ergebnis zustimmend *Jahn*, JuS 2016, 1138 (1140 f.); Überblick über den Meinungsstand bei *Eisenberg*, Beweisrecht, Rz. 403 ff. m.w.N.

1008 Nachdrücklich dafür *Greco/Caracas*, NStZ 2015, 7 (15).

1009 BT-Drs. 19/23568, S. 7 ff.

V. Zusammenfassung

Das Vorstandsmitglied, das wie dargelegt bei Verdacht auf Normverstöße aus dem Unternehmen heraus zur Einleitung unternehmensinterner Ermittlungen verpflichtet ist, darf von der Erfüllung dieser Pflicht auch dann nicht absehen, wenn es dadurch Gefahr läuft, zumindest mittelbar an der eigenen Überführung wegen begangener Straftaten mitzuwirken. Der nur ausnahmsweise außerhalb des Strafverfahrens Geltung beanspruchende Nemo-tenetur-Grundsatz wird durch die Aufklärungspflicht des Vorstandes nur mittelbar berührt, da die Einleitung interner Ermittlungen selbst bei Aufdeckung eigenen Fehlverhaltens nicht unmittelbar und zwangsläufig eine staatliche Strafverfolgung des Vorstandsmitglieds nach sich zieht. Angesichts der freiwilligen Übernahme von gesetzlichen Compliance-Pflichten sowie den damit verfolgten Zwecken – insbesondere Schutz des Gesellschaftsvermögens und Vermeidung von strafrechtlich relevanten Schädigungen zulasten Dritter – hat das Interesse des Organwalters an Selbstbezichtigungsfreiheit zurückzutreten. Dies gilt ungeachtet dessen, ob bei der Ermittlungspflicht an den aktienrechtlichen Haftungstatbestand aus §§ 76 Abs. 1, 93 Abs. 1 AktG oder an die nach § 130 OWiG bußgeldbewehrte Aufsicht angeknüpft wird.

Zusammenfassung in Thesen

1. Unternehmensinterne Ermittlungen sind dem Bereich der Compliance-Maßnahmen zuzuordnen und als solche Bestandteil eines effizienten Compliance-Management-Systems (CMS). Unternehmensinterne Ermittlungen meinen Ermittlungen in einem Unternehmen, die anlassbezogen auf Initiative oder zumindest mit Kenntnis eines compliance-verantwortlichen Organs der Gesellschaft durch Unternehmensmitarbeiter oder durch das Unternehmen beauftragte Externe durchgeführt werden. Sie können gänzlich ohne Zusammenhang mit einem staatlichen Ermittlungsverfahren, parallel oder vorgelagert zu einem solchen erfolgen. Sie dienen jedenfalls nicht primär staatlichen Strafverfolgungsinteressen, sondern dem Gesellschaftsinteresse, d.h. insbesondere dem Schutz des Unternehmens vor finanziellen Verlusten und Reputationsschäden, wie sie z.B. durch die Verhängung einer Verbandssanktion gegen das Unternehmen selbst, aber auch durch Ermittlungsverfahren gegen dem Unternehmen angehörige Individuen drohen. Das langfristige Ziel interner Ermittlungen ist damit die Vermeidung oder Minimierung von ökonomischem Wertverlust des Unternehmens.
2. Die Durchführung interner Ermittlungen ist ebenso wie jede andere private Ermittlung grundsätzlich von der allgemeinen Handlungsfreiheit aus Art. 2 Abs. 1 GG erfasst. Deren Schutzbereich ist auch und insbesondere für die Organmitglieder des Vorstands einer Aktiengesellschaft eröffnet. Ein dem entgegenstehendes staatliches Ermittlungsmonopol lässt sich weder aus strafprozessualen Maximen wie dem Legalitäts- und dem Offizialprinzip noch aus dem staatlichen Gewaltmonopol ableiten. Auch sind unternehmensinterne Untersuchungen nicht grundsätzlich mit dem Bild des deutschen Strafverfahrens unvereinbar, sondern können unter entsprechender Anwendung von Aspekten des Beschuldigtenschutzes sogar in besonderem Maße zulässig sein. Die Grenzen einzelner interner Ermittlungshandlungen ergeben sich unter anderem aus kollidierendem Verfassungsrecht sowie aus dem materiellen Strafrecht und dem Datenschutzrecht.
3. Eine allgemeine Pflicht des Vorstandes zur Installation eines CMS – außerhalb sektorspezifischer Bestimmungen z.B. für Wertpapierdienstleistungsunternehmen – existiert nicht. Unter diesem Gesichtspunkt lässt sich demnach auch eine Pflicht zur Einleitung interner Ermittlungen als Bestandteil eines CMS nicht begründen. Eine Pflicht zur Etablierung eines CMS lässt sich insbesondere weder aus der allgemeinen Leitungssorgfalt gemäß §§ 76

Abs. 1, 93 Abs. 1 AktG noch aus der Pflicht zur Einrichtung eines Risikofrüherkennungssystems nach § 91 Abs. 2 AktG oder aus der betrieblichen Aufsichtspflicht nach § 130 OWiG ableiten. Wie der Vorstand seine aus der gesellschaftsrechtlichen Leitungssorgfalt gemäß §§ 76 Abs. 1, 93 Abs. 1 AktG abgeleitete Legalitätskontrollpflicht ausübt, steht in seinem Ermessen. Dieses Ermessen kann sich allerdings im Einzelfall je nach Gefährdungslage des Unternehmens gerade bei Großunternehmen dahin gehend reduzieren, dass der Vorstand seiner Legalitätskontrollpflicht nur durch entsprechende Systematisierung der zu ergreifenden Compliance-Maßnahmen im Rahmen eines CMS gerecht wird.

4. Eine im Innenverhältnis, also gegenüber der Gesellschaft geschuldete Aufklärungspflicht des Vorstandes bei Verdacht auf strafbares Verhalten im Unternehmen lässt sich als Ausfluss der Legalitätskontrollpflicht normativ in §§ 76 Abs. 1, 93 Abs. 1 AktG verorten. Bei der Entscheidung zur Vornahme interner Aufklärungsmaßnahmen findet die Business Judgment Rule im Sinne des § 93 Abs. 1 S. 2 AktG Anwendung, sodass das Vorstandsmitglied dann nicht für die Nichtaufklärung eines Sachverhalts haftbar ist, wenn es in gutem Glauben zum Wohl der Gesellschaft agierte und ohne grobe Fahrlässigkeit annahm, hinreichend über den vorliegenden Sachverhalt informiert und damit zu einer vernünftigen Abwägung in der Lage zu sein. Dagegen bildet § 91 Abs. 2 AktG aufgrund seiner präventiven und systematischen Ausrichtung keine tragfähige gesetzliche Grundlage zu anlassbezogenen repressiven Aufklärungsmaßnahmen.
5. Im Außenverhältnis lässt sich aus § 130 OWiG eine Obliegenheit der Vorstandsmitglieder in der Aktiengesellschaft zur Einleitung interner Ermittlungen bei Vorliegen hinreichender Anhaltspunkte für bußgeldbewehrte oder strafbare Verstöße gegen Inhaberpflichten aus dem Unternehmen heraus ableiten. Diese Obliegenheit setzt aufgrund der asymmetrischen Akzessorietät des Tatbestandes insbesondere voraus, dass auch ein pflichtwidriges Verhalten des Organmitglieds im Innenverhältnis vorliegt. Anlassbezogene Aufklärungshandlungen stellen geeignete Aufsichtsmaßnahmen zur Unterbindung künftiger betriebsbezogener Normverstöße im Sinne des Bußgeldtatbestandes dar, wenn die Untersuchung unternehmensintern kommuniziert wird oder infolge der Aufklärung Sicherheitsmechanismen, Strukturen und Abläufe im Unternehmen optimiert werden und diese Änderungen ihrerseits compliancefördernde Wirkung entfalten können. In Bezug auf zukünftige Exzesstaten einzelner Unternehmensmitarbeiter und auf fahrlässiges Verhalten stellen interne Aufklärungsmaßnahmen dagegen

regelmäßig kein geeignetes und demnach von § 130 OWiG gefordertes Instrument zur Erfüllung der betrieblichen Aufsicht dar.

6. Die maßgebliche Verdachtsschwelle, die überschritten sein muss, damit die Aufklärungspflicht des Vorstandes ausgelöst wird, lässt sich nicht allgemeingültig und im Detail bestimmen. Als Orientierungspunkt kommt der strafprozessuale Anfangsverdacht im Sinne des § 152 Abs. 2 StPO in Betracht, wobei die Entscheidung zur Einleitung interner Ermittlungen und über deren Umfang stets von dem Gesellschaftsinteresse geleitet sein muss. Zur Bestimmung des Verdachtsmaßstabs im Einzelfall sind verschiedene Gesichtspunkte in die Abwägung der drohenden Nachteile für die Gesellschaft im Falle des Unterlassens von (weiteren) Aufklärungsmaßnahmen mit den Risiken der Durchführung interner Ermittlungen einzubeziehen. Dazu zählen insbesondere die Quelle, die Authentizität, die Schlüssigkeit und die Dimension bzw. Tragweite des an den Vorstand herangetragenen Tatvorwurfs. Die Kriterien zur Beurteilung des erforderlichen pflichtauslösenden Verdachtsgrads sind trotz abweichender Rechtsnatur und Zielrichtung der pflicht- bzw. obliegenheitsbegründenden Regelungen in §§ 76 Abs. 1, 93 Abs. 1 AktG und § 130 OWiG grundsätzlich identisch, da die gemäß § 130 OWiG erforderliche Aufsicht aufgrund der asymmetrischen Akzessorietät auch von den Anforderungen der aktienrechtlich geschuldeten Legalitätskontrolle abhängt.
7. Ein Vorstandsmitglied darf nicht deswegen von der Erfüllung der durch hinreichende Anhaltspunkte ausgelösten Aufklärungspflicht bei Verdacht auf Straftaten im Unternehmen absehen, weil infolge der initiierten Ermittlungen möglicherweise eigene Straftaten aufgedeckt werden. Der Nemo-tenetur-Grundsatz wird insoweit höchstens mittelbar tangiert. Angesichts des autonom übernommenen Pflichtenkanons ist der nur begrenzt berührte Selbstbelastungsschutz einzelner Organwalter nachrangig hinter der Wahrnehmung der geschuldeten Sorgfaltspflichten und allenfalls im Wege eines – wenn auch hinsichtlich seines Umfangs nicht unproblematischen – strafprozessualen Beweisverwertungsverbots zu gewährleisten.

Literaturverzeichnis

Achenbach, Hans, Haftung und Ahndung – Wider die Vertauschung zweier disparater Rechtsfolgemodelle, in: Schulz, Lorenz u.a. (Hrsg.), Festschrift für Imme Roxin zum 75. Geburtstag am 15. Mai 2012, München 2012, S. 3-11 (zitiert: *Achenbach* in FS I. Roxin)

Ders./ Ransiek, Andreas/ Rönnau, Thomas (Hrsg.), Handbuch Wirtschaftsstrafrecht, 5. Aufl. Heidelberg 2019 (zitiert: *Bearbeiter* in Achenbach/Ransiek/Rönnau)

Adam, Dirk H.V., Die Begrenzung der Aufsichtspflichten in der Vorschrift des § 130 OWiG, wistra 2003, 285-292

Altmeppen, Holger, Gesetz betreffend die Gesellschaften mit beschränkter Haftung: GmbHG, 10. Aufl. München 2021 (zitiert: *Bearbeiter* in Altmeppen)

Ders., Organhaftung wegen des Verjährenlassens von Ansprüchen der Kapitalgesellschaft – zugleich Besprechung von BGH v. 18.9.2018 – II ZR 152/17, ZIP 2018, 2117 – ZIP 2019, 1253-1259

Arnold, Michael, Verantwortung und Zusammenwirken des Vorstands und Aufsichtsrats bei Compliance-Untersuchungen, ZGR 2014, 76-106

Bachmann, Gregor, Compliance – Rechtsgrundlagen und offene Fragen –, in: Gesellschaftsrechtliche Vereinigung (Hrsg.), Gesellschaftsrecht in der Diskussion 2007 - Jahrestagung der gesellschaftsrechtlichen Vereinigung (VGR), Band 13, Köln 2008, S. 65-101 (zitiert: *Bachmann* in VGR 2008)

Ders., Reform der Organhaftung? – Materielles Haftungsrecht und seine Durchsetzung in privaten und öffentlichen Unternehmen, Gutachten E zum 70. Deutschen Juristentag, in: Verhandlungen des 70. Deutschen Juristentages Hannover 2014, Band I, München 2014, S. 80 ff. (zitiert: *Bachmann*, Gutachten E zum 70. DJT 2014)

Ders., Das „vernünftige" Vorstandsmitglied – Zum richtigen Verständnis der deutschen Business Judgment Rule (§ 93 Abs. 1 Satz 2 AktG), in: *Habersack, Mathias/ Huber, Karl/Spindler, Gerald (Hrsg.)*, Festschrift für Eberhard Stilz zum 65. Geburtstag, München 2014 S. 25-45 (zitiert: *Bachmann* in FS Stilz)

Ders., Anmerkung zu LG München I, Urt. v. 10.12.2013 – 5 HK O 1387/10, ZIP 2014, 579-583

Ders., Die Geschäftsleiterhaftung im Fokus von Rechtsprechung und Rechtspolitik, BB 2015, 771-777

Ders., Untreue von Geschäftsleitern aus Sicht des Zivilrechts, in: Fahl, Christian u.a. (Hrsg.), Festschrift für Werner Beulke zum 70. Geburtstag, Heidelberg 2015, S. 1259-1271 (zitiert: *Bachmann* in FS Beulke)

Ders., Interne Ermittlungen – Ohne Grenzen? ZHR 180 (2016), 563-577

Ders., Sonderprüfung trotz interner Ermittlung – Zugleich Besprechung OLG Celle v. 8.11.2017 – 9 W 86/17, ZIP 2017, 2301 – VW-Fall, ZIP 2018, 101-109

Ders., Compliance: Das WpHG als Vorreiter und Opfer einer Entwicklung, in: Grundmann, Stefan/ Merkt, Hanno/ Mülbert, Peter O. (Hrsg.), Festschrift für Klaus J. Hopt zum 80. Geburtstag am 24. August 2020, Berlin 2020, S. 17-32 (zitiert: *Bachmann* in FS Hopt)

Ders./ Prüfer, Geralf, Korruptionsprävention und Corporate Governance, ZRP 2005, 109-113

Balser, M./ Ott, K., Korruptionsaffäre: Siemens akzeptiert 800 Millionen Dollar Strafe, Süddeutsche.de v. 17.05.2010, abrufbar online unter https://www.sueddeutsche.de/wirtschaft/korruptionsaffaere-siemens-akzeptiert-800-millionen-dollar-strafe-1.372394 (abgerufen am 03.02.2021)

Barczak, Tristan, Baupläne für die normative Einheits- und Systembildung, JuS 2021, 1-7

Barnstorf, Susanne, Unwirksamkeit des Strafantrags, NStZ 1985, 67-69

Baumbach, Adolf/ Hueck, Alfred (Hrsg.), Gesetz betreffend die Gesellschaft mit beschränkter Haftung, 22. Aufl. München 2019 (zitiert: *Bearbeiter* in Baumbach/Hueck)

Baums, Theobald, Risiko und Risikosteuerung im Aktienrecht, ZGR 2011, 218-274

Baur, Alexander/ Holle, Philipp Maximilian, Ergänzungen und Anpassungen des Deutschen Corporate Governance Kodex 2017 – Ausbau der Compliance-Verantwortung? NZG 2017, 170-174

Bayer, Walter/ Scholz, Philipp, Organhaftung wegen Nichtdurchsetzung von Ansprüchen der Gesellschaft – Pflichtenlage, Verjährung, Gesamtschuld, NZG 2019, 201-209

Beckemper, Katharina, Entgrenztes (Wirtschafts-)Strafrecht? ZStW 131 (2019), 1105-1114

Becker, Hans-Jürgen, Das Gewaltmonopol des Staates und die Sicherheit des Bürgers - Der Ewige Landfriede - vor 500 Jahren, NJW 1995, 2077-2082

Behr, Nicolai, Anmerkung zu BGH: Compliance-Management-System kann Geldbuße mindern, BB 2017, 1931-1932

Behrends, Okko H./Müller-Tronnier, Dirk/ Zeidler, Finn H. O., Aufsichtsrechtliche Anforderungen an unternehmensinterne Untersuchungen, Kreditwesen 2013, 776-778

Behrens, Alexander, Internal Investigations: Hintergründe und Perspektiven anwaltlicher „Ermittlungen" in deutschen Unternehmen, RIW 2009, 22-33

Beisheim, Carsten E./ Hecker, Andreas, Compliance-Verantwortung im Licht der „Siemens/Neubürger"-Entscheidung - auch bei Unternehmen der öffentlichen Hand, KommJur 2015, 49-53

Beulke, Werner, Der Verteidiger im Strafverfahren - Funktionen und Rechtsstellung, Frankfurt a.M. 1980, zugl. Habil. Universität Göttingen 1978/79 (zitiert: *Beulke*, Der Verteidiger im Strafverfahren)

Ders./ Bachmann, Gregor, Die „Lederspray-Entscheidung" - BGHSt 37, 106, JuS 1992, 737-744

Ders./ Swoboda, Sabine, Strafprozessrecht, 15. Aufl. Heidelberg 2020 (zitiert: *Beulke/ Swoboda*, Strafprozessrecht)

Bibliographisches Institut (Hrsg.), Duden - Das große Wörterbuch der deutschen Sprache in 6 Bänden, Bd. 6 Sp-Z, Mannheim 1981

Bibliographisches Institut (Hrsg.), Meyers Enzyklopädisches Lexikon, Bd. 24 Tup-Wap, 9. Aufl. Mannheim/Wien/Zürich 1979

Bicker, Eike, Legalitätspflicht des Vorstands - Ohne Wenn und Aber? AG 2014, 8-14

Bieder, Markus, Grund und Grenzen der Verfolgungspflicht des Aufsichtsrats bei pflichtwidrigem Vorstandshandeln, NZG 2015, 1178-1186

Bienert, Anja, Private Ermittlungen und ihre Bedeutung auf dem Gebiet der Beweisverwertungsverbote, Köln 1997, zugl. Diss. Universität Köln 1997 (zitiert: *Bienert*, Private Ermittlungen)

Binder, Jens-Hinrich, Anforderungen an Organentscheidungsprozesse in der neueren höchstrichterlichen Rechtsprechung - Grundlagen einer körperschaftsrechtlichen Entscheidungslehre? AG 2012, 885-898

Bittmann, Folker, Complianceanforderungen in der Unternehmenskrise, in: Rotsch, Thomas (Hrsg.), Criminal Compliance vor den Aufgaben der Zukunft, 1. Aufl. Baden-Baden 2013, S. 155-172 (zitiert: *Bittmann* in Rotsch, Criminal Compliance vor den Aufgaben der Zukunft)

Blassl, Johannes Sebastian, Umgehung von Compliance als tatbestandausschließender Exzess bei § 130 OWiG, CCZ 2016, 201

Bock, Dennis, Strafrechtliche Aspekte der Compliance-Diskussion - § 130 OWiG als zentrale Norm der Criminal Compliance, ZIS 2009, 68-81

Ders., Criminal Compliance, 2., unv. Aufl. Baden-Baden 2013, zugl. Habil. Universität Kiel 2010/2011 (zitiert: *Bock*, Criminal Compliance)

Bockemühl, Jan, Private Ermittlungen im Strafprozeß – Ein Beitrag zur Lehre von den Beweisverboten, Baden-Baden 1996, zugl. Diss. Universität Regensburg 1995/1996 (zitiert: *Bockemühl*, Private Ermittlungen)

Böhm, Wolf-Tassilo, Non-Compliance und Arbeitsrecht – Interne Ermittlungen, Sanktionen und Regressansprüche nach Rechts- und Regelverstößen von Arbeitnehmern, Baden-Baden 2011, zugl. Diss. Universität Erlangen-Nürnberg 2010/2011 (zitiert: *Böhm*, Non-Compliance und Arbeitsrecht)

Böttger, Marcus (Hrsg.), Wirtschaftsstrafrecht in der Praxis, 2. Aufl. Bonn 2015 (zitiert: *Bearbeiter* in Böttger, Wirtschaftsstrafrecht)

Bohnert, Joachim (Begr.)/ Krenberger, Benjamin/ Krumm, Carsten, OWiG – Kommentar zum Ordnungswidrigkeitengesetz, 6. Aufl. München 2020 (zitiert: *Bohnert/Krenberger/Krumm*, OWiG)

Bosch, Nikolaus, Aspekte des nemo-tenetur-Prinzips aus verfassungsrechtlicher und strafprozessualer Sicht – Ein Beitrag zur funktionsorientierten Auslegung des Grundsatzes „nemo tenetur seipsum accusare", Berlin 1998, zugl. Diss. Universität Augsburg 1997 (zitiert: *Bosch*, Aspekte des nemo-tenetur-Prinzips)

Ders., Organisationsverschulden in Unternehmen, 1. Aufl. Baden-Baden 2002, zugl. Habil. Universität Augsburg 2001/2002 (zitiert: *Bosch*, Organisationsverschulden)

Brähmer, Susanne, Wesen und Funktion des Strafantrags: Eine Studie über Probleme des Verfahrens bei Antragsdelikten, Lübeck 1994 (zitiert: *Brähmer*, Strafantrag)

Brand, Peter-Andreas, Grenzen zivilprozessualer Wahrheit und Gerechtigkeit – Disclosure- und Discovery-Elemente im deutschen Zivilverfahrensrecht, NJW 2017, 3558-3563

F.A. Brockhaus (Hrsg.), Brockhaus Enzyklopädie in 24 Bänden, Bd. 22 Tep-Ur, 19. Aufl. Mannheim 1993

Brunhöber, Beatrice, Privatisierung des Ermittlungsverfahrens im Strafprozess, GA 2010, 571-588

Buchert, Christoph, Die unternehmensinterne Befragung von Mitarbeitern im Zuge repressiver Compliance-Untersuchungen aus strafrechtlicher Sicht, zugl. Diss. Universität Mainz 2016 (zitiert: *Buchert*, Unternehmensinterne Befragung)

Bülte, Jens, Vorgesetztenverantwortlichkeit im Strafrecht, 1. Aufl. Baden-Baden 2015, zugl. Habil. Universität Heidelberg 2012/13 (zitiert: *Bülte*, Vorgesetztenverantwortlichkeit)

Bunting, Nikolaus, Konzernweite Compliance – Pflicht oder Kür? ZIP 2012, 1542-1549

Ders., Das Früherkennungssystem des § 91 Abs. 2 AktG in der Prüfungspraxis – eine kritische Betrachtung des IDW PS 340, ZIP 2012, 357-362

Bürkle, Jürgen, Weitergabe von Informationen über Fehlverhalten in Unternehmen (Whistleblowing) und Steuerung auftretender Probleme durch ein Compliance-System, DB 2004, 2158-2161

Ders., Corporate Compliance – Pflicht oder Kür für den Vorstand der AG? BB 2005, 565-570

Ders., Compliance als Aufgabe des Vorstands der AG – Die Sicht des LG München I, CCZ 2015, 52-55

Ders./ Hauschka, Christoph E. – Der Compliance Officer, 1. Aufl. München 2015 (zitiert: *Bearbeiter* in Bürkle/Hauschka, Der Compliance Officer)

Bussmann, Kai-D./ Matschke, Sebastian, Die Zukunft der unternehmerischen Haftung bei Compliance-Verstößen, CCZ 2009, 132-138

Caracas, Christian, Zur Anwendbarkeit von § 130 OWiG auf Konzernsachverhalte, CCZ 2016, 44-48

Cirener, Gabriele/ Radtke, Henning/ Rissing-van Saan, Ruth/ Rönnau/Thomas/ Schluckebier, Wilhelm (Hrsg.), Leipziger Kommentar Strafgesetzbuch: StGB, Band 6 (§§ 69-79b) 13. Aufl. Berlin 2020 (zitiert: *Bearbeiter* in LK-StGB)

Dahs, Hans, Zur Verteidigung im Ermittlungsverfahren, NJW 1985, 1113-1118

Ders./ Langkeit, Jochen, Das Schweigerecht des Beschuldigten und seine Auskunftsverweigerung als „verdächtiger Zeuge" – Zugleich Anmerkung zu BGH, Urteil vom 26.5.1992 – 5 StR 122/92, NStZ 1992, 448 –, NStZ 1993, 213-216

Dann, Matthias, Compliance-Untersuchungen im Unternehmen: Herausforderung für den Syndikus – Zum Zusammenspiel von Rechtsabteilung und externen Anwälten bei internen Ermittlungen, AnwBl 2009, 84-89

Ders., Anmerkung zu LG München vom 10.12.2013 – 5 HK O 1387/10 (Compliance), WiJ 2015, 38-41

Ders./ Schmidt, Kerstin, Im Würgegriff der SEC? – Mitarbeiterbefragungen und die Selbstbelastungsfreiheit, NJW 2009, 1851-1855

Deckstein, Dinah, Schmiergeldaffäre: Siemens-Aufsichtsrat schont Ex-Vorstände, Spiegel Online v. 29.04.2008, abrufbar online unter https://www.spiegel.de/wirtschaft/schmiergeldaffaere-siemens-aufsichtsrat-schont-ex-vorstaende-a-550614.html (abgerufen am 03.02.2021)

Dreher, Meinrad, Die Vorstandsverantwortung im Geflecht von Risikomanagement, Compliance und interner Revision, in: Kindler, Peter/ Koch, Jens/

Ulmer, Peter (Hrsg.), Festschrift für Uwe Hüffer zum 70. Geburtstag, München 2010, S. 161-177 (zitiert: *Dreher* in FS Hüffer)

Druey, Jean Nicolas, Standardisierung der Sorgfaltspflicht? Fragen zur Business Judgment Rule, in: Habersack, Mathias/ Hommelhoff, Peter (Hrsg.), Festschrift für Wulf Goette zum 65. Geburtstag, München 2011, S. 57-75 (zitiert: *Druey* in FS Goette)

Eggemann, Gerd, Risikomanagement nach KonTraG aus dem Blickwinkel des Wirtschaftsprüfers, BB 2000, 503-509

Eisele, Jörg, Compliance und Datenschutzstrafrecht: Strafrechtliche Grenzen der Arbeitnehmerüberwachung, Baden-Baden 2012 (zitiert: *Eisele*, Compliance und Datenschutzstrafrecht)

Ders., Arbeitnehmerüberwachung und Compliance unter Berücksichtigung der Cyber-crime-Konvention, ZIS 2012, 402-408

Eisenberg, Ulrich/ Conen, Stefan, § 152 II StPO: Legalitätsprinzip im gerichtsfreien Raum? NJW 1998, 2241-2249

Eisenberg, Ulrich, Beweisrecht der StPO, Spezialkommentar, 9. Aufl. München 2015 (zitiert: *Eisenberg*, Beweisrecht)

Engelhart, Marc, Anmerkung zu OLG München, Beschl. v. 23.9.2014 – 3 Ws 599/14, 3 Ws 600/14 – Zur Aufsichtspflicht der Muttergesellschaft nach § 130 OWiG im faktischen Konzern, WiJ 2015, 242-247

Erb, Volker/ u.a. (Hrsg.), Löwe-Rosenberg: Die Strafprozessordnung und das Gerichtsverfassungsgesetz, Band 5/1 (§§ 151-157), 27. Aufl. Köln 2020, Band 5/2 (§§ 158-211), 27. Aufl. Köln 2018 (zitiert: *Bearbeiter* in LR-StPO)

Erbs, Georg/ Kohlhaas, Max (Begr./ehem. Hrsg.), Strafrechtliche Nebengesetze, Stand: 182. Ergänzungslieferung, München 2010 (zitiert: *Bearbeiter* in Erbs/ Kohlhaas)

Faßbender, Paul-Otto, 18 Jahre ARAG Garmenbeck – und alle Fragen offen? NZG 2015, 501-508

Fett, Torsten, Anmerkung zu LG München I, Urt. v. 10.12.2013 – 5 HK O 1387/ 10, CCZ 2014, 142-144

Fleischer, Holger, Vorstandsverantwortlichkeit und Fehlverhalten von Unternehmensangehörigen – Von der Einzelüberwachung zur Errichtung einer Compliance-Organisation, AG 2003, 291-300

Ders., Die „Business Judgment Rule“: Vom Richterrecht zur Kodifizierung, ZIP 2004, 685-693

Ders. (Hrsg.), Handbuch des Vorstandsrechts, 1. Aufl. München 2006 (zitiert: *Bearbeiter* in Fleischer, Hdb Vorstandsrecht)

Ders., Corporate Compliance im aktienrechtlichen Unternehmensverbund, CCZ 2008, 1-6

Ders., Aktienrechtliche Compliance-Pflichten im Praxistest: Das Siemens/Neubürger-Urteil des LG München I, NZG 2014, 321-329

Ders., Aufsichtsratshaftung – Anspruchsverjährung – Selbstbezichtigung: Das Easy-Software-Urteil des BGH – Besprechung BGH v. 18.9.2018 – II ZR 152/17, ZIP 2018, 2117 –, ZIP 2018, 2341-2350

Ders./ Thiessen, Jan (Hrsg.), Gesellschaftsrechts-Geschichten, Tübingen 2018 (zitiert: *Bearbeiter* in Fleischer/Thiessen, Gesellschaftsrechts-Geschichten)

Freitag, Robert/ Korch, Stefan, Die Angemessenheit der Information im Rahmen der Business Judgment Rule (§ 93 Abs. 1 Satz 2 AktG), ZIP 2012, 2281-2286

Fritz, Hans-Joachim, Anmerkung zu LG Hamburg, Beschl. v. 15.10.2010 - 608 Qs 18/10, CCZ 2011, 156-159

Ders./ Nolden, Dagmar, Unterrichtungspflichten und Einsichtsrechte des Arbeitnehmers im Rahmen von unternehmensinternen Untersuchungen, CCZ 2010, 170-177

Fuhrmann, Lambertus, Internal Investigations: Was dürfen und müssen die Organe beim Verdacht von Compliance Verstößen tun? NZG 2016, 881-889

Gehrmann, Wolfgang, Korruption: Prozess der Selbstreinigung, Zeit online v. 15.03.2008, abrufbar online unter https://www.zeit.de/2008/12/Selbstreinigung-Siemens (abgerufen am 03.02.2021)

Geiser, Martina, Leitungspflichten des Vorstandes in der AG – Grenzziehung zwischen der Business Judgment Rule und den notwendigen Anforderungen an eine Compliance-Organisation, Hamburg 2010, zugl. Diss. Universität Köln 2009 (zitiert: *Geiser*, Leitungspflichten des Vorstandes)

Gerst, Hans-Joachim, Unternehmensinteresse und Beschuldigtenrechte bei Internal Investigations – Problemskizze und praktische Lösungswege, CCZ 2012, 1-5

Goette, Wulf, Gesellschaftsrechtliche Grundfragen im Spiegel der Rechtsprechung, ZGR 2008, 436-453

Ders., Organisationspflichten in Kapitalgesellschaften zwischen Rechtspflicht und Opportunität, ZHR 175 (2011), 388-401

Ders./ Habersack, Mathias (Hrsg.), Münchener Kommentar zum Aktiengesetz, Band 2, §§ 76-117 AktG, 5. Aufl. München 2019, Band 3, §§ 118-178, 4. Aufl. München 2018 (zitiert: *Bearbeiter* in MüKoAktG)

Göhler, Erich (Hrsg.), Gesetz über Ordnungswidrigkeiten, 18. Aufl. München 2021 (zitiert: *Bearbeiter* in Göhler, OWiG)

Golombek, Tine, Pflichten von Geschäftsleitungs- und Überwachungsorganen bei Verdacht auf Unregelmäßigkeiten im Unternehmen, Journal der Wirtschaftsstrafrechtlichen Vereinigung e.V. (WiJ) 2012, 162-170

Götting, Susanne, Beweisverwertungsverbote in Fällen gesetzlich nicht geregelter Ermittlungstätigkeit – Durch V-Leute, Scheinaufkäufer und Privatleute, Frankfurt a.M. 2001, zugl. Diss. Universität München 1999 (zitiert: *Götting*, Beweisverwertungsverbote)

Graf, Jürgen-Peter (Hrsg.), Beck'scher Online-Kommentar OWiG, 28. Edition, Stand: 1.10.2020 (zitiert: *Bearbeiter* in BeckOK OWiG)

Ders. (Hrsg.), Beck'scher Online-Kommentar StPO mit RiStBV und MiStra, 38. Edition, Stand: 1.10.2020 (zitiert: *Bearbeiter* in BeckOK StPO)

Gramm, Christof, Privatisierung und notwendige Staatsaufgaben, Berlin 2001, zugl. Habil. Universität Freiburg (Breisgau) 1998 (zitiert: *Gramm*, Privatisierung)

Ders., Schranken der Personalprivatisierung bei der inneren Sicherheit – Zugleich ein Beitrag zur Rechtsdogmatik des Art. 33 Abs. 4 GG, VerwArch 90 (1999), 329-360

Greco, Luís/ Caracas, Christian, Internal Investigations und Selbstbelastungsfreiheit, NStZ 2015, 7-15

Greeve, Gina, Privatisierung behördlicher Ermittlungen, StraFo 2013, 89-96

Grigoleit, Hans Christoph (Hrsg.), Aktiengesetz Kommentar, 2. Aufl. 2020 (zitiert: *Bearbeiter* in Grigoleit AktG)

Grosjean, Sascha, Der Beginn der Beschuldigteneigenschaft, Frankfurt a.M. 1999, zugl. Diss. Universität Köln 1998/99 (zitiert: *Grosjean*, Beschuldigteneigenschaft)

Grundei, Jens/ v. Werder, Axel, Die Angemessenheit der Informationsgrundlage als Anwendungsvoraussetzung der Business Judgment Rule – Anforderungen an die Fundierung strategischer Entscheidungen aus betriebswirtschaftlicher Sicht, AG 2005, 825-834

Grunewald, Barbara, Interne Aufklärungspflichten von Vorstand und Aufsichtsrat, NZG 2013, 841-846

Grützner, Thomas/ Leisch, Franz Clemens, §§ 130, 30 OWiG – Probleme für Unternehmen, Geschäftsleitung und Compliance-Organisation, DB 2012, 787-794

Ders., BB-Kommentar: Compliance 2.0 – LG München I verpflichtet Vorstände zu „Compliance" (Anmerkung zu LG München I, Urt. v. 10.12.2013 – 5 HK O 1387/10), BB 2014, 850-852

Günther, Tobias, Die Bedeutung von Criminal-Compliance-Maßnahmen für die strafrechtliche und ordnungswidrigkeitenrechtliche Ahndung, Berlin 2019, zugl. Diss. Universität Halle-Wittenberg 2017 (zitiert: *Günther*, Criminal-Compliance-Maßnahmen)

Haas, Ingeborg, Die steuerliche Haftung des GmbH-Geschäftsführers – Besondere Verhaltenspflichten in der wirtschaftlichen Krise, zugl. Diss. Universität Erfurt 2010 (zitiert: *Haas*, Steuerliche Haftung des GmbH-Geschäftsführers)

Habbe, Julia Sophia, Interne Untersuchungen durch den Aufsichtsrat, CCZ 2019, 27-33

Hahn, Volker, Haftung des AG-Vorstands wegen Einrichtung eines mangelhaften Compliance-Systems zur Verhinderung von Schmiergeldzahlungen („Siemens") – Anmerkung zu LG München I, Urt. v. 10.12.2013 – 5 HK O 1387/10, EWiR 2014, 175-176

Hannich, Rolf (Hrsg.), Karlsruher Kommentar zur Strafprozessordnung mit GVG, EGGVG und EMRK, 8. Aufl. München 2019 (zitiert: *Bearbeiter* in KK-StPO)

Harbarth, Stephan, Anforderungen an die Compliance-Organisation in börsennotierten Unternehmen, ZHR 179 (2015), 136-172

Hart-Hönig, Kai, Verteidigung von Unternehmen und Organmitgliedern unter dem Compliance-Regime – Zur Möglichkeit autonomer Verteidigung bei Internal Investigations, in: Lüderssen, Klaus/ Volk, Klaus/ Wahle, Eberhard (Hrsg.), Festschrift für Wolf Schiller zum 65. Geburtstag am 12. Januar 2014, 1. Aufl. Baden-Baden 2014, S. 281-315 (zitiert: *Hart-Hönig* in FS Schiller)

Hassemer, Winfried/ Matussek, Karin, Das Opfer als Verfolger: Ermittlungen des Verletzten im Strafverfahren, Frankfurt a.M. 1996 (zitiert: *Hassemer/Matussek*, Das Opfer als Verfolger)

Hauschka, Christoph E./ Moosmayer, Klaus/ Lösler, Thomas (Hrsg.), Corporate Compliance, Handbuch der Haftungsvermeidung im Unternehmen, 3. Aufl. München 2016 (zitiert: *Bearbeiter* in Hauschka/Moosmayer/Lösler)

Hauschka, Christoph E., Ermessensentscheidungen bei der Unternehmensführung, GmbHR 2007, 11-16

Ders., Compliance am Beispiel der Korruptionsbekämpfung, ZIP 2004, 877-883

Haußmann, Katrin/ Krets, Jérôme, EDV-Betriebsvereinbarungen im Praxistest, NZA 2005, 259-264

Margaret Heffernan, Wilful Blindness: Why We Ignore the Obvious, London 2019 (zitiert: *Heffernan*, Wilful Blindness)

Heghmanns, Michael, Die prozessuale Rolle der Staatsanwaltschaft, GA 2003, 433-450

Heidrich, Joerg/ Tschoepe, Sven, Rechtsprobleme der E-Mail-Filterung, MMR 2004, 75-80

Heinrich, Bernd, Die gerichtliche Nachprüfbarkeit von Entscheidungen der Staatsanwaltschaft im Zusammenhang mit der Anklageerhebung, NStZ 1996, 110-115

Helmrich, Jan, Straftaten von Mitarbeitern zum Nachteil des „eigenen" Unternehmens als Anknüpfungstaten für eine Verbandsgeldbuße? wistra 2010, 331-335

Hellgardt, Alexander, Wider die Legalitätspflicht im Kapitalgesellschaftsrecht, in: Grundmann, Stefan/ Merkt, Hanno/ Mülbert, Peter O. (Hrsg.), Festschrift für Klaus J. Hopt zum 80. Geburtstag am 24. August 2020, Berlin 2020, S. 403-423 (zitiert: *Hellgardt* in FS Hopt)

Henn, Jeanie, Die „Selbstreinigung" von Unternehmen nach Kartellrechtsverstößen: Die Wiederherstellung der vergaberechtlichen Zuverlässigkeit, Berlin 2018, zugl. Diss. Universität Heidelberg 2017 (zitiert: *Henn*, Selbstreinigung von Unternehmen)

Herrmann, Joachim, Die Entwicklung des Opferschutzes im deutschen Strafrecht und Strafprozessrecht – Eine unendliche Geschichte, ZIS 2010, 236-245

Hermanns, Ferdinand/ Kleier, Ulrich, Grenzen der Aufsichtspflicht in Betrieben und Unternehmen, Köln 1987 (zitiert: *Hermanns/Kleier*, Aufsichtspflicht)

Herzog, Felix/ Achtelik, Olaf (Hrsg.), Geldwäschegesetz Kommentar, 4. Aufl. München 2020 (zitiert: *Bearbeiter* in Herzog, GwG)

Herzog, Roman u.a. (Hrsg.), Maunz/Dürig, Grundgesetz Kommentar, Loseblatt (Stand: 92. EL August 2020) (zitiert: *Bearbeiter* in Maunz/Dürig, GG)

Hirte, Heribert/ Mülbert, Peter O./ Roth, Markus (Hrsg.), Großkommentar Aktiengesetz, Band 4/1, §§ 76-91 AktG, 5. Aufl. Berlin 2015, Band 4/2 §§ 92-94 AktG, 5. Aufl. Berlin 2015 (zitiert: *Bearbeiter* in GroßkommAktG)

Hoffmann-Becking, Michael (Hrsg.), Münchener Handbuch des Gesellschaftsrechts, Band 4: Aktiengesellschaft, 5. Aufl. München 2020 (zitiert: *Bearbeiter* in Münchener HdB GesR IV)

Holle, Philipp Maximilian, Legalitätskontrolle im Kapitalgesellschafts- und Konzernrecht, Tübingen 2014, zugl. Diss. Universität Konstanz 2013/2014 (zitiert: *Holle*, Legalitätskontrolle)

Hölters, Wolfgang (Hrsg.), Aktiengesetz: AktG, 3. Aufl. München 2017 (zitiert: *Bearbeiter* in Hölters AktG)

Hommelhoff, Peter/ Mattheus, Daniela, Risikomanagementsystem im Entwurf des BilMoG als Funktionselement der Corporate Governance, BB 2007, 2787-2791

Hoven, Elisa, Die Grenzen des Anfangsverdachts – Gedanken zum Fall Edathy, NStZ 2014, 361

Dies., Legales Verhalten und Anfangsverdacht, in: Fischer, Thomas/ Hoven, Elisa (Hrsg.), Verdacht, S. 117-133 (zitiert: *Hoven* in Fischer/Hoven, Verdacht)

Huber, Nikolaus, Die Reichweite konzernbezogener Compliance-Pflichten des Mutter-Vorstands des AG-Konzerns, Berlin 2013, zugl. Diss. Universität Augsburg 2012 (zitiert: *Huber*, Reichweite konzernbezogener Compliance-Pflichten)

Hüffer, Jens, Corporate Governance: Früherkennung nach § 91 Abs. 2 AktG – Neue Pflichten des Vorstands zum Risikomanagement? in: Hermann, Hans Peter (Hrsg.), Recht und Vernunft, Festschrift für Hans-Diether Imhoff, Frankfurt a.M. 1998, S. 91-106 (zitiert: *J. Hüffer* in FS Imhoff)

Horn, Norbert, Die Haftung des Vorstands der AG nach § 93 AktG und die Pflichten des Aufsichtsrats, ZIP 1997, 1129-1139

Hruschka, Joachim, Strafrecht nach logisch-analytischer Methode: Systematisch entwickelte Fälle mit Lösungen zum Allgemeinen Teil, Berlin 1987 (zitiert: *Hruschka*, Strafrecht nach logisch-analytischer Methode)

Ders., Über Tun und Unterlassen und über Fahrlässigkeit, in: Kaufmann, Arthur u.a. (Hrsg.), Festschrift für Paul Bockelmann zum 70. Geburtstag am 7. Dezember 1978, München 1979, S. 421-436 (zitiert: *Hruschka* in FS Bockelmann)

Hüffer, Uwe (Hrsg.)/ *Koch, Jens*, Aktiengesetz, 14. Aufl. München 2020 (zitiert: *Hüffer/Koch* AktG)

Ders., Compliance im Innen- und Außenrecht der Unternehmen, in: Altmeppen, Holger/ Fitz, Hanns/Honsell, Heinrich (Hrsg.), Festschrift für Günther H. Roth zum 70. Geburtstag, München 2011, S. 299-307 (zitiert: *Hüffer* in FS Roth)

Ihrig, Hans-Christoph, Reformbedarf beim Haftungstatbestand des § 93 AktG, WM 2004, 2098-2107

Immenga, Ulrich, Compliance als Rechtspflicht nach Aktienrecht und Sarbanes-Oxley-Act, in: Grundmann, Stefan/ Kirchner, Christian/ Raiser, Thomas/ Schwintowski, Hans-Peter/ Weber, Martin/ Windbichler, Christine (Hrsg.), Unternehmensrecht zu Beginn des 21. Jahrhunderts, Festschrift für Eberhard Schwark zum 70. Geburtstag, München 2009, S. 199-207 (zitiert: *Immenga* in FS Schwark)

Inderst, Cornelia/ Bannenberg, Britta/ Poppe, Sina, Compliance - Aufbau - Management – Risikobereiche, 3. Aufl. München 2017 (zitiert: *Bearbeiter* in Inderst/Bannenberg/Poppe, Compliance)

Isensee, Josef/ Kirchhof, Paul (Hrsg.), Handbuch des Staatsrechts der Bundesrepublik Deutschland Band II – Verfassungsstaat, 3. Aufl. Heidelberg 2004 (zitiert: *Bearbeiter* in HdbStaatsrecht II); Band IX – Allgemeine Grundrechtslehren, 3. Aufl. Heidelberg 2011 (zitiert: *Bearbeiter* in HdbStaatsrecht IX)

Jakobs, Günther, Strafrecht Allgemeiner Teil, 2. Aufl. Berlin 2011 (zitiert: *Jakobs*, Strafrecht AT I)

Ders., Strafprozessrecht: Fernwirkung von Beweisverwertungsverboten, Bespr. v. OLG Düsseldorf, Beschl. v. 23.6.2016 – III-3 RVs 46/16, BeckRS 2016, 13617, JuS 2016, 1138-1141

Ders., Ermittlungen in Sachen Siemens/SEC: Legitimer Baustein des globalisierten Wirtschaftsstrafverfahrens oder rechtswidriges Parallelverfahren zur Strafprozeßordnung? – Eine Problemskizze, StV 2009, 41-46

Jehle, Jörg-Martin, Strafrechtspflege in Deutschland, herausgegeben vom Bundesministerium der Justiz und für Verbraucherschutz, 7. Aufl. 2019 (zitiert: BMJV, Strafrechtspflege in Deutschland)

Joecks, Wolfgang/ Miebach, Klaus (Hrsg.), Münchener Kommentar zum Strafgesetzbuch: StGB, Band 1 (§§ 1-37 StGB); 4. Aufl. München 2020; Band 2 (§§ 38-79b StGB), 4. Aufl. München 2020; Band 4 (§§ 185-262 StGB), 3. Aufl. München 2017, Band 5 (§§ 263-358 StGB), 3. Aufl. München 2019 (zitiert: *Bearbeiter* in MüKoStGB)

Jungfer, Gerhard, Eigene Ermittlungstätigkeit des Strafverteidigers – Strafprozessuale und standesrechtliche Möglichkeiten und Grenzen, StV 1981, 100-105

Kaiser, Günther/ Schöch, Heinz/ Kinzig, Jörg, Kriminologie, Jugendstrafrecht, Strafvollzug, 8. Aufl. München 2015 (zitiert: Kaiser, Kriminologie)

Kang, Jihyun, Die Geschäftsherrenhaftung im Strafrecht, Hamburg 2015, zugl. Diss. Universität München 2015 (zitiert: *Kang*, Geschäftsherrenhaftung)

Kaspar, Johannes, Strafprozessuale Verwertbarkeit nach rechtswidriger privater Beweisbeschaffung, GA 2013, 206-225

Kastner, Bernd, Sicherheitsunternehmen CAP: Anklage gegen Flughafen-Manager, Süddeutsche.de v. 27.03.2013, abrufbar online unter https://www.sueddeutsche.de/muenchen/sicherheitsunternehmen-cap-anklage-gegen-flughafen-manager-1.1634193 (abgerufen am 06.04.2021)

Ders., Flughafen München: So spart der Staat Abgaben, Süddeutsche.de v. 17.11.2014, abrufbar online unter https://www.sueddeutsche.de/muenchen/flughafen-muenchen-so-spart-der-staat-abgaben-1.2223203 (abgerufen am 06.04.2021)

Keller, Rolf/ Griesbaum, Rainer, Das Phänomen der vorbeugenden Bekämpfung von Straftaten, NStZ 1990, 416-420

Kempf, Eberhard, Kriminalistische Erfahrung als Anfangsverdacht, in: Fischer, Thomas/ Hoven, Elisa (Hrsg.), Verdacht, Baden-Baden 2016, S. 135-145 (zitiert: *Kempf* in Fischer/Hoven, Verdacht)

Kindhäuser, Urs, Straf-Recht und ultima-ratio-Prinzip, ZStW 129 (2017), 382-389

Kindler, Peter, Pflichtverletzung und Schaden bei der Vorstandshaftung wegen unzureichender Compliance, in: Altmeppen, Holger/ Fitz, Hanns/Honsell, Heinrich (Hrsg.), Festschrift für Günther H. Roth zum 70. Geburtstag, München 2011, S. 367-377 (zitiert: *Kindler* in FS Roth)

Kirmes, Raoul, Forensic Investigation und die Friedenspflicht, WiJ 2013, 150-158

Klaas, Arne, Interne Untersuchungen und Informationsaustausch – Die Kohärenz von Datenschutz, Verfahrensrechten und Verfahrensgrundsätzen, Baden-Baden 2019, zugl. Diss. Freie Universität Berlin 2018/2019 (zitiert: *Klaas*, Interne Untersuchungen und Informationsaustausch)

Klatt, Matthias/ Meister, Moritz, Verhältnismäßigkeit als universelles Verfassungsprinzip, Der Staat 2012, 159-188

Knauer, Christoph/ Buhlmann, Erik, Unternehmensinterne (Vor-)Ermittlungen – Was bleibt von nemo-tenetur und fair-trial? AnwBl 2010, 387-393

Knauer, Wolfgang/ Kudlich, Hans/ Schneider, Hartmut (Hrsg.), Münchener Kommentar zur Strafprozessordnung, Band 1 (§§ 1-150 StPO), 1. Aufl. München 2014, Band 2 (§§ 151-332 StPO), 1. Aufl. München 2016; Band 3/2 (GVG, EGGVG, EMRK, EGStPO, EGStGB, ZSHG, StrEG, JGG, G 10, AO), 1. Aufl. München 2018 (zitiert: *Bearbeiter* in MüKoStPO)

Knierim, Thomas C., Das Verhältnis von strafrechtlichen und internen Ermittlungen, StV 2009, 324-331

Ders./ Rübenstahl, Markus/ Tsambikakis, Michael (Hrsg.), Internal Investigations – Ermittlungen im Unternehmen, Handbuch, 2. Aufl. Heidelberg 2016 (zitiert: *Bearbeiter* in Internal Investigations)

Koch, Jens, Compliance-Pflichten im Unternehmensverbund? WM 2009, 1013-1020

Kocher, Dirk, Zur Reichweite der Business Judgment Rule, CCZ 2009, 215-221

Kock, Martin/ Dinkel, Renate, Die zivilrechtliche Haftung von Vorständen für unternehmerische Entscheidungen – Die geplante Kodifizierung der Business Judgment Rule im Gesetz zur Unternehmensintegrität und Modernisierung des Anfechtungsrechts, NZG 2004, 441-448

Kölbel, Ralf, Selbstbelastungsfreiheiten – Der nemo-tenetur-Satz im materiellen Strafrecht, Berlin 2006, zugl. Diss. Universität Jena 2005 (zitiert: *Kölbel*, Selbstbelastungsfreiheiten)

Ders., Criminal Compliance – ein Missverständnis des Strafrechts?, ZStW 125 (2013), 499-535

Konu, Metin, Die Garantenstellung des Compliance-Officers – Zugleich ein Beitrag zu den Rahmenbedingungen einer Compliance-Organisation, Berlin 2014, zugl. Diss. Universität Tübingen 2011/2012 (zitiert: *Konu*, Garantenstellung)

Kordt, Philipp, Die Untersuchung von Compliance-Verstößen – Zusammenwirken und Wahrnehmung eigenständiger Verantwortung von Vorstand und Aufsichtsrat, Baden-Baden 2016, zugl. Diss. Universität Münster 2016 (zitiert: *Kordt*, Untersuchung von Compliance-Verstößen)

Ders., Rechtsfragen der Compliance-Organisation von Unternehmen außerhalb spezialgesetzlich geregelter Branchen im deutschen Recht, in: Altmeppen, Holger/ Fitz, Hanns/Honsell, Heinrich (Hrsg.), Festschrift für Günther H. Roth zum 70. Geburtstag, München 2011, S. 407-422 (zitiert: *Kort* in FS Roth)

Kottek, Petr, Die Kooperation von deutschen Unternehmen mit der US-amerikanischen Börsenaufsicht SEC – Grenzen der strafprozessualen Verwertbarkeit unternehmensinterner Ermittlungen, Frankfurt a.M. 2012, zugl. Diss. Universität München 2011/2012 (zitiert: *Kottek*, Kooperation von Unternehmen)

Krause, Daniel M., Allgemeine Rechtsfragen von „Vorermittlungen“, Vorprüfungen und „AR“-Verfahren, in: Beulke, Werner/ Müller, Eckhart (Hrsg.), Festschrift zu Ehren des Strafrechtsausschusses der Bundesrechtsanwaltskammer, Köln 2006, S. 351-364 (zitiert: *Krause* in FS Strafrechtsausschuss BRAK)

Krekeler, Wilhelm, Strafrechtliche Grenzen der Verteidigung, NStZ 1989, 146-153

Kremer, Thomas, Kooperation des Unternehmens mit der Staatsanwaltschaft im Compliance Bereich in: Burgard, Ulrich u.a. (Hrsg.), Festschrift für Uwe H. Schneider zum 70. Geburtstag, München 2011, S. 701-717 (zitiert: *Kremer* in FS Schneider)

Ders./ Klahold, Christoph, Compliance-Programme in Industriekonzernen, ZGR 2010, 113-143

Ders. u.a. (Hrsg.), Deutscher Corporate Governance Kodex, Kodexkommentar, 8. Aufl. München 2021 (zitiert: *Bearbeiter* in KBLW, DCGK)

Krey, Volker, Zur Problematik privater Ermittlungen des durch eine Straftat Verletzten, Berlin 1994 (zitiert: *Krey*, Private Ermittlungen)

Ders./Heinrich, Manfred, Deutsches Strafverfahrensrecht, 2. Aufl. Stuttgart 2019 (zitiert: *Krey/Heinrich*, Strafverfahrensrecht)

Kromschröder, Bernhard/ Lück, Wolfgang, Grundsätze risikoorientierter Unternehmensüberwachung, DB 1998, 1573-1576

Kuhlen, Lothar, Zum Verhältnis von strafrechtlicher und zivilrechtlicher Haftung für Compliance-Mängel, Teil 1, NZWiSt 2015, 121-129; Teil 2, NZWiSt 2015, 161-168

Ders., Grundfragen von Compliance und Strafrecht, in: Kuhlen, Lothar /Kudlich, Hans/Ortiz de Urbina, Inigo (Hrsg.), Compliance und Strafrecht, Heidelberg 2013 (zitiert: *Kuhlen* in Kuhlen/Kudlich/Ortiz de Urbina)

Kuhlmann, Götz-Joachim, Zur Behandlung des Ermittlungsverfahrens durch die StA – Anm. zu BVerfG (Vorprüfungsausschuss), Beschl. v. 23.07.1982 – 2 BvR 8/82, NStZ 1983, 130-131

Kruse, Björn, Compliance und Rechtsstaat – Zur Freiheit von Selbstbelastung bei Internal Investigations, Frankfurt a.M. 2014, zugl. Diss. Universität Frankfurt a.M. 2014 (zitiert: *Kruse*, Compliance und Rechtsstaat)

Kühne, Hans-Heiner, Strafprozessrecht – Eine systematische Darstellung des deutschen und europäischen Strafverfahrensrechts, 9. Aufl. Heidelberg 2015 (zitiert: *Kühne*, StPO)

Kuschnereit, Rouven, Die aktienrechtliche Legalitätspflicht – Vorstandspflichten zwischen Unternehmens- und Drittinteressen, Wiesbaden 2019, zugl. Diss. Universität Konstanz 2018 (zitiert: *Kuschnereit*, Legalitätspflicht)

Kutschelis, Julian, Korruptionsprävention und Geschäftsleiterpflichten im nationalen und internationalen Unternehmensverbund – Ausländisches Recht als Schranke für Compliance im Konzern am Beispiel Argentiniens, Baden-Baden 2014, zugl. Diss. Freie Universität Berlin 2013 (zitiert: *Kutschelis*, Korruptionsprävention)

Langheid, Theo/ Wandt, Manfred (Hrsg.), Münchener Kommentar zum Versicherungsvertragsgesetz, Band 1 (§§ 1-99, VVG-InfoV), 2. Aufl. München 2016 (zitiert: *Bearbeiter* in MüKoVVG)

Laufhütte, Heinrich Wilhelm/ Tiedemann, Klaus/ Rissing-van Saan, Ruth (Hrsg.), Leipziger Kommentar Strafgesetzbuch: StGB, 12. Aufl. Berlin 2007; Band 5 (§§ 110-145d), 12. Aufl. Berlin 2009; Band 6 (§§ 146-210), 12. Aufl. Berlin 2009; *Cirener, Gabriele/ Radtke, Henning/ Rissing-van Saan, Ruth/ Rönnau/ Thomas/Schluckebier, Wilhelm* (Hrsg.), Band 6 (§§ 69-79b), 13. Aufl. Berlin 2020 (zitiert: *Bearbeiter* in LK-StGB)

Lemke, Michael/ Mosbacher, Andreas (Hrsg.), Ordnungswidrigkeitengesetz Kommentar, 2. Aufl. Heidelberg 2005 (zitiert: *Lemke/Mosbacher*, OWiG)

Lenze, Sebastian, Compliance, Internal Investigations und Beschuldigtenrechte – Mitarbeiterbefragungen im Rahmen unternehmensinterner Ermittlungen und die strafprozessuale Verwertbarkeit selbstbelastender Aussagen unter besonderer Berücksichtigung der Korruptionsfälle Siemens und MAN,

Frankfurt a.M. 2014, zugl. Diss. Universität Passau 2013/2014 (zitiert: *Lenze*, Compliance)

Lösler, Thomas, Das moderne Verständnis von Compliance im Finanzmarktrecht, NZG 2005, 104-108

Löbbe, Marc, Verhältnis von § 130 OWiG und Organisationspflichten des Vorstands und der Geschäftsführung nach §§ 93 AktG, 43 GmbHG, in: Bergmann, Alfred u.a. (Hrsg.), Recht und Gesetz – Festschrift für Ulrich Seibert zum 65. Geburtstag, Köln 2019, S. 561-578 (zitiert: *Löbbe* in FS Seibert)

Lohse, Andrea, Unternehmerisches Ermessen – Zu den Aufgaben und Pflichten von Vorstand und Aufsichtsrat, Tübingen 2005, zugl. Habil. Freie Universität Berlin 2004 (zitiert: *Lohse*, Unternehmerisches Ermessen)

Lück, Wolfgang, Elemente eines Risiko-Managementsystems – Die Notwendigkeit eines Risiko-Managements durch den Entwurf eines Gesetzes zur Kontrolle und Transparenz im Unternehmensbereich, DB 1998, 8-14

Lutter, Marcus, Die Business Judgment Rule und ihre praktische Anwendung, ZIP 2007, 841-848

Lützeler, Martin/ Müller-Sartori, Patrick, Die Befragung des Arbeitnehmers – Auskunftspflicht oder Zeugnisverweigerungsrecht? CCZ 2011, 19-25

Markfort, Rainer, Verantwortung der Geschäftsleitung für Compliance – Urteil des LG München I vom 10.12.2013 – Az.: 5 HK O 1387/10, ZRFC 2014, 180-184

Maschke, Günter, Aufsichtspflichtverletzungen in Betrieben und Unternehmen, Berlin 1997, zugl. Diss. Universität Greifswald 1995 (zitiert: *Maschke*, Aufsichtspflichtverletzungen)

Maurer, Hartmut, Staatsrecht I – Grundlagen, Verfassungsorgane, Staatsfunktionen, 6. Aufl. München 2010 (zitiert: *Maurer*, Staatsrecht I)

Mende, Boris, Grenzen privater Ermittlungen durch den Verletzten einer Straftat, Berlin 2001, zugl. Diss. Humboldt-Universität zu Berlin 2000/2001 (zitiert: *Mende*, Grenzen privater Ermittlungen)

Mengel, Anja, Arbeitsrechtliche Besonderheiten der Implementierung von Compliance-Programmen in internationalen Konzernen, CCZ 2008, 85-91

Dies./ Ullrich, Thilo, Arbeitsrechtliche Aspekte unternehmensinterner Investigations, NZA 2006, 240-246

Menzies, Christof, Sarbanes-Oxley Act, Professionelles Management interner Kontrollen, 1. Aufl. Stuttgart 2004 (zitiert: *Menzies*, SOA)

Meyer, Susanne, Compliance-Verantwortlichkeit von Vorstandsmitgliedern – Legalitätsprinzip und Risikomanagement – Besprechung des Urteils des LG München I vom 10.12.2013 – 5 HK O 1387/10, DB 2014, 1063-1068

Meyer-Goßner, Lutz / Schmitt, Bertram (Hrsg.)/ *Köhler, Marcus*, Strafprozessordnung: StPO, 64. Aufl. München 2021 (zitiert: *Meyer-Goßner/Schmitt*, StPO)

Michalski, Lutz/ Leible, Stefan/ Schmidt, Jessica, Kommentar zum Gesetz betreffend die Gesellschaften mit beschränkter Haftung (GmbH-Gesetz), Band 2, §§ 35-85 GmbHG, §§ 1-4 EGGmbHG, 3. Aufl. München 2017 (zitiert: *Bearbeiter* in Michalski)

Momsen, Carsten, Die Zumutbarkeit als Begrenzung strafrechtlicher Pflichten, Baden-Baden 2006, zugl. Habil. Universität Göttingen 2005

Ders., Internal Investigations zwischen arbeitsrechtlicher Mitwirkungspflicht und strafprozessualer Selbstbelastungsfreiheit, ZIS 2011, 508-516

Ders., Criminal Compliance und Internal Investigations – Haftungsrisiken aus materieller und prozessualer Sicht, in: Rotsch, Thomas (Hrsg.), Criminal Compliance vor den Aufgaben der Zukunft, 1. Aufl. Baden-Baden 2013, S. 47-64 (zitiert: *Momsen* in Rotsch, Criminal Compliance vor den Aufgaben der Zukunft)

Ders./ Grützner, Thomas (Hrsg.), Wirtschafts- und Steuerstrafrecht, 2. Aufl. München 2020 (zitiert: *Bearbeiter* in Momsen/Grützner, HdB-WiStrafR)

Dies./ Oonk, Andreas, Whistleblowing als außerordentlicher Kündigungsgrund? – Zugleich Anmerkung zu EGMR, Urt. v. 21.7.2011 – 28274/08 (Heinisch v. BRD), ZIS 2011, 754-760

Montiel, Juan Pablo, Obliegenheiten im Strafrecht? ZStW 129 (2014), 592-614

Moosmayer, Klaus, Modethema oder Pflichtprogramm guter Unternehmensführung? – Zehn Thesen zu Compliance, NJW 2012, 3013-3017

Ders., Compliance – Praxisleitfaden für Unternehmen, 3. Aufl. München 2015 (zitiert: *Moosmayer*, Compliance)

Müller, Eckhart/ Schlothauer, Reinhold (Hrsg.), Münchener Anwaltshandbuch Strafverteidigung, 2. Aufl. München 2014 (zitiert: *Bearbeiter* in MAH Strafverteidigung)

Müller-Glöge, Rudi/ Preis, Ulrich/ Schmidt, Ingrid (Hrsg.), Erfurter Kommentar zum Arbeitsrecht, 21. Aufl. 2021 (zitiert: *Bearbeiter* in EKArbR)

Münkel, Sophia, Mitarbeiteroffenbarungen im Strafprozess – Eine Untersuchung über die strafprozessuale Verwertbarkeit von Erkenntnissen aus unternehmensinternen Privatermittlungen in Form von Mitarbeiterbefragungen, Hamburg 2014, zugl. Diss. Universität Frankfurt a.M. 2014 (zitiert: *Münkel*, Mitarbeiteroffenbarungen im Strafprozess)

Musielak, Hans-Joachim/ Voit, Wolfgang (Hrsg.), Zivilprozessordnung mit Gerichtsverfassungsgesetz, Kommentar, 17. Aufl. München 2020 (zitiert: *Bearbeiter* in Musielak/Voit, ZPO)

Neuheuser, Stephan, Anmerkung zu BVerfG, Beschl. v. 31.1.2020 – 2 BvR 2992/14, NStZ 2020, 559-562

Nienaber, Laura Christiane, Umfang, Grenzen und Verwertbarkeit compliancebasierter unternehmensinterner Ermittlungen, Baden-Baden 2019, zugl. Diss. Universität Erlangen-Nürnberg 2018 (zitiert: *Nienaber*, Compliancebasierte unternehmensinterne Ermittlungen)

Nikoleyczik, Tobias/ Graßl, Bernd, Überarbeitung des Deutschen Corporate Governance Kodex (DCGK) - Die Änderungsvorschläge der Regierungskommission aus der Plenarsitzung vom 13.10.2016, NZG 2017, 161-169

Nolte, Norbert/ Michaelis, Marcel, Der Entwurf des Verbandssanktionengesetzes: neue Compliance-Pflichten für Vorstände und Geschäftsführer? BB 2020, 1154-1162

Nordhues, Sophie, Die Haftung der Muttergesellschaft und ihres Vorstands für Menschenrechtsverletzungen im Konzern: Eine Untersuchung de lege lata und de lege ferenda, Baden-Baden 2019, zugl. Diss. Humboldt-Universität zu Berlin 2018 (zitiert: *Nordhues*, Haftung für Menschenrechtsverletzungen im Konzern)

Oesterle, Jörg, Die Beschlagnahme anwaltlicher Unterlagen und ihre Bedeutung für die Compliance-Organisation von Unternehmen, Berlin 2016, zugl. Diss. Universität Frankfurt a.M. 2014/2015 (zitiert: *Oesterle*, Beschlagnahme anwaltlicher Unterlagen)

Oppenheim, Robert, Die Pflicht des Vorstandes zur Einrichtung einer auf Dauer angelegten Compliance-Organisation – Zugleich Besprechung von LG München I, Urteil vom 10.12.2013, 5 HK O 1387/10 (n.rkr.), DStR 2014, 1063-1065

Ott, Nicolas/ Klein, Karen, Hindsight Bias bei der Vorstandshaftung wegen Compliance-Verstößen – Auswirkungen und Methoden des „Debiasing“, AG 2017, 209-221

Ott, Nicolas/ Lüneborg, Cäcilie, Internal Investigations in der Praxis – Umfang und Grenzen der Aufklärungspflicht, Mindestaufgriffsschwelle und Verdachtsmanagement, CCZ 2019, 71-80

O.V., Bestechungsskandal: MAN zahlt 150 Millionen Korruptionsstrafe, Manager Magazin online v. 10.12.2009, abrufbar online unter https://www.manager-magazin.de/unternehmen/artikel/a-666347.html (abgerufen am 03.02.2021) (zitiert: Manager Magazin online v. 10.12.2009)

O.V., Korruptionsskandal: MAN zahlt Strafe – „Die Sache ist erledigt“, Süddeutsche.de v. 17.05.2010, abrufbar online unter https://www.sueddeutsche.de/wirtschaft/korruptionsskandal-man-zahlt-strafe-die-sache-ist-erledigt-1.146458 (abgerufen am 03.02.2021) (zitiert: Süddeutsche.de v. 17.05.2010)

O. V., Nach Korruptionsskandal: MAN-Chef Samuelsson tritt zurück, FAZ.net v. 23.11.2009, abrufbar online unter https://www.faz.net/aktuell/wirtschaft/unternehmen/nach-korruptionsskandal-man-chef-samuelsson-tritt-zuru eck-1880752.html (abgerufen am 03.02.2021) (zitiert: FAZ.net v. 23.11.2009)

O. V., Urteil im Korruptionsprozess: Ex-MAN-Vorstand erhält Bewährungsstrafe, Spiegel Online v. 19.09.2012, abrufbar online unter https://www.spie gel.de/wirtschaft/unternehmen/gericht-verurteilt-ex-man-vorstand-weinm ann-zu-bewaehrungsstrafe-a-856715.html (abgerufen am 03.02.2021) (zitiert: Spiegel online v. 19.09.2012)

Paefgen, Walter G., Dogmatische Grundlagen, Anwendungsbereich und Formulierung einer Business Judgment Rule im künftigen UMAG, AG 2004, 245-261

Ders., „Compliance" als gesellschaftsrechtliche Organpflicht? WM 2016, 433-444

Ders., Anmerkung zu BGH, Urt. v. 18.9.2018 – II ZR 152/17, JZ 2020, 101-104

Park, Tido (Hrsg.), Kapitalmarktstrafrecht, Handkommentar, 5. Aufl. Baden-Baden 2019 (zitiert: *Bearbeiter* in Park, Kapitalmarktstrafrecht)

Perron, Walter, Überlegungen zum Verhältnis von Strafrecht und Strafprozeßrecht, in (Hrsg.), Festschrift für Hanack zum 70. Geburtstag am 30. August 1999, Berlin 1999, S. 473-485 (zitiert: *Perron* in FS Hanack)

Pietrek, Anna Carolin, Die strafrechtliche Verantwortlichkeit des Betriebsinhabers aus Compliance-Pflichten, Hamburg 2012, zugl. Diss. Universität Bonn 2011 (zitiert: *Pietrek*, Strafrechtliche Verantwortlichkeit des Betriebsinhabers)

Poguntke, David, Straf- und ordnungswidrigkeitenrechtliche Risiken für Compliance-Beauftragte – Zugleich ein Beitrag zur Dogmatik der Garantenpflichten und zur Straf- und Ahndbarkeit trotz eigenverantwortlichen Handelns Dritter sowie zur Abhängigkeit des Wirtschaftsstrafrechts von gesellschafts- und arbeitsrechtlichen Vorfragen, Hamburg 2013, zugl. Diss. Universität Osnabrück 2013 (zitiert: *Poguntke*, Straf- und ordnungswidrigkeitenrechtliche Risiken)

Preußner, Joachim/ Becker, Florian, Ausgestaltung von Risikomanagementsystemen durch die Geschäftsleitung – Zur Konkretisierung einer haftungsrelevanten Organisationspflicht, NZG 2002, 846-851

Ransiek, Andreas, Zur strafrechtlichen Verantwortlichkeit des Compliance Officers, AG 2010, 147-153

Rathgeber, Christian, Criminal Compliance - Kriminalpräventive Organisations- und Aufsichtspflichten am Beispiel der Wirtschaftskorruption, Baden-Baden 2012, zugl. Diss. Universität München 2012 (zitiert: *Rathgeber*, Criminal Compliance)

Ders., Anmerkung zu LG München I, Urt. v. 10.12.2013 – 5 HK O 1387/10, NZWiSt 2014, 192-194

Raus, Nadja/ Lützeler, Martin, Berichtspflicht des Compliance Officers - zwischen interner Eskalation und externer Anzeige, CCZ 2012, 96-101

Rauscher, Thomas u.a. (Hrsg.), Münchener Kommentar zur Zivilprozessordnung mit Gerichtsverfassungsgesetz und Nebengesetzen, Band 1 (§§ 1-510c), 6. Aufl. München 2020 (zitiert: *Bearbeiter* in MüKoZPO)

Redeke, Julian, Zur gerichtlichen Kontrolle der Angemessenheit der Informationsgrundlage im Rahmen der Business Judgment Rule nach § 93 Abs. 1 Satz 2 AktG, ZIP 2011, 59-64

Reeb, Philipp, Internal Investigations – Neue Tendenzen privater Ermittlungen, Berlin 2011, zugl. Diss. Universität Freiburg (Breisgau) 2010/2011 (zitiert: *Reeb*, Internal Investigations)

Reichert, Jochem, Reaktionspflichten und Reaktionsmöglichkeiten der Organe auf (möglicherweise) strafrechtsrelevantes Verhalten innerhalb des Unternehmens, ZIS 2011, 113-122

Ders., Corporate Compliance und der Grundsatz der Verhältnismäßigkeit, in: Krieger, Gerd/Lutter, Marcus/Schmidt, Karsten (Hrsg.), Festschrift für Michael Hoffmann-Becking zum 70. Geburtstag, München 2013, S. 943-963 (zitiert: *Reichert* in FS Hoffmann-Becking)

Ders./Ott, Nicolas, Non Compliance in der AG – Vorstandspflichten im Zusammenhang mit der Vermeidung, Aufklärung und Sanktionierung von Rechtsverstößen, ZIP 2009, 2173-2180

Dies., Die Zuständigkeit von Vorstand und Aufsichtsrat zur Aufklärung von Non Compliance in der AG, NZG 2014, 241-251

Rieger, Katja, Die aktienrechtliche Legalitätspflicht des Vorstands, Jena 2012, zugl. Diss. Universität Jena 2011 (zitiert: *Rieger*, Legalitätspflicht)

Rödiger, Katja, Strafverfolgung von Unternehmen, Internal Investigations und strafrechtliche Verwertbarkeit von „Mitarbeitergeständnissen“: Untersuchung am Beispiel der Siemens-Korruptionsaffäre, Frankfurt a.M. 2012, zugl. Diss. Universität Erlangen-Nürnberg 2011 (zitiert: *Rödiger*, Strafverfolgung von Unternehmen)

Röhl, Klaus F./ Röhl, Hans Christian, Allgemeine Rechtslehre, 3. Aufl. Köln 2008 (zitiert: *Röhl/Röhl*, Rechtslehre)

Rogall, Klaus, Der Beschuldigte als Beweismittel gegen sich selbst: Ein Beitrag zur Geltung des Satzes „Nemo tenetur seipsum prodere“ im Strafprozeß, Berlin 1977, zugl. Diss. Universität Bonn 1975/1976 (zitiert: *Rogall*, Der Beschuldigte als Beweismittel)

Ders., Dogmatische und kriminalpolitische Probleme der Aufsichtspflichtverletzung in Betrieben und Unternehmen (§ 130 OWiG), ZStW 98 (1986), 573-623

Rönnau, Thomas/ Schneider, Frédéric, Der Compliance-Beauftragte als strafrechtlicher Garant: Überlegungen zum BGH-Urteil v. 17.7.2009 – 5 StR 394/08 (ZIP 2009, 1867), ZIP 2010, 53-61

Rosinus, Christian, Haftungsvermeidung und -minimierung bei Aufsichtspflichtverletzung und Verbandsgeldbuße durch Compliance in der Praxis, Baden-Baden 2015, zugl. Diss. Universität Halle-Wittenberg 2014 (zitiert: *Rosinus*, Haftungsvermeidung)

Rotsch, Thomas (Hrsg.), Criminal Compliance, Handbuch, Baden-Baden 2015 (zitiert: *Bearbeiter* in Rotsch, Criminal Compliance)

Ders., Criminal Compliance in Theorie und Praxis des Wirtschaftsstrafrechts in: Rotsch, Thomas (Hrsg.), Criminal Compliance vor den Aufgaben der Zukunft, 1. Aufl. Baden-Baden 2013, S. 11-26 (zitiert *Rotsch* in Criminal Compliance vor den Aufgaben der Zukunft)

Ders., Criminal Compliance, ZIS 2010, 614-617

Ders., Compliance und Strafrecht - Fragen, Bedeutung, Perspektiven, ZStW 125 (2013), 481-498

Roxin, Claus, Geschäftsherrenhaftung für Personalgefahren, in: Fahl, Christian/ Müller, Eckhart/ Satzger, Helmut/ Swoboda, Sabine (Hrsg.), Festschrift für Werner Beulke zum 70. Geburtstag, Heidelberg 2015, S. 239-256 (zitiert: *Roxin* in FS Beulke)

Roxin, Imme, Probleme und Strategien der Compliance-Begleitung im Unternehmen, StV 2012, 116-121

Ders./ Skoupil, Christoph, Internal Investigations, Status Quo – Pflicht zur Strafanzeige? WiJ 2012, 177-189

Rudkowski, Lena, Die Aufklärung von Compliance-Verstößen durch „Interviews“, NZA 2011, 612-615

Rütters, Stefan/ Schneider, Anne, Die Beschlagnahme anwaltlicher Unterlagen im Unternehmensgewahrsam, GA 2014, 160-178

Sachs, Michael (Hrsg.), GG: Grundgesetz - Kommentar, 9. Aufl. München 2021 (zitiert: *Bearbeiter* in Sachs, GG)

Säcker, Franz Jürgen/ Rixecker, Roland/ Oetker, Hartmut/ Limperg, Bettina (Hrsg.), Münchener Kommentar zum Bürgerlichen Gesetzbuch, Band 1 (Allgemeiner Teil §§ 1-240, AllgPersönlR, ProstG, AGG), Band 2 (Schuldrecht Allgemeiner Teil I §§ 241-310), 8. Aufl. München 2019, Band 5 (Schuldrecht – Besonderer Teil II §§ 535-630h u.a., 8. Aufl. München 2020 (zitiert: *Bearbeiter* in MüKoBGB)

Sahan, Oliver, Unternehmensinterne Untersuchungen aus rechtsanwaltlicher Perspektive, in: Kuhlen, Lothar /Kudlich, Hans/Ortiz de Urbina, Inigo (Hrsg.), Compliance und Strafrecht, Heidelberg 2013, S. 171-183 (zitiert: *Sahan* in Kuhlen/Kudlich/Ortiz de Urbina)

Sarhan, Amr, Unternehmensinterne Privatermittlungen im Spannungsfeld zur strafprozessualen Aussagefreiheit, wistra 2015, 449-455

Schäfer, Carsten, Die Binnenhaftung von Vorstand und Aufsichtsrat nach der Renovierung durch das UMAG, ZIP 2005, 1253-1259

Ders., Vorstandspflichten bei Compliance-Organisation und internen Untersuchungen – zugleich ein kritischer Rückblick auf die Neubürger-Entscheidung des LG München, in: Hoffmann-Becking, Michael/ Hommelhoff, Peter (Hrsg.), Festschrift für Gerd Krieger zum 70. Geburtstag, München 2020, S. 779-788 (zitiert: *Schäfer* in FS Krieger)

Schaefer, Torsten, Selbstbelastungsschutz außerhalb des Strafverfahrens, NJW-Spezial 2010, 120-121

Scharnberg, Josephine, Illegale Internal Investigations – Strafrechtliche Grenzen unternehmensinterner Ermittlungen, Frankfurt a.M. 2015, zugl. Diss. Universität Passau 2014 (zitiert: *Scharnberg*, Illegale Internal Investigations)

Schmidt, Karsten/ Lutter, Marcus (Hrsg.), Aktiengesetz Kommentar, Band 1 (§§ 1-132 AktG), 4. Aufl. Köln 2020 (zitiert: *Bearbeiter* in K. Schmidt/Lutter AktG)

Schmidt, Reimer, Die Obliegenheiten – Studien auf dem Gebiet des Rechtszwanges im Zivilrecht unter besonderer Berücksichtigung des Privatversicherungsrechts, Karlsruhe 1953 (zitiert: *Schmidt*, Obliegenheiten)

Schmittlein, Benjamin, Verbands-Compliance, München 2015, zugl. Dissertation Universität München 2014 (zitiert: *Schmittlein*, Verbands-Compliance)

Schneider, Sven H., „Unternehmerische Entscheidungen" als Anwendungsvoraussetzung für die Business Judgment Rule, DB 2005, 707-712

Schneider, Uwe H., Compliance als Aufgabe der Unternehmensleitung, ZIP 2003, 645-650

Ders., Compliance im Konzern, NZG 2009, 1321-1326

Ders./ Nowak, Claudia, Sind die Einrichtung einer Whistleblowing-Stelle und der Schutz des Whistleblowers Teil guter Corporate Governance? in Hönn, Günter/ Oetker, Hartmut/ Raab, Thomas (Hrsg.), Festschrift für Peter Kreutz zum 70. Geburtstag, München 2010, S. 855-867 (zitiert: *Schneider/Nowak* in FS Kreutz)

Schrader, Peter/ Thoms, Tina/ Mahler, Maike, Auskunft durch den Arbeitnehmer: Was darf er? Was muss er? NZA 2018, 965-974

Schraud, Angélique, Compliance in der Aktiengesellschaft – Mysterium Compliance vor dem Hintergrund der Vorstands- und Aufsichtsratsverantwortung, Baden-Baden 2019, zugl. Diss. Univ. München 2018 (zitiert: *Schraud*, Compliance in der AG)

Schulz, Martin/ Held, Franz, Sicherstellung funktionierender Compliance als Organisationspflicht des Vorstands („Neubürger"), jurisPR-Compl 1/2014 Anm. 2.

Schockenhoff, Martin, Geheimhaltung von Compliance-Verstößen, NZG 2015, 409-419

Scholz, Franz (Begr.), *Bitter, Georg u.a.* (Hrsg.), Kommentar zum GmbH-Gesetz, Band 2 (§§ 35-52), 12. Aufl. Köln 2018/2021 (zitiert: *Bearbeiter* in Scholz)

Scholz, Rupert, Rechtsfrieden im Rechtsstaat – Verfassungsrechtliche Grundlagen, aktuelle Gefahren und rechtspolitische Folgerungen, NJW 1983, 705-712

Schönke, Adolf/ Schröder, Horst (Hrsg.), Strafgesetzbuch: StGB – Kommentar, 30. Aufl. München 2019 (zitiert: *Bearbeiter* in S/S)

Schünemann, Bernd, Wider verbreitete Irrlehren zum Untreuetatbestand, in: Schulz, Lorenz u.a. (Hrsg.), Festschrift für Imme Roxin zum 75. Geburtstag am 15. Mai 2012, München 2012, S. 341-357 (zitiert: *Schünemann* in FS I. Roxin)

Schürmann, Ralf, Aufsichtspflichtverletzungen im Spannungsfeld zwischen dem Strafrecht und dem Zivilrecht, Baden-Baden 2005, zugl. Diss. Universität Gießen 2005 (zitiert: *Schürmann*, Aufsichtspflichtverletzungen)

Schuster, Frank Peter, IT-gestützte interne Ermittlungen in Unternehmen – Strafbarkeitsrisiken nach den §§ 202a, 206 StGB, ZIS 2010, 68-75

Ders., Beschlagnahme von Interviewprotokollen nach „Internal Investigations" – HSH Nordbank, NZWiSt 2012, 28-30

Seibert, Ulrich/ Schütz, Carsten, Der Referentenentwurf eines Gesetzes zur Unternehmensintegrität und Modernisierung des Anfechtungsrechts – UMAG, ZIP 2004, 252-258

Seibt, Christoph H./ Schwarz, Simon, Aktienrechtsuntreue – Analyse und aktienrechtsspezifische Konturierung der Untreuestrafbarkeit von Geschäftsleitern bei Pflichtverletzungen, AG 2010, 301-315

Seibt, Christoph H./ Cziupka, Johannes, 20 Thesen zur Compliance-Verantwortung im System der Organhaftung aus Anlass des Siemens/Neubürger-Urteils, DB 2014, 1598-1602

Dies., Rechtspflichten und Best Practices für Vorstands- und Aufsichtsratshandeln bei der Kapitalmarktrecht-Compliance, AG 2015, 93-109

Senge, Lothar (Hrsg.), Karlsruher Kommentar zum Gesetz über Ordnungswidrigkeiten, 5. Aufl. München 2018 (zitiert: *Bearbeiter* in KK-OWiG)

Sieber, Ulrich, Compliance-Programme im Unternehmensstrafrecht – Ein neues Konzept zur Kontrolle von Wirtschaftskriminalität, in: Sieber, Ulrich/ Dannecker, Gerhard/ Kindhäuser, Urs/ Vogel, Joachim/ Walter, Tonio (Hrsg.), Strafrecht und Wirtschaftsstrafrecht – Dogmatik, Rechtsvergleich, Rechtstatsachen, Festschrift für Klaus Tiedemann zum 70. Geburtstag, Köln 2008, S. 449-485 (zitiert: *Sieber* in FS Tiedemann)

Spindler, Gerald, Compliance in der multinationalen Bankengruppe, WM 2008, 905-918

Spindler, Gerald/ Stilz, Eberhard (Hrsg.), BeckOGK zum Aktiengesetz, Erstes Buch Aktiengesellschaft (§§ 1-277 AktG), Stand: 15.01.2020 (zitiert: *Bearbeiter* in BeckOGK AktG)

Dies. (Hrsg.), Kommentar zum Aktiengesetz: AktG, Band 1: §§ 1-149 AktG, 2. Aufl. München 2010 (zitiert: *Bearbeiter* in Spindler/Stilz, 2. Aufl. 2010)

Spring, Patrick, Die strafrechtliche Geschäftsherrenhaftung – Unterlassungshaftung betrieblich Vorgesetzter für Straftaten Untergebener, Hamburg 2009, zugl. Diss. Universität Passau 2009 (zitiert: *Spring*, Geschäftsherrenhaftung)

Ders., Die Garantenstellung des Compliance Officers oder: Neues zur Geschäftsherrenhaftung – Zugleich Besprechung von BGH, Urteil vom 17.7.2009, GA 2010, 222-227

Stanitzek, Rebekka, Die Bedeutung von Criminal Compliance für das Strafrecht bei der Bekämpfung von Wirtschaftskorruption, Hamburg 2013, zugl. Diss. Universität Gießen 2012 (zitiert: *Stanitzek*, Bedeutung von Criminal Compliance)

Steegmann, Christoph, Die Privatisierung polizeilicher Aufgaben, in: Gusy, Christoph (Hrsg.), Privatisierung von Staatsaufgaben: Kriterien – Grenzen – Folgen, 1. Aufl. Baden-Baden 1998, S. 237-258 (zitiert: *Steegmann* in Gusy, Privatisierung)

Ders., Verkehrsüberwachung durch Private, NJW 1997, 2157-2159

Steiger, Max, Die Causa Wirecard: Compliance im Spannungsfeld zwischen der Finanz- und der Tech-Branche, CCZ 2021, 12-17

Stoffer, Hannah, Wie viel Privatisierung „verträgt" das strafprozessuale Ermittlungsverfahren? – Eine Untersuchung zur Zulässigkeit privater Beweisbeschaffung und zur Verwertbarkeit auf diese Weise erlangter Beweismittel im Strafverfahren, Tübingen 2016, zugl. Diss. Universität Passau 2013/2014 (zitiert: *Stoffer*, Privatisierung)

Stoffers, Kristian F., Garantenpflichten des Innenrevisionsleiters einer öffentlich-rechtlichen Anstalt – Überhöhte Straßenreinigungsentgelte - Anmerkung zu BGH, Urteil vom 17.7.2009 - 5 StR 394/08, NJW 2009, 3173-3177

Stürner, Rolf, Strafrechtliche Selbstbelastung und verfahrensförmige Wahrheitsermittlung – zugleich Besprechung von BVerfG, NJW 1981, 1431 –, NJW 1981, 1757-1763

Stürner, Rolf u.a. (Hrsg.), Münchener Kommentar zur Insolvenzordnung, Band 1 (§§ 1-79, Insolvenzrechtliche Vergütungsordnung), 4. Aufl. München 2019 (zitiert: *Bearbeiter* in MüKoInsO)

Tangermann, Uta, Compliance – Risikobegrenzung und Imagevorteil, 2010, zugl. Diss. Universität Jena 2010 (zitiert: *Tangermann*, Compliance)

Tiedemann, Klaus, Welche strafrechtlichen Mittel empfehlen sich für eine wirksamere Bekämpfung der Wirtschaftskriminalität? - Gutachten für den 49. Deutschen Juristentag, in: Verhandlungen des neunundvierzigsten Deutschen Juristentages Düsseldorf 1972, Band I (Gutachten), herausgegeben von der Ständigen Deputation des Deutschen Juristentages, München 1972, S. C 1 – C 106 (zitiert: *Tiedemann*, DJT-Gutachten 1972)

Theile, Hans/ Gatter, Marcelle Janina/ Wiesenack, Tobias C., Domestizierung von Internal Investigations?, ZStW 2014, 803-843

Thiemann, Werner, Aufsichtspflichtverletzung in Betrieben und Unternehmen, Bochum 1976 (zitiert: *Thiemann*, Aufsichtspflichtverletzung)

Thole, Christoph, Managerhaftung für Gesetzesverstöße – Die Legalitätspflicht des Vorstands gegenüber seiner Aktiengesellschaft, ZHR 173 (2009), 504-535

Thomas, Heinz/ Putzo, Hans (Begr.), Zivilprozessordnung, Kommentar, 41. Aufl. München 2020 (zitiert: *Bearbeiter* in Thomas/Putzo)

Thüsing, Gregor, Beschäftigtendatenschutz und Compliance – Effektive Compliance im Spannungsfeld von BDSG, Persönlichkeitsschutz und betrieblicher Mitbestimmung, 3. Aufl. München 2021 (zitiert: *Thüsing*, Beschäftigtendatenschutz)

Többens, Hans W., Die Bekämpfung der Wirtschaftskriminalität durch die Troika der §§ 9, 130 und 30 des Gesetzes über Ordnungswidrigkeiten, NStZ 1999, 1-8

Torggler, Ulrich, Wider die Verselbständigung der Begriffe: Compliance, Legalitätspflicht und Business Judgment Rule, in: Kalss, Susanne/ Torggler, Ulrich (Hrsg.), Compliance – Beiträge zum 4. Wiener Unternehmensrechtstag 2015, Wien 2016, S. 97-128 (zitiert: *Torggler* in Kalss/Torggler, Compliance)

Trölitzsch, Thomas/ Gunßer, Christian, Grenzen der gerichtlichen Anordnung von Sonderprüfungen nach § 142 Abs. 2 AktG, AG 2008, 833-839

Twele, Markus, Die Haftung des Vorstands für Kartellrechtsverstöße, Baden-Baden 2013, zugl. Diss. Universität Münster 2012 (zitiert: *Twele*, Haftung des Vorstands)

Ulmer, Peter, Haftungsfreistellung bis zur Grenze grober Fahrlässigkeit bei unternehmerischen Fehlentscheidungen von Vorstand und Aufsichtsrat? – Kritische Bemerkungen zur geplanten Kodifizierung der business judgment rule im UMAG-Entwurf (§ 93 Abs. 1 Satz 2 AktG), DB 2004, 859-863

Utz, Maximilian, Die personale Reichweite der strafrechtlichen Geschäftsherrenhaftung, Berlin 2016, zugl. Diss. Universität München 2015 (zitiert: *Utz*, Personale Reichweite der Geschäftsherrenhaftung)

Verjans, Renate, Neue – strafbewehrte – Pflichten zur Verhinderung und Anzeige von Straftaten am Beispiel von Compliance, in: Kempf, Eberhard/ Lüderssen, Klaus/ Volk, Klaus (Hrsg.), Ökonomie versus Recht im Finanzmarkt? Berlin 2011, S. 145-156 (zitiert: *Verjans* in Kempf/Lüderssen/Volk, Ökonomie versus Recht im Finanzmarkt?)

Verrel, Torsten, Nemo tenetur – Rekonstruktion eines Verfahrensgrundsatzes – 1. Teil, NStZ 1997, 361-365

Verse, Dirk A., Compliance im Konzern – Zur Legalitätskontrollpflicht der Geschäftsleiter einer Konzernobergesellschaft, ZHR 175 (2011), 401-424

Vogt, Bianca, Die Verbandsgeldbuße gegen eine herrschende Konzerngesellschaft – Begehungs- und Unterlassungsbeteiligung an Ordnungswidrigkeiten im Unternehmensverbund, zugl. Diss. Universität Konstanz 2009 (zitiert: *Vogt*, Verbandsgeldbuße)

Volk, Klaus, Akzessorische, subsidiäre oder exklusive Haftung des Unternehmens, in: Kempf, Eberhard/ Lüderssen, Klaus/ Volk, Klaus (Hrsg.), Unternehmensstrafrecht, Berlin 2012, S. 253-262 (zitiert: *Volk* in Kempf/Lüderssen/Volk, Unternehmensstrafrecht)

V. Galen, Margarete Gräfin, Anmerkung zu LG Hamburg, Beschl. v. 15.10.2010, 608 Qs 18/10, NJW 2011, 945-945

V. Falkenhausen, Joachim Freiherr, Die Haftung außerhalb der Business Judgment Rule – Ist die Business Judgment Rule ein Haftungsprivileg für Vorstände?, NZG 2012, 644-651

V. Münch, Ingo/ Kunig, Philip (Hrsg.), Grundgesetz-Kommentar, 7. Aufl. München 2021 (zitiert: *Bearbeiter* in v. Münch/Kunig)

Wabnitz, Heinz-Bernd/ Janovsky, Thomas/ Schmitt, Lothar (Hrsg.), Handbuch des Wirtschafts- und Steuerstrafrechts, 5. Aufl. München 2020 (zitiert: *Bearbeiter* in Wabnitz/Janovsky/Schmitt)

Wagner, Markus, Die Akzessorietät des Wirtschaftsstrafrechts – Zugleich ein Beitrag zu Begriff und Wesen des Wirtschaftsstrafrechts, Heidelberg 2016, zugl. Diss. Universität Gießen 2015 (zitiert: *Wagner*, Akzessorietät des Wirtschaftsstrafrechts)

Wagner, Jens, „Internal Investigations“ und ihre Verankerung im Recht der AG, CCZ 2009, 8-17

Wehnert, Anne, Interne Ermittlungen und Legalitätsprinzip – Relativierung des staatlichen Ermittlungsmonopols? in: Kempf, Eberhard/ Lüderssen, Klaus/ Volk, Klaus (Hrsg.), Ökonomie versus Recht im Finanzmarkt?, Berlin 2011, S. 137-143 (zitiert: *Wehnert* in Kempf/Lüderssen/Volk, Ökonomie versus Recht im Finanzmarkt?)

Dies., Die Verwertung unternehmensinterner Ermittlungen, StraFo 2012, 253-258

Weiß, Matthias M., Compliance der Compliance – Strafbarkeitsrisiken bei Internal Investigations, CCZ 2014, 136-139

Weiß, Udo, Selbstbezichtigungsfreiheit und vollstreckungsrechtliche Vermögensauskunft, NJW 2014, 503-509

Werschmann, Johannes, Die vergaberechtliche Selbstreinigung und Schadenswiedergutmachung im Lichte der Vergaberechtsnovelle 2016: Compliance-Management-Systeme zum Nachweis der Integrität, Berlin 2020, zugl. Diss. Universität Köln 2020 (zitiert: *Werschmann*, Die vergaberechtliche Selbstreinigung und Schadenswiedergutmachung)

Wessing, Jürgen, Compliance – oder wie der Staat sich aus der Kriminalprävention stiehlt, in: Hassemer, Winfried/ Kempf, Eberhard/ Moccia, Sergio (Hrsg.), In dubio pro libertate - Festschrift für Klaus Volk zum 65. Geburtstag, München 2009, S. 867-883 (zitiert: *Wessing* in FS Volk)

Wewerka, Frederike, Internal Investigations: Private Ermittlungen im Spannungsfeld von strafprozessualen Grundsätzen und Anforderungen eines globalisierten Wirtschaftsstrafverfahrens, Frankfurt a.M. 2012, zugl. Diss. Bucerius Law School Hamburg 2012 (zitiert: *Wewerka*, Internal Investigations)

Werner, Rüdiger, Die zivilrechtliche Haftung des Vorstands einer AG für gegen die Gesellschaft verhängte Geldbußen gegenüber der Gesellschaft, CCZ 2010, 143-147

Weyland, Dag (Hrsg.), Bundesrechtsanwaltsordnung Kommentar, 10. Aufl. München 2020 (zitiert: *Bearbeiter* in Weyland, BRAO)

Wilkens, Robert, Internal Investigations - Rechte und Pflichten bei der unternehmensinternen Aufklärung von Compliance-Verstößen, Baden-Baden 2020 (zitiert: *Wilkens*, Internal Investigations)

Willms, Günther, Offenkundigkeit und Legalitätsprinzip, JZ 1957, 465-466

Wisskirchen, Gerlind/ Glaser, Julia, Unternehmensinterne Untersuchungen, DB 2011, 1392-1395

Wolf, Maximilian/ Krumm, Karsten, Verkehrsüberwachung durch Private, NVwZ 2020, 526-530

Wolter, Hans-Joachim (Hrsg.), SK-StGB – Systematischer Kommentar zum Strafgesetzbuch, Band II (§§ 38-79b), 9. Aufl. Köln 2016 (zitiert: *Bearbeiter* in SK-StGB)

Wybitul, Tim, Wie viel Arbeitnehmerdatenschutz ist „erforderlich"? – Erfahrungen und Empfehlungen zum Umgang mit dem neuen § 32 BDSG, BB 2010, 1085-1089

Zerbes, Ingeborg, Unternehmensinterne Untersuchungen, ZStW 2013, 551-572

Zimmer, Mark/ Heymann, Robert C. J., Beteiligungsrechte des Betriebsrats bei unternehmensinternen Ermittlungen, BB 2010, 1853-1856

Zöllner, Wolfgang/ Noack, Ulrich (Hrsg.), Kölner Kommentar zum Aktiengeset, Band 2/1 (§§ 76-94 AktG), 3. Aufl. Köln 2010 (zitiert: *Bearbeiter* in KK-AktG)

„Im Ganzen habe ich jedenfalls erreicht, was ich erreichen wollte. Man sage nicht, es wäre der Mühe nicht wert gewesen. Im übrigen will ich keines Menschen Urteil, ich will nur Kenntnisse verbreiten, ich berichte nur, auch Ihnen, hohe Herren von der Akademie, habe ich nur berichtet."

(Franz Kafka, Ein Bericht für eine Akademie, 1917)

www.ingramcontent.com/pod-product-compliance
Ingram Content Group UK Ltd.
Pitfield, Milton Keynes, MK11 3LW, UK
UKHW021931290926
8980IPUK00016B/1563

9 783631 878088